山东省泰山学者人才工程专项经费资助

刘泽华与刘泽华学派

——中国政治思想史的王权主义研究范式

林存光 ◎ 编

天津出版传媒集团

天津人民出版社

图书在版编目 (CIP) 数据

刘泽华与刘泽华学派：中国政治思想史的王权主义
研究范式 / 林存光编. -- 天津：天津人民出版社，
2021.2

ISBN 978-7-201-17093-0

Ⅰ.①刘… Ⅱ.①林… Ⅲ.①政治思想史–研究–中
国–古代②帝王–权力–研究–中国–古代 Ⅳ.
①D092.2②D691.2

中国版本图书馆 CIP 数据核字(2020)第 268513 号

刘泽华与刘泽华学派:中国政治思想史的王权主义研究范式
LIU ZEHUA YU LIU ZEHUA XUEPAI: ZHONGGUO ZHENGZHI SIXIANG SHI DE WANGQUAN ZHUYI YANJIU FANSHI

出　　版　　天津人民出版社
出 版 人　　刘　庆
地　　址　　天津市和平区西康路 35 号康岳大厦
邮政编码　　300051
邮购电话　　(022)23332469
电子信箱　　reader@tjrmcbs.com

责任编辑　　金晓芸
特约编辑　　康嘉瑄
装帧设计　　明轩文化 · 李　慧

印　　刷　　天津新华印务有限公司
经　　销　　新华书店
开　　本　　710 毫米×1000 毫米　1/16
印　　张　　28.25
插　　页　　1
字　　数　　440 千字
版次印次　　2021 年 2 月第 1 版　2021 年 2 月第 1 次印刷
定　　价　　86.00 元

作者简介

李振宏　河南大学黄河文明创新中心、河南大学历史文化学院史学理论与史学史研究所教授

方克立　中国社会科学院学部委员,中国哲学史学会名誉会长

林存光　山东省泰山学者,中国政法大学政治与公共管理学院教授,中国孔子研究院特聘专家

李宪堂　南开大学历史学院中国思想史研究中心教授

林存阳　中国社会科学院古代史研究所研究员

杜德荣　井冈山大学政法学院讲师

李文昌　首都师范大学历史学院博士研究生

目　录

编者前言

本文集主要收录了有关刘泽华先生和"刘泽华学派"的王权主义研究进路、学术范式、理论创见、方法论理念和学派标志性成果九卷本《中国政治思想通史》的系列评论文章,力图向人们展现刘泽华与"刘泽华学派"的学术真相与独特面貌。其中,也收入了部分其他相关文章,如我和李宪堂与批评刘先生的学者之间进行学术论辩的文章、刘先生与李振宏先生的学术对话,以及林存阳和李文昌编的刘先生学谱简编。最后,在篇末还附录了一篇我本人在听闻刘先生去世消息后写的悼念文章。

学派或宗派现象在中外思想史和古今学术史上乃是很常见的事,最深切著名者如中国先秦时代,诸子异说蜂起,各家各派竞起辩说,相互争鸣,乃至著书立说以干世主。其间,自不免因学术之异见、思想之相左而发生彼此攻讦的现象,其激烈之程度尤为世所罕见。然而"学"由一家之言相传、演化为一宗一派之主张,必有其确然之真理价值和存在之恒定意义,故从今人之立场来看,吾人自应对诸子各家平等相视。正如恩师刘泽华先生在论及中国历史上的"百家争鸣"时所说:"从认识论上讲,在认识对象面前,一切学派都应该是平等的,谁先认识了对象,谁就在科学领域处于领先地位。因此在认识对象面前,各种理论与方法是一种认识竞争关系,不应该有谁领导谁的人为规定。"①

---

① 刘泽华:《除对象,争鸣不应有前提》,《书林》,1986 年第 8 期。

然而就长期的历史发展趋势来讲，思想与社会、学术与时代相持而共变，亦是一种理有固然、事所必至的必然现象。墨、法在秦汉之世的消沉衰歇，儒、道在后世的此消彼长，乃至儒家思想与学术在享有"独尊"地位的时代生存境况下，仍然不免日趋于内部的多元分化发展，甚而衍生出种种不一的门户之争，都是值得我们深入反思和探究的学术思想现象。其中，尤其需要我们关注并深长思之的一个问题就是，吾人实应在学术上的自立宗主与狭陋的门户之争之间加以明辨区分并恰当地划清界限。正如清人章学诚在《文史通义》论"浙东学术"时所言："学者不可无宗主，而必不可有门户"，学术之道贵乎"并行而不悖"，而"惟陋儒则争门户也"。学者唯有能在学术上卓然各立宗主，才能真正促进学术在认识竞争的平等关系中朝着不同的方向和领域深化发展，并使不同学术的内涵和意义各自极尽其所能地得到拓展和充实，而汲汲于狭陋的党派门户之争，则只会自误误人地损害和败坏学术发展的理性根基与多元可能。正因为如此，现代学术的学派现象才会受到那些思想敏锐而极富学术眼光的学者们的关注、重视和倡导，方克立先生和李振宏先生便属于这样的学者。

2008 年 10 月 13 日，恩师刘泽华先生曾受邀来中国政法大学科研处主办的"名家论坛"做"中国传统的王权主义"的学术报告。不必讳言，我作为联系人，在为刘先生撰写的个人简介中做了如下介绍：

> 刘泽华，1935 年 2 月生，河北石家庄人，南开大学历史学院教授、博士生导师，国内著名的政治思想史专家，著作等身且极具思想的穿透力。刘泽华先生一生致力于中国政治思想史和政治文化、知识分子史、政治史的研究，主要代表作有：《先秦政治思想史》《中国传统政治思想反思》《中国的王权主义：传统社会与思想特点考察》和《中国政治思想史集》(全三卷)；主编并与他人合著有：《中国传统政治思维》《中国政治思想史》(全三卷)、《士人与社会》《专制权力与中国社会》和《中国古代史》等。
>
> 刘泽华先生以"王权支配社会"和"王权主义"来概括中国古代社会的特点和政治思想文化的主旨，这一极富创见、充满智慧、精辟而卓越

的学术识见,在国内外学术界产生了广泛而重要的学术影响,在刘泽华先生的带领和影响下,目前已形成一个在中国学界独树一帜的被称为"刘泽华学派"的学术团队。

上述简介,体现了我个人当时对"刘泽华学派"的明确意识和基本看法。因为刘先生本人一直反对使用他本人的名字来命名学派的说法,而我始终坚持使用"刘泽华学派"这一说法。最早公开地正式使用并在文章中严肃论及"刘泽华学派"的是我的另外一位恩师方克立先生。方先生在《关于当前大陆新儒学问题的三封信》中,曾讲到 2004 年发生的一系列文化事件,其中之一就是"4月陈明挑战南开刘泽华学派,引发了刘门弟子与'原道'派的一场争论",并在注释中说:"刘泽华学派的基本观点是在认同唯物史观的基础上强调思想与社会的互动。这场争论可以说是唯物史观与文化史观之争。"①应该说,这是对这场学术论争的一个相当恰当而准确的定位。

其实"刘泽华学派"这一说法也不是由方先生本人发明的,而是"沿用了陈明和'原道'派在辩论中对对方的称呼"。当然,陈明和"原道"派在网上与刘门弟子辩论时以"刘泽华学派"称呼对方,不见得包含什么平等看待对方和尊重其他"学派"的含义,而是纯粹出于派系门户之见,并以儒家道统的身份自居,对在学术上持有异己之见的他者采取决不包容的诋毁态度的一种蔑称。不过,如果我们还可以再向前追溯的话,陈明和"原道"学派之所以以学派的名号这样称呼对方,事实上也绝非纯粹的空穴来风或完全出于他们的臆想。他们应该切实感受到了"刘泽华学派"的思想冲击力和学术影响力,而且"学派"的话题早就在 1996 年 11 月祝晓风先生访谈刘先生时谈论和提及过(参见《刘泽华先生学谱简编》)。在祝晓风先生看来,"这几年,历史系以刘泽华为中心已形成了一个由老、中、青不同年龄层学者构成的研究群体,并已形成了自己的研究特色"。当祝先生问及刘先生"这样一个学术群体可不可以称作'学派'"时,先生态度谨慎,但认为"一般来说,只有出现了学派,才能把认识推向深入"。根据我个人的了解,"学派"的话题应该不只是祝先生的个人想

---

① 方克立:《中国文化的综合创新之路》,中国社会科学出版社,2012 年,第 436 页。

法,而是体现了当时学界对以刘泽华先生为核心人物的整个南开历史学科之研究实力与学术特色的一种普遍看法,故而也有"南开学派"的学说。我不知道陈明和"原道"派对此有多少了解,也不是很确定是否真的存在所谓的"原道"派,但正如方克立先生所说,甲申年发生的一系列文化事件,特别是以该年7月贵阳阳明精舍儒学会讲(或谓"整个文化保守主义峰会")为标志,中国的现代新儒学运动,从五四至今在经过了三代人薪火相传和三个发展阶段之后,确乎已进入一个"以蒋庆、康晓光、盛洪、陈明等人为代表的大陆新生代唱主角的阶段",或者说"进入了整个现代新儒学运动的第四个阶段"[1],而且"他们自称在中国的思想版图上已从'边缘'走到'中心'"[2],而站在"中心"的制高点上,他们自然也就可以以儒家道统的身份在讲堂和网络上对任何的学术异见进行肆无忌惮的诋毁、攻击和谩骂。于是便发生了"原道"派与刘门弟子之间的一场激烈论争。但很难把这场论争看作是一场严肃的学术辩论,其实它只具有一种象征性的重要意义,充分凸显了当代中国学派现象的形成,以及学派之间的学术分歧与立场冲突。

时至今日,不知陈明和"原道"学派乃至整个大陆新儒家学派走到"中心"的感觉是否是已经走向日暮途穷而渐趋于幻灭,但当今中国学术思想版图中的学派现象却已日渐引起学人的高度关注。在谈及学派问题时,方克立先生曾深刻地指出,"在古今历史上,学派现象都是客观存在的,不过在社会转折时期,思想管制相对宽松的时期,学派生长和发展的土壤可能更适宜一些",同时"在学者和学术共同体方面,也需要具备一定的主观条件",这些条件包括:

1.形成学派首先要有"学",就是要有原创性的学术思想,它还不是一般性的创新思想,而是具有重要理论价值和实践价值的学术思想,能够形成系统的学理和学说,对那个时代学术思想的发展产生重要影响,起到引领和推动作用。因此,一个学派开宗立派的代表人物就非常重要,在一定意义上说,他的学识与人格,对于这个学派的生存和发展、

---

① 方克立:《中国文化的综合创新之路》,中国社会科学出版社,2012年,第432—433页。

② 方克立:《中国文化的综合创新之路》,中国社会科学出版社,2012年,第423页。

气象和规模具有决定意义。

2.有了"学",还要形成"派"。就是你的创新思想和理论要能说服人,得到一些人的认同,成为志同道合者,形成有大体相同的学术宗旨,在学理、学说、学风上基本一致的学术共同体,并且具有学术传承的特点,能够一代、两代、三代地传下去。

3.这个学术共同体要有不断创新的学术成果面世,积极参与公共学术论域的讨论,展现出自己的学术个性和思想锋芒。后来者不断有所创新和发展,这个学派才有长久的生命力。

以上可以说是一个学派之所以能够成立、壮大并长期存在和不断发展的三大关键要素。依方先生之见,在中国政治思想史研究领域中堪能称得上学派者,目前来讲也只有秉持王权主义研究进路、提出了系统的研究方法和学术观点而具有范式意义的"刘泽华学派"。

2013年,李振宏先生更在当年《文史哲》第4期上刊发了一篇长篇评述文章《中国政治思想史研究中的王权主义学派》,全面系统地梳理了刘泽华先生本人的学术思想和理论创见,以及刘泽华学派主要代表人物的学术观点。由于我也忝列其中,用刘先生的话说,既然成了李先生的"材料"和"认识'对象'",我们的学术观点就只能听凭李先生自己分析、判断和评说。但有一点,需要格外提出来说明的就是,刘先生认为,李先生的大手笔及其文章的意义,其实"不是我们有多少价值,而是他倡导学派的观念才是大题",因为"没有学派才真正是中国学术界的悲哀"。同时刘先生还向我们几位弟子强调:"我们是不是一个学派,由各位自己判断。我反复说明不能叫'刘泽华学派',不能把诸位系在我名下,每人都是独立的个体,都有自己的学术个性。"

刘先生从来都是肯定和鼓励学生的学术个性的,李先生从刘门弟子中选取我们几个人的学术观点加以分析和评述,除了认同和接受刘先生的王权主义说之外,也主要强调了我们几个人在共同学术理念指引下"各自的开拓和特点",而"不是重在说相同之处",刘先生说,"这点最有意义"。李先生在文中突出了我在政治哲学方面所抱持的一些学术观点,现在看来,当时还不是很有资格让李先生大费笔墨,甚觉惭愧。不过,在此有必要向各位读者交代一下我个人师从刘先生并认同先生学术理念的求学经历。我是在1986年至1989年期间师从先生攻读硕士学位的，要说刘门弟子对先生的王权主义说明确认同和接受最早者，我算是其中之一。先生最早专门著文论述王权主义的文章是发表于《南开大学学报》1986年第4期的《中国传统的人文思想与王权主义》一文，后收入生活·读书·新知三联书店1987年10月出版的《中国传统政治思想反思》一书中。后来先生又与葛荃师兄合写了《王权主义的刚柔结构与政治意识——中国传统政治文化特点分析》一文，被收入吉林大学出版社1987年10月出版的《论中国传统政治文化》一书中。这应该是先生最早使用"王权主义"一词的始例，但在此期的论著中，先生更多的是使用"君主专制主义"一词。而我本人首次使用"王权主义"一词是在我的硕士毕业论文《德与春秋文化导论》的结语部分，这自然是受先生学术观点的影响所致。2000年10月上海人民出版社出版了先生的《中国的王权主义：传统社会与思想特点考察》一书，可以说将"王权主义"之说真正系统地在学术上呈现了出来。然而究竟如何理解和把握先生"王权主义"之说的历史内涵与理论价值，弟子们在认识上其实并不十分一致和清晰。正因为如此，所以当人民出版社于2008年6月出版了先生的《中国政治思想史集》（全三卷），我特地借撰写书评的机会专门对"王权主义"与"君主专制主义"两个概念的含义做了一些探讨辨析，并明确反对对"王权主义"的含义片面地仅仅从纯粹负面的或"极权主义"的意义上来加以理解和解读，以期阐明我个人的理解、观点和看法。我个人一直认为"王权主义"一词最能体现先生极富深刻创见的学术贡献，对中国传统的思想、社会与历史也具有极为有效的理论解释力。

不过，话还得说回来。当我硕士毕业选择到曲阜师范大学孔子研究所工作之后，我开始了漫长的研究孔子与儒学的学术之路。1994年至1997年期间师从恩师方克立先生攻读中国哲学博士学位，研究的是儒学的意识形态化问题，修改完善后出版了《儒教中国的形成——早期儒学与中国政治文化的演进》一书。毕业后到北京工作，2000年调至中国政法大学并工作至今。记得有一年刘先生来北京参加一个学术会议，特地叫我去相见，并专门嘱咐说，希望我在政治哲学方面下一些功夫并有所开拓和建树。2004年至2007年期间，我又再一次师从刘先生做博士后，当时主要想做的一项研究工作就是重新解读和系统阐释先秦诸子的政治哲学。在与先生长期的学术交流中,我自认为对于先生的学术理念与理论观点颇有些心得,所以才斗胆为先生的《中国政治思想史集》(全三卷)写了一篇书评,并阐述了我个人的一些理解和一得之见,没想到竟得到先生的高度认可。先生阅后在回复的信函中说道:"存光:看了两遍,感到很好,得吾心也!把我'系统化'了!"后来,先生亦鼓励我继续研究政治哲学的问题,并说:"希望接着做下去,会独树一帜!"多年来我对博士后出站报告不断修改、扩充和完善,2014 年 7 月终于出版了《政治的境界——中国古典政治哲学研究》一书,其间我还参加并完成了先生主编的九卷本《中国政治思想通史·秦汉卷》的撰写和分卷主编工作。

2009 年,先生写了《关于倡导国学几个问题的质疑》一文,发表在《历史教学》(高校版)2009 年第 10 期上,后被《新华文摘》2009 年第 15 期转载,并被《光明日报》2009 年 12 月 7 日第 12 版"国学"摘要刊发,同时一并刊发的还有梁涛的批评文章。梁文发表前后,国学派还组织一些教授学者和大学校长为设立国学一级学科鼓与呼,结果,由此而围绕国学学科的设立问题又引发了一场规模不小的学术论争,我和宪堂都参与了反驳梁涛之文的学术论辩。其实,梁涛的批评文章只是一个引子而已,我们也不仅仅是为了反驳而反驳,更重要的是,这涉及刘泽华学派与抱持倡导国学和弘扬儒学之立场和观点的学者之间的学术论争,比先前陈明和"原道"派与刘门弟子之间的论争更加严肃,也更加激烈,许多学者粉墨登场,参加了这场论争,参与的学人人数众多,波及面也更加广泛。陈明、韩星、吴光、方朝晖等人都撰文批评刘先生王权主义之说的学术创见与理论观点,对刘先生学术观点的误解和歪曲可以说充满了这些学者文章的字里行间,真可谓"满纸荒唐言"。刘先生不仅亲自著文加以反驳,并组织五位教授共同发表了一篇《把国学列为一级学科不妥》的集体声言。针对上一场论争,我本人事后曾专门撰写《"王权支配社会"释义》一文加以辩驳,该文发表于天津人民出版社 2009 年 10 月出版的《中西政治文化论丛》(第七辑)上。针对这一场论争,我也是事后专门撰写了一篇文章《王权主义与中国传统社会形态论——刘泽华先生的中国史观述要及相关争议评析》,在深入梳理和澄清刘先生学术观点的基础上,对上述学者的批评观点进行了系统的反驳,该文同时被收入葛荃主编、天津人民出版社 2014 年 10

月出版的《反思中的思想世界——刘泽华先生八秩华诞纪念文集》和我本人主编、中国人民大学出版社 2014 年 9 月出版的《中国政治思想通史·秦汉卷》中。先生在读了我这篇文章后,说过这样一句话:"知我者,存光也!"

2014 年,《中国社会科学报》约请先生、张分田、宪堂和我共同做了一期从中国政治思想史的视角来审视和评析"儒家宪政"论思潮的笔谈,刊发在是年《中国社会科学报》10 月 29 日 A04 版上。2015 年初,《中国社会科学报》的编辑又做了一期对刘先生的专访《洞察中国古代历史的王权主义本质——访南开大学荣誉教授刘泽华》,发表在是年《中国社会科学报》1 月 7 日 A04 版上。其间,我在中间做了一些联系人的工作,先生在信函中竟如是对我说:"存光:首先要谢谢你的帮助!有你这样的门人,足矣!"惭愧呀!此后,虽然还为先生做过一两件事,但 2016 年之后,与先生联系交流、为先生做事的机会便逐渐减少了,因为听说后来先生生病了,而我从 2016 年开始到中国孔子研究院做兼职工作,这一年带着老母亲在北京与曲阜之间奔波,年底也生病犯了一次心梗,没想到两年后先生竟于 2018 年 5 月 8 日在美国西雅图溘然病逝,离我们而去。而身为弟子,没能为先生送行,至今愧疚在心,对先生的哀思亦至今不已。先生已逝,为追思恩师,特编辑此文集以告慰先生在天之灵。

之所以回顾和叙述一下师从先生求学的经历,主要是想从我个人经历与切身感受的角度来为下面谈谈我对"刘泽华学派"的个人看法做一些必要的铺垫。在我看来,刘先生之所以能够开宗立派,在中国政治思想史研究领域卓然自立、成为宗主,无疑与先生深厚的学术积淀、深刻的理论创见和具有思想穿透力的学术观点是密不可分的。然先生崇尚学术个性,平等待人,从不强人从己,视师生关系为"自由联合体"和"自由的学术沙龙"。而综合方先生所列学派成立的各种条件,我认为,作为一个学派,"刘泽华学派"的形成大体经历了这样几个阶段:

一是从《先秦政治思想史》一书由南开大学出版社于 1984 年 8 月出版,到《中国的王权主义:传统社会与思想特点考察》一书由上海人民出版社于 2000 年 10 月出版,这是"刘泽华学派"形成的第一个阶段。这是刘先生本人学术积累的关键时期,学派的形成乃是刘先生长期学术积累的自然结果。前一书是先生系统研究和阐述先秦政治思想的奠基之作,奠定了先生一生的学术根基；后一书系统而明确地树立了中国政治思想史的王权主义研究范式，为学派的成立奠立了学术核心理念。在此期间，刘先生独著和与合作者共同撰著的其他一系列著作，如《中国传统政治思想反思》《士人与社会·先秦卷》《专制权力与中国社会》《中国传统政治思维》《中国古代政治思想史》教材、《中国政治思想史》(全三卷)和《中国传统政治哲学与社会整合》等，为学派的形成和奠定积淀了丰厚的学术基础，在此过程中刘先生也培养了一批学术团队，逐渐形成了一个志同道合的学术共同体。

二是 2000 年至 2010 年，为学派发展的第二个阶段。这一阶段最突出的特点就是于 2004 年、2009 年至 2010 年期间在与"原道"派和国学派进行学术论辩中"学派"自我意识的明朗化与真正确立。很明显，"刘泽华学派"的自我意识，既是由对立学派和其他学者赋名所激发的，亦是学派自身逐渐自觉地自我确立的。在我看来，一个缺乏明确自我意识的"学派"，很难称得上是一个真正的学派。故当中国政法大学邀请先生做客"名家论坛"时，我在为先生撰写的个人简介中明确打出"刘泽华学派"的旗号，正是有意为之，根本用意就是要凸显一下学派的自我意识。更为重要的是，正如方克立先生所说，一个学派或学术共同体不仅"要有不断创新的学术成果面世"，还须"积极参与公共学术论域的讨论，展现出自己的学术个性和思想锋芒"。我之所以把这一时间段作为学派发展的第二个重要阶段，也正是基于这样一种考虑。

三是 2010 年之后，特别是 2013 年李振宏先生《中国政治思想史研究中的王权主义学派》一文的发表和 2014 年九卷本《中国政治思想通史》的出版，使学派的发展进入了第三个阶段。在上一个阶段，王权主义的研究进路、学术范式和方法论理念仍然不断得到论证、拓展和深化，而且逐渐具备了明确的学派自我意识，但一个学派究竟是不是学派，或能否成为一个真正的学派，并不仅仅是由学派自我意识或自说自话来决定的，它还必须要赢得学界普遍的公共认可。李振宏先生的大作正是这种认可的重要标志，而九卷本的出版更为这一认可提供了最强有力的学术支撑和作品佐证，因为九卷本正是汇聚学派核心力量、自觉地将王权主义的研究进路与方法理念系统贯彻到对整个中国政治思想通史研究中所取得的一项重要的学派标志性成果。这意味着学派的发展真正进入了一个已经得到学界广泛的公共认可，以及学派推出了自身必将产生广泛学术影响力的标志性成果的阶段。

四是由于先生的去世，学派自然进入了第四个发展阶段。因为之前学派的整个发展都是以先生为中心的，事实上也可以将前三个阶段称为学派发展的第一期。而进入第四个阶段，也就是进入了学派发展的第二期，由于这一阶段刚刚开始，目前除了先生全集的编辑出版工作之外，许多发展动向还不是很明朗，因此我认为不妨暂且将这一阶段名之为"群龙无首"的阶段。正如方克立先生所说，对一个学派的存在、延续、生长和发展来讲，具不具备"学派自觉"和"学统自信"意识无疑是至关重要的，当然，我们还可以再加上"学术个性"和"传承创新"的问题。缺乏学术个性，恐怕会出现同则不继的现象；只有后来者能够"不断有所创新和发展，这个学派才有长久的生命力"。一个学派的存在、延续、生长和发展是绝离不开这样的自觉、自信与传承和创新意识的。因此作为刘门弟子或学派传人，最当务之急的就是要自己拷问一下自己，我们能否继往开来将先生的学术思想真正地发扬光大，即不断推出新著阐扬师说，参与公共学术论辩彰显学派的理论立场与学术个性，努力培养一代又一代新的学派传人。

毋庸讳言，以上看法必然带有我个人偏向的鲜明特点。但我希望它能起到抛砖引玉的作用，从而激起和引发相关的思考和讨论，以便促进学派的良性发展。为此，我也想在下面谈谈我对学派名称问题的一点个人看法和观点。

本文集坚持使用"刘泽华学派"的名称，但我并不排斥其他的学派称谓。根据我个人的理解，李振宏先生之所以将我们命名为"王权主义学派"，主要是从学派探究中国政治思想史的研究进路和核心理念的角度来讲的，而方克立先生则强调"如果把研究者的立场考虑进去，也可以叫作'王权主义批判学派'或'王权主义反思学派'"。在我看来，这些学派称谓其实是可以并行不悖的。单纯就研究进路而言，"王权主义"的说法其实首先是对历史事实的一种客观描述，并未先入为主地预设某种价值评判的立场。不过，我们也切莫误解了"批判"或"反思"的意涵，以为只是一种否定意味的负面概念。正如美国学者詹姆斯·克里斯蒂安所说：

"批判"这一概念可能会让人产生误解。在我们的社会中，"批评主

10

义"带有负面内涵……

　　但这并不是"批判"一词的原意,也不是哲学中使用它的方式。我们所说的"批评""批判主义""批评家",都来自古希腊语"krino",意思是"我判断"。"批判"的意思就是"把(某些东西)置于判断之下",这在哲学中意味着,看到一个想法或观念,思考它,(从正反两面)判断它的有效性和价值,然后决定如何处理它。批判思维是一个辨别过程,决定哪些想法是好的、哪些是坏的。变得有批判性,意味着我们每个人都要对我们信赖的想法的真实性和有效性负起责任。①

　　当我们明白了"批判"一词的真正含义之后,我们也就可以很好地理解"王权主义"的研究进路何以强调对社会形态的分层研究和"阶级–共同体综合分析"、思想与社会的互动,以及政治思维的"阴阳组合结构",因为它提供的是对作为"社会的一种控制和运行机制"的"王权主义"的一种整体论的研究视角、进路与方法,这也正是它能够成为一种独特而更具有充分有效的理论解释力的研究范式而不同于其他研究进路与范式的本质特征所在。就中国政治思想史而言,我们当然也可以从政术治道或民本主义的角度来加以研究和阐述,但这两种研究进路或范式只是就思想内涵本身而言,欠缺"王权主义"研究进路或学术范式的以历史为指向的社会系统分析。然而在研究的基础上,我们不可能不从我们自身的立场上来对历史上的王权主义加以评判,正如梁漱溟先生所说,"论其过去则然,非所论于今日"②。王权主义在过去也许因为社会结构与时势需要的缘故而具有其历史的必然性、正当性与合理性,但在今日却是我们必须从中走出来的一种"传统"之物。正因为如此,所以刘先生才会在《中国的王权主义:传统社会与思想特点考察》一书的自序中如是说道:

　　既然我认为传统思想文化的主旨是王权主义,因此我对它在现实

---

　　① [美]詹姆斯·克里斯蒂安:《像哲学家一样思考》,赫忠慧译,北京大学出版社,2015年,第48—49页。

　　② 梁漱溟:《中国文化要义》,《梁漱溟全集》(第三卷),山东人民出版社,1990年,第315页。

生活中的有效性怀疑多于相信,对张扬传统的种种说法多不敢苟同;对流行的开发传统、开发儒家以救时弊的思潮更为怀疑。在我看来,当务之急是分清什么是传统观念,什么是现代意识,以及如何从传统的笼罩中走出来!如果说我这些说古的文章有什么寓意的话,可以概括为一句话:要从历史中走出来!

如果从这样一种研究者的角度讲,也完全可以将"刘泽华学派"称为"王权主义批判学派"或"王权主义反思学派"。

上述研究者立场,可以说充分体现了一种深切而明确的古今之变的历史意识,正如刘先生在为《中国政治思想史》(全三卷)所写小序中所言,中国古代政治思想的主题也可以归纳为三点,即:君主专制主义、臣民意识和崇圣观念。但近代以来,我们所面临的三千年未有之大变局,事实上决定了由古代政治观念必然向近代政治观念的历史性超越或根本性转变,即由君主专制主义向民主主义的转变,由臣民意识向公民意识的转变,由崇圣观念向自由观念的转变。也正是基于这样一种古今之变的历史意识,刘先生始终强调不宜从传统儒学中刻意追求现代意识,在今天全面复兴儒学未必就是文明的提升,传统儒学中的有益成分或人文思想只能作为我们的一种"资源",故曰:"中国传统的人文思想,是我们民族的一份厚重遗产,在建设新文化中,可以从中吸取丰富的营养。不过从历史发展看,建设新文化不能以它作为旗帜和基础。新时代的文化要新时代的人来创造。文化从来不是固定不变的,每个时代都有每个时代的文化。在建设新文化中,民族的文化只是起点,而不应是终点。先进的文化必将超越国界和民族,被先进的人们所接受。文化是无国界的。"[1]事实上,也正如美国学者克莱·G.瑞恩所说,"旧的西方文明一去不复返",虽然"文明精神对应于深刻的人性需要",而且"文明之精神可以绵延,并且可能复兴",乃至"一种复兴的文明精神无疑将创造性地借用西方传统的某些部分以服务于新的目的,但是因为西方在过去两个世纪里剧烈转变,使旧的方式与洞见适应新的形势事实上就是在建构一个新的社

---

① 刘泽华:《中国传统政治思想反思》,生活·读书·新知三联书店,1987年,第77页。

会"。①此正可谓理有固然而事所必至者,西方文明如此,难道中国文明或儒家文明就能去而复返地全面复兴?果真能如此,与其说是"复兴",倒不如说是"复辟"。②

王权主义的整体论研究视角、进路与范式,主张也须把王权本身放置到整个历史社会总体中加以研究、审视与评判,儒学也不例外。但刘先生不是全盘否定论者,我本人虽然对孔子和儒家特别是古典儒家的评价可能更具有同情与肯定的色彩,甚至有时我会有意识地做一些探索性的尝试和努力,看一下根据我个人的理解,对儒学之意义的正面阐释究竟能够达到一种什么样的意义极限,但我本人也绝不是全盘肯定论者。我认为,在当今,对自身的思想传统特别是儒学,无论是一味颂扬、全盘肯定,还是刻意诋毁、全盘否定,都是一种极端简单化而不可取的态度,所以我在讲授"儒教中国问题研究"的课上常常对学生讲,我既不是尊儒派,也不是批儒派,而是致力于对儒学(历史的或当下的问题)进行更好的理解与阐释的释儒派,有的尊儒派专门致力于尊崇、弘扬儒家思想中的"糟粕"(如尊王、忠君和三纲的观念),有的批儒派专门致力于批判儒家思想中的"精华"(如天下为公和民惟邦本的思想),当然,所谓的"糟粕"和"精华"只是在我看来如此,那些攻其一点而不及其余的人却未必这样认为,而我所谓的"更好的理解与阐释",也并非是指先入为主地判定儒学"好"或"坏",而只是强调应该在深入研究的基础上来更加准确而恰当地对儒学的思想内涵与意义做出自己的理解、阐释和判断。但同样地,"论其过去则然,非所论于今日",尤其是,我不认为在今天,儒学是我们唯一需要的一种思想资源,更明确反对单纯依靠全面复兴儒学、立儒教为国教或重新将儒学立为王官学就能够解决我们时代所面临的所有人类生存难题这样一种狭隘的儒学观。美国心理学家亚伯拉罕·马斯洛尝言:"一个狭隘的生活观是怎样创造一个狭隘的世界的。在木匠看来,全世界是由木头构成的。"③依我之见,在今天,另

① [美]克莱·G.瑞恩:《道德自负的美国:民主的危机与霸权的图谋》,程农译,上海人民出版社,2008年,第194页。

② 参见李锦全、李宗桂:《孔子思想与儒学的承传发展——李锦全教授访谈》,《孔子研究》,2019年第3期。

③ [美]亚伯拉罕·马斯洛:《动机与人格》,许金声等译,中国人民大学出版社,2012年,第89页。

一个非常值得我们深长思之的问题就是:一种狭隘的儒学观是怎样创造一个狭隘的世界的?在狭隘的儒者或者富有浪漫怀旧抑或缺乏想象力的刻板守旧的传统主义者看来,全世界是由儒者构成的,或只能是由儒者构成的,因为"人天然是儒家",而他们心目中的儒者却未必是汲汲于以天下有道易天下无道和从事私学教育的孔子、激烈批评暴君污吏和力主民贵君轻的孟子、倡导知行合一和致良知的王阳明、主张天下为主君为客的黄宗羲那样的儒者,而是倡导三纲和神化王权的董仲舒、倡立孔教会和国教的康有为那样的儒者。

先生已逝,不知道先生是否同意我的这些想法和看法,但先生临终前不久还在来往信件中谆谆教诲我,一定要坚持自己的学术个性。先生的去世,无疑对学派的存在与发展带来了极大的挑战,但愿本文集的编辑出版能多少告慰先生的在天之灵!古人云:俯仰无愧天地,褒贬自有春秋!是为序!

林存光

2019 年 10 月 24 日

中国政治思想史研究中的王权主义学派

李振宏

很久以来,用"学派"来称呼一个学术群体,在中国学术界已经很不习惯了。中国学人已经习惯于丧失张扬独立学术个性的权利,一旦某个人提出自己独立的历史观和方法论,不管是别人看他,还是他自我思忖,都会油然而生一种大逆不道的感觉,他就像是犯了罪似的不敢坦然面对学界的狐疑。个人没有独立思想的权利,更趋自由的学派当然难以企及,我们似乎还不能奢望先秦时期的诸子时代。然而历史总归是要发展的,"学派"问题还是提出来了,王权主义学派就是一个案例。"王权主义学派"这个提法在学界尚属首次,但关于"刘泽华学派"的说法已经广为流行,二者所指大致相同。①本文之所以换一个说法,是考虑到这个学派内部成员的学术个性、差异性问题,而"王权主义学派"较之"刘泽华学派"来说,可能具有更大的包容性。以往学界对这个学派的基本情况,提及者多而论之者少,真正对之讨论的不多。笔者在拜读了刘

---

① "王权主义学派"在学界是首次使用,但它的具体所指,学界早有所及,就是不少人谈到的"刘泽华学派"。到目前为止,公开使用"刘泽华学派"这一概念的文章——方克立:《甲申之年的文化反思——评大陆新儒学"浮出水面"和保守主义"儒化"论》,《中山大学学报》,2005年第6期;方克立:《关于当前大陆新儒学问题的三封信》,《学术探索》,2006年第2期;秦进才:《形式主义史料与政治文化的存在方式》,《中国图书评论》,2008年第9期;李冬君:《真理之辨——读毕来德〈驳于连〉》,《中国图书评论》,2008年第5期。笔者两年前的一篇笔谈小文《中国思想史研究中的学派、话语与话域》(《学术月刊》,2010年第9期)中,曾用两千字的篇幅谈到刘泽华学派,大概是对之最详细的一个解说,关于刘泽华学派的认真研究,还十分欠缺。

泽华及其同人们的大著之后,很有一些思想的冲动,不揣浅陋,从学派的角度对这个群体发表一些感想,以就教于学界同人,并向刘泽华先生和他的学生诸君聊表敬仰之情。

一、刘泽华的学术思想

中国政治思想史研究中王权主义学派的形成,是刘泽华王权主义理论影响的结果,所以本论题要从刘泽华的学术思想谈起。刘泽华盛名于史坛,其学术思想的发端,来自对"文革"的反思。早在"文革"尚未结束之时,他就对"文革"的正当性产生了怀疑,或者说对"文化大革命"这样的荒唐历史深感困惑。①粉碎"四人帮"之后,刘泽华是史学界最早一批的觉醒者之一,他率先举起清理极"左"史学的旗帜,以发人深省的三篇文章②,引领了当时的学术潮流,也同时酝酿、培育了其后几十年不断发展、成熟起来的学术思想,形成了自身的学术特色。

1.王权主义的中国历史观

刘泽华在粉碎"四人帮"之后的几篇文章,《砸碎枷锁 解放史学——评"四人帮"的所谓"史学革命"》主要是冲破牢笼的呐喊,本文暂不予置评,其学术思想应从《论秦始皇的是非功过》一文谈起。此文以其思想的敏锐和过人的胆略引起学界的关注。秦始皇在历史上本来就是一个集功过毁誉于一身的历史人物,对之肯定与否定都是一个极为正常的史学现象。但在20世纪70年代末,对秦始皇评价曾是一个极为敏感的学术问题。而《论秦始皇的是非功过》一文,对秦始皇这位当今政治化身,提出了不恭的评价。论文说:

> 秦始皇统一中国之功是卓著的,但认为秦始皇统一代表了人民的要求,为了促进社会生产力发展等观点,则是站不住脚的。

---

① 参见刘泽华:《我在"文革"中的思想历程》,《炎黄春秋》,2011年第9期。
② 这三篇文章是刘泽华:《砸碎枷锁 解放史学——评"四人帮"的所谓"史学革命"》,《历史研究》,1978年第8期;刘泽华、王连升:《论秦始皇的是非功过》,《历史研究》,1979年第2期;刘泽华、王连升:《关于历史发展的动力问题》,《历史与教学》,1979年第2期。

秦始皇治下的秦王朝成了一个刀光剑影、随时都可能身首异处的恐怖世界，这哪里还谈得上去贯彻推行那些有利于社会经济文化发展的政策、措施呢？

　　秦始皇统一中国后所采取的政策、措施及其活动，有的符合历史发展的规律，有的则违反历史发展的规律。但是后者力量大于前者，破坏了那些正确政策、措施的社会基础，造成那样一种令人毛骨悚然的严峻形势，对此秦始皇是要负责的。

　　这些评论在今天看来可能已经是寻常之言，而对有点历史感的人来说，即使在今天读起来也难免动人心魄、惊悚不已！难怪当时就遭到一些人猛烈的政治批评，并被指责为是"砍旗"行为。但是该文真正要害的"问题"（一个新的学术思想苗头），则没有被时人发现。而正是这个学术思想的苗头，后来发育成长为一棵思想的大树，深深地影响了当代史坛。

　　这个学术思想苗头还真的不容易被发现，甚至连作者自己都可能并不自觉。文章是在既有的马克思主义基本理论指导下探讨秦统一问题的。文章说："究竟什么是秦统一中国的根本原因呢？我们认为，这只能从封建生产方式的经济运动中寻找。""秦的统一和中央集权制国家的建立是封建经济运动的产物。"这是非常明确的遵循唯物史观理论的必然结论，是当时政治形势及意识形态条件下的理论常识，问题是作者后面的一段话开始有了味道：

　　秦能够统一的因素很多，但它能够严格地按照军功爵和公爵进行赏罚，是诸种因素的基础。秦自商鞅以来一直贯彻执行的军功爵制度，使全国上下都纳入了战争的轨道，而且这种多等级制度吸引着每一个人来发挥自己的最大能量。这种制度之所以有威力，关键在于它是由国家不断进行财产和权力再分配的基本形式，各级爵位的实际利益是落实在土地、赋税、徭役的分配，以及个人身份升降等之上的……用经济手段调动了臣民的力量，打了胜仗又使秦国获取更大的利益，如此循环，这就是秦强和秦始皇完成统一的基本原因、并吞诸侯的秘密基础。

本来作者要论证的秦统一的根本原因是封建生产方式的经济运动，但做具体分析的时候，历史本身的状况则引导着他去追寻支撑秦实现统一的要素——严格执行军功爵制的问题，而军功爵制又仅仅是"国家不断进行财产和权力再分配的基本形式"。军功爵制是依靠国家权力进行的，并且也仅仅是国家进行财产和权力再分配的形式，于是论述的逻辑就不自觉地将秦统一原因的探讨，引导到了国家权力——政治因素方面。是政治因素、国家权力，而不是封建生产方式的经济运动，最终成为秦统一的根本原因。这样，作者的分析，慢慢地在"封建生产方式的经济运动"的旗帜下，离开了经济运动本身。历史的逻辑要胜过分析的逻辑，变化是在不自觉中发生的。

作者这种区别于唯物史观经济决定论的思想苗头，很快便发展成了明确的"君主专制帝国是政治支配经济运动的产物"的思想。1981年，刘泽华在与王连升合作的《中国封建君主专制制度的形成及其在经济发展中的作用》一文中写道：

> 君主集权制与其说是某种形式的土地占有关系(国有或私有)要求的产物，毋宁说是权力支配经济，主要是支配分配的产物。权力的大小与分配的多寡成正比，所以人们都拼命地追逐权力。封建统一与君主集权就是在这种追逐权力的斗争中形成的。集权是手段，攫取经济利益才是目的。所以在集权过程中必然引起财产关系的重大变化。在分封制下，土地和人民的所有权是从属于政治权力的。在分封制被破坏与集权形成的过程中，土地和人民的所有权同样是随着政治权力的变动而变动……这样说，是不是把政治凌驾于经济之上了呢？从某种意义上说是这样。[1]

刘泽华没有回避自己学术思想的发展，将会导致"把政治凌驾于经济之上"从而和仍然是神圣不可侵犯的唯物史观相冲突的问题，坦然而直率地说就"是这样"。这还只是在1980年，整个中国的思想世界里，虽有春风拂面而

---

[1] 刘泽华、王连升：《中国封建君主专制制度的形成及其在经济发展中的作用》，《中国史研究》，1981年第4期。

江河都还没有解冻,仍然是墨子所崇尚和追求的"一同天下之义"的思想统一的时代,而他就在一条和传统思想相悖逆的道路上率性而行了。

其后连续几年时间,刘泽华的关注点集中在中国地主阶级的形成及构成(分层)问题上,政治权力支配社会的思想更加明晰起来。当时,关于第一代地主的形成问题,多数学人是坚持从经济关系发展的角度看问题,认为是经由土地买卖之路产生,而刘泽华则从具体历史事实的考证中,提出"特权支配经济"的论断,认为第一代地主的出现,是政治暴力的产物。他在1984年的文章中说:

> 封建地主成员的生产与再生并不完全都是经济范围中的事。从中国历史上看,第一代封建地主主要是通过政治暴力方式产生的。从春秋战国看,组成封建地主的不外诸侯、卿大夫、官僚、官爵大家、豪士、豪民、豪杰这些人。他们中的多数不是通过经济手段发家的,主要是靠政治。
>
> 豪族、豪杰、大家、巨室大部分是由受封赏的贵族勋臣蜕变而来的。如果说这部分人是最早的私人地主,那么他们也不是靠土地买卖而发家的,而是权力分配的遗物。
>
> 如果说春秋战国已进入封建社会,那么封建地主中的多数显然不是沿着土地买卖的道路产生的,主要是通过武力争夺和政治分配方式形成的。①

显然,他是从历史出发的。只要人们愿意正视历史的事实,中国第一代地主的确不是小农经济的自然扩展而导致土地兼并的结果,不是以往学界所认定的开荒开出来的结果②,而是由"诸侯、卿大夫、官僚、官爵大家、豪士、豪民、

---

① 刘泽华:《论中国封建地主产生与再生道路及其生态特点》,《学术月刊》,1984年第2期。

② 以往学界为了服膺生产力决定生产关系、经济基础决定上层建筑理论,将新兴地主阶级的产生归之于因生产工具变革而导致的私田开垦。如郭沫若主编的《中国史稿》(第一册)中说:"生产工具的变革,牛耕的推广,使耕地面积急剧增加,私田大量出现……到了春秋时代,由于荒地被大量开辟和农业生产的提高,私田的数量因而也就不断地增加。'公田'有一定的规格,私田则可以因地形而自由摆布。'公田'是不能买卖的,私田却真正是私有财产。'公田'是要给'公家'上一定赋税的,私田在开始时却不必上税。就在这样的发展过程当中,有些诸侯和卿大夫们逐渐豪富起来了。"(人民出版社,1976年,第316—317页)

豪杰这些人"转化、蜕变而来,而这些人的背景的确是政治因素。特权支配经济,是一个历史的结论。1986年,刘泽华又发表文章,从政治在土地运动中的支配作用、等级制对社会的控制、政治支配产品分配、封建主的各阶层情况等四个方面,对政治在封建地主形成中的决定性作用做充分的展开性论述,最后得出结论:"中国历史上第一代封建地主的成员主要是通过政治方式发展起来的","超经济的方式造就了第一代封建地主,这就是中国历史上的真实情况"。①

至此,刘泽华还只是看到了秦统一过程及地主阶级形成过程中权力支配经济及政治的特殊意义,而在他随后的论著中,这一认识则迅速上升为一个更为普遍性的结论。在1988年出版的《专制权力与中国社会》一书中,他说:

> 古代政治权力支配着社会的一切方面,支配着社会的资源、资料和财富,支配着农、工、商业和文化、教育、科学、技术,支配着一切社会成员的得失荣辱甚至生死。在这里,从物到人,从躯体到灵魂,都程度不同地听凭政治权力的驱使。②

> 如果一个能够掌握国家的最高权力,成了皇上君主,便可以把全国的行政、立法、司法、赏罚以至生杀各种大权集于一身,便可"以天下恭养",可以对天下一切人随意"生之、任之、富之、贫之、贵之、贱之"。这是古代中国社会结构最重要的一个特点。而正是由于政治权力所占据的这种突出位置……我们认为,考察中国古代历史,不可不留意政治权力在古代社会中的这种特殊位置与作用。③

该书共讲述了"君主集权国家的形成特点""君主集权国家对人身的支配""君主集权国家的土地的支配""政治权力与古代社会的阶级关系""权力与分配""政治支配形态下的工商业""政治权力与古代中国的城市""政治权力与文化""君权与社会普遍危机和周期性动荡""关于几个问题的思考"十个

---

① 刘泽华:《从春秋战国封建主的形成看政治的决定作用》,《历史研究》,1986年第6期。
② 刘泽华、汪茂和、王兰仲:《专制权力与中国社会》,吉林文史出版社,1988年,第258页。
③ 刘泽华、汪茂和、王兰仲:《专制权力与中国社会》,吉林文史出版社,1988年,第2页。

方面的内容,涉及了古代社会的各个主要领域,是对"政治权力支配社会"说的全面历史论证。

这些论断表明,在刘泽华的研究中,政治权力已经成为他观察中国古代社会一切问题的主要视角,于是政治权力支配社会便上升为一个具有普遍意义的方法论思想。这一方法论思想,是有别于唯物史观从生产方式运动解释历史的历史方法的,给人以耳目一新的感觉;这种特殊的观察角度,是否会形成一个关于中国历史的新的解释体系,刘泽华的研究仍有继续深化和发展的巨大空间。

同一时期,刘泽华还在进行着同样重要的另一项研究,这就是他在 20 世纪 70 年代末就起步的中国古代政治思想史研究,其成果就是 1984 年出版的《先秦政治思想史》一书。无论你研究什么问题,一个人的头脑总是既"一以贯之"又"有机整体",因为他是"一个人"。于是我们在刘泽华的政治思想史研究中,同样也感受到这个思想的独立行程,感受到他所获得的新的中国历史观——政治权力支配社会——在思想史研究中的延伸。在该书中,他看到了政治权力(君主专制)对思想的影响与支配,使得先秦时期政治思想的展开,都围绕着一个如何确立君主专制的需要。服务于确立君主专制需要,成为该时期政治思想的核心课题。他写道:

> 从表面上看百家相争,很有点民主气氛。但如果分析一下每家的思想实质,就会发现,绝大多数人在政治上都鼓吹君主专制,思想上都要求罢黜他说,独尊己见,争着搞自己设计的君主专制主义。因此百家争鸣的实际结果……促进了君主专制主义制度的完善和强化。把握了这一点,才能把握住百家的政治归宿。[1]

而当 1986 年他的"政治权力支配社会"思想更明晰与成熟之后,便在政治思想史研究中提出了"王权主义"概念,用之表述中国传统政治思想的核心或主题。他第一次提到"王权主义"概念,是在 1986 年的一篇论文中。他说:

---

[1] 刘泽华:《先秦政治思想史》,南开大学出版社,1984 年,第 173—174 页。

"从内容上看,中国古代人文思想的主题是伦理道德,而不是政治的平等、自由和人权,当时的伦理道德观念最终只能导致专制主义,即王权主义。"论文将王权主义的基本思想,归结为君权的绝对性,具体表现在五个方面:第一,君主能参天地,是调节人与自然的中枢;第二,君主体现着自然与社会的必然性,把握着必然之理;第三,君主是政治治乱的枢机和决定力量;第四,君主拥有全面所有权;第五,君主是认识的最高裁决者。①第二年,作者又发表文章阐述王权主义问题:

> 王权主义。这是传统政治文化的核心,其特点是宣扬君权至上;君主是全社会的最高主宰,神圣不可侵犯。王权主义的形成是中国古代社会君主政治的需要;反过来,王权主义巩固和强化了君主专制统治。在政治运行过程中,王权主义直接促进君主专制政治系统的建立和完善,是指导政治输入和输出体系,即政令法规的制定与实施的理论依据。王权主义的表现形式以理论形态为主,本质上是统治阶级的政治价值体系。在长期的社会政治实践中,王权主义通过多种社会化渠道,直接控制和影响着人们的政治意识。②

刘泽华这一时期政治思想史研究中使用"王权主义"概念,是对中国政治思想或政治文化主题的概括或表述,或者说是"政治权力支配社会"理论在思想史研究中所形成的一个必然性结论。

从政治权力支配社会,到王权决定思想的形成而概括出"王权主义",刘泽华观察一切历史的中心点越发明确地指向一个核心,即王权对一切历史的决定性支配作用,于是他终于走向对中国历史的最高概括,即超越了思想史解释范畴的王权主义理论。在刘泽华的学术思想体系中,"王权主义"概念终于从表述中国古代政治文化的术语演变成表述整个中国古代社会核心本质

---

① 参见刘泽华:《中国传统的人文思想与王权主义》,《南开大学学报》,1986 年第 4 期。《中国政治思想史集》(第三卷),人民出版社,2008 年,第 12—16 页。

② 刘泽华、葛荃:《王权主义的刚柔结构与政治意识》,《论中国传统政治文化》,吉林大学出版社,1987 年。参见刘泽华:《中国政治思想史集》(第三卷),人民出版社,2008 年,第 24 页。

的抽象理论。这一理论转变,最早见于 1998 年的《王权主义:中国文化的历史定位》一文。他说:

> 这种王权是基于社会经济又超乎社会经济的一种特殊存在。它是社会经济运动中非经济方式吞噬经济的产物,是武力争夺的结果……这种靠武力为基础形成的王权统治的社会,就总体而言,不是经济力量决定着权力分配,而是权力分配决定着社会经济分配,社会经济关系的主体是权力分配的产物;在社会结构诸多因素中,王权体系同时又是一种社会结构,并在社会的诸种结构中居于主导地位;在社会诸种权力中,王权是最高的权力;在日常的社会运转中,王权起着枢纽作用;社会与政治动荡的结局,最终还是回复到王权秩序;王权崇拜是思想文化的核心,而"王道"则是社会理性、道德、正义、公正的体现,等等。过去我们通常用经济关系去解释社会现象,这无疑是有意义的;然而从更直接的意义上说,我认为从王权去解释传统社会更为具体,更为恰当。①
>
> 我所说的王权主义既不是指社会形态,也不限于通常所说的权力系统,而是指社会的一种控制和运行机制。大致说来又可分为三个层次:一是以王权为中心的权力系统;二是以这种权力系统为骨架形成的社会结构;三是与上述状况相应的观念体系。②

很显然,此时的刘泽华用"王权"来取代了他原来使用的行政权力、专制权力、国家权力等概念。并且,王权主义也不再是单一的指称专制权力控制下的文化观念体系,而指称整个古代社会的运行机制、社会体制。这样,"王权主义"就完成了一个概念转换,变成了一个如同封建主义或资本主义一样的表示社会属性的理论术语。

2005 年,刘泽华再版了他和汪茂和、王兰仲合作的《专制权力与中国社会》一书,该书的再版序中,他追溯自己的思想历程说:

---

① ② 刘泽华:《王权主义:中国文化的历史定位》,《天津社会科学》,1998 年第 3 期。

"专制权力支配社会"(或曰"王权支配社会")这一看法是20世纪70年代后期到80年代前期逐步形成的……我对战国、秦汉时期阶级、身份,以及后来封建地主生存条件的研究,在经济上证明了居于社会主导地位的阶级和阶层,主要是权力分配的产物,特别是那些官僚地主,主要是靠权力来维系的。我们多数史学家都不会否认"官僚地主"是占社会主导地位的阶级,而"官僚"正是"地主"的前提和主要依据。至于政治制度上的特点,史学界公认是君主专制体制。基于上述理由,我得出了"王权支配社会"的结论。①

该版和1988年的吉林文史出版社版从章节到文字几乎都没有改动,只是增加了这个再版序,以说明原来的"专制权力支配社会",实际上就是"王权支配社会"。

2008年,刘泽华在一篇文章中,对自己的王权主义理论做了自我总结,除了强调王权主义的三个层次之外,又总结王权主义的具体内容为八个方面。②我们当然有理由认为,刘泽华自己总结的王权主义的这三个层次、八个方面,是对王权主义理论内涵最全面也最权威的说明。不过,不同的是,笔者则倾向于认为,刘泽华所讲的王权主义,实际上就是一个社会形态概念,或者说是一个历史观。王权主义既是社会的运行机制,也是社会的存在形态,更是社会存在的中枢和基础,是关于中国古代社会属性和本质的理论抽象。认识了这一点,也就认识了中国历史的基本问题。刘泽华所以要声明它不是"社会形态",是不是仍然蜷缩在防御性思维之中、出于一种自我保护的考虑呢?

2.解读中国古代政治思想特质的"阴阳组合结构"说

在中国古代政治思想史研究中,刘泽华发现了一个很有意思也很普遍的现象,即中国古代的政治思想命题,往往都是一种组合式的存在,很少有将一个单一的命题做无限制推演,而任何一个命题也都必有一个相对应的命题来对之限定或修正。他对这种思想史上的奇特现象,有时称之为"混沌性"、有时

---

① 刘泽华、汪茂和、王兰仲:《专制权力与中国社会》再版序,天津古籍出版社,2005年。
② 参见刘泽华:《中国政治思想史研究之思路》,《学术月刊》,2008年第2期;刘泽华:《中国政治思想史集》(全三卷)总序,人民出版社,2008年。

称之为"阴阳结构"、有时称之为"主辅组合命题"，①也很正式地使用过"刚柔结构"来概括，其代表作便是他和葛荃合写的《王权主义的刚柔结构与政治意识——中国传统政治文化特点分析》②一文。此文认为，"王权主义的体系庞大而完备，它的内在构成呈一种刚柔二元结构。刚是指王权主义的绝对性而言，柔指的是王权主义的内在调节机制"。从王权主义的绝对性上说，王是沟通天人的中枢，拥有统属社会一切的巨大权力，是认识的最高权威和终极裁决者，这是王权主义的绝对性的一面；而传统思想在肯定王权的绝对性的同时，为了防范王权走向极端而失控，又提出了一系列调节王权的理论，比如天谴说、从道说、圣人和尊师说、社稷和尚公说、纳谏说，等等。该文写道：

> 王权主义的绝对化理论与调节理论有机地融为一体，呈现出一种刚柔互补状态。其中，维护君权至上的刚性原则是王权主义的主体，这些原则是坚定不移，不可动摇的……王权主义的原则是永恒的。调节王权理论本质上是对王权绝对性的理论补充，其立论的前提无一不是对君权的肯定……调节并不触犯君主政治制度本身，调节的对象是那些倒行逆施、背离原则、有损于统治阶级整体利益的昏君暗主。王权调节理论的出发点和归结点只能是使君主政治体制更加巩固。
>
> 王权主义的刚柔二元结构使之具有较强的应变性和调节性。刚性原则决定着君主政治的基本方向，柔性理论则根据具体情况不断地积极地进行自我调节，以保证君主政治正常运行，减少政治失误。刚柔二元结构使王权主义本身具有顽强的生存能力。③

这的确是一个重大的学术发现，它不仅提醒我们认识中国古代政治思想的复杂性，也给予某些紧紧抓住古代思想的某一单个命题大做文章的偏执者

① 刘泽华主编：《中国传统政治哲学与社会整合》前言，中国社会科学出版社，2000 年，第 2 页。

② 参见刘泽华、葛荃：《王权主义的刚柔结构与政治意识——中国传统政治文化特点分析》，《论中国传统政治文化》，吉林大学出版社，1987 年；刘泽华：《中国政治思想史集》（第三卷），人民出版社，2008 年，第 23—38 页。

③ 刘泽华：《中国政治思想史集》（第三卷），人民出版社，2008 年，第 34 页。

以当头棒喝！近代以来，甚至在当代，也不乏传统文化的卫道士抓住古代思想中的某些略带积极性的命题肆意演绎、单向推理，似乎一下子就在传统思想中挖掘出了一个可以挽救当代中国的救世法宝，而他们却不知道握在手中的那些所谓积极性命题，也都仅仅是传统思想刚柔结构中的配角和辅料，其实质也仅仅是为着维护君权的目的性存在，它们内在地组合在传统政治思想的结构之中，而且也毫无保留地隶属于已经过去了的历史时代！

20世纪80年代之后，随着研究的不断深入，刘泽华把原来的"混沌性""主辅组合命题""刚柔二元结构"等提法，统一为一个"阴阳组合结构"概念，并对之属性和内涵又做了更为清晰的界定。2006年，他对"阴阳组合结构"新的表述如下：

> 我们的先哲几乎都不从一个理论元点来推导自己的理论，而是在"阴阳组合结构"中进行思维和阐明道理。这里不妨先开列一些具体的阴阳组合命题，诸如：天人合一与天王合一、圣人与圣王、道高于君与君道同体、天下为公与王有天下、尊君与罪君、正统与革命、民本与君本、人为贵与贵贱有序、等级与均平、纳谏（听众）与独断……在上述组合关系中有对立统一的因素，但与对立统一又有原则的不同，对立统一包含着对立面的转化，但阴阳之间不能转化，特别是在政治与政治观念领域，居于阳位的君、父、夫与居于阴位的臣、子、妇，其间相对而不能转化，否则便是错位。因此阴阳组合结构只是对立统一的一种形式和状态，两者不是等同的。我上边罗列的各个命题，都是阴阳组合关系，主辅不能错位。①

仔细想来，"阴阳组合结构"说实际上是王权主义理论在思想史研究中的自然演化，它内在地包含在王权主义的理论体系之中。"阴阳组合结构"中的辅命题，是对主命题的矫正和缓冲，是为着修复主命题的脆性而提出的，而其本质属性，是属于主命题的附属物，主辅命题共同构成王权主义的意识形态体系。中国古代政治思想史研究，必须有这样的眼光，才不至于被某些单一命

---

① 刘泽华：《传统政治思维的阴阳组合结构》，《南开大学学报》，2006年第5期。

题的表面意义所迷惑,而失去对其思想本质的考察。

刘泽华所提出的"阴阳组合结构"说,既突出了王权主义的思想主题,又凸显了中国古代思想复杂而圆润的中庸特点,对认识中国古代政治思想的复杂现象具有重要的方法论价值。最近一些年来,现代新儒家和有些国学热的倡导者,每每抓住传统思想文化中的某些论题大做文章,大肆渲染中国古代思想中的民主性因素,以抵制西方民主思想的传播,如果这些学者都是真诚的话,则就是缺乏对中国古代思想史的深入了解,谙于古代阴阳组合的思想史事实,不懂得那些思想命题的辅命题属性。只要明了中国古代思想命题的阴阳组合属性,我们就不会再犯那些幼稚或偏执的错误,不会再被思想史的表面现象所迷惑。刘泽华针对国学倡导者对中国传统文化某些积极因素的过分解读,利用他的"阴阳组合结构"说有过简单剖析:

> 比如讲民本,许多学者由中国古代的民本思想,推出中国早就有了民主思想、民主主义。但是不要忘记了,中国还有一个词:君本。君本、民本两者是互相定义的。中国最早的民主,是"君为民主",也就是君王是民众的主人,这与现代的民主概念是不一样的。君为民主,民为邦本。这是一个典型的组合结构。你只抓其中一点是不行的……阴阳组合结构,阴阳比重不同,就是阳的东西不能变的。比如讲民本和君本,君本为主,民本为次、为辅助。民本不能否定君本,民本为君本所用。所以阴阳关系不能错位。我想,通过这样一个思维方式来解读中国历史的事实,可能比较接近历史。①

思想的事实就是如此,它纷繁迷人,同时也那样简单,问题是我们是不是把握住了它的基本特质。在这里,我们看到,刘泽华的"阴阳组合结构"说的确是一个很好的解释工具,一种逻辑清晰的方法论思想,很简单、很好用。可以说,提出"阴阳组合结构"说,是刘泽华对中国古代思想史研究的一大贡献。

3.关于中国传统政治思想史研究的整体擘画

刘泽华学术研究的重点在中国古代政治思想史领域,他从 20 世纪 80 年

---

① 刘泽华:《关于倡导国学几个问题的质疑》,《历史教学》(高校版),2009 年第 10 期。

代开始,就对政治思想史研究的内容和范围有一个整体性的擘画,极大地拓宽了政治思想史研究领域,并奠定了其后他和弟子们学术研究的基本方向。

(1)打破政治思想史研究的传统格局,提出政治思想有超阶级的一面

按照传统的看法,政治思想史的研究对象是历史上各个阶级和政治集团对社会政治制度、国家政权组织,以及各阶级相互关系所形成的观点和理论体系,各种不同政治思想流派之间的斗争、演变和更替的具体历史过程,各种不同政治思想对现实社会政治发展的影响和作用等几个方面,最主要的是各个阶级对待国家政权的态度和主张,即关于国家的产生、性质和作用,以及如何维持国家政权的理论观点和政治主张。刘泽华认为,这样规定中国古代政治思想史研究的对象显得过于狭窄,政治思想史除了研究国家和法的理论外,还有不少问题可以纳入它的范围。他提出还应该研究的主要问题有:政治哲学问题、关于社会模式的理论、治国的方略和政策、伦理道德问题、政治实施理论,以及政治权术理论等。根据这些问题,他把政治思想史研究的对象表述为:"研究历史上不同阶级、不同阶层、不同学派和不同人物关于国家和社会制度、社会改造,以及通过国家机关和强力处理人与自然的关系和人与人的关系的理想、理论、方针和政策,研究这些理想、理论、方针和政策提出的社会背景及其对实际政治的影响,研究它们之间的相互关系及其发展、演变的过程和规律。"[①]也就是说,从他出版第一本中国古代政治思想史的著作开始,就把政治思想史研究的内容和范围,做了有别于传统研究的极大拓展。

不过,最能表现刘泽华的学识和勇气的,则是他对阶级分析方法的突破。在以往的政治思想史研究中,阶级性被看作是政治思想的基本属性,甚至是唯一属性。而刘泽华则提出,政治思想也有超阶级的社会属性。在当时的学术语境中,他不能直接否认政治思想的阶级性问题,而只能说除了有阶级性的一面,还有非阶级性或超阶级性的一面。他写道:"在阶级社会,政治思想的核心部分具有最明显的阶级性质。但从政治思想的总体看,又不能全部归入阶

---

① 刘泽华:《中国政治思想史研究对象和方法问题初探》,《天津社会科学》,1985 年第 2 期。该文是刘泽华《先秦政治思想史》一书前言的扩充和改写。

级范畴。""也有一些超出了一个阶级的范围。""虽然每个人都无法游离于阶级生活之外,但在观念上,并不妨碍某些人会提出超阶级的理论和主张。""在政治思想史的研究中,一定要坚持阶级分析,但阶级分析方法并不是要求人们简单地把每一个人和每一个思想命题都统统编排到阶级的行列中。""即使在政治思想史范围内,也不能把每一种思想命题统统还原为阶级的命题。"①于是从他研究中国政治思想史的早期阶段开始,就突破了阶级分析的藩篱,开始向思想史的本真回归。

(2)提出并强调政治哲学研究

"政治哲学"这个词出现很早,但作为中国政治思想史中一个特殊领域,刘泽华给予了特别的重视。刘泽华最早提出重视政治哲学研究,也是在上边提到的《先秦政治思想史》前言中。在20世纪80年代初,中国学界关于政治哲学还是一个比较生疏的概念,政治哲学是什么,它包括些什么内容,刘泽华当时提出的一些研究命题有天人关系,人性论,中庸、中和思想,势不两立说,物极必反说,理、必、然、数、道等必然性理论,历史观,圣贤观,等等,这些显然是很初步的考虑。但他则明确强调:"从先秦政治思想史看,政治哲学问题具有特殊重要的意义,是应该花大气力研究的课题之一。"②

2000年,刘泽华主编出版了《中国传统政治哲学与社会整合》一书,在该书前言中,他对政治哲学研究的范畴、命题、内容提出了更为系统的看法:

> 其一,在政治思想与观念中最具普遍性的理论与命题。所谓普遍性,一方面指这些理论命题寓于党派又超越党派;另一方面寓于具体时代又超越具体时代。
> 其二,有关政治"为什么是这样"的理论与命题。
> 其三,政治价值的理论依据。
> 其四,有关政治范式化的理论与观念。
> 其五,政治理论的结构与思维方式问题。

---

①② 刘泽华:《中国政治思想史研究对象和方法问题初探》,《天津社会科学》,1985年第2期。

这五个方面大体上划定了中国传统政治哲学的研究范围。虽然此时刘泽华还不能对政治哲学给出一个明晰的定义,但政治哲学是什么的问题,在刘泽华的头脑中已经非常明确了。关于政治哲学在中国传统政治思想中的重要性,他此时又做了特别强调。他说:"我对政治哲学看得极重,把它视为中国历史进程中的社会控制因素。""不梳理政治哲学就难以把握中国历史的总貌和特点。"①

刘泽华在20世纪90年代的几篇论文,集中讨论天与王、道与王、圣与王的关系,提出天王同体、圣王合一等命题,最后提出天、道、圣、王"四合一"为中国古代政治哲学普遍性命题的观点。如他的如下论说:

> 以秦始皇为标志,天人合一又发展到一个新阶段,即天、道、圣、王的合一,其中突出的是最高权力。②

> 天、道、圣、王合一,简称"四合一",王置于绝对之尊。"四合一"是传统思想中的普遍性命题,只要是能称得上是思想家的,几乎没有不论述"四合一"的……这里仅撮要说几点:一、"四合一"把王神化、绝对化、本体化;二、把王与理性、规律一体化;三、把王与道德一体化;四、把理想寄希望于王。③

天、道、圣、王"四合一"可以说是抓住了中国古代政治哲学的核心问题,这是一套强化王权主义的论说体系。提出并大体论定政治哲学问题,是刘泽华为中国古代政治思想史研究开辟的一个重大研究领域,是他对政治思想史研究的开拓性贡献之一。

(3)提出政治文化问题

20世纪80年代末,从王权主义的历史观出发,刘泽华特别关注中国传统文化中的政治性因素,并使他的政治思想史研究深化到政治文化领域。1989年初,刘泽华和葛荃、刘刚合作发表了《中国传统政治文化导论》一文,

---

① 刘泽华主编:《中国传统政治哲学与社会整合》前言,中国社会科学出版社,2000年。

② 刘泽华:《天人合一与王权主义》,《天津社会科学》,1996年第4期。

③ 刘泽华:《王权主义:中国文化的历史定位》,《天津社会科学》,1998第3期。

指出：

> 在古代中国,政治具有极强的弥散性,几乎渗入整个社会文化,使
> 之呈现出鲜明的总体性政治价值取向。也就是说,不仅直接与政治系
> 统密切相连的文化显现出政治性价值取向,同时在宗教、教育、伦理,甚至
> 社会物质文化等方面,均无一例外地显示出明显的政治性价值取向。由
> 此形成中国传统文化所特有的政治文化化与文化政治化过程。①

政治文化应该研究什么,该文提出：

第一,研究中国传统政治文化的价值系统。这个价值系统是一个以王权
主义为核心,以宗法观念、清官思想、平均主义为补充的"刚柔结构"体系。

第二,研究中国传统政治文化的政治社会化过程。政治社会化就是政治
文化形成、持续、改变和发展的过程。

第三,研究传统中国的政治一体化问题。所谓政治一体化,主要指人们对
国家的认同问题。人们通过对国家的认同,意识到各自的同一性,从而获得某
种属于特定政治系统的归属感,并为其所属的政治权力或统治权威提供合法
性基础。

2000 年前后,刘泽华主编出版了一套《中国政治文化丛书》,在丛书序
中,刘泽华关于中国传统政治文化的形成过程,提出了一个新的更加明晰的
思想,即文化政治化与政治文化化问题。序中写道：

> 文化政治化主要包括两层含义:其一,一定的政治体制的形成有赖
> 于一定的文化背景;其二,一定政治体制的存在和运行受到文化因素的
> 制约……以"权力"这一范畴为例,权力问题不仅仅是"硬件"的规定和
> 运动,同时也是一个文化问题。比如有关权力的合法性与对权力的认同
> 问题,在很大程度上是一个文化问题。
> ……政治又会文化化。一定的政治制度和法律体系可以通过不断

---

① 刘泽华、葛荃、刘刚:《中国传统政治文化导论》,《天津社会科学》,1989 年第 2 期。

的社会化过程,逐渐内化为政治共同体成员所奉行的价值和行为准则。例如中国传统政治文化中的皇帝至上观念,即绝对权威崇拜,就是长期的君主专制制度社会化的产物。①

根据这一认识,中国政治文化研究,对认识中国政治思想的根本性质,具有重要意义。由此政治文化问题成为刘泽华中国政治思想史研究的又一新的领域。

(4)提出思想与社会互动的整体研究问题

21 世纪之初,刘泽华在南开大学社会史研究中心举办的"思想与社会"学术讨论会上,提出了一个新的学术盲区,即近二十年来的思想史和社会史研究在各自划定的领域里有了长足的发展,但思想与社会、思想史与社会史的关系问题则被忽略了。而从历史本身出发,两者的发展则是处在一个互动的动态过程中。刘泽华提出并强调了两个问题,一是要研究两者的互动关系,二是把二者的互动作为一个整体去研究,在这方面,有着巨大的研究空间。他说:

> 我这里所提出的思想与社会互动过程,不是一般的既研究思想又研究社会,也不是思想研究与社会研究的机械相加,而是说主要是两者的互动和混成现象。更具体地说,主要是研究如下两方面的问题:一是思想的社会化和社会的思想化过程问题;二是思想(观念)的社会和社会的思想(观念)。②

在这篇文章中,刘泽华列出了思想与社会互动整体研究,应该关注的十二个问题:第一,社会性的政治哲学范式与社会整体控制问题;第二,社会政治阶层、身份、角色及其观念、人格、生活、功能综合研究;第三,精英思想(包括经典思想)、统治思想、普遍的社会思想与观念、大众心态,等等,不同层次

---

① 杨阳:《王权的图腾化——政教合一与中国社会》,浙江人民出版社,2000 年。
② 刘泽华:《开展思想与社会互动的整体研究》,《历史教学》(高校版),2001 年第 8 期。

思想间的互动与沟通研究;第四,价值取向、信仰(包括宗教信仰)与行为方式;第五,社会思潮与社会运动;第六,纲纽性(核心)概念与社会;第七,形式主义与文化和社会;第八,社会化的文化典型、文化偶像、文化符号、文化图腾等;第九,观念的制度化与制度的观念化过程研究;第十,区域文化和社会的整体研究;第十一,思想社会化与社会思想化过程研究;第十二,思维方式与行为方式。这可以视为刘泽华对思想与社会互动研究内容和范围的基本规划。

2004 年刘泽华和张分田合作发表《开展统治思想与民间社会意识互动研究》一文,提出以统治思想与民间社会意识关系研究作为切入点,深化思想与社会互动研究。论文列举了若干值得深入探讨的课题:第一,历代统治集团的社会政治思想与各种社会思潮的关系研究;第二,王权主义与各种社会权威崇拜的关系;第三,官方意识形态与民众社会理想的关系;第四,宗教的社会政治观念与主流文化的关系;第五,钦定的经典思想与大众社会文化符号的关系;第六,统治思想与各种民间社会文化典型的关系。①

刘泽华公开发表文章提出思想与社会互动研究是 2001 年,而这一学术思想萌发和产生则很早,在这之前他已经指导博士生开始做这方面的研究。刘丰的《先秦礼学思想与社会的整合》、季乃礼的《三纲六纪与社会整合——由〈白虎通〉看汉代社会人伦关系》等,都是在刘泽华的指导下于 20 世纪 90 年代末写作或完成的。虽然刘泽华本人没有在这方面做更多的具体研究,而他开拓了这样的学术研究领域,则给中国古代政治思想史研究拓展了天地,指出了方向。

总括上述,刘泽华对新时期以来的中国古代政治思想史研究有开拓之功,提出了一系列重要的研究领域。政治哲学、政治文化、政治文明、政治思维方式、思想与社会互动,等等,都有赖于他的倡导和发起。而他所倡导和组织的这一系列研究,无不围绕着一个中心,就是揭示中国古代政治思想的王权主义本质。即使他提倡的思想与社会互动研究,也是从政治思想史角度出发

---

① 参见刘泽华、张分田:《开展统治思想与民间社会意识互动研究》,《天津社会科学》,2004 年第 3 期。

的。在他看来，深入研究统治思想与民间社会意识关系是为了更全面、更准确、更具体地解读官方意识形态，以及相关的经典思想、精英思想。也就是说，进行思想与社会互动研究，更能够全面和深刻地揭示统治思想控制社会的机制和过程，更能够揭示王权主义的思想史本质。从这一点上说，刘泽华提出的所有重大问题，都是他的学术思想体系的组成部分，他的研究有着鲜明而集中的问题意识和思想指向。

二、一个以刘泽华为核心的学术群体

从 20 世纪 80 年代中期开始，刘泽华所进行的中国古代政治思想史研究，就已经不是他一个人的单个行动。刘泽华通过带学生的方式，培育了一个阵容可观的学术群体。本文所论"王权主义学派"就是由刘泽华和他培养出来的学生们组成的。这个群体的主要成员，有张分田、葛荃、张荣明、林存光、杨阳、何平、刘畅、李冬君、胡学常、刘丰、张师伟、李宪堂等。本文的分析不可能将他们每个人都纳入进来，只能择其要者，抓住他们中最具代表性的人物和著作进行考察。

1.张分田的中国古代统治思想研究

张分田在中国古代政治思想史研究中成果丰硕，主要集中在帝王观念和民本思想等古代统治思想研究方面，最具代表性的著作是《中国帝王观念——社会普遍意识中的"尊君–罪君"文化范式》①和《民本思想与中国古代统治思想》(上、下册)②。

(1)提出"尊君–罪君"文化范式说

在《中国帝王观念——社会普遍意识中的"尊君–罪君"文化范式》一书中，张分田提出了一个著名的"尊君–罪君"文化范式。他认为，在中国古代社会不仅普遍存在着尊君理论、观念与行为，而且也普遍存在着罪君的理论、观念和行为。并且，尊君与罪君这两种理论、观念和行为并不分属于两个相互对

---

① 参见张分田：《中国帝王观念——社会普遍意识中的"尊君–罪君"文化范式》，中国人民大学出版社，2004 年。

② 参见张分田：《民本思想与中国古代统治思想》(上、下册)，南开大学出版社，2009 年。

立的思想体系、价值体系,而是共时性地寓于一体,并形成一种具有普遍意义的范式化的意识–行为模式①。不仅如此,在这样一个文化范式中,尊君与罪君并不是一个完全平行的存在结构,而是罪君以尊君为依归,尊君理念制导着罪君思想的展开,二者结合构成一个主副分明而圆润融通的文化结构。

尊君和罪君,看似两个截然对立的思想范畴,却巧妙地统一在一个思想体系之中,构成了中国帝王观念内在思想逻辑的两极,这的确是一个重大的思想发现。中国古代的政治思想体系为什么会是如此?罪君如何为尊君所制约,二者为什么隶属于同一个思想体系,作者的解释是:

> 以罪君为主要特色的思想家,除无君论者外,都认同由一人执掌最高权力的政治制度和圣化的政治权威。他们不仅从来没有提出过治权在民的政治理念,反而在抨击暴君暴政的基础上设计理想化的"圣王之道"。

> 道高于君这个命题本身就是把道与君紧密地联系在一起的。道,指一般原则;君,指具体君主。所谓道高于君即君主制度的一般原则凌驾于现实中的一切君主。这个思路必然形成一而二、二而一的理论结构:"有道理想"与"道高于君"。如果说有道理想着重论证君主制度的合理性、绝对性,那么道高于君则着重论证君主的行为规范及其权位的相对性。就主要政治功能而言,天下有道的政治信仰势必导向皈依王权,憧憬圣王;而道高于君的政治信条则势必导向规范王权,抨击暴君。显而易见,以道罪君是由以道尊君中派生出来的。道与君主制度相合是本质,道与具体君主相分是现象。无论维护道义的士人与时君、时政有多大冲突,都不具有在理论上否定君主制度的意义。维护道统的士人必定是君主制度的同路人。②

在张分田看来,"以道罪君"实际上是"以道尊君"的派生物,罪君说是附

① 参见张分田:《中国帝王观念——社会普遍意识中的"尊君–罪君"文化范式》,中国人民大学出版社,2004年,第12页。

② 张分田:《从民本思想看帝王观念的文化范式》,《天津师范大学学报》(社会科学版),2004年第1期。

着于君主制度之上的思想观念。这一发现的确意义重大,它粉碎了当下一些思想史学者及其所谓现代新儒家从中国古代政治思想体系中寻找民主的企图。张分田的研究,使得人们再也无法将固定的罪君理论当作现代民主思想的旗帜。因为这种理论本来就是君主政治的附属物,是君主政治理论的有机构成,无论如何是无法归入民主范畴的。

(2)揭示了传统民本思想的本质属性

沿着"尊君-罪君"的思想路径,张分田又剖析了中国古代民本思想传统的理论本质,其成果就是2009年出版的思想史巨著《民本思想与中国古代统治思想》(上、下册)。该书开宗明义地提出:

> 本书的核心命题是:现代学术界所说的"民本思想"始终是中国古代统治思想的重要组成部分。甚至可以说,中华帝制的政治原理是以民本思想为基础框架而精心构筑的庞大的思想体系。[①]

张分田对民本思想属性的最终判断是:

> 民本思想是全面论证、系统规范君主制度的政治理论。从历史过程看,帝制越兴旺,"民惟邦本"思想就越发达,皇权越集中,"民贵君轻"观念就越普及。在历代王朝的官方学说代表作乃至最高统治者的著作和言论中,可以找到民本思想的核心理念和基本思路。民本思想一直是统治思想不可或缺的有机构成之一,甚至可以成为中华帝制统治思想的代称。[②]

从理论特质、制度设计、政治实践和发展历程看,中国古代的"民本思想"不是"民主思想"。主要根据是:从理论特质看,民本思想始终没有明确指出"治权在民"的思想;从制度设计看,民本思想与中华帝制具有高度的匹配性;从政治实践看,民本思想的主要功能是优化君主政治;从发展历程看,民本思想既没有推出民主共和政治,也没有自发地导出

[①] 张分田:《民本思想与中国古代统治思想》(上),南开大学出版社,2009年,第1页。
[②] 张分田:《儒家的民本思想与帝制的根本法则》,《文史哲》,2008年第6期。

民主思想。就最基本的核心理念而言，民本思想不属于民主思想范畴，而属于专制主义范畴。①

张分田认为，民本思想绝不是一个独立的思想范畴，而仅仅是中国古代以帝制为核心的统治思想的组成部分。张分田敏锐地捕捉到了所谓"儒家民主主义"在学术上的致命死穴，即他们总是片面地抓住诸如"民惟邦本""民贵君轻"一类传统的思想命题大做文章，从中挖掘所谓民主思想，以证明其现代价值；而偏见、偏执或是思想的贫瘠，则使得他们不懂得这些命题并不是孤立存在的，它们只是更大的思想范畴的要素或支脉，只是中国传统文化中普遍存在的结构性范畴中的一端或一极。张分田是用科学的分析态度来讨论问题的，他平静地指出，新儒家们的种种论说，都省略掉了问题的另一个方面，即"在他们的事实陈述中，儒学体系的完整结构被掩盖了一半"。于是他提出，"研究一种思想的属性必须借助结构完整的事实陈述"，任何望文生义或断章取义都会将古代思想现代化，而掉进传统的陷阱。正是"结构完整的事实陈述"这一平实的科学态度和研究方法，使他将诸如"民惟邦本""民贵君轻"一类优秀的传统思想成分，无可争辩地归入专制主义的思想传统之中，还原了思想的本质。釜底抽薪，张分田用七十万言的皇皇巨著，执行了宏大的历史批判！

张分田对中国传统政治思想的解说没有使用刘泽华的"阴阳组合结构"说，而其分析方法，则和其师刘泽华一样用的是结构分析方法，将中国古代政治思想命题看作是圆润精美的结构性组合。在总结中国古代政治思想的特点时，他指出的特点之一，就是"王权绝对化理论与政治调节理论融合为一体，政论多以组合命题展开"。各种政治调节理论皆由论证君主与规范君主两大类命题构成。道统论以"道中有君–道高于君"为基本结构，革命论以"天命–革命"为基本结构，公天下论以"以一人主天下–不以天下奉一人"为基本结构，民本论以"君为民主–民为国本"为基本结构，君臣一体论以"君主–臣辅"为基本结构。尽管思想家们主要讲后者，却又自觉或不自觉地以前者为制约、限定

---

① 张分田：《民本思想与中国古代统治思想》（下），南开大学出版社，2009年，第743页。

后者。中国古代著名思想家都没有能从这个结构中解脱出来。具有这种政治思维方式的政治理论绝对不会把人们引向否定君主制度，因而其本质特征是专制主义的。①张分田认为，正是这一特点使这种理论有了一定的迷惑性。那些惯于一叶障目而缺乏宏大视野的学者，自然就容易抓住古代思想体系中属于政治调节理论的部分而大肆渲染。如中国古代政治思想体系中的"革命论""公天下论""民本论""法治论"等命题，都曾被人们以民主性的思想要素奉为至宝、大肆张扬，这实在是进入了思想的误区。张分田的研究，给人们提供了一个观察古代思想的重要角度。有了这个角度，对中国古代思想的观察或认识，就可以避免片面性的错误，而不再一叶障目。

（3）关于"重建中国思想史知识体系"的努力

在研究民本思想过程中，张分田发现了一个重大的思想史事实，即被当下学术界广泛接受、由众多著名学术前辈所奠定的一些基本的学术观点，却经不起思想史事实的检验，中国古代思想史的知识体系，确有重建之必要。他在《民本思想与中国古代统治思想》（上、下册）中写道：

> 在做了比较系统的重返古代文献的检索工作之后，笔者感到有必要，也有可能，在充分借鉴前人的基础上，进行具有一定颠覆性的重建工作。这也意味着不仅要修正乃至颠覆前人的一些思路和观点，也要修正乃至颠覆自己的一些思路和观点……限于各种主客观因素，本书只是一个初步的尝试。②

此后的研究中，他愈发感觉到兹事体大，中国古代政治思想史研究领域中诸多观念都有重新研究和改变的必要，而且是颠覆性的改变。在一篇论文中，他坦率地表明了自己的看法：

> 自从由于一系列偶然因素而步入中国政治思想史研究领域以来，

---

① 参见张分田：《中国帝王观念——社会普遍意识中的"尊君－罪君"文化范式》，中国人民大学出版社，2004 年，第 729—730 页。

② 张分田：《民本思想与中国古代统治思想》（上、下册），南开大学出版社，2009 年，第 6 页。

我参阅了大量相关著述,竟然发现一个令人震惊的现象,即在若干重大问题上,一批著名前辈学者提出的学术观点竟然经不起事实的检验。这些观点的影响极其广泛,有的已然陈陈相因,积非成是,乃至许多中青年学者依然借助这类说法构筑自己的学术基础。我的判断是:有必要,也有可能,在充分借鉴前贤的基础上,对现有中国思想史知识体系进行具有一定颠覆性的重建。完成这项工作必须在史料收集、事实梳理、方法改进、概念界定、理论创新方面下一系列的功夫,可能需要几代人的不懈努力。①

在 2011 年的一篇论文中,张分田正式提出"重建中国思想史知识体系"命题。这篇论文,以对"专制"的理解为切入点,提出适度超越传统的"民主/专制"预设,全面评估"君主专制"的历史价值,进而客观、全面、准确地认识中国古代政治文明及相关思想现象问题。论文可以看作是张分田企图"重建中国思想史知识体系"的一个案例。

论文中说,与其回避帝制与儒学专制的事实,不如本着尊重历史的态度,明确提出"借鉴中国古代专制主义政治理论"的课题。这就要求我们全面评估"君主专制"的历史价值。这个操作路径涉及一系列重大事实判断和重大史学理论问题。张分田从五个方面阐述了正面评价中国古代君主专制制度的理论与事实根据:

第一是仿效一个学术典范, 即马克思主义经典作家对资本主义的评价。在《共产党宣言》中,马克思恩格斯论证了资本主义必然灭亡的历史趋势,同时又充分肯定了其在人类社会发展进程中的历史功绩。效法这一方法论思想,在评估帝制与儒学的历史价值时,我们应当充分肯定其历史合理性及某些制度法则和政治理念的现代意义。

第二是体察一个历史过程, 即"君主专制"是一种世界性的历史现象。当世界各地的文明发展到一定程度时,都无一例外地出现过可以称之为"君主

---

① 张分田:《完善事实陈述的主要途径——涉及中国思想史研究方法与视角的治学心得》,《湖南大学学报》,2010 年第 6 期。

专制"的政治体系。这种世界性的现象指示着历史的逻辑:君主专制是政治文明演进的一个重要阶段。

第三是关注一个重大现象,即在资本主义社会形成之前,中国政治文明的发展程度最高,历史成就最大。先秦诸子共同创造的"大一统"理念及由此而构建的中央集权制度,明显优于世界同一时期其他地区的政治制度。

第四是明确了一个社会常识,即当不同时代、不同地区的人们面对相同或相似的客观事物的时候,很容易对其一般特征和普遍法则形成相同或相似的认识。人们很容易形成一个朴素的政治认识,即广大群众是一个政治共同体及其首领的社会基础,多数人的意志在很大程度上决定着共同体的盛衰存亡。实际上,只要有社会组织存在,人们就会或多或少感知权力的公共属性和制约权力的各种因素,并为权力的获得与行使设定条件。很难简单地以"专制"或"民主"判定优劣。中华帝制的政治原理就是以民本思想为基础框架而精心构筑的庞大的思想体系。

第五是研究一个基本事实,即中国古代没有主张"绝对君权"的政治思想流派。有两个事实值得重视:(1)中国古代思想家都没有明确提出"治权在民"的主张,因而找不到名副其实的民主思想体系;(2)中国古代思想家都没有提出主张"绝对君权"的思想体系,立君为民、为公、为天下获得社会各阶层的广泛认同,因而帝制的统治思想包含了那个时代所能想象得到的一切限定、制约、规范、调整最高权力的思想因素,许多内容具有普适性政治价值。在中国古代专制主义政治理论体系中,很早就蕴涵着许多在现代社会依然适用的政治法则。

据此,张分田指出,一般学者总是将"民主思想"与"专制思想"视为两个相互独立、相互排斥的发展序列,似乎只有"民主"可以衍生"民主",而"专制"绝对不可能为"民主"提供文化资源。而我们如果跳出一些简单化的预设,纵观一部人类政治文明史,就不难发现:无论在制度上,还是在思想上,"民主"与"专制"都没有单独构成一个连续的发展序列。因此二者都可以成为政治理性和政治智慧的借寓之所。中国学者应当在坚定不移地批判君主专制及其各种流弊的同时,深入地研究中国古代政治学说的精到之处,并给予相应的评价。①

就此案例可以看出，张分田所坚持的是历史主义的思想态度和学术立场。由此出发再去看他关于帝王观念和民本思想的研究，都是这一立场的产物，都是他"重建中国思想史知识体系"的努力。只不过是，他的这种努力目标，是随着研究的深入越来越自觉、越来越明确了。

(4)关于中国古代政治思想史研究的方法论思考

张分田特别重视方法论问题，写过多篇关于方法论的文章，如他和刘泽华合作的《中国古代政治学说史研究对象与方法》《开展统治思想与民间社会意识互动研究》，自己独立发表的《深入剖析统治思想的若干思路》《中国帝王观念研究的对象、思路与方法》《深化民本思想研究的思路与方法》《社会普遍意识研究的若干思路》②等。除此之外，张分田的主要著作中，都还会专门谈到他的研究方法问题。如他在《中国帝王观念——社会普遍意识中的"尊君-罪君"文化范式》的导论中所说：

> 思想史的研究必须坚持历史与逻辑的统一、思想与社会的统一、抽象与具体的统一。评说历史上一位思想家的某一命题，不能脱离这位思想家的整个思想体系和思维逻辑，不能脱离当时的社会背景(特别是当时的社会普遍意识)，不能脱离这个命题的具体历史内容，更不能望文生义而任意演绎。这是严肃的思想史研究所必须遵循的基本原则。③

张分田所强调的这三个统一，实际上就是思想史研究最重要的方法论。这既是借鉴以往学界的方法论思想，也有他自己对思想史研究方法论新的补充，是他自己方法论思想的抽象和总结。

---

① 参见张分田：《"专制"问题论纲——关于"重建中国思想史知识体系"的若干思考》，《天津社会科学》，2011年第3期。

② 这些论文都已收录到刘泽华、张分田等合著的《思想的门径——中国政治思想史研究方法论》(天津古籍出版社，2006年)一书中。

③ 张分田：《中国帝王观念——社会普遍意识中的"尊君-罪君"文化范式》，中国人民大学出版社，2004年，第65—66页。

在具体的研究方法方面，张分田特别强调"以罗列事实为主的研究方法"。在《中国帝王观念——社会普遍意识中的"尊君–罪君"文化范式》的导论中，他说："本书最重要的论证方法和阐释方法是罗列事实，在实证的基础上，探讨原因、本质、结构、模式、规律。"在《民本思想与中国古代统治思想》（上、下册）中单列一个节目标题，来讲述他为什么要选择"以罗列事实为主的研究方法"。①罗列事实并不是一项简单的工作，它的最高境界是达到尽可能完善的事实陈述，以还原历史的本来面貌。如何才能做到这一点，张分田也从方法论的高度做了总结。2011年他发表文章说："事实是一切学术研究的基础。高品位的学术著述必须尽力完善事实陈述。观点、方法、概念、理论的创新也有赖于高质量的事实陈述。有时仅靠事实陈述便足以颠覆一些成说。"论文从研究争鸣的各种理据与结构完整的事实陈述、分析思想的内在理路与逻辑完整的事实陈述、剖析文本的理论体系与要素完整的事实陈述、拓展史料的取材范围与过程完整的事实陈述四个方面，探讨了思想史研究中完善事实陈述的基本途径。②可以说，张分田给予思想史研究方法的探讨和总结，对于学界会有重要的启发意义。

2.葛荃的中国古代政治文化研究

葛荃主要从事中国古代政治文化研究，代表性著作有《立命与忠诚——士人政治精神的典型分析》《权力宰制理性——士人、传统政治文化与中国社会》《中国政治文化教程》，并与刘泽华共同主编《中国古代政治思想史》等书。

葛荃在王权主义理论的基础上展开自己的研究工作。他在《中国政治文化教程》中说："王权主义作为'社会的一种控制和运行机制'，为我们相对准确地把握中国传统思想文化的基本历史定位提供了视角。""王权主义从学理上讲明了中国传统文化的政治本质与君主专制的特性，以这样的认识为前提，我们关于中国政治思想与政治文化的历史定位和现代命运的理解就会相对地更贴近事实，更接近历史的本来面目。"③基于此，他的《中国政治文化教

① 参见张分田：《民本思想与中国古代统治思想》（上、下册），南开大学出版社，2009年，第20—24页。

② 参见张分田：《完善事实陈述的主要途径——涉及中国思想史研究方法与视角的治学心得》，《湖南大学学报》，2010年第6期。

③ 葛荃：《中国政治文化教程》，高等教育出版社，2006年，第318、319页。

程》一书中的许多基本观点,都是对王权主义理论的展开式论述。如他把中国传统政治文化的核心内涵概括为君权至上,而君权至上的价值准则则主要表现在四个方面:第一,政治权力层面,君主的权威具有决定性;第二,在社会政治关系方面,君主有着绝对的统属和占有权;第三,在人与自然的关系方面,君主处于独特的崇高地位;第四,在权力与思想文化的层面,君主意味着终极真理。① 有关这四个方面的全部论述,都是对王权主义的展开式阐发。

但这绝不是说葛荃的研究缺乏思想个性。葛荃对中国古代政治文化的研究,系统地揭示了中国古代政治文化的思想内涵、价值原则、观念体系、文化性格,建构了关于中国古代政治文化研究的方法论原则和学术体系。他的《中国政治文化教程》涉及 "传统政治文化的价值结构""传统政治文化中的人""士人的政治存在""传统政治人格""从臣民观到公民意识""中国传统的 '公私观' 与 '以公民为本'""君臣之道与贤人政治""忠孝之道与传统义务观""政治制衡观念与政治运作""传统中国的政治社会化""中国政治文化的思维定式与思维特点"等诸多方面。可以说,传统政治文化的各个层面,都被他做了充分的挖掘和分析。

葛荃的研究有几个突出的亮点值得关注。

(1)关于中国古代社会政治的根本特点的认识

葛荃把中国古代社会政治的根本特点归结为 "政治本位",《权力宰制理性》中写道:

> 中国古代社会政治的根本特点之一就是"政治本位"。这主要表现在:其一,存在着一个极其完备、运行有效的政治体系,中国古代君主政治的官僚制度和政体设置无疑是最为系统化和最完备的。其二,君主及其麾下的贵族官僚拥有对全社会的绝对统治权和主宰权……王权是至高无上和独一无二的。其三,以君权至上和尊卑等级原则为核心的价值体系覆盖了整个政治文化领域……"官本位"即政治权威崇拜成为遍布社会深入人心的政治心理趋势。其四,在全社会的利益分配和利益选择

---

① 参见葛荃:《中国政治文化教程》,高等教育出版社,2006 年,第 32—43 页。

之中,政治利益,即君主利益、王朝利益和官家之利是压倒一切的,占有绝对优势……其五,政治性的广泛弥散。在中国传统文化的各个领域、各个层面,都能找到与政治相通的地方,体味其中的政治性。①

《中国政治文化教程》中也有很鲜明的论述:

> 在古代中国,在数千年长期延续连绵不断的君主政治的统治之下,政治权力和政治权威的影响是极为广泛的,表现为一种强烈的政治弥漫性,渗入到传统文化的各个层面,使得中国文化呈现出明显的总体性政治价值取向。也就是说,在那些看起来似乎远离政治的文化层面,诸如宗教、家庭伦理、学校教育,以及物质文化和民间习俗等,全然无一例外地带有明显的政治印痕,呈现出某种政治性的价值特征。在中国传统文化中,我们很难找到独立于政治之外的文化层次。②

"政治本位"可以说是抓住了中国古代社会的核心问题,中国历史过程中的一切问题,都是围绕政治展开的;中国文化最鲜明的色彩就是政治色彩。就如在孔子那里,几乎没有不是政治的问题。有人问他为什么不参与政治,孔子说:"《书》云:'孝乎惟孝,友于兄弟,施于有政。'是亦为政,奚其为为政?"(《论语·为政》)在孔子看来,孝顺父母,友爱兄弟,把这种精神推广到政治上去,也就是参与了政治。换句话说,个人的修养问题就是政治问题。子曰:"诵《诗》三百,授之以政,不达;使于四方,不能专对;虽多,亦奚以为?"(《论语·子路》)熟读《诗经》三百篇,而不会处理政务,不能充当合格的外交使节,就等于是白读,学问不能用到政治上去,就没有了任何意义。个人修养是政治问题,读书治学也是政治问题,人的一切活动无不是围绕"政治"二字展开的,"政治"在中国人的一切社会生活、精神生活中占有最重要最突出的位置。中国历史的这一特征,即使在现代社会也没有丝毫改变,反而被阶级斗争搞得更为加强

---

① 葛荃:《权力宰制理性——士人、传统政治文化与中国社会》,南开大学出版社,2003年,第132页。
② 葛荃:《中国政治文化教程》,高等教育出版社,2006年,第18页。

了。要理解中国历史，"政治本位"就是一把打开历史之门的钥匙。其实，"政治本位"和"王权主义"表达的是同一个问题，只是换了个说法，而这个说法比起王权主义说，却更加通俗化了，它更加直白地揭示了王权主义治下中国社会和中国文化的本质特征。

（2）关于中国传统文化价值结构的认识

关于中国传统文化，近代以来有过无穷无尽的解说，中国文化的属性、中国文化的结构、中国文化的价值观念，等等，从事文化研究的人，都有自己的一套说辞。但是相较而言，葛荃对中国传统文化价值结构的揭示，则更给人以鞭辟入里的感觉。他总结中国传统文化的价值结构说："我们认为传统文化的价值系统有三个层次构成：在政治生活层面，儒学崇尚的价值准则是君权至上；在家庭即社会生活层面，儒学认可的价值准则是父权至尊；以人为社会主体，沟通社会与政治的价值中介是伦常神圣。此三者结合为一体，涵盖了传统文化的主流。"[①]在这三个层次结构中，"君权至上是核心，决定着儒家文化的理性思维和价值选择的主导方向；父权至尊是君权至上的社会保障机制，为维护君权提供社会-心理基础；伦常神圣则居间沟通调停，使君父之间形成价值互补。故而不论从思维逻辑，还是从操作形式，儒学的价值系统都显示出趋于成熟圆满的自我调节功能和超强的稳定性。"[②]君权、父权、伦理三层结构，围绕君权至上组合了一个文化的核心体系，控制了中国人的思想、观念、心理和思维，支配着几千年间中国人的一切行为和实践活动。如果说，"政治本位"是理解中国历史的钥匙的话，这个以君权至上为核心并由君权、父权、伦常三个层次组合而成的价值体系，则是理解中国人的思想、心理和行为方式的钥匙。这一理论概括，对今天我们的国民做自我文化反省和自我认识，有着重要的提示性意义。

（3）关于道统与君统本质关系的考察

葛荃用《权力宰制理性——士人、传统政治文化与中国社会》一书，回答了长期以来政治史和思想史上人们争论不休的一个基本问题，即道统和君统的关系。道统是理性的代表，是历代士人所坚守的治国安民的正义之道，亦即

---

① 葛荃:《中国政治文化教程》,高等教育出版社,2006年,第239页。

② 葛荃:《中国政治文化教程》,高等教育出版社,2006年,第243页。

儒家的政治理念;君统是权力的代表,是历代帝王所控制的国家权力。本来,在中国古代社会政治结构中,君权至上,以帝王为代表的国家权力支配一切,道统也是毫无例外地为君统所统驭;但自孔子以来,体认道统的士人却编造出一个聊以自慰的美妙幻想,高喊"从道不从君""道高于君"云云。诚然,"道高于君"的确为历代士人说崇尚,而问题是它高得了吗?

葛荃分析说,道高于君是统治阶级自我批判和自我认识的一种表现。高度集中的王权,必须辅之以适当的调节,否则很容易走到极端,"道高于君"恰恰为这种调节提供了理论根据。依据"道高于君",君主在道面前就是有条件的、有局限的,君主唯有遵循道的规范,自我调整各种关系,才能长治久安,传祚万代。这样,道在一定限度内对君主的确具有某种制约作用。对一些贤明的君主来说,他愿意服从道的制约,能够做到虚心纳谏,则可以增加他们的应变能力和自我调适能力。于是在这种情况下,"道高于君"从根本上说是对君主专制制度的一种肯定。这是"道高于君"的最好的状况,是构成君主专制制度的肯定性因素。

从一般情况说,"道高于君"只是士人的理想和信念,它既不是制度化的建制,也不是具有实际约束力的规范,在坚实和冰冷的王权面前,道统的力量是孱弱无力的。"道"的孱弱是和它的载体——士人在社会政治中的地位相联系的。葛荃说:

> 在"政治本位"的社会环境中,一切与政治权力和政治利益相关的认识及选择主宰着社会的发展趋势,制约着人们的思想观念和社会存在方式,士人在这样的文化和社会条件下,只能越来越变成名副其实的"政治动物",他们的具体的历史表现只能是进一步的臣仆化。[1]
>
> 纵观中国古代社会,士人无论是得宠,还是失意,他们始终是君主的奴仆和工具,因之从根本上说,士人是不可能脱离政治而形成相对独立的社会定位的。[2]

---

① 葛荃:《权力宰制理性——士人、传统政治文化与中国社会》,南开大学出版社,2003年,第132—133页。

② 葛荃:《权力宰制理性——士人、传统政治文化与中国社会》,南开大学出版社,2003年,第144页。

士人的地位就是如此,他们坚守的"道"能强到哪里去呢？要他们去约束王权,如何可能？让至高无上的皇权向虚幻的理想低头的事情,在中国历史上从来没有看到过。葛荃通过详尽的历史考察,证明了"权力宰制理性"这个中国古代历史的政治特点,粉碎了关于古代民主的虚妄臆测。葛荃的分析考察使我们看清了文化保守主义、现代新儒家寄托于古代"道统"的虚妄幻想。对政治权力的制约,从来不能靠理性和意念。政治权力是一种实实在在的力量,制约它的也必须是实实在在的力量,甚至需要一种比其更强大的力量。诚如葛荃所说:"人类的文明史早已证明,只有权力才能制约权力。因此尽管士人反复论证'道高于君',君主要听命于天,可是在现实政治生活中,他们最终难逃王权的控制。"①这是古往今来任何愿意面对事实的人都可以看到的冰冷的事实。中国古代思想家们在"道高于君"的旗帜下臆想了几千年,今天的继起者难道还要再去执着于那些空洞的幻想？

3.张荣明的中国古代政治宗教研究

好像这个学术群体一开始就有明确的分工一样,张荣明的研究集中在中国古代政治宗教研究方面,主要著作有《殷周政治与宗教关系研究》《权力的谎言——中国传统的政治宗教》《中国的国教——从上古到东汉》《中国思想与信仰讲演录》《信仰的考古——中国宗教思想史纲要》等。

张荣明的博士论文选题就是探讨政治与宗教的关系,并得出了在中国上古时期,国家政治与宗教高度契合的结论。他认为,殷周王朝是"王权政治"时代,而王权政治即"神权政治",它有四个方面的显著特点:第一,政治信仰与宗教信仰的合一;第二,政治组织和宗教组织的合一;第三,政治权力与宗教权力的合一;第四,政治制度与宗教制度的合一。②博士论文的写作,将其之后一个时期的研究兴趣引导到政治宗教的研究方面。

从政治思想史和政治文化史的角度说,张荣明的主要学术贡献在于提出并论证了"政治宗教"问题,并在学界第一次对"国家宗教"概念做了系统阐

---

① 葛荃:《权力宰制理性——士人、传统政治文化与中国社会》,南开大学出版社,2003年,第215页。
② 参见张荣明:《殷周政治与宗教关系研究》,南开大学博士学位论文,1995年。

述，为中国古代政治思想史研究开拓了一个新领域。张荣明提出的政治宗教，从思想属性上说，是服膺于国家权力的，不同于一般宗教的自然性质。他说："政治宗教信念的形成既是一个自然的社会过程，也是一个权力操作的政治化过程。""政府是贯彻一定的价值观、社会信念的工具。可是政府本身也需要权威，一个没有权威的政府形同虚设。权威的获得有两种途径：一是运用暴力，强制社会成员顺从一定的价值观念；二是使自己神圣化、偶像化……这样一来，作为传布社会宗教信念的工具——管理者和统治者首先被信念化，成了价值体系的中枢。于是在中国政治历史中历代帝王的神话层出不穷。"①张荣明界定政治宗教有如下特点：第一，政治信仰。任何一种成熟的政治形态都有自己的信仰和观念体系，这套观念体系既与业已存在的政治状况相关，又超离当时的政治现状，被当作政治的长远目标。第二，政治信仰的传输机制。为了完成社会整合的任务，每个时代的政府都通过特定的政治机制宣传自己的政治理想，竭力使之成为每一个国民的政治信念和自觉的政治追求。通过传输政治信仰，使每一个国民认同政治管理者，认同所处社会的政治体制。第三，权力神圣。传统中国百姓认为，管理者之所以能拥有行政权力，是因为只有他(们)能最大限度地体现神的意志，或者说最富有智慧。在中国政治文化中，绝大多数统治者都是尽善尽美的。第四，一定的礼仪形式。在政治活动中，一定的政治礼仪形式是政治宗教的外在象征，它时刻向人们昭示着政治权力的存在和神圣。②可以说，张荣明所说的政治宗教，实际上是统治者从意识形态掌控的需要出发而制造出来的，是权力操作的结果，是管理者或统治者自我神圣化的产物。从这一点上说，政治宗教实际上也是王权主义意识形态的组成部分。

完成《权力的谎言——中国传统的政治宗教》之后，张荣明又借鉴西方的国家宗教理论，来探讨中国中古时期的国家宗教，并承接国内学者已有的儒教说，把传统的儒学定义为儒教，即中国秦汉之后中国社会的国家宗教。代表作就是他2001年出版的《中国的国教——从上古到东汉》一书。尽管儒教说

---

① 张荣明：《权力的谎言——中国传统的政治宗教》，浙江人民出版社，2000年，第3页。

② 参见张荣明：《权力的谎言——中国传统的政治宗教》，浙江人民出版社，2000年，第6—7页。

在国内学术界早已有之，尽管任继愈、李申等学者在儒教说的学理化解读上已经做了不少的工作①，张荣明的研究还是对之有所推进，或者说在儒教说的系统化上走得更远。因此是书在学界还是产生了不小的冲击力。

张荣明定义的国家宗教是一个结构–功能性概念，强调这种宗教的政治属性。他说，国家宗教是"入世"的宗教，它强调社会秩序和等级，为国家的存在提供终极价值依据。因而国家宗教是一种集体宗教，它的任务是提供集体道德和公共思想秩序。②在张荣明看来，国家宗教作为一种隐性的宗教，它在以往没有引起广泛的注意和研究，乃在于它没有像民间宗教一样的教团组织和教会机构，而从功能属性判断的角度说，国家的行政组织，则正是起着宗教组织的功能和作用。所以他说："国教组织正是国家的行政组织，国教机构正是国家行政机构。"在这种国家宗教的组织体系中，执掌国教布道职能的不是民间僧侣，而是政府的官吏，他们布道的对象正是治下的民众。因而实际上，国家行政组织充当着国教组织，各级官员充当着国教牧师或政治牧师的角色。国家宗教也有自己的教主、教皇、教士和教徒。教皇是宗教组织的最高统治者，既是教内事务的最高管理者，也是教义争端的裁决者和最终解释人。国教的教皇就是国家的最高元首。他不但是国教教义的最终解释者和教务的最高仲裁者，而且是国教的最高祭司。③在该书第十章"教主·教皇·教士·教徒"中，作者分析的教主是孔子；教皇是皇帝（皇帝兼有教皇和教主双重身份，国教中存在孔子和皇帝二元教主）；教士是五经博士；教徒有孝子、忠臣、节妇、义士等。国教的经典即是儒学传承的《诗》《书》《春秋》《周易》《礼》"五经"，以及后世衍化出的"十三经"。

张荣明的儒学国教说在学术界也招致了一些批评。如有学者发表书评文章批评说："本书具有采用功能性定义通常会有的一个缺陷，那就是外延的扩

---

① 将儒学界定为宗教，定义为儒教，国内学者最具代表性和最有影响力的论文论著有任继愈：《论儒教的形成》，《中国社会科学》，1980 年第 1 期；任继愈：《朱熹与宗教》，《中国社会科学》，1982 年第 5 期；李申：《关于儒教的几个问题》，《世界宗教研究》，1995 年第 2 期；李申：《中国儒教史》（上、下卷），上海人民出版社，1999 年、2000 年。

② 参见张荣明：《中国的国教——从上古到东汉》，中国社会科学出版社，2001 年，第 15 页。

③ 张荣明：《中国的国教——从上古到东汉》，中国社会科学出版社，2001 年，第 8—12 页。

大化。后果就是有一种泛宗教主义的倾向,最突出的表现应该是将儒学的全部都视为宗教,如本书把国家的行政组织等同于国家宗教的宗教组织,把国家的官吏等同于国家宗教的教士,这显然是一种过于简单化的做法,唯一的好处就是使得国家宗教能够在结构上比附于制度化宗教。然而行政组织与宗教组织、官吏与教士在性质、职掌上的区别是显而易见的。这种泛宗教主义的做法无助于明确国家宗教的本质性特征。"①从纯学术的角度说,这一批评并非没有道理,就连儒学能否作为一种宗教看待,在学术界也是见仁见智,并且更传统更强大的仍是儒学非宗教说。但是学界的一些批评,并没有深得张荣明儒教说之真谛。

应该承认,通过国家力量打造一种政治信仰,造成全社会对君权合法性的无条件认同,这就是政治宗教、从而一切国教的根本性质。充分揭示中国古代政治思想史上国家权力对公众思想的强力操控问题,才是张荣明关于政治宗教、国家宗教研究的真正价值。张荣明实际上是以"国家宗教"解释了中国古代的意识形态独断。国家意识形态的神圣性、权威性、非批判性,用宗教形态予以比附,还的确有一种类宗教性。不管这种解读方式是否恰当,国家宗教、国教等概念系统的引入,的确使我们惊叹于秦汉以来中国政治思想控制的森严和专横。宗教是不允许有异端的,当思想上升为宗教的时候,这种思想的专横性就栩栩如生了。张荣明的研究,揭穿了那些披着道德伦理华丽外衣说教者的真正目的,谓其"权力的谎言"可谓一语破的。至于从纯科学的角度说,他关于"国教""政治宗教"的定义云云,则是可以讨论的。

4.林存光的中国古代政治哲学研究

林存光是刘泽华学术群体中更年轻的一代。他主要集中于儒家政治思想、政治思维和先秦诸子政治哲学方面的研究,代表性著作有《儒教中国的形成——早期儒学与中国政治文化的演进》《历史上的孔子形象——政治与文化语境下的孔子和儒学》《儒家式政治文明及其现代转向》《先秦诸子政治哲学研究》等著作。就刘泽华学术群体而言,林存光的个性是较多地探讨了儒学

---

① 王青:《关于国家宗教研究对象的思考——读张荣明〈中国的国教〉》,《世界宗教研究》,2002 年第 2 期。

的现代转换问题,给予儒学以更多同情的理解,但在对儒学的本质与中国传统文化基本特质的认识上,则和这个群体基本一致,有着共同的学术立场,毫无疑问地属于这个学派中的一员。

（1）关于儒家"文化政治"观的研究

林存光最初的政治思想史研究,集中在儒家政治观方面,其最突出的思想观点是提出用"文化的政治学"或曰"文化政治"来概括儒家的政治理念。

在 1995 年的一篇论文中,林存光把儒家的政治理念,归结为"道德政治论",认为儒家政治思想的特质即是德政人治,把政治完全置于道德的领域。在关于人道与政治的关系问题上,儒者认为"人道政为大","政"处于人道价值符号系统的核心地位。孔学所强调的"礼",就是被赋予了一种普遍性的人文道德意义的制度化规范。从这一认识基础出发,衍生出儒家对政治实施过程的认识:为政的枢要在于权力主体的人,政治实施过程也就是道德感化过程——由正己而正人,即为政者应作为道德"人化"的楷模去化人导民,"以人治人"。在儒家看来,政治的合法性即源自政治人或权力主体的道德魅力。论文认为,儒家从理论上孕育、培植了古代中国人将政治置于道德领域的政治思维习惯,并由此构造了中国古代政治的人本传统。这一政治思维习惯源于对人道德本体的反思与觉悟,最终亦将政治实施过程及政治的最终目的归结于人道或人性化价值的充分实现,这也是儒家政治思想的总体特征。①

2003 年的一篇论文中, 林存光将上述认识进一步深化并做了更突出的表达,提出了"文化政治"概念。用作者自己的话说,提出这一概念,旨在从一种更富于解释性的政治思维方式的视角来重新审视和分析先秦儒家政治理论的本质特征。这一概念是针对学界对儒家政治思想"混政治道德为一谈"的批评而产生的。在林存光看来,儒家不是"混政治道德为一谈",而是在儒家看来,"道德(个人品格的修养和社会伦理的规范)既应构成为整个政治运作的普遍基础,而政治亦必须担负起化民成德的根本职能或以化民成德为最终目标与归宿",二者本来就是一个一而二、二而一的问题,于是他就干脆把儒家的政治思想叫作"文化政治观"。儒家的文化政治观可以从四个层面来理解:

① 参见林存光:《先秦儒家政治思想简论》,《管子学刊》,1995 年第 3 期。

第一，整合的理念。对儒家而言，政治的根本目标是文化性的礼教德化，或者说最大的政治也就是礼教德化。所以儒家的"文化政治"理念是一种文化与政治高度整合的理念。第二，就学术思想的层面而言，对于春秋战国时代圣王离异、道术分裂、文化-政治秩序分化解体的境况，孔儒采取的是一种批评和否定性的认知态度，因为这有悖于他们高度整合性的文化政治理想。第三，在文明教养的层面，儒家主要是从人之所以为人的普遍理念来审视政治与伦理的关系，并倡导以共同的道德规范来构筑社会整合的文明教养基础。第四，在生活方式的层面，儒家的礼教或礼治主义最能体现其文化政治理念的特色。由此观之，将一种泛道德主义的文化价值理想与泛政治主义的全能型政治观融合为一，是儒家"文化政治"理念的最大特色。[①]2006 年 9 月，林存光主编出版了《儒家式政治文明及其现代转向》一书，认为儒家政治观的实质是人本主义，并概括其基本内涵为七个方面。[②]这些研究，补充了"文化政治"观的具体内涵。

（2）关于中国古典政治哲学的哲学化表达

前已论及，刘泽华率先提出并论证中国古代的政治哲学问题，规划了政治哲学研究的主要范畴，并主编出版了专门性著作，是当代中国传统政治哲学研究的奠基人。但是也应该指出，在中国古代政治哲学的研究方面，刘泽华所主编的《中国传统政治哲学与社会整合》一书，基本上停留在问题梳理和思想归纳的层面上，从政治哲学的角度说，还缺乏学理性的探讨。而林存光所进行的，恰恰就是在补充刘泽华政治哲学研究的相关不足，把政治哲学研究学理化真正提升到哲学的水平。

林存光在 2006 年底主编出版的《先秦诸子政治哲学研究》一书中，有题为"先秦诸子政治哲学综论—— 一项基于中西比较视角的审视与分析"的专题研究，从西方的政治哲学概念出发，比较了中西古典政治哲学的差异。这可以视为林存光将先秦诸子政治哲学研究真正提升到哲学层面的开始。这项研究提出的最重要的结论是，"比较而言，古希腊古典政治哲学可以说遵循的是

---

① 参见林存光：《文化的政治学——试论先秦儒家政治思维的文化取向》，《天津社会科学》，2003年第 4 期。

② 参见林存光主编：《儒家式政治文明及其现代转向》，中国政法大学出版社，2006 年，第 36—42 页。

52

以制度为中心来寻求解决城邦政治出路问题的思维路向"，而中国的古典政治哲学家则是选择了"以主体为中心来寻求解决政治出路问题的思维路向，不管他们推崇的是哪一种类型的圣王统治或主张采取什么样的统治方式，他们也并非不关注制度的问题……但对他们来讲这却是低一层次的政治问题，他们所推崇的圣王明君是完全超然凌驾于国家与制度之上的独一无二、至尊至上的政治主体"。所以中国古代政治哲学的核心问题便是"如何将一个有限的个体塑造成为一个无限的政治主体"。①

这一重要中国古代政治哲学观，在几年后发表的《重读中国古典政治哲学——兼论中国政治思想史研究诸范式》中得到了较为详尽的发挥。论文对在学界已经形成的学术共识——中国哲学的主题"内圣外王之道"——做了新的解读，认为"内圣外王之道"这一中国古典政治哲学的内核或主题，实质上是一个理想的政治主体性问题，是一个反身以求而以"主体"为中心来思考和寻求解决客观世界的问题的根本办法。这就是中国古典政治哲学思想的形态与特质。以主体为中心来思考和寻求解决客观世界问题的出路和办法，的确是抓住了中国古典政治哲学的根本性质。接着，作者借鉴美国政治哲学家施特劳斯的政治哲学定义，给出了自己关于何谓"政治哲学"的基本看法，并循此展开分析，将问题的讨论提升到了哲学的平台上。

林存光的政治哲学定义是："政治哲学就是试图真正了解政治事务的性质，以及最适宜于统治天下或做天下王的政治主体这两方面的统一之道。""所谓'了解政治事务的性质'，对中国的政治哲人而言，主要指的就是了解和探究天下的事务和本性"；"对中国的政治哲人来讲，最大的政治问题便是由谁和如何来平治和统一天下的问题，答案是最好或最理想的就是由圣人做王才能平治和统一天下，而圣人做王并不是一个制度性的问题而是一个主体性的问题。""综合而言，了解天下的事务与本性并期之以必待圣人而治之，这便是中国政治哲人的最根本的政治信念。"②

谋求从政治主体的角度解决天下的治理问题，而主体就是圣王明君，是

---

① 林存光主编：《先秦诸子政治哲学研究》，辽海出版社，2006 年，第 237—239 页。

② 林存光：《重读中国古典政治哲学——兼论中国政治思想史研究诸范式》，《政治思想史》，2011 年第 1 期。

个体意义上的政治主体。那么个体意义的主体，如何解决个体的有限性与天下的公共性和无限性之间的矛盾呢？也就是说，如何才能把"一个有限的个体塑造成为一个无限的政治主体"呢？中国古代政治哲学的所有重大思考，基本上都是围绕此一问题而展开。林存光认为，中国古代政治哲学家所塑造的理想的政治主体主要有四大特性：第一，它是一种个体性的存在；第二，它是一种道德性的存在；第三，它是一种层级性的存在；第四，它是一种境界性的存在。个体性是其实体存在；层级性是主体的结构性，是对个体性的补充；道德性和境界性则是政治哲学家们设想的解决个体有限性与政治无限性矛盾的基本途径。几千年间，思想家们一直陶醉于君主道德自律、境界提升这一无限美好的憧憬之中；并在长期的幻想中培育出希望的倒置——圣王崇拜，把一切都绝对地托付给虚幻的圣王明君，最终成为专制主义的塑造者和牺牲品。林存光通过他的中国古代政治哲学研究，为王权主义理论从一个方面做了深刻论证。

（3）关于传统政治思想的现代转化问题

在这个学术群体中，林存光是较多强调中国传统政治思想现代转化问题的一个。《儒家式政治文明及其现代转向》这个书名已经说明了问题，该书还专门安排了一个专题"儒家政治智慧的现代转向——重构儒家'外王'理想的两种路径及第三种可能"。林存光执笔的第一章和第四章中，分别有"儒学的'转化'功能及其当代相关性""儒教传统与中国政治文明的现代转向"两节，提出对儒家政治哲学应该抱有一种"同情地理解"的态度。他说："我们首先应以一种平正的心态将儒家的政治理念视作是独特的，而不是先入为主地就判定它是完全错误的，然后再去做一种辩证的两面观，即全面地批评反省它的利与弊，这才是我们对待影响我们至深的一种政治观所应持的态度和立场。""同情地理解并为儒家政治哲学辩护，并不意味着我们对儒家传统便有一种'浪漫式的迷恋'，简单地肯定和盲目认同的态度是我们所不取的，简单地否定和轻率蔑弃的态度亦同样为我们所不取，我们需要的是正视，而儒家人本主义的政治哲学及其'由道德而政治的观念'需要的则是调整和转化。"①

---

① 林存光主编：《儒家式政治文明及其现代转向》，中国政法大学出版社，2006年，第71—76页。

王权主义学派的重要特色之一,是重视对传统思想的批判,这一点我们后边还要专门分析。林存光的研究也很鲜明地体现了批判色彩。但是他在执行批判的时候,是兼顾到转化的问题,在这方面较该群体中的其他学者做了较多的工作。

三、"王权主义学派"之成立

很久以来,中国学术界已经非常不适应"学派"这个概念了。没有也不允许有独立学术观念和个性的学派存在,在舆论一律、思想一统的社会中,是一种正常现象;但对学术的发展和繁荣来说,则是极不正常且违背学术规律的现象。现在该是打破这种没有不同声音产生的沉闷局面的时候了,王权主义学派的形成生逢其时。但是这个学术群体中人并不承认他们构成了一个学派,也有人对学派这一提法感到不安。然在笔者看来,他们的确已经具备构成一个学派的充足要件。这是一个稳定的学术群体,有代表人物、有基本队伍、有代表性著作。他们坚守共同的历史观、有共同的选题指向和问题意识、有共同的学术宗旨和学术立场,甚至在方法论和学术风格上都不乏相同之处,为什么不能称之为学派呢?谓予不信,不妨约略证之。

1.王权主义历史观:共同的本体论选择

以刘泽华为中心的这个学术群体,在历史观上都坚持王权主义历史观,在历史本体论方面有着高度一致的学术立场。尽管刘泽华一再强调声明他的王权主义理论,只是关于社会的一种控制和运行机制的看法,而实际上,当这种理论可以用来解释社会历史的权力系统、社会结构、观念系统等各个方面,几乎可以用来解释社会历史的一切重大问题的时候,它不是历史观又是什么呢?它是关于中国历史的最本质的看法,是地地道道的中国史观。

王权主义历史观的最大特征,就是强调中国古代历史中的政治因素,强调"国家权力支配一切",王权、国家权力、政治,是这个历史观的中心词。这一群体都从事中国古代政治思想史研究,而他们坚守的这一历史观对于政治思想史研究来说,一个总的指导思想就是刘泽华下边这段文字:

在传统中,政治的幽灵无处不在,而且举足轻重,决定一切。从历史上看,几乎所有的思想家都以其独特的方式与政治紧密地纠葛在一起。政治问题成为全部社会问题的核心,甚至一切社会问题最终都被归结为政治问题……政治思想也就成了中国古代思想文化的重心。而且在某种意义上,我们可以说,正是这种鲜明的政治色彩和强烈的政治化倾向,构成中国传统文化的一个基本特征。因此,要准确而深刻地剖析传统,就必须以政治为楔入点。①

注重思想史中的政治因素,就是刘泽华给予这个学术群体最明确的指引,并且也的确得到了这个群体最广泛最真诚的认同。就目前可以看到的这个群体的十多个人的论文和著作,还没有脱离王权主义历史观的学术观点,他们的著作大体上都是在王权史观的基础上立论的。张分田、葛荃、张荣明、林存光几个主要人物的学术思想前边已有分析,这一点已经可以看得非常分明,其他诸位也大体如此,试举几例:

季乃礼研究古代社会的人伦关系,代表性著作是《三纲六纪与社会整合——由〈白虎通〉看汉代社会人伦关系》。他的基本观点是,"王权是中国古代整个人伦体系的核心","中国传统的人伦关系是以三纲六纪为主要内容的。而三纲六纪基本的指导原则是'尊尊'和'亲亲',其中'亲亲'又是为'尊尊'服务的。也就是说王权主义支配传统的一切人伦关系"。②很明显,季乃礼研究古代社会的人伦关系,王权主义便是其立论的基础。

刘丰研究先秦时期的礼学思想,他判断礼是一种国家权力,而这种权利最集中、最明显的表现即是以君王为核心的专制王权。所以他的结论是:"从总体上来说,礼治学说关于理想社会的设想就是王制理想,它的基本走向和最终归宿是专制主义的王权社会。"③其理论基础自然也是王权主义的历史观。

---

① 刘泽华:《中国传统政治思维》前言,吉林教育出版社,1991年。

② 季乃礼:《三纲六纪与社会整合——由〈白虎通〉看汉代社会人伦关系》,中国人民大学出版社,2004年,第290—291页。

③ 刘丰:《先秦礼学思想与社会的整合》,中国人民大学出版社,2003年,第210—211页。

杨阳研究古代社会政教合一的政治特征,代表作是《王权的图腾化——政教合一与中国社会》,该书导言第四、五节的标题是"王权主义:从政治到思想的本质现象""政教合一:王权主义进入信仰世界的桥梁",他是拿王权主义作为他的分析工具的。该书导言中说:"如果承认文化是一个完整的系统,承认文化基本精神应该是其社会制度结构和主流思想形态所共同具有的,当一个民族的制度和社会体系的核心精神被认为是王权主义时,它的主流思想形态,乃至其文化基本精神又怎能是别的什么东西呢?"[1]很显然,王权主义正是杨阳展开自己研究工作的本体论前提。

　　刘畅研究身体政治学,代表作是《心君同构——中国古代政治思想史的一种原型范畴分析》。对政治思想史研究来说,这个选题给人以别开生面的感觉。心、君并非同类事物,如何同构,这样的研究有何意义?一般人都会生发这样的疑问。但作者的问题意识则非常明确。作者认为,心君同构作为一种思想史现象,在中国古代社会是一种客观存在,不少思想家都有过这样的论述或比附。"心君合一"的确是先秦两汉政治思维中的重要命题,人们以君论心,是以君主的权威推论心灵在精神世界的绝对支配作用;而以心论君,则是以心灵的思维能力推论君主权威的合理性。二者循环互动论证,"心"与"君"双方各自的合理性、权威性就都有所增强;二者同构,实际上是有重要的政治目的性。刘畅为什么选择"心君同构"作为研究对象,我们从他对刘泽华一段话的引证,发现了其选题目的性。该书第二章第一节引述刘泽华的话说:

　　　　对中国传统思想文化无疑可以从不同视角或侧面进行研究,但居于主导地位的,我认为是政治思想和政治文化。它的基本精神是什么?我认为就是王权主义;就是君尊臣卑。不管研究什么问题,不能忽视它的存在及其主导意义。[2]

　　显而易见,王权主义既是刘畅进行研究工作的指导思想,也是他所以选

　　① 杨阳:《王权的图腾化——政教合一与中国社会》,浙江人民出版社,2000年,第19—20页。
　　② 刘畅:《心君同构——中国古代政治思想史的一种原型范畴分析》,南开大学出版社,2009年,第96页。

择这一选题的初衷或目的;他是要从"身体政治"这个很少有人触及的侧面去拓宽认识中国政治思想之王权主义特质的思路,为王权主义研究开辟新的思想资源。

李冬君的《孔子圣化与儒者革命》结语部分,在"关于中国文化'质'的批判"标题下,讲了五个问题:王权主义之一:文化一元化;王权主义之二:人民抽象化;王权主义之三:人本性异化:王权主义之四:理性王道化;王权主义之五:个体无我化。①王权主义在这里也是被作为一种解释工具使用的。

无须更多列举,王权史观是这一群体共同历史观的判断是毋庸置疑的。历史观的一致性,对历史本体的共同看法,导致这一学术群体在许多重大问题上的统一或同一,显示出鲜明的学派色彩。

2.共同的学术立场

共同的历史观,带来的第一个学术特征,就是他们具有共同的学术立场。这表现在两个方面:一是对中国传统政治文化基本上保持批判的历史态度;二是由此导致他们与现代新儒家文化立场的严重分歧,成为当今学界批判新儒家的学术力量。

先来说第一点,对中国传统政治文化的历史批判态度。

当刘泽华通过大量的历史研究将中国历史的基本特质或属性确定为王权主义的时候,他是选择了坚定的历史批判态度的。王权主义的判断,既是一个客观的历史判断,也是一个评价性判断。说它是客观的历史判断,是说中国历史的本来属性即是如此,它仅仅是对历史本来面貌的事实性判断;说它是评价性判断,是说站在当代历史高度,站在专制主义早已被历史所否定的时代,王权主义判断本身就昭示着历史评判的否定性、对今天来说的否定性。这一判断本身就对研究者提出了对之进行历史批判的要求。王权主义学派,没有回避这一判断的历史要求。刘泽华的全部政治思想史研究,就是围绕着对王权主义的历史批判而展开的。

在《中国政治思想史集》(第三卷)的弁言中,他写道:

---

① 参见李冬君:《孔子圣化与儒者革命》,中国人民大学出版社,2004 年,第 276—280 页。

这些文章都是围绕一个中心而展开的，这就是要论证中国传统思想文化的主脉与核心是王权主义（或曰君主专制主义、封建专制主义等）……本卷的各篇文章，或从一个角度、从一个层面，就一个问题为切入点来解析传统政治思想的种种"范式"，这些"范式"相当稳定，以致可以说都形成了"定势"，成了人们政治思维的当然前提和出发点。因此对人与社会具有极大的控制力，成为一种社会惰性。对这种惰性如不用极大的力量进行清理，就会"死的拖住活的"，成为前进的绊脚索。对此应有警惕。

张分田并不直接表明自己的政治立场，在学术研究上是以澄清事实为出发点，他给自己设定的学术旨趣是，客观、全面、准确地认识中国古代政治文明及其相关的思想现象。他多次声明这一点。但是当他澄清了中国古代政治的专制主义属性的时候，而当专制主义在今天主要的是一种否定因素的时候，他的澄清事实本身，就是表明了一种历史批判态度。如他在《民本思想与中国古代统治思想》（上、下册）所说：

中国古代政治制度及其政治理念与现代民主制度及其政治理念有明显差异，在现代化进程中既要充分注意这个差异，又不要夸大这个差异。前者要求我们坚定不移地批判专制主义，切忌将专制主义的政治理论误认为民主思想，后者要求我们全面地评价历史上的专制主义，实事求是地肯定其历史价值。在评判中国古代政治文明的时候，切忌国粹主义或虚无主义的偏失，只有这样才能避免"民主幼稚病"。①

问题的逻辑就是这样，你在学术立场上选择客观，并且用客观的态度解决了中国古代政治思想的专制主义属性，无情地撕破了现代人给民本思想披上的民主披风，将其牢牢地定死在专制主义的躯体上，而并不回避坚定不移地批判专制主义的政治立场，那你不是执行了历史的批判又是什么呢？实际

① 张分田：《民本思想与中国古代统治思想》（上、下册），南开大学出版社，2009 年，第 748 页。

上，张分田在自己的政治思想研究中，也是选择了历史批判的态度的，只不过是，他相对于那些用明言批判太直白表明政治立场的人来说，抱持的是一种更客观更平实的历史批判态度。实际上，在刘泽华群体的学术著作中，那种坚定不移的历史批判态度，几乎是无须论证的问题，批判性几乎就是他们的学术个性，一种值得肯定并大肆张扬的个性。

对中国传统政治文化的历史批判态度，很自然地导致他们与现代新儒家文化立场的严重分歧，成为当今学界批判新儒家的学术力量。新儒家是中国现当代思想文化史上一个很耀眼的思想或学术流派，其基本的思想文化态度就是坚守儒家学说的基本理念，主张用儒学解救中国，抱持一种文化保守主义立场。王权主义学派对待传统文化的历史批判态度，很自然地与这种文化立场发生了冲突。刘泽华在《中国政治思想史集》(第三卷)的弁言中说：

> 我的这些文章是有针对性的，就是对现代封建主义做历史的解剖。这种做法有点绕弯子，但在一定环境下，这未必不是一种表达方式。另外也是针对新儒家、崇儒和"发扬传统"的大思潮。这种思潮或避而不谈中国传统的专制主义，或掩饰专制主义，或曲解历史，把本来是专制主义的东西说成是什么美好的东西。这种学术误导应该说已经造成了很大的危害，是现代封建主义泛滥新潮的重要原因之一。①

张分田用七十万字篇幅研究民本思想得出的结论，就是对新儒家理论支点的无情解构，本文前边我们已经用釜底抽薪形容了张分田研究对于新儒家思想的真正价值。其实，张分田自己也并不讳言对新儒家的批判。他在《民本思想与中国古代统治思想》(上、下册)中说："以现代新儒家为典型代表的一批学者就是由于刻意追求这类旨趣而走进了误区。他们一厢情愿地从儒家典籍中'开弘'出成系列的违背历史事实的谬说。笔者近年来的学术构思主要围绕批驳这类谬说展开。"②毋宁说，张分田关于民本思想的研究，就正是从批判

---

① 刘泽华：《中国政治思想史集》(第三卷)弁言，人民出版社，2008年。
② 张分田：《民本思想与中国古代统治思想》(上、下册)，南开大学出版社，2009年，第8页。

新儒家出发的。

关于张分田,也有人从批判新儒家的角度做过评论,陈寒鸣写道:

> 张分田教授的这些直视对中国传统社会起着规制作用的以王权主义为基本特质的核心价值体系的平实之论,有着强烈的学术针对性和现实针对性。他注意到在中国近代诸种学说中,把某种属于现代社会的思想观点考据成"中国古已有之"可能是最发达的一种,此等学问以思想史研究领域最为突出,尤以现代新儒家最为典型……近年来,此等学问大有甚嚣尘上之势,颇能耸动视听,也确有为数众多的不知底细者被其误导。有鉴于此,张分田教授经过长期的科学研究和深入思考,确信所谓"儒家民主主义"的说法与历史事实相去甚远,并以阐论传统社会普遍意识中的"尊君–罪君"文化范式为重心完成了这部近六十万言的《中国帝王观念——社会普遍意识中的"尊君–罪君"文化范式》。①

这就是说,张分田的《中国帝王观念——社会普遍意识中的"尊君–罪君"文化范式》也是从批判新儒家的学术立场出发的。

李宪堂《先秦儒家的专制主义精神——对话新儒家》一书的副题就是"对话新儒家",他要用几十万字篇幅,去解构新儒家的理论基础。他说:"尽管重建已经成为当务之急,本书要做的却是对新儒家已经奠定的基础进行重新解构。因为他们的设计依据的仍然是旧有的图式,他们使用的材料带有致命的放射性。作者力图从历史现象学的角度,分析理论与实践如何相互催化,真理与权力如何相互生成,以期历史地描摹出儒学的真面目、真精神……本书的结论是:传统文化在精神气质上就是专制主义,从作为传统文化主流的儒学中,不可能像新儒家认为的那样,'开出'现代西方式的民主制度。"②

---

① 陈寒鸣:《直视中国传统社会核心价值体系的重要著作——张分田教授〈中国帝王观念〉读后》,《理论与现代化》,2008 年第 3 期。

② 李宪堂:《先秦儒家的专制主义精神——对话新儒家》,中国人民大学出版社,2003 年,第 9—10 页。

这个群体中，葛荃是关于新儒家和国学热批评较多的一个，他专门写过几篇论文。在 2006 年的一篇论文中，葛荃写道："近年来，借助于'弘扬传统文化'的方略和海外'文化寻根'热，伴随着'国学热'，以文化守成为要旨的保守主义开始回潮，泛起了一股新的文化保守主义思潮……我们的基本看法是，以儒学为主体的传统政治文化里，不包含现代化和现代社会文明的因素。尽管其中也有合理的部分和优秀的部分，但是文化的基本规定性是适应君主政治存续与发展的需求的……儒学的这些基本价值准则都是不适应现代文明社会发展需要的。因此我们不主张直接从中国传统文化里面去挖掘所谓现代化的因素，也不认为提倡复兴儒学是合理的思路。"[①]

林存光也写过不少批评现代新儒家和"国学热"的文章[②]。群体中其他诸君，也大都在自己的著作中表述过对新儒家和国学热思潮的批判。以刘泽华为中心的这个学术群体，批判新儒家、反对简单地倡导"国学"，是由他们的王权主义历史观所决定的，是极其正常的学术现象，无须过多论证。

3.共同的问题意识和话语体系

由共同的历史观和共同的学术立场所决定，学术群体自然会有共同的问题意识和话语体系。王权主义学派这个学术群体即是如此。他们的所有重大选题，几乎都集中在中国古代专制主义思想体系的研究方面，都在于论证中国古代思想的王权主义性质，这一点已经为上边的研究所证明，无须赘述。下边我们主要来检索一下散在于他们各种著作论文中的学术话语，看看这些不同著作中的学术概念、词语、中心词，保持了多大程度的一致性。

刘泽华使用的主要学术术语：王权主义、君主专制主义、阴阳组合结构、刚柔结构、国家权力、行政权力、专制权力支配社会、封建主义、政治思想、政治哲学、政治文化、政治文明、政治思维、政治理性、文化政治化、政治文化化、思想与社会互动、天人合一、天王合一、圣王合一、君权神授、王权崇拜、圣人

---

① 葛荃、逯鹰：《论传统儒学的现代宿命——兼及新保守主义批判》，《清华大学学报》（哲学社会科学版），2006 年第 4 期。

② 参见林存光主编：《复兴儒教抑或回归孔子——评蒋庆〈关于重建中国儒教的构想〉》，《儒家式政治文明及其现代转向》附录，中国政法大学出版社，2006 年；林存光：《也论国学研究的态度、立场与方法——评梁涛儒家道统论的"国学观"》，《学术界》，2010 年第 2 期。

崇拜、权威崇拜、三纲五常、王道理想、内圣外王、政教合一、道高于君、君道同体、从道不从君、尊君、罪君、政治道德化、道德至上、天下为公、王有天下、君本、民本、君为民主、民惟邦本、忠孝观念、五独观念、君主独占、君主独尊、君主独一、君主独操、决事独断、君尊臣卑、主奴综合性、主奴综合人格、主奴性格、臣民政治心态、诸子共识、经学思维……

张分田使用的主要学术术语：王权、君主专制、专制主义、政治权力、政治因素、政治思想、政治哲学、政治价值、政治心理、国家结构、为君之道、帝王之道、内圣外王、政教合一、伦理政治化、政治伦理化、天赋君权、君父至尊、圣化、君为政本、为政以德、君臣一体、君尊臣卑、治权在君、道高于君、天下为公、圣者为王、天王合一、君道同体、圣王合一、君为民主、民惟邦本、均平理想、奴才意识、主奴综合意识、组合命题、民本思想、以民为本、民为国本、民贵君轻、治权在民、民主幼稚病……

葛荃使用的主要学术术语：王权主义、君主专制、政治文化、政治思维、政治本位、圣王、圣化、政治价值、君权至上、父权至尊、兼听独断、君主独尊、绝对权力、伦常神圣、王道理想、均平理想、等级身份、政治人格、君子人格、内圣外王、理想人格、圣化文化、臣民观念、臣民心态、以君为本、以民为本、为君之道、忠君之道、贤人政治、忠孝之道、政治制衡、政治社会化、教化之道、托古改制、文化价值结构、崇圣观念、君统、道统、圣人崇拜、道高于君、以道事君……

张荣明使用的主要学术术语：政治权力、君主政治、君权天授、君权神授、政治权威、权力神圣化、政治神学、国家宗教、政治价值、政治信仰、官方意识形态、宗教精神、国民道德、国教道德、国教教义、国教教皇、最高祭司、集体宗教、集体道德、公共思想秩序、政治秩序、民间宗教、儒教、官定宗教、国民宗教、政治宗教、图腾信仰、祖先信仰、上帝信仰、国家信仰、政教合一、三纲五常、儒教传统……

林存光使用的主要学术术语：王权主义、王权政治、君主专制、政治哲学、政治文化、政治思维、政治理念、政治文化化、文化政治化、儒学政治化、政治儒教化、儒家式政治文明、儒家政治理想、人治主义、人本主义、政治合法性、贤人政治、人本政治、道德政治观、仁君圣王观念、阴阳组合结构、民贵君轻、权力主体、绝对权力、圣王崇拜、内圣外王、政治主体、圣人之道、帝王之势、儒教中国、国家宗教、经学思维、意识形态化……

这个学术群体中的个体,每个人都有自己相对独立的研究领域,他们都是从一个特定的角度来探讨中国传统政治文化的奥秘,揭示这一文化传统的专制主义属性。他们从不同的角度奔向同一个目标,这一点决定了他们基本学术术语的一致性;而不同的研究角度,则决定了他们各自独立的学术个性。又加之他们群体内部的自由气氛,使他们在共同的旗帜下,进行着独立的学术创造,各自为他们共同的事业贡献了个性化的色彩。

4.共同的学术宗旨:强烈的现实关怀和使命意识

治学宗旨是学者学术思想的重要组成部分,是其学术的底色,也是其学术研究的终极动力。从刘泽华的学术研究与学术思想中,我们感受到了一种强烈的现实批判精神,他的一切研究,都具有现实批判意识,而这种批判精神或批判意识,就来自于他的现实关怀,来自他对国家、民族命运的深重忧患和知识分子的使命感、责任感。

关注现实,怀抱强烈的现实关怀,是刘泽华所倡导的学术理念。20世纪80年代,他曾在《求是》上撰文,呼唤历史学研究的现实感和当代意识,疾呼历史学要"搭上时代的列车","史学工作者应该具有对于人类与民族命运的强烈的关切感与使命感","史学家应先把对时代的关切感、责任感与使命感作为研究工作的第一动力",提出开展与人类和民族命运相关课题研究的问题。①而实际上,他的学术研究方向选择,就是践履了这样的学术理念。无论是王权主义问题研究,还是政治思想史研究,都是与当代社会重大问题相关的历史研究。或者说,他的研究课题的选择,从本源上说,是来自于现实社会的政治指向。他曾自我追溯说:

> 我从事政治思想史的学习与研究……与反思"文化大革命"中的封建主义大泛滥有极大关系。细想想,那些封建主义的东西不仅仅是"文化大革命"的创造,而且是历史上封建主义的继续和集成。专制权力支

---

① 参见刘泽华:《历史学要关注民族与人类的命运》,《求是》,1989年第2期。

配中国社会有二三千年的历史,其影响是相当广泛的,它不仅形成了一套体制,也形成了一种文化心态。我们要从这种体制和心态中走出来,不是一蹴而就的。为了走出来,首先要正视历史,确定历史转变的起点。我们经常说要了解和熟悉国情,而历史就是国情最重要的组成部分。我的研究目的之一就是为解析中国的"国情",并说明我们现实中封建主义的由来。[1]

当中国步入世界性近代化之路时,君主专制无论如何都过时了。中国的君主专制主义像百足之虫,死而不僵,影响还广泛存在。我的"价值"和"意义"之一就是想对它有一个清醒的认识,以便从中走出来。[2]

他声明自己的研究目的就是为了解析中国的国情。刘泽华的治学旨趣和某些人的为学术而学术理念大相异趣,对于有关的非难,他直面回应而不动摇。在一篇关于他的学术访谈中,对"你研究政治思想史的目的之一是批判封建主义,这是否是'理念'先行,违背了学术独立的原则,是否有实用主义的毛病"这样的提问,他回答说:

我想,或许有不食人间烟火的纯学术,但我不是;也或许有不要思想的纯学术,但我也不是……我们应该充分认识,就我们民族的整体观念而言,还远没有从中世纪走出来。"文革"固然是有人发动的,但闹起来后何尝不是民族观念的一次大展现。诸如"生为某某的人,死为某某的鬼","三忠于,四无限",等等,就是普遍认同的一种意识。更为悲惨的是,许多被打倒的、被折磨致死的"老革命",最后竟是要"紧跟"之类的遗嘱。这些思维方式在传统文化中有深厚的根据。我写的多篇文章,从历史角度说,是对历史的描述,但放到现在则是想照照镜子。有人说,从我著述中看到了某些现在的东西,能有这种感受,可谓得吾心矣! 有人说是影射,平心而论,不能直言的环境,影射便是必要的一

---

① 刘泽华:《中国政治思想史集》(第一卷)总序,人民出版社,2008年,第1页。

② 刘泽华:《困惑与思索》,张艳国主编:《史学家自述——我的史学观》,武汉出版社,1994年,第126页。

种表达方式。①

如果说到影射,刘泽华的有些文章无法摆脱这种嫌疑,但就像他说的,在某些特殊时期,"影射"也是一种表达方式。在他来说,"影射"是一种弱者的无奈。而他的这种"影射"和御用史学之影射的最大区别,是他的独立思考,是他对现实政治的冷静观察,是在现实面前保持了学者的独立人格。正是这种出自独立思考的现实关怀,才使他的研究真正实现了与现实对话,并具有了现实批判精神。当初轰动史坛的三篇文章,即使在今天读来仍具有激动人心的力量,其中都渗透着强烈的历史使命感和现实批判精神。

2005年,年届古稀的刘泽华在一本书的序里写下了这样一段话:

> 在这里,我想我有必要做一个自我表白:我并不像有些人认为的那样,是一个心地阴郁的恨世者,一个否定传统文化的虚无主义者;并不是专意要跟伟大传统过不去,决意为中华文明抹黑。相反,我爱这个国家,爱我们民族所创造的所有伟大和美好之物。只是,我强调的是,在开始大规模的新文化建设时,我们还有太多的基础性清理工作要做。我爱我们的国家,爱我们的民族,所以要对她衰颓的经络痛下针砭,对她久疴的病灶厉加刀钜。我希望她保持对现实的警觉,通过自我批判维持日进日新的健康机能,而不是在自我粉饰的辉煌里沉溺不返。我相信,我们的看法离历史事实不远。即便天荒地老而世不我知,也无怨无悔:虽千万人,吾往矣!②

正是从这样的使命感出发,他选定了中国古代政治思想史作为他和他的团队的主要研究领域。因为他清醒地看到,"传统政治文化的价值主体仍然遗留在我们的民族意识和大众心理之中,仍然左右着人们的基本价值取向和政治选择","专制主义的种种政治弊端,诸如个人专权、个人崇拜、言论和思想

---

① 刘泽华、范思:《治史观念与方法经验琐谈——刘泽华教授访谈录》,《历史教学问题》,2006年第2期。

② 崔向东:《王权与社会——中国传统政治文化研究》序,崇文书局,2005年。

专制、官僚主义及与之俱来的贪污腐败,等等,始终阴魂不散”,“从政治文化看,至今我们还没有完全走出中世纪”。①选择中国古代政治思想史研究,最能实现帮助人们从传统中“走出来”的学术夙愿。也正是从这个角度说,刘泽华及其同仁们全部的政治思想史研究,都是肩负着沉重而庄严的历史使命的。

这一学术群体中的大部分人都有明确的使命感和现实关怀。张分田总是强调列举事实的研究方法,强调他研究古代统治思想是为了弄清事实,但其现实关怀也是很明确、很强烈的。前已谈及,他的《中国帝王观念——社会普遍意识中的“尊君–罪君”文化范式》是直接发端于对新儒家的清算。而清算新儒家,即是对现实重大文化问题的回答,是对现实问题的热切关注。后来研究古代民本思想,现实目的性也很鲜明。在《民本思想与中国古代统治思想》(上、下册)一书的最后,他写道:

> 纵观数千年的中国古代政治文明史,可以得出这样的结论:既不能高估孔孟之道的历史价值,更不能夸大儒家民本思想的现代意义。儒家学说的核心政治价值已经完全丧失了继续存在的历史依据。如果在现代社会张扬“民贵君轻”,只能让人们笑掉大牙。中华文明的复兴绝对不能走“复归”的道路。“回到孔孟去”的思路过于天真烂漫,而“重建儒教社会”的主张则是地地道道的误国之论。②

他这本倾注了多年心血的皇皇巨著,基本的出发点就是要清除现实政治文化生活中甚嚣尘上的误国之论。他还多次提出要人们警惕“民主幼稚病”③,对传统文化研究中的“左”的思潮,始终保持着清醒的头脑,并表现出对当代文化建设健康发展的热切期望。

我们不想再过多列举,这个学术群体的现实关怀和历史使命感,凡是读过他们作品的人,都会留下深刻的印象。现实关怀、历史使命感和现实批判精

---

① 刘泽华、葛荃、刘刚:《中国传统政治文化导论》,《天津社会科学》,1989 年第 2 期。
② 张分田:《民本思想与中国古代统治思想》(下),南开大学出版社,2009 年,第 750 页。
③ 张分田:《民本思想与中国古代统治思想》(下),南开大学出版社,2009 年,第 748 页。

神,是知识分子的天性和基本品格,只是在当代中国,这些知识分子的天然性格在经济大潮和浮躁风气的浸染下有些弱化和褪色,而刘泽华学派则依然坚守着学人的底线和性格。

一个位数众多的学术群体,有着共同的学术追求,抱持独特而共同的历史观,有着共同的学术立场,所有选题都朝着一个共同的学术方向,就其内部说有太多的学术共性,就其外部说显示其鲜明的学术个性,判断其为一个学派,大概是不需要怀疑的。之所以取名"王权主义学派",则是因为他们都共同集聚在王权主义理论的旗帜下,对中国古代历史、古代思想的历史属性,有着高度一致的思想共识。

四、余论

本文所论是谓"王权主义学派"之成立,至于对这个学派学术思想更具体的剖析,在有限的篇幅内还难以做到。但是仅仅是学派的"确立",已经是一个不容忽视的大问题。六十多年来的中国学术,长期钳制于国家意识形态强力控制的舆论一律的环境中,没有不同学派的产生,没有相对于主流意识形态的不同声音的存在,人们已经完全习惯了"保持统一"的要求和奴性。正因为这样,当我们看到"王权主义学派"的雏形时,陡然增添几分欣喜。中国学术的希望,就在于此!

更为可喜的是,王权主义历史观带给中国历史学的,绝不仅仅是对中国古代政治思想史的开发,其方法论效应,也绝不会囿于思想史的范围。它是一个宏伟的中国史观,是关于整个中国历史过程本质内容的抽象概括,因而对整体中国历史研究都具有方法论意义,是中国历史研究的一个有力的解释工具。这一历史观的有效性,目前显示已超出思想史范围,涉及整个社会,有着非常广阔的发展空间,最后形成中国历史研究的王权主义学派也并非不可期待。实际上,"王权支配社会"说一经提出,其影响就渐渐扩展开来。

在最近三十年来的中国史研究中,虽然很少有人直接使用"王权主义"这个概念,但王权主义理论的核心思想——政治权力支配社会,则是逐渐被人们接受了。2010年《文史哲》杂志编辑部举办的"秦至清末:中国社会形态问题高层论坛"上,关于政治权力对社会的影响问题,几乎达成共识。有关会议的报道中说:"与会专家对秦至清末的社会形态基本达成了如下重要共识:在秦至清这一漫长的历史时期,与现代社会不同,权力因素和文化因素的作用要大于经济因素;并着重把'国家权力'和'文化'的概念,引入到社会形态的研究和命名中,认为自秦商鞅变法之后,国家权力就成为中国古代的决定性因素,不是社会塑造国家权力,而是国家权力塑造了整个社会。"①在《史学月刊》2011 年第 3 期发表的一组笔谈中,不少学者在谈秦至清社会性质研究的方法论问题时,都强调了从政治角度分析中国社会的重要性。张金光认为中国古代社会历史的根本特点是"国家权力塑造社会"。他说:"传统的方法略去了国家权力这个维度——在中国社会历史中一个最重要的、决定性的维度。在中国历史上,国家权力这一维度是维中之维,纲中之纲,国家权力决定一切,支配一切。在中国不是民间社会决定国家,而是国家权力塑造社会,国家权力、意志、体制支配、决定社会面貌。"②这一论断,和王权主义理论如出一辙。黄敏兰说,"国家权力决定中国古代社会的性质"这一认识,突破了以往的单纯经济决定论,的确抓住了中国古代社会的基本特征。③这些论述,都很难说没有受到刘泽华"王权主义"理论的影响。这组笔谈中李若晖的文章,更是直接引用了刘泽华的"王权支配社会"说。④可以说,"王权主义"历史观的影响,还正在一个展开的过程中。

而且这个展开的空间还非常巨大。任何一个宏伟的历史观,思想内涵都非常丰富,都可以派生出许多宏观性的理论问题的。王权主义历史观也是如此。譬如,王权支配社会,王权通过什么去支配、如何支配?很显然,官僚系统才是王权支配社会的基本途径或工具。而王权通过官僚系统去实现自己的社会控制的时候,它就不能不创造出控制对象的对立物——官僚阶级。最近一些年来,学术界已经有人提出"官僚阶级"这个新的阶级概念。而"官僚阶级"能否成立,如何成立,它是一个什么样的阶级,它的阶级属性是什么,在社会

---

① 《〈文史哲〉杂志举办"秦至清末:中国社会形态问题"高端学术论坛》,《文史哲》,2010 年第 4 期。

② 张金光:《中国古代社会形态研究的方法论问题》,《史学月刊》,2011 年第 3 期。

③ 参见黄敏兰:《全面认识中国古代社会的政治权力经济》,《史学月刊》,2011 年第 3 期。

④ 参见李若晖:《关于秦至清社会性质的方法论省思》,《史学月刊》,2011 年第 3 期。

历史中的地位如何,它与王权的关系,与社会与民众的关系,等等,都是王权主义理论应该延伸研究并回答的理论问题。

再譬如,王权是超经济的强制性力量,王权支配经济,它本身不是经济的衍生品,于是在王权支配社会的时代,社会的基本矛盾也难以单从经济方面来解释。于是,中国古代社会的基本矛盾问题也成为王权主义理论必须面对的重大理论问题。最近一些年来,有人重新提出将官民矛盾看作是中国古代社会的基本矛盾,这个看法能否成立,如何成立,都需要王权主义理论给予回答。

从王权主义这样一个新的历史观出发去观察中国历史,很多问题都需要重新认识,无论是关于王权主义的理论研究,还是用王权主义解读中国历史的实证研究,都还有巨大的发展空间,王权主义历史观的学术影响,将会随着思想解放的深入而进一步展开。我们期待着王权主义理论在学界越来越多的关注、质疑和争鸣中得到深化和发展,逐渐成为中国历史研究更具方法论效应的完善的理论工具之一;我们更期待,王权主义学派的形成及发展,会对中国学术发展产生示范性效应,催生出更多具有思想个性的学术流派,使当代中国学术再现两千多年前中国文化创生期那种百家争鸣的壮丽情景;我们也坚信,王权主义学派在这方面的历史影响,会远远超出它本身的学术影响,而成为新的学术时代的先声。

原载《文史哲》,2013 年第 4 期

王权主义历史观的有效性及其证成

李振宏

南开大学以刘泽华先生为代表的中国政治思想史研究群体,早已引起学界之关注,笔者也曾以"中国政治思想史研究中的王权主义学派"[①]为题,给他们写过评论。但是在看到他们集体撰著的《中国政治思想通史》(九卷本)[②]出版的时候,还是再次激起了我的景仰之情。该著的出版,使王权主义学派有了更具标志性的成果,王权主义历史观的有效性也再次为更系统的思想史研究所证明。在该著出版之际,愿以此小文为之祝贺,并就教于学界同人。

一、王权主义历史观的有效性被实证性的通史研究所证明

从 20 世纪 80 年代以来,刘泽华先生在中国政治思想史和先秦史研究中,反复论证了一个"政治权力支配社会"的历史观点,并出版了《中国的王权主义:传统社会与思想特点考察》一书,最后将自己对中国历史的根本看法,定格为"王权主义"。他说:

> 王权是基于社会经济又超乎社会经济的一种特殊存在……这种靠武力为基础形成的王权统治的社会,就总体而言,不是经济力量决定着

---

① 李振宏:《中国政治思想史研究中的王权主义学派》,《文史哲》,2013 年第 4 期。

② 刘泽华主编:《中国政治思想通史》(九卷本),中国人民大学出版社,2014 年。

权力分配,而是权力分配决定着社会经济分配,社会经济关系的主体是权力分配的产物;在社会结构诸多因素中,王权体系同时又是一种社会结构,并在社会的诸种结构中居于主导地位;在社会诸种权力中,王权是最高的权力;在日常的社会运转中,王权起着枢纽作用;社会与政治动荡的结局,最终还是回复到王权秩序;王权崇拜是思想文化的核心,而"王道"则是社会理性、道德、正义、公正的体现,等等。过去我们通常用经济关系去解释社会现象,这无疑是有意义的;然而从更直接的意义上说,我认为用王权去解释传统社会更为具体,更为恰当。①

但是就在这同一篇文章中,刘泽华先生则谦虚地不以新的历史观自恃,仅仅把自己的"王权主义"理论说成是关于中国历史社会控制和运行机制的认识。实际上,当这种理论可以用来解释社会历史的权力系统、社会结构、观念系统等各个方面,几乎可以用来解释社会历史的一切重大问题的时候,它不是历史观又是什么呢?它是关于中国历史最本质的看法,是地地道道的中国史观。笔者曾在去年的评论中说:"刘泽华所讲的王权主义……既是社会的运行机制,也是社会的存在形态,更是社会存在的中枢和基础,是关于中国古代社会属性和本质的理论抽象。认识了这一点,也就认识了中国历史的基本问题。"②

王权主义历史观实际上也是一种强大的方法论思想。王权主义历史观的最大特征,是强调中国古代历史中的政治因素,强调王权支配社会,强调"国家权力支配一切"。王权、政治、国家权力,是这个历史观的中心词。这一历史观对于整个的中国古代史研究,都具有方法论意义。譬如将其运用于中国古代思想史研究,它的最大特点是,在整体文化的关照上,以政治为核心;在政治思想史的关照上,以王权专制为中枢。抓住了政治问题,抓住了王权专制这个根本特点,中国文化中的一切问题都可以迎刃而解了;而离开"政治""王权"这个基点,一切思想文化现象则都无法得到解释和说明。刘先生自己也曾

---

① 刘泽华:《王权主义:中国文化的历史定位》,《天津社会科学》,1998 年第 3 期。

② 李振宏:《中国政治思想史研究中的王权主义学派》,《文史哲》,2013 年第 4 期。

对这个方法论思想有过基本表述：

> 在传统中，政治的幽灵无处不在，而且举足轻重，决定一切。从历史上看，几乎所有的思想家都以其独特的方式与政治紧密地纠葛在一起。政治问题成为全部社会问题的核心，甚至一切社会问题最终都被归结为政治问题……政治思想也就成了中国古代思想文化的重心……正是这种鲜明的政治色彩和强烈的政治化倾向，构成中国传统文化的一个基本特征。因此，要准确而深刻地剖析传统，就必须以政治为楔入点。①

以政治为楔入点，注重思想史中的政治因素，就是王权主义历史观给予思想史研究最鲜明的昭示和最明确的指引。而它也的确成为一个时期、一个学术群体从事中国古代政治思想史研究的方法论。刘泽华三卷本百余万言的《中国政治思想史集》，他所主编的《中国政治文化丛书》《中国社会史研究丛书》(第二辑)、《政治理念与中国社会》、三卷本的《中国古代政治思想史》等书，都是这一新的方法论思想的产物。还有，刘泽华以带学生方式培养出来的以中国古代政治思想史为主攻方向的学术群体，也都是以王权主义历史观作为他们的方法论思想的，以至于在中国古代政治思想史研究领域，形成了一个具有鲜明学术特色的"王权主义学派"。

这个王权主义学派的学术群体，他们的全部著作，譬如，张分田的《中国帝王观念——社会普遍意识中的"尊君-罪君"文化范式》(中国人民大学出版社,2004年)、《民本思想与中国古代统治思想》(上、下册)(南开大学出版社,2009年)；葛荃的《立命与忠诚——士人政治精神的典型分析》(浙江人民出版社,2000年)、《权力宰制理性——士人、传统政治文化与中国社会》(南开大学出版社,2003年)、《中国政治文化教程》(高等教育出版社,2006年)；张荣明的《殷周政治与宗教关系研究》(南开大学博士学位论文,1995年)、《权力的谎言——中国传统的政治宗教》《中国的国教——从上古到东汉》(中国社会科学出版社,2001年版)；林存光的《儒教中国的形成——早期儒学与中

---

① 刘泽华：《中国传统政治思维》，吉林教育出版社,1991年。

国政治文化的演进》(齐鲁书社,2003年)、《儒家式政治文明及其现代转向》(中国政法大学出版社,2006年)、《先秦诸子政治哲学研究》(辽海出版社,2006年);季乃礼的《三纲六纪与社会整合——由〈白虎通〉看汉代社会人伦关系》(中国人民大学出版社,2004年);刘丰的《先秦礼学思想与社会的整合》(中国人民大学出版社,2003年);杨阳的《王权的图腾化——政教合一与中国社会》(浙江人民出版社,2000年);刘畅的《心君同构——中国古代政治思想史的一种原型范畴分析》(南开大学出版社,2009年);李宪堂的《先秦儒家的专制主义精神——对话新儒家》(中国人民大学出版社,2003年),等等。这些著作从不同方面揭示了中国政治思想史的王权主义本质,也同时证明了用王权主义历史观解读中国政治思想史和中国历史的有效性。

正因为如此,2013年10月,在南开大学和刘泽华先生关于王权主义学派的对话中,我就明确讲了王权主义历史观解释中国历史问题的有效性,已经被这个学派的研究所证明。[①]但这话多少有点勉强。因为这个学派虽然有了大量的从各个方面研究中国政治思想史的学术著作,但那些著作毕竟不是对中国古代思想史的王权主义本质成体系的系统揭示,而这个利用王权主义历史观系统解释中国政治思想史的工作,现在就由于九卷本的出版而宣告完成。在这个九卷本中,我们可以看到,从先秦到现代,整个中国政治思想史中所渗透的,所统摄整个政治思想史的最本质的东西、最核心的东西,正是王权主义,是权力对思想的统摄。通读这部书,会使你认识全部中国历史中最核心的东西。

长期以来,由于我个人的经历,对中国历史我也有自己的体认。刘先生所揭示的王权主义的中国历史观,在我这里得到了强烈的共鸣,并启发我对之达到了更清晰和更理性的认识。在一个地方,我曾经写下这样一段话:

中国历史的要害在政治,政治的核心是权力,权力的属性是专制,专制主义的幽灵弥漫于几千年文明史的一切领域。从官场到社会,从政

① 参见刘泽华、李振宏:《学派·学术个性·中国史观——关于"王权主义学派"问题的对话》,《南国学术》,2014年第3期。

治到经济,从制度到文化,从思想到精神,直至人们最隐秘的心灵领域,无一不被专制权力所控制。这就是我所理解的中国。

我自认为对中国历史的这个体认是靠得住的,是抓住了中国历史最本质的东西。在刘先生主编的《中国政治思想通史》(九卷本)中,体现的就是这样一个思想。而这种认识,至今仍然没有成为学界共识。我完全可以相信,由于这部通史对王权主义历史观的强力证明,这一思想将会被越来越多的人所接受,将会对中国历史学界重新审视我们自己的历史,产生重大影响。

二、一部有统一的历史观与方法论相贯通的通史性著作

《中国政治思想通史》(九卷本)与以往同类著作最大的不同,就是它有统一的独特的历史观统领全书,从而使得该书虽多人参著却有统一的思想逻辑而浑然一体。

王权主义历史观的贯彻,使该书有了统一的根本的方法论

中华人民共和国成立以来的中国史学界,一切历史研究无例外地都是坚持一个统一的唯物主义历史观,思想史研究更是如此。唯物史观的基本原理没有问题,社会存在决定社会意识作为思想史研究的原则的方法论也没有问题,问题在于如何贯彻到具体的思想史研究中。在教条主义泛滥的"左"的时代,人们在使用这个历史唯物主义方法论的时候,完全忘记了恩格斯晚年在这个问题上的重大理论发展,即反对将社会存在决定社会意识、经济关系对上层建筑和意识形态的决定作用作机械的理解和套用。恩格斯说:

> 我们所研究的领域越是远离经济,越是接近于纯粹抽象的意识形态,我们就越是发现它在自己的发展中表现为偶然现象,它的曲线就越是曲折。如果您画出曲线的中轴线,您就会发现,所考察的时期越长,所考察的范围越广,这个曲线就越同经济发展的轴线接近于平行。①

---

① 《马克思恩格斯选集》(第四卷),人民出版社,1995年,第733页。

在恩格斯看来,经济因素对其他因素的决定作用,是一种归根到底的决定作用,不是一种直接的决定作用,更不是直接的径直的决定作用方式,从长的历史时段上说,政治、上层建筑和思想的发展,是平行于经济的发展的,而在具体的思想进程中,偶然性却是极其复杂的,思想的曲线是非常曲折的,或者说思想的具体状况,是很难用具体的经济因素来解释或说明的。套用经济基础决定上层建筑,或者套用社会存在决定社会意识,是无益于说明政治或思想的发展进程的,特别是思想的进程,更是有着它的相对独立的发展道路。正是因为如此,恩格斯在 1890 年 10 月 27 日《致康·斯密特》的信中,提出对思想的发展进程期直接作用的,并不是经济因素。他说:

> 不论在法国或是在德国,哲学和那个时代的普遍的学术繁荣一样,也是经济高涨的结果。经济发展对这些领域也具有最终的至上权力,这在我看来是确定无疑的,但是这种至上权力是发生在各该领域本身所规定的那些条件的范围内:例如在哲学中,它是发生在这样一种作用所规定的条件的范围内,这种作用就是各种经济影响……对先驱所提供的现有哲学材料发生的作用。经济在这里并不重新创造出任何东西,但是它决定着现有思想材料的改变和进一步发展的方式,而且多半也是间接决定的,因为对哲学发生最大的直接影响的,是政治的、法律的和道德的反映。①

显然,在恩格斯看来,对思想的进程来说,最大、最直接的影响作用是政治、法律和道德因素而不是经济因素。然而在以往的学术界,人们的思想史研究,却往往机械地固守经济决定论,而不能辩证地理解唯物史观的社会存在决定社会意识原理。唯物史观对思想史研究的指导,变成了社会经济状况描述与思想史内容阐述毫不相干的两张皮。从形式上,思想史著作中每一时代的开篇,都有一段社会经济状况的描写,而后展开的思想史叙述却在内在关

---

① 《马克思恩格斯选集》(第四卷),人民出版社,1995 年,第 704 页。

联上与之完全脱节。可以说,唯物史观在思想史研究中,成了毫无启发性的公式被机械套用。

刘泽华先生提出的王权主义历史观,从中国的历史实际出发,强调政治、国家权力的支配作用,也正好暗合恩格斯所指出的对哲学史、思想史来说,"发生最大的直接影响的,是政治的、法律的和道德的反映"这一思想,恰恰最适合对于政治思想史的考察。因此王权主义就成为中国政治思想史研究的一个重要的分析工具,显示出强大的方法论效用。而现今出版的九卷本中,我们则可以明显地感到,各卷对政治思想史进程的解读,无一不是贯彻着王权主义的历史观,王权主义成为《中国政治思想通史》(九卷本)的基本的方法论。

阴阳组合结构说,是全书贯彻的又一重要的方法论思想

在长期的思考和研究中,刘泽华先生发现,中国古代的政治思想命题往往都是一种组合式的存在,很少有将一个单一的命题做无限制推演,而任何一个命题也都必有一个相对应的命题来对之限定或修正。他将这种思想史上的奇特现象,称之为"阴阳组合结构"。他说:

> 我们的先哲几乎都不从一个理论元点来推导自己的理论,而是在"阴阳组合结构"中进行思维和阐明道理……诸如:天人合一与天王合一;圣人与圣王;道高于君与君道同体;天下为公与王有天下;尊君与罪君;正统与革命;民本与君本;人为贵与贵贱有序;等级与均平;纳谏(听众)与独断……在上述组合关系中有对立统一的因素,但与对立统一又有原则的不同,对立统一包含着对立面的转化,但阴阳之间不能转化,特别是在政治与政治观念领域,居于阳位的君、父、夫与居于阴位的臣、子、妇,其间相对而不能转化,否则便是错位。因此阴阳组合结构只是对立统一的一种形式和状态,两者不是等同的。我上边罗列的各个命题,都是阴阳组合关系,主辅不能错位。①

---

① 刘泽华:《传统政治思维的阴阳组合结构》,《南开大学学报》,2006 年第 5 期。

"阴阳组合结构"说,是王权主义理论在思想史研究中的自然演化,它内在地包含在王权主义的理论体系之中。"阴阳组合结构"中的辅命题,是对主命题的矫正和缓冲,是为着修复主命题的脆性而提出的,而其本质属性,是属于主命题的附属物,主辅命题共同构成王权主义的意识形态体系。刘泽华先生所提出的"阴阳组合结构"说,既突出了王权主义的思想主题,又凸显了中国古代思想复杂而圆润的中庸特点,对认识中国古代政治思想的复杂现象,的确是一个很好的解释工具,一种逻辑清晰的方法论思想,具有重要的方法论价值。最近一些年来,现代新儒家和有些国学热的倡导者,每每抓住传统思想文化中的某些论题大做文章,大肆渲染中国古代思想中的民主性因素,以抵制西方民主思想的传播,如果这些学者都是真诚的话,则就是缺乏对中国古代思想史的深入了解,暗于阴阳组合的思想史事实,不懂得那些思想命题的辅命题属性。只要明了中国古代思想命题的阴阳组合属性,我们就不会再犯那些幼稚或偏执的错误,不会再被思想史的表面现象所迷惑。可以说,提出"阴阳组合结构"说,是刘泽华先生对中国古代思想史研究的一大贡献。

王权主义学派这个学术群体,普遍接受了刘泽华先生的"阴阳组合结构"说,并把这一观察问题的思想方法贯彻到政治思想通史的著述中。该书"秦汉卷"第二章有一个小节的标题是"君本与民本:贾谊政治思维的'阴阳组合结构'",文中说:

> 刘泽华先生曾就中国传统政治思维方式的基本特点做过极为精到的辨析和概括,认为其特点往往体现为一种"阴阳组合结构"……在笔者看来,这一辨析和概括对我们认识和把握贾谊《新书》的政治思维结构的特点来讲是再适合不过了。[①]

很显然,这个"秦汉卷"的作者,在分析贾谊的政治思维时,是自觉服膺和遵循刘泽华先生的"阴阳组合结构"方法论的。在具体分析了贾谊的君本民本

---

① 刘泽华主编:《中国政治思想通史·秦汉卷》,中国人民大学出版社,2014年,第99—100页。

思想之后,作者写道:

> 贾谊的上述民本论的政治理念无疑是相当可贵的,然而我们却不能离开他的君本论来单纯地理解其民本论的政治含义,君本与民本作为一种组合关系,更主要的是以统治者为治体而提出来的。民本论既向统治者提出了重民意、察民志、畏民力的警告和劝诫,也向统治者提出了爱民、富民、安民和忧民的要求与期望。警告和劝诫不可谓不严重,要求和期望不可谓不高远,然而由于民本的实现是以君本为前提条件的,因此君本-民本的政治思维结构也就不可避免地存在着一种严重的内在缺陷,即虽明知当尊重民意却终难实现,虽倡言应以民为本而民本当中却无治权可言。由于君主作为政治教化的主体地位是不容置疑的,故这种民本观不管如何关注民生、重视民利、敬畏民力,却只能是一种"爱民"观,与"民主"观有着霄壤之别……①

引文证明,作者对"阴阳组合结构"说的贯彻,不仅是自觉的,而且是做得很恰当很到位的,完全理解了此说之真谛。类似的例子几乎各卷都可以看到,像"隋唐卷"中对"君为政本-民为国本"②理论结构的分析,"宋元卷"中关于朱熹思想中"君统与道统"③的分析等,都是很好的例证。

以罗列事实为主的研究方法

这是王权主义学派学术群体中的核心人物之一张分田提出的研究方法。张分田在《中国帝王观念——社会普遍意识中的"尊君-罪君"文化范式》的导论中说:"本书最重要的论证方法和阐释方法是罗列事实,在实证的基础上,探讨原因、本质、结构、模式、规律。"④在《民本思想与中国古代统治思想》(上、下册)中,他单列一个标题,来讲述他为什么要选择"以罗列事实为

---

① 刘泽华主编:《中国政治思想通史·秦汉卷》,中国人民大学出版社,2014年,第107页。

② 刘泽华主编:《中国政治思想通史·隋唐卷》,中国人民大学出版社,2014年,第145—151页。

③ 刘泽华主编:《中国政治思想通史·宋元卷》,中国人民大学出版社,2014年,第273—275页。

④ 张分田:《中国帝王观念——社会普遍意识中的"尊君-罪君"文化范式》,中国人民大学出版社,2004年。

主的研究方法"①。在2011年发表的一篇文章中,张分田把这一方法上升到方法论的高度做了总结。他说:"事实是一切学术研究的基础。高品位的学术著述必须尽力完善事实陈述。观点、方法、概念、理论的创新也有赖于高质量的事实陈述。有时仅靠事实陈述便足以颠覆一些成说。"论文从研究争鸣的各种理据与结构完整的事实陈述、分析思想的内在理路与逻辑完整的事实陈述、剖析文本的理论体系与要素完整的事实陈述、拓展史料的取材范围与过程完整的事实陈述四个方面,探讨了思想史研究中完善事实陈述的基本途径。②

现在我们看到的九卷本,不管作者们是否自觉,他们呈现的事实是都贯彻了这个以罗列事实为主的研究方法。可以说,九卷本对中国政治思想的王权主义本质的揭示,是在依据充分的思想史资料的基础上而证成的,每个命题的展开,也都有充分的材料作为支撑。罗列事实,是极其朴拙的方法,也是最为有力的方法,对揭示中国政治思想史的王权主义本质来说,尤其重要。为什么会是这样?毋庸讳言,王权主义学派的历史观,他们对中国政治思想的王权主义本质的看法,在现今的学术界并没有被大多数人所接受,而且还时时受到国学派或新儒家学派的挑战,还处在一个需要不断去证明自己的阶段。一种学说或一种理论,特别是历史学的学说或理论,它要站住脚跟,战胜各种异见,唯一有力的武器就是事实。用确凿无疑的、无容辩驳的事实去战胜对方,是其唯一可以选择的路径。就像当年马克思、恩格斯他们,在面对强大的资本主义世界确立自己理论的时候,用的就是这种方法。马克思曾经说过:"我的《资本论》一书引起了特别大的愤恨,因为书中引用了许多官方材料来评述资本主义制度,而迄今为止还没有一个学者能从这些材料中找到一个错误。"③恩格斯在他的第一本批判资本主义的著作《英国工人阶级状况》中也说过类似的话:"我的观点和我所引用的事实都将遭到各方面的攻击和否定……但是我要毫不迟疑地向英国资产阶级挑战:让他们根据像我所引

① 张分田:《民本思想与中国古代统治思想》(上、下册),南开大学出版社,2009年,第20—24页。

② 参见张分田:《完善事实陈述的主要途径——涉及中国思想史研究方法与视角的治学心得》,《湖南大学学报》,2010年第6期。

③ 《马克思恩格斯全集》(第22卷),人民出版社,1965年,第165页。

用的这样可靠的证据,指出哪怕是一件多少能影响到我的整个观点的不确切的事实吧。"①还处在弱势阶段的理论,要站住脚跟,也只能如此,因为事实胜过一切雄辩!

以上是笔者所感受到的这部九卷本通史中,所包含的一些基本的方法论。而有了统一的历史观和方法论的贯彻,也就在最深刻的层次上达到了通史的"通"的要求。通史不是仅仅要求时间上的贯通,从先秦写到现代,更重要的是著述理念的贯通,是思想内涵之通。就目前看到的大部头的思想通史来看,唯有这部《中国政治思想通史》(上、下册)做到了这一点。

三、一部特别重视学理性思考的通史性著作

特别重视自身研究的理论与方法论问题,是这部通史的最大特色。该书首卷为"综论卷",以八十万字的篇幅,对自己的研究对象、研究方法、概念术语、学科论域、价值理念,等等基本问题,一一做了详尽的论述或界定,是目前为止我们所能看到的最重视学理性问题的学术论著。

就中国学术界的状况来说,我们中国学人最大的问题之一就是缺乏学理性思考,很多研究者都缺乏这样的学术素养。人们要研究一个问题,特别是历史学研究,只要搜集了资料,做好了谋篇布局,就可以动笔了,至于我们提出的是一个是什么问题、它属于什么范畴、问题的研究域如何界定、采用什么样的研究方法更符合问题本身的性质、该问题的研究将可能产生什么样的社会影响或学术影响,等等,这些基本的问题则都不管不顾了,似乎这些问题都与他要研究的问题并不相干。殊不知,恰恰是这些问题,决定着他的研究是自觉还是盲目,决定着他的研究所可能达到的理论深度,决定着他的研究思路的明晰性,并最终决定着研究所可能实现的价值。

而刘泽华先生主编的《中国政治思想通史》(上、下册)则着力在这方面下功夫,用最大的篇幅来阐述或界定自己的研究对象、学科边界、基本理论和研究方法。"综论卷"第一编"中国政治思想史研究的对象和方法",集中论述该

---

① 《马克思恩格斯全集》(第2卷),人民出版社,1957年,第278—279页。

书的研究对象和方法论问题。第一章首先讨论的是研究对象,作者写道:

> 政治思想史的研究对象……研究各种政治学说的特点、性质、内容及其发生、发展的历史条件和对现实政治、社会、文化的影响,以及不同政治学说流派之间的争鸣、渗透、演变和更替的历史过程等。[①]中国古代政治思想史的研究对象……除了关于国家、政体、法制的理论以外,还要根据中国古代政治学说自身的特点,充分注意政治哲学、社会模式理论、关于治国方略与政策的理论、政治实施理论、政治权术与政治艺术理论、政治道德理论,以及中国古代政治学说所关注的其他各种理论和其他各种门类学术理论中所包含的政治理论内容。[②]
>
> 各种政治学说所关注的主要对象是国家政权问题。国家是政治现象的基本形式。政治的基本内容是参与国家事务,指导国家,确立国家活动的方式、任务和内容。各个阶级、阶层、集团之间的关系,特别是它们之间的政治和利益关系,以及公共秩序和利益的调节,在很大程度上都要通过国家结构表现出来。各种政治现象大都围绕国家这个中心展开。国家问题必然成为历史上各种政治学说所关注的重点。因此政治思想史的研究重点也应随之确定。[③]

确定了对象和研究之重点,全书的擘画就会有清晰的逻辑思路。接着就是研究的方法论问题。王权主义学派这个学术群体,一贯是重视方法论问题的,他们曾经出版过一本集中阐述政治思想史研究方法的著作——《思想的门径:中国政治思想史研究方法论》[④]。在这部通史中,他们还是用了极大的篇幅,来讨论或交代自身研究的方法论。第二章是关于研究方法问题讨论的专章。本章中,作者用几万字的篇幅,集中讨论"社会普遍政治意识研究的若干思路""统治思想与民间社会意识互动研究""中国传统政治哲学与社会整合

---

① 刘泽华主编:《中国政治思想通史·综论卷》,中国人民大学出版社,2014年,第3页。
② 刘泽华主编:《中国政治思想通史·综论卷》,中国人民大学出版社,2014年,第6页。
③ 刘泽华主编:《中国政治思想通史·综论卷》,中国人民大学出版社,2014年,第4页。
④ 刘泽华、张分田等:《思想的门径:中国政治思想史研究方法论》,天津古籍出版社,2006年。

研究""关于中国帝王观念研究""民本思想研究的思路与方法""思想与社会互动的整体研究""中国传统政治文化与政治人格研究方法""范畴、概念研究与中国政治思想史的探索""政治信仰和终极理念的研究方法""民国时期政治思想研究方法问题"等理论与方法论问题。

"综论卷"第二编"政治思想是思想文化的主干",综论政治思想史研究中的基本问题;第三编"普遍性的政治观念与问题",综论政治思想史研究中的基本概念,这样,基本上就解决了研究的基本论域,研究的主要问题,以及基本的学术理念。"综论卷"完整地交代了这部几百万字的著作要解决的基本问题和研究目标,解决了研究的思路和方法,有了这个"综论卷",就从学理性的角度,为全书做好了主要铺垫。

重视学理性问题,重视自身研究的理性思考,极其鲜明的方法论意识,是该书为中国学术界做出的良好示范。

原载《天津社会科学》,2015 年第 2 期

在矛盾中陈述历史:王权主义学派方法论思想研究

李振宏

　　王权主义学派,是中国大陆在改革开放之后,中国古代政治思想史研究领域涌现出来的一个史学派别。该学派以刘泽华为核心代表,有共同的问题指向,共同的中国史观,共同的方法论意识,并有共同的批判意识和现实关怀。其方法论特色之鲜明,也颇有研究价值。就目前中国大陆的学术生态来看,人们还不习惯于从学派的角度去分析问题,因此对王权主义学派①的研究和评断,仍处在非常初步的状态,系统研究之成果寥寥,对其方法论的研究更是无人问津,本文试做初步探索。

一、在矛盾中陈述历史方法论及其理论来源

　　王权主义学派的史学方法论是个比较博大的体系,涉及许多方面。单就

---

　　① 王权主义学派在国内学术界引起关注,并以学派称之已有十多年的历史。最初人们称其为"刘泽华学派"。在学术论文公开使用这一概念的文章有方克立:《甲申之年的文化反思——评大陆新儒学"浮出水面"和保守主义"儒化"论》,《中山大学学报》,2005 年第 6 期;方克立:《关于当前大陆新儒学问题的三封信》,《学术探索》,2006 年第 2 期;秦进才:《形式主义史料与政治文化的存在方式》,《中国图书评论》,2008 年第 9 期;李冬君:《真理之辨——读毕来德〈驳于连〉》,《中国图书评论》,2008 年第 5 期;李振宏:《中国思想史研究中的学派、话语与话域》,《学术月刊》,2010 年第 9 期,等等。但多是一般性的介绍或提到,缺乏深入研究。2013 年,笔者在《文史哲》第 4 期发表《论中国政治思想史研究中的王权主义学派》一文,是第一次对该学派的学术思想、治学理念做全面阐发,并第一次使用"王权主义学派"来命名该学术群体。但是对这个学派的方法论思想,却没有来得及做专题探讨。

其纯粹的方法论意义说,其最核心的思想是"在矛盾中陈述历史",这是该学派主要代表人物刘泽华经常谈到的问题,也是刘泽华的自我总结。刘泽华在一篇问答体论文中说:

> 王权主义在历史上有过历史的合理性吗?对此我取历史辩证法的观念来看待,君主专制主义是一种社会秩序和社会资源控制与分配体系,它有其必然性和历史的合理性。我从来没有说过中国历史上不该有君主专制主义。在叙述历史的时候,我认为只能用辩证分析的方式来对待,要在矛盾中陈述。[1]

在矛盾中陈述历史,是和辩证分析相一致的,或者说,它是辩证地分析问题的另一种说法,是辩证法在具体的历史学方法论中的体现。刘泽华自己也说,他主张在矛盾中陈述历史,并不是自己的发明,而是马克思所强调的一种方法论思想。在一篇关于治学观念的访谈录中,他说:

> 马克思说过要在矛盾中陈述历史,我看这是比较科学的。我们研究历史的人首先应把历史的矛盾揭示出来,在矛盾的叙述中选择价值取向。现在有人不承认农民起义、农民战争,而定位为破坏性的暴民暴乱,我看就是对被害者缺乏应有的敬意和温情。试想一想,当统治者把老百姓剥夺得一干二净,无法生存下去的时候,面对"朱门酒肉臭,路有冻死骨",不让老百姓造反,这能说得过去吗?是的,造反者常常又会过头,造成另一种破坏,也真是无可奈何!这里只有用矛盾的方法才能把历史陈述清楚。[2]

在笔者和刘泽华先生的通信中,刘先生谈到他的"阴阳组合结构"说产生及形成的思路时,也曾有过一段明确的表述:

---

① 刘泽华:《答客问:漫说我的学术经历和理念》,《社会科学战线》,2004 年第 4 期。

② 刘泽华、范思:《治史观念与方法经验琐谈——刘泽华教授访谈录》,《历史教学问题》,2006 年第 2 期。

从思路说，"刚柔结构"是"阴阳组合结构"的最初表述。"阴阳组合结构"还有吕思勉、冯友兰等"混沌"说的因素、"矛盾"说的因素、张分田的因素，更主要的是马克思说的"在矛盾中陈述历史"的启发。应该说我一直在想如何把"在矛盾中陈述历史"具体化？这是一种具体化的尝试吧。由此我对精华糟粕二分法也是怀疑的，在我看来都是"结构"性的存在，分不开。①

总括以上说法，刘泽华先生关于"在矛盾中陈述历史"的思想，是受马克思的启发，或者说就是马克思的一个提法，他把它变成一个方法论，将其化到了自己的研究实践中。其实，按照刘泽华先生的说法，他也只是把马克思倡导的方法论具体化实践化了。而这个在"矛盾中陈述历史"的方法论，在马克思的论述中，是一种怎样的情况呢？马克思的原话，出现在1853年9月3日他致恩格斯的信中：

> 正是"愚蠢的朋友"，才对每个小学生都知道的东西，即真理通过论战而确立，历史事实从矛盾的陈述中清理出来，表示大惊小怪。②

这段话的语义非常清楚，马克思的原意并没有把"历史事实从矛盾的陈述中清理出来"当作一种重要的方法论思想，在他看来，这只不过是连小学生都知道的常识而已。而问题是，从理性的分析出发，这的确应该是常识，但在

---

① 这是2011年4月11日刘泽华先生给笔者信中的一段话。这段话中的"张分田因素"，是刘先生回答笔者在4月10日致刘先生的信中的提问而涉及，当时我提的问题是："我的文章……不仅评论了您的学术思想，也对张分田的《中国帝王观念——社会普遍意识中的'尊君-罪君'文化范式》和《民本思想与中国古代统治思想》(上、下册)两本大著有所论及。现在想请教的问题是，张分田说他提出'尊君-罪君'分析模式是在1993年研究唐甄思想的时候，而这好像比您提出中国传统政治思想的'阴阳结构'说还要早。您是否可以说明一下，您最早形成并发表出来的阴阳结构说是在什么年份？是他的'尊君-罪君'说丰富了您的阴阳结构理论，还是他受到了您的启发？做学术史，这些问题是需要理清楚的。"

② 《马克思恩格斯全集》(第28卷)，人民出版社，1973年，第286页。

实际的研究实践中,却并不是任何人都懂得的道理,或者是在思考问题的时候懂得这个道理,而在具体的研究、认识实践中,却往往忘记这个道理。这个道理并不是可以很自然地表现在人们的研究实践中。现在,刘泽华将其作为一种方法论思想来运用,并给予特别强调,结合中国史学界的研究实践说,还真是具有一种值得人们深入思考的方法论价值。君不见现在铺天盖地的国学研究、新儒家的言说,他们在大肆张扬儒家文化中所谓民本思想精华的时候,在张扬高傲的道高于君的所谓思想独立性的时候,基本上都不大懂得"历史事实从矛盾的陈述中清理出来"的道理,因而也不可能去对他们所张扬的所谓儒家思想精华进行完整而有机地把握。正是在这样的文化环境中,刘泽华把马克思所讲的这个常识性的道理发掘出来,变成一个方法论思想而加以示范性运用,就有了极其重要的思想价值。

在矛盾中陈述历史,是一种方法论,或者是一种方法论思想。它在历史研究的实践中展开,可以具体化为许多更具体的研究方法,并由此滋生出一个方法论体系。王权主义学派这个学术群体,在他们的中国古代政治思想史研究中,就从"从矛盾中陈述历史"这一方法论思想出发,提出了许多具体的思想史研究方法;通过这些研究方法的剖析,我们可以理解"从矛盾中陈述历史"的丰富内涵。

二、"阴阳组合结构"

"阴阳组合结构",就是"从矛盾中陈述历史"这一方法论思想派生出的一个思想史研究法,一个剖析中国思想史的很有效的分析工具。

"阴阳组合结构"是刘泽华先生对这一研究方法的最后命名,而其最早提出和后来的发展过程中,他使用过几种不同的提法,表达的都是这同一种研究方法。最早的提法是"刚柔结构",见于刘泽华先生和弟子葛荃合写的《王权主义的刚柔结构与政治意识——中国传统政治文化特点分析》一文。作者在该文中说:"王权主义的体系庞大而完备,它的内在构成呈一种刚柔二元结构。刚是指王权主义的绝对性,柔指的是王权主义的内在调节机制。"作者所谓"刚"就是王权主义体系中强调王权的绝对性、神圣性、权威性、独断性和不可挑战,对社会而言,王拥有统属社会一切的巨大权力,王权是对一切社会政治问题的最高决断权;对思想认识而言,王是认识真理性的最高权威和终极裁决者,是道和圣的化身。但是王权主义体系中还有相对于王权来说加以调节和限制的一面,比如天谴说、从道说、尊师说、尚公说、纳谏说,等等,这即是所谓"柔"的一面。"柔"的一面是王权主义思想体系中内在的调节机制。王权主义的刚性原则和内在的调节机制,刚柔相济,构成一个既有矛盾又相统一的二元组合结构。作者说:

> 王权主义的绝对化理论与调节理论有机地融为一体,呈现出一种刚柔互补状态。其中,维护君权至上的刚性原则是王权主义的主体,这些原则是坚定不移,不可动摇的。调节王权理论本质上是对王权绝对性的理论补充,其立论的前提无一不是对君权的肯定。天、道、圣人对王权的调节并不触犯君主政治制度本身,调节的对象是那些倒行逆施、背离原则、有损于统治阶级整体利益的昏君暗主。王权调节理论的出发点和归结点只能是使君主政治体制更加巩固。政治的运行有其内在规律,政治现象本身却是千变万化的。王权主义的刚柔二元结构使之具有较强的应变性和调节性。刚性原则决定着君主政治的基本方向,柔性理论则根据具体情况不断地积极地进行自我调节,以保证君主政治正常运行,减少政治失误。刚柔二元结构使王权主义本身具有顽强的生存能力。[①]

这是作者最早提出"阴阳组合结构"时的论证,虽然他当时命名为"刚柔二元结构",但实际上已经包含了后来所讲的"阴阳组合结构"的全部思想。在其后来的研究中, 刘泽华先生又曾相继使用过 "阴阳结构""阴阳组合命题""主辅组合命题"等提法,但最后还是确定为更规范的提法"阴阳组合结构",在《传统政治思维的阴阳组合结构》一文中,给予了更系统、更规范的说明:

> 我们的先哲几乎都不从一个理论元点来推导自己的理论, 而是在

---

① 刘泽华、葛荃:《王权主义的刚柔结构与政治意识——中国传统政治文化特点分析》,刘泽华主编:《论中国传统政治文化》,吉林大学出版社,1987 年。本文编入刘泽华:《中国政治思想史集》(第三卷),人民出版社,2008 年,第 34 页。

"阴阳组合结构"中进行思维和阐明道理……诸如：天人合一与天王合一、圣人与圣王、道高于君与君道同体、天下为公与王有天下、尊君与罪君、正统与革命、民本与君本、人为贵与贵贱有序、等级与均平、纳谏（听众）与独断……在上述组合关系中有对立统一的因素，但与对立统一又有原则的不同，对立统一包含着对立面的转化，但阴阳之间不能转化，特别是在政治与政治观念领域，居于阳位的君、父、夫与居于阴位的臣、子、妇，其间相对而不能转化，否则便是错位。因此阴阳组合结构只是对立统一的一种形式和状态，两者不是等同的。我上边罗列的各个命题，都是阴阳组合关系，主辅不能错位。①

"阴阳组合结构"无疑是我们的概括，但其内容则是古代政治思维的普遍事实，这种结构性的思维应该说是极其高明的，它反映了事务的对立与统一的一个基本面。也可以说是"中庸""执两用中"思想的具体化。这种"结构"的思维方式和认知路线对把握事务非常有用，也非常聪慧，正是所谓的"极高明而道中庸"……就思想来说，这种结构的容量很大，说东有东，说西有西，既可以把君主之尊和伟大捧得比天高，但又可以进谏批评，乃至对桀纣之君进行革命。由于有极大的容量，以致人们无法从这种结构中跳出来，至少在政治思想史范围内，直到西方新政治思想传入以前，先哲们没有人能突破这种阴阳组合结构。②

根据以上文字，我们可以得出几点认识：第一，刘泽华认为，"阴阳组合结构"是中国古代政治思维的普遍事实，大到中国古代思想的整体体系，具体到一般的思想范畴，都是以组合结构的形式存在着，先哲们从不从一个理论元点来推导自己的理论，每讲一个问题，都是相互对立与补充的两个方面，体现比较圆融的思维方式。第二，"阴阳组合结构"中的两个方面，是对立与互补关系，并且有主辅之分。体现君权绝对性的方面是阳面，是主导的方面；体现限制、规范君权的方面是阴面，是辅助的方面，二者的地位或性质不能相互转化。因此二者之间的关系，类似于一般哲学中的矛盾运动的对立统一律，但又

①② 刘泽华：《传统政治思维的阴阳组合结构》，《南开大学学报》，2006 年第 5 期。

不同于对立统一，因为它们只能对立与统一，而不能实现二者关系的转化。第三，这种组合式认知或思维，具有巨大的容量，给矛盾的双方都提供了极大的思维空间，具有极大的思想弹性，甚至可以将貌似异端的思想吸纳其中，使得历代思想家都跳不出这种思维的思想范围，不能突破这样的思维结构。第四，这种组合结构的特性，使得王权的绝对性得到保障和认同，减少了人们对王权从本质上的质疑，思维的基本属性和明确指向是君主专制主义。所以"阴阳组合结构"是对中国古代政治思想或一般社会思想结构的解读，也是对中国古代政治思想属性的基本认知。拿这样的结构性认识去观察古代思想，就可以将传统思想的特点、属性、本质，看得十分清晰，使我们摆脱那种抓住问题的一个方面肆意阐发而扭曲思想史事实的极端性片面性做法。

刘泽华先生给"阴阳组合结构"定义说："所谓阴阳组合结构是说一个主命题一定有一个副命题来补充，形成相反而相成的关系。"[①]把思想范畴都看作是两个相互对立而又相互补充的方面的组合，把思想都放在这样两个方面的对立互补关系中去认识，显然正符合马克思从矛盾中陈述历史的思想，是从矛盾中陈述历史在中国传统政治思想史研究中的实践或具体化。这种"阴阳组合结构"说，既突出了王权主义的思想主题，又凸显了中国古代思想复杂而圆润的中庸特点，对认识中国古代政治思想的复杂现象，的确是一个很好的解释工具，一种逻辑清晰的方法论思想，具有重要的方法论价值。

最近一些年来，大陆的所谓现代新儒家和一些热衷于国学的文化学者，总是在中国传统思想文化中的所谓民主性因素上做文章。他们认为，在中国传统政治思想中，也有不少类似"民本思想"之类的民主性因素，并致力于发掘此类思想成分以抵制西方民主思想的引入。如果不去怀疑这些所谓学者的思想真诚程度的话，如果对他们的主张和行为做善意的理解，那就可以判定他们真的是缺乏对中国传统政治思想的深入了解。他们是谙于中国古代阴阳组合的思想史事实，而不懂得民本之类思想史命题的辅命题属性。如果懂得中国传统政治思想的阴阳组合结构属性，了解中国传统政治思想的这一特殊结构方式，他们就不会再犯那些偏执性的错误。可以说，刘泽华的"阴

---

① 刘泽华：《中国政治思想史研究之思路》，《学术月刊》，2008 年第 2 期。

阳组合结构"说,是认识中国传统政治思想的一把钥匙,可以给人豁然开朗、茅塞顿开的感觉。

王权主义学派中人,大都认同刘泽华的"阴阳组合结构"说,并以之指导自己的思想史研究。九卷本《中国政治思想通史·秦汉卷》第二章有一个小节的标题是"君本与民本:贾谊政治思维的'阴阳组合结构'",文中说:"刘泽华先生曾就中国传统政治思维方式的基本特点做过极为精到的辨析和概括,认为其特点往往体现为一种'阴阳组合结构'……在笔者看来,这一辨析和概括对于我们认识和把握贾谊《新书》的政治思维结构的特点来讲是再适合不过了。"(第99—100页)这位"秦汉卷"的作者声明,他是遵循刘泽华的"阴阳组合结构"方法论来分析贾谊的政治思维的。在具体分析了贾谊的君本民本思想之后,作者写道:"贾谊的上述民本论的政治理念无疑是相当可贵的,然而我们却不能离开他的君本论来单纯地理解其民本论的政治含义,君本与民本作为一种组合关系,更主要的是以统治者为治体而提出来的。民本论既向统治者提出了重民意、察民志、畏民力的警告和劝诫,也向统治者提出了爱民、富民、安民和忧民的要求与期望。警告和劝诫不可谓不严重,要求和期望不可谓不高远,然而由于民本的实现是以君本为前提条件的,因此君本-民本的政治思维结构也就不可避免地存在着一种严重的内在缺陷,即虽明知当尊重民意却终难实现,虽倡言应以民为本而民本当中却无治权可言。由于君主作为政治教化的主体地位是不容置疑的,故这种民本观不管如何关注民生、重视民利、敬畏民力,却只能是一种'爱民'观,与'民主'观有着霄壤之别。"(第101页)

可以说,"秦汉卷"作者对"阴阳组合结构"说的实践是成功的,证明他完全理解此说之真谛。类似的例子在九卷本《中国政治思想通史》各卷都可以看到,像"隋唐卷"对"君为政本-民为国本"理论结构的分析,"宋元卷"关于朱熹思想中"君统与道统"的分析等,都可为例证。

三、阶级-共同体综合分析方法

阶级-共同体综合分析,是刘泽华先生针对片面强调阶级分析和新时期以后完全抛弃阶级分析两种极端倾向,而提出的一种分析方法,也可以看作是基于新时期以来对否定阶级分析方法的反拨,而其核心则根源于在矛盾中陈述历史。

在南开大学历史系、《历史研究》杂志社、天津市社科联于 1999 年 11 月共同举办的"中国社会形态及相关理论问题学术研讨会"上,刘泽华先生提出"阶级–共同体综合分析"问题,第二年在《历史研究》组织的"笔谈"栏目中正式发表。刘先生说:

> 关于基础性的社会关系形态问题,我依然认为运用马克思主义有关生产力与生产关系的理论所勾勒出的社会关系,从总体上看最贴近历史,或者说解释力最强……基础性的社会关系即阶级关系,之外还有其他各种社会关系。是否可以这样说,社会关系大体可分为两大类:一类是基础性的阶级关系,另一类是"社会共同体",它比阶级关系更复杂,其中既有阶级关系的内容,又超越阶级关系。共同体小到一个家庭,大至民族、国家。基础性的阶级关系是其他社会关系的基础,起着制约作用,但其他社会关系又有其存在的依据,不能全进入阶级关系之中。据此,是否可以设想一种阶级–共同体分析方法?①

很显然,刘先生提出"阶级–共同体综合分析",旨在处理阶级社会中,如何看待阶级和其他社会因素的关系问题。社会关系是个非常复杂的范畴,从一个国家的整体出发,人们是处在一个相对稳定的社会共同体中。而在这个社会共同体中,人们又根据各种复杂的因素结成各种不同类别的大大小小的共同体,形成不同的社会关系。如民族关系、宗教关系、教育关系、乡土关系、家族关系,等等。在过去大讲阶级斗争的年代,历史上的一切问题都变成了阶级问题,都采用唯一的阶级分析方法,于是一切历史分析都变成了阶级分析,历史的面貌被严重扭曲。而新时期以来,由于我们在现实政治生活中实现了工作重心向经济建设上的转移,否定了现实生活中仍然存在大规模阶级斗争,于

---

① 刘泽华:《分层研究社会形态兼论王权社会》,《历史研究》,2000 年第 2 期。

是人们看待历史的眼光或角度也随之改变,似乎历史上也不存在阶级斗争问题,历史分析中的阶级分析也被抛弃。刘先生坚持认为,历史上阶级斗争的存在是一个事实,使用阶级分析方法去分析历史上的一些重大问题,仍然是有效的,问题在于不能把历史上的一切问题都归之于阶级问题,要在使用阶级分析方法的同时,承认有超阶级的现象的存在,有不同于阶级利益的共同体的利益的存在。把阶级的存在和共同体的存在,看作是一种既有矛盾又有联系的共时性存在。显然,刘先生提出的"阶级-共同体综合分析",对真实的历史来说更适合一些。他多次对自己的这一思想进行说明:

> 我的意思是对阶级分析法要做些补充和修正……提出"阶级-共同体综合分析"就是对阶级分析进行"修正",是一种尝试。"共同体"是社会学中常用的分析方法,有其依据和道理。"共同体"与"阶级"不同,但又交织在一起,不能用一个否定一个。共同体主要是说人们的"共同性",阶级则主要说经济、政治和社会利益的分配问题。过去很长一段时间内过分强调阶级分析,这些年来多着眼于共同体的描述。我想应该把两者结合起来,既要讲阶级斗争,又要讲阶级调和,在一定条件下"斗争"是动力,"调和""妥协"也是动力。在历史上出现了许多既搞斗争又搞调和的人和事,由于我们把阶级斗争绝对化,这些人和事都被遗弃和否定,不能不说是我们史学的一个大缺陷。[①]
>
> 阶级不是一种孤立的存在,相互之间也不是泾渭分明,阶级与社会各种关系交织在一起。过去的阶级分析是直线性的,在我们这一代人是一种普遍的思维方式,包括自己写的东西,现在看起来有点儿可笑。对此当然应该进行纠正。但我并不抛弃阶级分析,不过我也有修正,提出阶级-共同体综合分析。社会共同体有大有小,小至一个家庭,大至民族与国家,现在又有世界村、国际联合体等。阶级与共同体互相纠合,高屋建瓴的思想家们一般说来,既立足于一定的阶级,又能关注共同体的

---

① 刘泽华、范思:《治史观念与方法经验琐谈——刘泽华教授访谈录》,《历史教学问题》,2006 年第 2 期。

利益。①

刘先生说,只讲阶级分析从思维方式上说,是一种直线思维,单一方向的思维。他强调要用阶级-共同体综合分析,目的就在于打破直线性、单一性思维模式,要求人们把历史问题放在一种矛盾的组合体中去看待、去分析。阶级-共同体综合分析,实际上是"在矛盾中陈述历史"方法论的展开。

刘先生的这一方法论思想产生得较早,在20世纪80年代初的学术著作中就有了,只是那时,他还仅仅是针对阶级分析方法的狭隘性运用提出问题,重点在突破传统的阶级分析方法的局限,所以只是笼统地针对阶级问题提出一个"社会性"的概念,而不是用现在这种规范的"共同体"概念,强调在阶级性之外还有社会性。如他在《先秦政治思想史》的前言中说:

> 在阶级社会,政治思想的核心部分具有最明显的阶级性质。但从政治思想的总体看,又不能全部归入阶级范畴,比如关于处理人与自然的关系的理论,除有阶级烙印外,还有人类与自然的共同关系问题。
>
> 关于社会生活的认识,也有一些超出了一个阶级的范围,比如调和阶级关系的某些论述,便包含了不同阶级、不同阶层的要求。
>
> 还有一些社会规范是人人需要遵守的,也不好简单地划入某一个阶级范畴之中。

刘先生强调了阶级之外的人的社会性问题,强调了和阶级关系同时存在的其他诸种社会关系。这里讲"社会",也就是共同体的含义。不过,这一时期的问题指向是突破阶级斗争思维,不能把一切问题都看成阶级问题。而到了21世纪初,刘先生明确提出阶级-共同体综合分析的时候,由于整个大气候的变化,问题意识就偏重于问题的另一个方面了,就不仅是要突破狭隘的阶级分析,而更是要强调其相反的方面,要纠正只讲"和谐"而无视实际存在的阶级斗争的倾向了。他在一篇文章中说:

---

① 刘泽华:《理念、价值与思想史研究》,《天津社会科学》,2008年第3期。

一种倾向是把历史描绘成一团和谐,可谓和谐史观。我不否认历史上有过相对的"和谐"局面,但相对"和谐"也不是自由人之间的交往。中国古代的人是等级性的人,尊卑贵贱十分明确,就一般的农民而言,他们首先是被国家控制起来的农奴;就主佃关系来说,主与佃的身份是不一样的……所以不能用"和谐"解析全部历史。由"和谐"史观论历史的"是非"多半不当,甚至是错误的。特别是对一些被尊崇的历史人物、观念和事情,比如对孔子和儒家的论说、科举制等,有些学者认定压根儿与社会阶级、等级无关,是飘在历史天空的彩云。这一类的历史认识应该说背离了基本的历史事实。

阶级利益与共同体利益交织在一起,只能进行综合观察和分析,例如工会、农会作为共同体有其重要的作用,但如果变成权力机关,一切权力归农会等做法,肯定不宜。权力这种东西是很复杂的,它无疑有很强的阶级性、利益集团性等,但它也有程度不同的社会性(共同体性)。如果仅仅归于前者,肯定是片面的。我认为进行"阶级-共同体综合分析"才可能比较准确地做出"是非"判断。①

在刘先生看来,无论是片面地强调阶级斗争,还是无视阶级斗争的存在,都是片面的,都是抓住了问题的一个方面,而没有把问题放到矛盾的存在方式中去对待,都背离了在矛盾中陈述历史的方法论。所以他要大声疾呼,反复强调"阶级-共同体综合分析"。以此可以明了,所谓"阶级-共同体综合分析",实质上仍然是在矛盾中陈述历史的方法论思想。

四、"尊君-罪君"文化范式说

笔者在《中国政治思想史研究中的王权主义学派》一文中,是把张分田作为王权主义学派的一个主要代表人物进行评述的,所以这里要把他的"尊君-

---

① 刘泽华:《关于历史是非认识的几个问题》,《史学月刊》,2016 年第 1 期。

罪君"文化范式说单独列为一个问题,是因为他在这个学术群体中有着更为鲜明的个性,其"尊君–罪君"文化范式说虽然属于在矛盾中陈述历史方法论的范畴,但却与刘泽华先生的"阴阳组合结构"有着明显的差异。另外我们也注意到,张分田的政治思想史研究虽然也不断使用组合命题的提法,但在他自己单独署名的文章中,却从不使用"阴阳组合结构"这个概念,所以我们也不宜将他的"尊君–罪君"文化范式说,放在"阴阳组合结构"的框架内进行评述。

张分田在总结中国古代政治思想史的特点时,有一个很明确的看法:"王权绝对化理论与政治调节理论融合为一体,争论多以组合命题展开。"他写道:

> 历代思想家是用组合命题的方式来自圆其说的,即有关理论由若干相互关联、相辅相成、功能有异、取向一致的命题构成。各种政治调节理论皆由论证君主与规范君主两大类命题构成。道统论以"道中有君–道高于君"为基本结构,革命论以"天命–革命"为基本结构,公天下论以"以一人主天下–不以天下奉一人"为基本结构,民本论以"君为民主–民为国本"为基本结构,君臣一体论以"君主–臣辅"为基本结构,法治论以"君主立法–法为天下之法"为基本结构,礼治论以"以礼治人–以礼治己"为基本结构,谏议论以"独断–兼听"为基本结构。尽管思想家们主要讲后者,却又自觉或不自觉地以前者制约限定后者。中国古代著名思想家都没有能从这个结构中解脱出来。具有这种政治思维方式的政治理论绝对不会把人们引向否定君主制度,因而其本质特征是专制主义的。①

张分田把这种普遍存在的组合式命题,概括为一个"尊君–罪君"文化范式,并认为中国古代任何一个重大的政治思想命题,都以这样的文化范式表达出来。他说:

---

① 张分田:《中国帝王观念——社会普遍意识中的"尊君–罪君"文化范式》,中国人民大学出版社,2004 年,第 729—730 页。

帝王观念的各种文化要素依其主要功能可以分为两大类：一类以论证君主为主，另一类以规范君主为主。论证君主与规范君主是同一文化体系的两个基础构件，它们一而二，二而一，相辅相成，互依互证，无法完全分割开来。尽管两类文化要素的基本导向都是维护君主制度，但各种规范君主的文化要素毕竟为君权的存续与行使设定了条件与范围，进而为制约乃至非议君主提供了尺度。如果说论证君主的主要功能是尊君，那么规范君主则有罪君的导向。当尊君观念与罪君观念出自同一文化体系时，它们就共同构成了这一文化体系最基本的结构与功能。"尊君－罪君"是帝王观念诸要素相互组合的基本方式。①

他认为，中国古代社会不仅普遍存在着尊君的理论、观念和行为，而且也普遍存在着罪君的理论、观念和行为；并且，尊君与罪君这两种理论、观念和行为并不分属于两个相互对立的思想体系、价值体系，而是共时性地寓于一体，并形成一种具有普遍意义的范式化的意识－行为模式。②张分田认为，这种组合结构中的双方，不是截然对立的，不是绝对的主或次，不是阴阳关系所可以明了的，但他们也不是平行的存在结构，而是罪君以尊君为依归，尊君理念制导着罪君思想的展开，它们是由一种"相互关联、相辅相成、功能有异、取向一致的命题构成。它们的关系属性更多的是自洽性和圆融性。张分田的"尊君－罪君"文化范式说，和阴阳组合结构说相比，其差异只是更多地强调其圆融性、共时性和一致性，而不是强调其主次、主副的绝对性。因此，他可以更旗帜鲜明地指出，"尊君－罪君"文化范式中的两极，隶属于同一个思想体系。如他写道：

以罪君为主要特色的思想家，除无君论者外，都认同由一人执掌最高

---

① 张分田：《从民本思想看帝王观念的文化范式》，《天津师范大学学报》（社会科学版），2004 年第 1 期。

② 参见张分田：《中国帝王观念——社会普遍意识中的"尊君－罪君"文化范式》，中国人民大学出版社，2004 年，第 12 页。

权力的政治制度和圣化的政治权威。他们不仅从来没有提出过治权在民的政治理念，反而在抨击暴君暴政的基础上设计理想化的"圣王之道"。

道高于君这个命题本身就是把道与君紧密地联系在一起的。道，指一般原则；君，指具体君主。所谓道高于君即君主制度的一般原则凌驾于现实中的一切君主。这个思路必然形成一而二，二而一的理论结构："有道理想"与"道高于君"。如果说有道理想着重论证君主制度的合理性、绝对性，那么道高于君则着重论证君主的行为规范及其权位的相对性。就主要政治功能而言，天下有道的政治信仰势必导向皈依王权，憧憬圣王；而道高于君的政治信条则势必导向规范王权，抨击暴君。显而易见，以道罪君是由以道尊君中派生出来的。道与君主制度相合是本质，道与具体君主相分是现象。无论维护道义的士人与时君、时政有多大冲突，都不具有在理论上否定君主制度的意义。维护道统的士人必定是君主制度的同路人。[①]

在张分田看来，"以道罪君"实际上是"以道尊君"的派生物，罪君说是附着于君主制度之上的思想观念。如果按照这样的逻辑推下去，罪君理论在本质上也是尊君理论的一种表达方式，尊君理论也包含着罪君的逻辑基础，两者都反映着君主制度的思想本质。如果以"尊君–罪君"文化范式作为方法论去观察中国古代的政治思想体系，其专制属性之本质则会暴露得更加鲜明和彻底。

既然是一种文化范式，拿它去分析所有基本的政治思想范畴，都将会具有方法论意义。张分田的"尊君–罪君"文化范式，在他七十万字的《民本思想与中国古代统治思想》（上、下册）一书中，得到了很好的验证。是书在研究方法上，基本上以此为方法论，将民本思想放在"君为政本–民为国本"的组合命题框架中进行研究。书中写道：

在中国古代，除少数无君者外，凡是提出系统政治主张的思想家，

---

① 张分田：《从民本思想看帝王观念的文化范式》，《天津师范大学学报》（社会科学版），2004年第1期。

都必然既有尊君之论,又有重民之论。每当言及基本制度和政治主体,思想家们无一例外地主张治权在君,而每当言及最终决定因素和治国之道,思想家们又无一例外地主张以民为本……每一位思想家都曾提出过包括民本理念在内的比较完整的政治构思。民本思想既作为一个组成部分而从属于这个完整的构思,又有其自身的逻辑论证方式。这就决定了比较系统的民本思想一系列相关的思想命题,依据特定的政治构思与思维逻辑,相互而成,而"君为政本-民为国本"既是命题与命题之间相互组合的基本方式,也是每一个命题内在的自我组织方式。由此可见,这样的思维方式和理论结构是民本思想所固有的。

乍然看去,"民惟邦本"与"君为政本","民贵君轻"与"君尊民卑","君以民为本"与"民以君为主"似乎是自相矛盾的,而民本思想偏偏又巧妙地将二者圆融在同一理论体系之中。①

正是将民惟邦本、民贵君轻等极具思想魅力的传统政治思想命题,放在组合命题中去考察,张分田才发现了这类命题的思想本质,发现了以往被所谓民主性因素掩盖着的民本思想的专制主义内核。作者终于做出惊世骇俗的重大判断:

现代学术界所说的"民本思想"始终是中国古代统治思想的重要组成部分。甚至可以说,中华帝制的政治原理是以民本思想为基础框架而精心构筑的庞大的思想体系。②

民本思想是全面论证、系统规范君主制度的政治理论。从历史过程看,帝制越兴旺,"民惟邦本"思想就越发达,皇权越集中,"民贵君轻"观念就越普及。在历代王朝的官方学说代表作乃至最高统治者的著作和言论中,可以找到民本思想的核心理念和基本思路。民本思想一直是统治思想不可或缺的有机构成之一,甚至可以称为中华帝制统治思想的代称。③

① 张分田:《民本思想与中国古代统治思想》(下),南开大学出版社,2009年,第588页。
② 张分田:《民本思想与中国古代统治思想》(上),南开大学出版社,2009年,第1页。
③ 张分田:《儒家的民本思想与帝制的根本法则》,《文史哲》,2008年第6期。

> 就最基本的核心理念而言,民本思想不属于民主思想范畴,而属于专制主义范畴。①

这是迄今为止我们可以看到的对民本思想本质最深刻的解读,是中国思想史上最重大的发现。由于张分田的研究,由于这部七十万言的专题巨著的出版,最终粉碎了一切借儒学谈民主、张扬儒学救国者的企图。这样的研究结果,证实了"尊君-罪君"文化范式说对于中国古代政治思想史研究的方法论效应,也证明了组合结构式研究的有效性。

而同时我们也看到,张分田主张的"尊君-罪君"文化范式说,和刘泽华先生的"阴阳组合结构"说在对组合结构属性的理解上有所差异,但却都无例外地属于"在矛盾中陈述历史"这样的方法论范畴。"尊君"与"罪君"是矛盾,"民惟邦本"与"君为政本","民贵君轻"与"君尊民卑","君以民为本"与"民以君为主",等等也都是相对应的矛盾体,并且在张分田看来,这些矛盾还可以转化,从"民惟邦本"出发可以推导出"君为政本",从"君尊民卑"也可以推导出"民贵君轻",矛盾的一方包含着另一方的因子,甚至可以说,在任何一方的身上都全息性地反映着整个思想体系的基本精神。张分田在讲"尊君-罪君"理论结构的普遍性时,曾经写道:

> 以着重讨论君民关系的儒家民本论为例,它将帝王观念的四组文化要素融为一体,形成特定的理论结构。帝王有何权力?民本论认定帝王犹如父母,是民之主。为什么治权在君?民本论答以立君为民,帝王"代天牧民"。何以为君?民本论宣扬得民心者得天下,失民心者失天下,主张帝王"以民为本""政在养民"。如何评判帝王?民本论认为重民则为有道明主,虐民则为无道昏君。君无道则可以革他的命而另立新君。这就分别解答了帝王观念的重大问题。其中君为民主、天赋君权以尊崇君权为主要导向,着重论证君主制度的绝对性和治权在君的合理性;以民为本、虐民无道以规范君权为主要导向,着重论证君权有限定、有制约、

---

① 张分田:《民本思想与中国古代统治思想》(下),南开大学出版社,2009年,第743页。

有条件。然而它们之间又可以相通。既然帝王为民父母，他就必须关爱民众，既然立君为民，他就必须养育庶民，否则他就辜负天命，违背道义，失去了为君的条件。这样一来，尊君观念可以导出了罪君观念。要确保"以民为本"，必须有一位有道之君，要实现"天下有道"，必须有一位圣王。有必要时可以以推翻暴君的方式，另立新君来为民做主。这样一来，罪君的观念又可以导出尊君的观念。显而易见，民本论有一个"君为民主－民为国本"的理论结构。①

这段话就很好地说明了矛盾双方如何转化、如何从一方推导出另一方的问题。既然矛盾的双方是可以转化的，是互相训释的，所以组合命题中的双方在本质上就是一而二、二而一的问题。这样的分析，就有益于我们看清某些貌似民主而实则专制的思想命题的真实内涵。这是组合结构思维运用于中国思想史研究的方法论效应，也是在矛盾中陈述历史思想方法的具体展示。而反过来说，如果不是运用"尊君－罪君"文化范式这种组合结构式分析，不是贯彻"在矛盾中陈述历史"的思想方法，要真正认清民本思想的专制主义本质，几乎是不可能的。

五、以罗列事实为主的研究方法

这是张分田提出的研究方法，也是他对王权主义学派方法论思想的一大贡献。张分田在《中国帝王观念——社会普遍意识中的"尊君－罪君"文化范式》的导论中说："本书最重要的论证方法和阐释方法是罗列事实，在实证的基础上，探讨原因、本质、结构、模式、规律。"②在《民本思想与中国古代统治思想》（上、下册）中，他单列一个节目标题，来讲述他为什么要选择"以罗列事实为主的研究方法"。他列出的理由有四条：

---

① 张分田：《从民本思想看帝王观念的文化范式》，《天津师范大学学报》（社会科学版），2004年第1期。
② 张分田：《中国帝王观念——社会普遍意识中的"尊君－罪君"文化范式》，中国人民大学出版社，2004年。

102

第一，事实是一切学术的基础。这一条是不言而喻的。

第二，事实胜于雄辩。他的论题、基本结论会涉及甚至推翻以往一些重大的学术观点。因此与前人的商榷、论辩是不可避免的，而对商榷或论辩来说，"独到的视角、严密的逻辑、精确的分析、雄辩的断语固然重要，却都不如开列事实更重要。学者唯有在事实面前是最平等的。对事实的解读、评议可以争鸣，而对确凿无疑的事实本身是没有必要争论的……把历史事实充分地摆在那里，即使有人不同意笔者的分析框架和一些诠释、断语、结论，他也必须面对这些事实去调整乃至重新构思自己的分析框架和诠释体系，修改或推翻自己的一些观点和结论"。

第三，特定课题研究的特殊需要。他判断："民本思想对中华帝制及其统治思想和实际政治运作有极其深刻的影响。"为了证实这一点，也需要大量罗列事实。

第四，汲取前车之鉴。张分田说："由于一些主观原因，许多研究者忽略乃至无视一系列显而易见的重要历史现象，有的甚至主观取舍历史素材，从而导致结构性历史信息缺失和整体性史实判断失误，并由此衍生出许多不恰当的学术观点。"有鉴于此，必须重视基本事实本身的梳理，把研究建立在完整的坚实的准确的材料基础之上。于是罗列尽可能完整准确的事实性材料，就成为一种值得重视的研究方法。①

无论是王权主义的历史观，还是张分田要实现自己"重建中国思想史知识体系"②的学术宏愿，都是彻底改变传统思想认知的重大学术创造活动。一般来说，一种学说或一种理论，特别是历史学的学说或理论，它要站住脚跟，战胜各种异见，唯一有力的武器就是事实。特别是一些新的重大的学术见解，会遇到传统思想观念的严重挑战，要最后战而胜之，使自己的见解为学界和社会公众所接受、认可，就必须用确凿无疑的、无容辩驳的事将之论证起来，这是唯一可靠的路径选择。一切新生的思想，尚处在弱势阶段的理论，都不可

---

① 参见张分田：《民本思想与中国古代统治思想》（上、下册），南开大学出版社，2009年，第20—24页。

② 张分田：《"专制"问题论纲——关于"重建中国思想史知识体系"的若干思考》，《天津社会科学》，2011年第3期。

能有咄咄逼人的气势，不可能有传统思想的依托。而没有任何可以依仗的思想或理论，要站住脚跟，只能靠所掌握的事实去为自己开辟道路，只能坚信事实胜过一切雄辩！事实，铁的无可辩驳的事实，才具有无坚不摧的力量。所以张分田提出"以罗列事实为主"的研究方法，实际上是对王权主义学派的一个重要贡献。

此后不久，张分田又把这一研究方法提升一个新的认识高度，并做了进一步的理论研究。他在 2010 年发表了关于完善事实陈述的文章，阐述完善事实陈述的方法论问题。①他说："事实是一切学术研究的基础。高品位的学术著述必须尽力完善事实陈述。观点、方法、概念、理论的创新也有赖于高质量的事实陈述。有时仅靠事实陈述便足以颠覆一些成说。"文章提出四条进行事实陈述的基本途径，实际上也是回答要进行什么样的事实陈述的问题，并同时是事实陈述的方法论。这四条途径是：

第一，研究争鸣的各种理据与结构完整的事实陈述。

研究一种思想的属性必须借助结构完整的事实陈述。例如，如果一个人只留下了"诛一独夫"的说法，其他线索一概皆无，那么我们只能知道他主张铲除暴君，而无法断言其思想属性。如果这个人一方面斥责"独夫民贼"，另一方面斥责"无父无君"，我们就可以大体判定其属性了。"不得无父无君"是一个制度性、规范性命题，而"铲除独夫民贼"是一个评价性、批判性命题。两个命题形成一个完整的理论结构。据此可以断定：这个人维护君主制度、等级制度、宗法制度，因而主张严格遵守这种制度的一般规定性及其政治规范，就连君主也不能例外。这正是孟子政治思想的基本特征。

第二，分析思想的内在理路与逻辑完整的事实陈述。

关于这个问题，张分田举了对《论语·泰伯》中"民可使由之，不可使知之"

---

① 参见张分田：《完善事实陈述的主要途径——涉及中国思想史研究方法与视角的治学心得》，《湖南大学学报》，2010 年第 6 期。

作解读的例子。学者大多据此判定孔子有愚民思想。有些学者则力辩愚民之论违背倡导德治、仁政、民本、有教无类的孔学宗旨。于是他们调动训诂学的资源，将这句话句读为："民可使，由之；不可使，知之。"然后予以正面解读。不同的理解，如果仅仅争论句读，就只能永远停留在"公说公有理，婆说婆有理"的地步。要理解这句话的真实含义，分析孔子思想的内在理路便是有效途径之一。首先，分析《论语》的遣词用字；其次，分析《论语》的思想逻辑；再次，分析《论语》的政治纲领。如果做了对孔子整个思想的内在理路的系统分析，我们就会看到，它并不支持愚民违背孔学宗旨的说法和"不可使，知之"的句读方式。张分田认为，分析孔子思想的内在理路而形成的事实陈述，更具逻辑上的完整性。这样的事实陈述便足以驳斥孔子不可能有愚民思想的说法。

第三，剖析文本的理论体系与要素完整的事实陈述。

解读古代思想最容易出现望文生义、断章取义乃至随意演绎的失误。避免出现这种情况的途径之一是以解析组合命题、分析理论要素等方法，全面考察理论体系。任何一种比较成熟的政治理论体系都是由一系列相关理论要素依一定方式组合而成的整体。相关的政治命题有各自的意思表达和特定的理论功能，并按照既定的政治宗旨和特定的思维方式组合在一起，共同构成逻辑圆融的理论体系。因此，思想史研究必须将考察理论体系作为不可逾越的初级阶段。这项工作有助于形成要素完整的事实陈述。

第四，拓展史料的取材范围与过程完整的事实陈述。

凡是有可能引起争议的典型个案，我都一一探寻究竟，诸如秦始皇、秦二世、隋炀帝是否认同"民本"之类。为了全面认识明太祖删节《孟子》一事，我搜集到一批前人没有注意到的研究素材。诸如明太祖曾命人将《大学衍义》书写于宫廷建筑，其中就有孟子"民贵君轻"，由此可知他原先认同"民贵君轻"。明朝皇帝不仅改正了明太祖的做法，而且对一批写有"民贵君轻"的著作大加赞赏，由此可知他们没有执行明太祖的旨意。明朝进士黄洪宪的《邶人曰》和举人艾南英的《民为贵》被收入清乾隆帝下令编纂的《钦定四书文》，由此可知明清科举考试要求考生通晓"民贵君轻"的经义。正是沿着这个线索，我进一步检索了大量的文献，进而得出这样的事实判断：在中国古代，立君为民、以人为本、民重君轻的思想源远流长，这类思想最先由君主们提出，诸子百家都做出重要理论贡献，乃至成为一种大众化的政治常识和价值共识。历史过程表明：帝制越兴旺，民本思想就越发达，君权越集中，"民贵君轻"观念就越普及。这个过程性的事实判断与学界以往的说法迥然不同。

从张分田所谈事实陈述的四条途径看，他还是主张把事实放在一个思想的体系中去加以陈述，无论是强调"结构完整的事实陈述""逻辑完整的事实陈述""要素完整的事实陈述"，还是强调"过程完整的事实陈述"，都是把事实看作是一个体系，是一种思想结构中的事实，不是片面的单个的孤零零的事实，片面的单个的孤零零的事实，无论你写得如何清楚，都不是真正的事实，要把任何事实都看作是一个体系、一个系统、一个组合结构中的一个方面的反映。这样，你的事实陈述才是完整的，是符合历史原貌的真正的事实。离开思想的体系，离开思想的结构，单方面的片面的事实陈述是不能说明问题的。说到底，张分田主张的事实陈述，他的以罗列事实为主的研究方法，仍然是体现着"在矛盾中陈述历史"的思想方法。

张分田提出的以罗列事实为主的研究方法和完善事实陈述的方法论，在王权主义学派的研究实践中得到了很好的体现。2014 年，刘泽华先生主编的《中国政治思想通史》（九卷本）出版，在这部皇皇巨著中，基本上是贯彻了这个以罗列事实为主的研究方法。罗列事实，是极其朴拙的方法，也是最为有力的方法，学派诸君用大量系统的具有内在逻辑联系的思想史事实，证明了中国古代政治思想的王权主义本质，在中国政治思想史研究中，矗立起一座巍峨的丰碑。尽管王权主义学派的历史观对中国政治思想的王权主义本质的看法，在现今学术界并没有被大多数人所接受，还处在一个需要不断去证明自己的阶段，但是在他们系统陈述的不容辩驳的事实面前，要真正地驳倒他们怕是不易做到的，他们的思想建树得到普遍的承认或认同，也只是时间的问题。任何真知灼见都不怕接受时间的检验！

六、余论

在矛盾中陈述历史,这个在马克思那里仅仅是常识性的问题,在中国学术界则成了一个必须大肆张扬或提倡的问题,这实在是中国学者的悲哀！但是我们又不能不来认真地对待这个问题。近代以来的中国文化界、思想界、学术界,片面性几乎成了一个深深的痼疾。比如新儒家们、国学派们,他们大肆张扬儒学的现代价值的时候, 拿着古代民本话语大做所谓民主性文章的时候,几乎没有一个人想到过,古代所谓民本,原本是君本思想的一种表达,是论证君主制的一个论域,它并不是君本的否定命题,相反,民本与君本是处在看似矛盾而又完全统一的一个思想关系式中。如果不把民本作为一组矛盾关系中的一个命题去看待、去陈述、去揭示其思想价值,而是孤立地谈所谓民本,那怎么能不扭曲古人的本意呢？笔者在二十多年前的一本小书中,曾批评过从现代意识出发肆意滥谈民本的问题:

> 如果从现代人的意识出发,单从"民本"二字的字面意义去推测,它应该有多方面的内涵:(一)民是立国之本,人们的意愿、民心的向背,决定着国之兴亡;(二)民为贵,民为本,人们在不得已的情况下,在他们的根本利益受到严重损害,统治者的残酷、贪婪、昏庸达到使人民无法忍受的地步的时候, 人们有权推翻政府, 选择新的统治者及社会方案;(三)民为本,它必然要求国君及整体政府职员、国家机器,都听凭于人们的意志;(四)民为本,它也意味着政府的一切活动,都必须是为人民造福,它要为人民的各方面利益负起全面的责任,政府对人民负责,统治者是人民的公仆;(五)民为本,政府要负起对人民的广泛责任,就必须由一批真正的贤德之士来组成政府, 由反映人民意愿的人来执行人民的意志,而不能是君主世袭制度,等等。"民本"的字面含义可以揭示出许多,但是,一定的意识形态,是一定的历史条件的产物,在中国封建时代的民本思想,实际上体现的只是以上诸内涵中的第一点,而其他内

涵在封建时代则不可能被揭示,更不可能在政治实践中去体现。换句话说,它的民主性的内涵,是今人所赋予的。①

　　笔者的这个批评是从历史主义的角度提出问题,而刘泽华、张分田他们,则是从思想关系的原本面貌出发,从根本上解决了问题。民本之非民主,不是一个如何看待的问题,而是一个事实性的问题,离开民本与君本的组合关系而孤立、片面地谈论所谓"民本",本来就不符合历史的实际面貌,历史原本就非如此。在矛盾中陈述历史,提供给我们一个强大的思想方法论,对所有的思想史命题、所有的历史问题,我们都需要训练这样的思想方法。按照唯物辩证法的基本精神,人类历史上的一切事物,都处在矛盾的关系之中,在矛盾中陈述历史,就是一个基本的原则的要求。以刘泽华为代表的王权主义学派,以他们大量的研究实践和研究成果,为我们证明了这一方法论思想的科学性和有效性,中国学界同人是不是该对此有一个深深的反省而去努力汲取?

原载《河南师范大学学报》,2017 年第 5 期

---

① 李振宏:《圣人箴言录——〈论语〉与中国文化》,河南大学出版社,1995 年,第 152—153 页。

为"刘泽华学派"赞一个

——在《中国政治思想通史》新书发布会上的发言

方克立

去年(2013 年)李振宏教授介绍和评述"王权主义学派"的文章①在学界影响很大,中国人民大学出版社今年(2014 年)又推出了该学派的一部厚重的代表作——九卷本《中国政治思想通史》。它将引起人们更加广泛的关注,不管是赞成还是不赞成这种旗帜鲜明的观点,在客观上都将有力地推动中国学术思想的发展。

李振宏教授的文章提到我在 2005 年就有"刘泽华学派"的说法,记得这个概念并不是我发明的,而是沿用了陈明和"原道"派在辩论中对对方的称呼。我只是根据自己的了解,做了这样一个论断:"刘泽华学派的基本观点是在认同唯物史观的基础上强调思想与社会的互动。这场争论可以说是唯物史观与文化史观之争。"②关于陈明和"原道"的文化史观,我在1995 年一次会议发言中已经有所说明,可参见拙著《现代新儒学与中国现

---

① 参见李振宏:《中国政治思想史研究中的王权主义学派》,《文史哲》,2013 年第 4 期。

② 方克立:《中国文化的综合创新之路》,中国社会科学出版社,2012 年,第 436 页注①。

代化》第530—531页①。

20世纪70年代到90年代,我在南开大学哲学系工作过二十一年,与刘泽华教授是老朋友。我们合作写过文章,在工作上也互相支持。哲学系申请中国哲学博士点的时候,加上温公颐老前辈也不够三个教授,还是请刘泽华教授加盟才拿到了这个博士点。我们分别在两个系带的研究生也互相选听课程。

刘泽华教授是国内中国政治思想史研究的大家。他在这个学科领域辛勤耕耘了半个多世纪,学识渊博,思想深刻,著述丰富。他继承了中国古代史家秉笔直书的优良传统,敢于实事求是,绝不曲学阿世。在这部九卷本通史之前,他的学术团队还出版过一部《中国政治思想史》(全三卷)②,早已是该学科最有影响的大家之一。按照现在的学科建制,中国政治思想史是政治学下面的一个二级学科。在20世纪60年代刘泽华开始研究中国政治思想史的时候,整个政治学学科都被取消了,他留在历史系,而且以后一直在历史系。他治学的特点是主要运用历史的方法,以大量可靠的历史资料为依据,从古人的论述中归纳出当时人的政治思想,并且善于将其上升到政治理论、政治哲学和政治文化的高度,而不是用现代政治学的观念和方法,来驾驭、分析和建构古人的政治思想。这两种不同的研究进路,写出来的中国政治思想史著作面貌是不一样的,对此大家都能深切感受到。刘泽华说他的研究进路和有关著述可能叫人觉得比较"土气"③,但是它也更加接近历史真实,更加"朴实"和更富于原创性,所谓"土气"也就是更"接地气"。带着"土气"的著作是不是一定比现代性的、"洋气"的著作水平差呢? 并不见得。

---

① 该文指出:"《原道》第一辑刊有一篇题为'无本者竭,有本者昌——湘军、太平军与文化传统'的文章,其基本观点:曾国藩指挥的湘军认同儒家文化,代表中国文化传统,所以能取得这场战争的胜利。它将这场战争提升为'保卫文化认同感之战',这一提升,就使湘军立于不败之地。而洪秀全领导的太平天国,用西方基督教来动员群众,背离了中国文化传统,为渊驱鱼,为丛驱雀,结果必然失败。这篇文章立足于儒家正统观念,把曾国藩所说的'无本者竭,有本者昌'说成是'文化发展的一般规律',并以此去剪裁和歪曲历史。(《现代新儒学与中国现代化》,天津人民出版社,1997年,第530—531页)

② 刘泽华主编:《中国政治思想史》(全三卷),浙江人民出版社,1996年。

③ 刘泽华主编:《中国政治思想通史·先秦卷》后记,中国人民大学出版社年,2014,第562页。

我粗略地翻阅了一下这部《中国政治思想通史》的"综论卷"，感到相当震撼。多卷本通史著作过去也看到过一些，一般都是在"先秦卷"的前面，有一篇全书绪论或导论，阐明本书的研究对象、范围、发展阶段、学科特点和研究方法等，短的一两万字，长的四五万字。我没有想到刘泽华主编的这部通史的"综论卷"竟长达八十万字，除了阐明研究对象和方法外，还把作者对该学科基本内容的理解与把握，比如各个时代普遍性的一些政治观念和问题，做了系统的梳理和提纲挈领的交代。这部著作吸取和借鉴了历史学、政治学、社会学、哲学、宗教学和思想史等不同学科的眼界、方法、问题意识和研究进路，并不局限于对中国政治思想发展演进历程做史的梳理，而且还特别重视思想与社会互动的整体研究，强调社会形态的"三分法"和历史阶段论，以及"阶级－共同体综合分析"方法，注重对观念制度化和制度观念化、政治文化化和文化政治化的研究，注重对中国传统政治哲学与社会整合问题的研究，注重对统治思想与民间社会意识互动的研究，在注重对精英和经典文本的政治思想研究之同时，也注意探讨社会普遍的政治意识和社会思潮、社会运动，另外还注意对中国传统政治文化、政治心理和政治人格的研究，对政治信仰和政治宗教的研究，等等。总之，从"综论卷"可以看到这项研究的广度和深度，绝不比一般同类著作差，而是有过之而无不及。在一定意义上可以说，这部九卷本通史代表了中国政治思想史学科目前所达到的最高学术水平。

　　刘泽华主编的这部九卷本通史，不仅是迄今为止规模最大的一部中国政治思想史著作，而且以其独具特色的、旗帜鲜明的理论观点和方法，引起学界和世人的注意，这也是人们称其为"王权主义学派"的主要原因或者说根本原因。刘泽华在长期教学、研究过程中，逐渐成为政治思想是中国传统思想文化的主干，政治权力支配整个中国传统社会的理论，在这个社会中人是等级的人，中国古典人文主义必然导向君主专制主义即王权主义，中国传统政治思维具有以"阴阳组合结构"来支持君权的绝对性，又用仁政、德治、王道、民本、均平、尚贤、变革等理论来对君权做限制、调节、缓冲、缘饰的特点，这一系列重要的理论观点和研究结论，形成了一个新的中国政治思想史解释体系，也可以说形成了一种新的历史观和思想史观。其中特别是发现了中国传统政治思维中的"阴阳组合结构"，或者说刚柔、君臣、主辅结构，对全面认识中国传统政治思想以至整个中国传统文化，都具有重要的方法论意义。它既突出了王权主义这个核心和主题，又不是对中国传统政治思想和政治文化全盘否定，而是肯定其中有合理的思想内容，有民主性的精华，不过不能脱离其整体结构来抽象议论、抽象继承，而是要把这些有价值的思想资源，从王权主义的束缚中解构出来，适应新时代的需要，进行"创造性转化、创新性发展"，这样才能做到像习近平讲的"有鉴别地加以对待，有扬弃地予以继承"，或者说"去粗取精、去伪存真，经过科学的扬弃后使之为我所用"。九卷本通史就是认真贯彻了这种精神，坚持实事求是和历史主义的科学分析态度，所以把全盘否定中国传统文化的帽子扣在"王权主义学派"头上是没有根据的。

我们在迎接这部大作出版的时候，大家心里都明白，这项深刻揭露了中国传统社会的本质，以及中国传统思想文化的本质的研究成果，与时下"复兴儒学""回归道统"声浪甚高的文化氛围是不太协调的。十年前刘泽华学派与大陆新儒家就有过一场论战，"王权主义学派"今天如此高调出场，拿出了这样规模的大部头，很可能又会遭到尊孔崇儒、"复古更化"派的批评，甚至面临着一场新的论战。我想这个学术群体是有充分思想准备的。通史最后两卷中国近现代政治思想史的主题就是要走出王权主义，走出中世纪，而现在有些人就是要回归"天王合一""圣王合一"的王权主义，回归儒学作为"王官学"的时代，回到中世纪，所以思想分歧和论争是难以避免的。出版这部九卷本通史就是表明我们勇于承担这一份社会责任和学术责任。

刘泽华教授的贡献，不仅在中国政治思想史研究中提出了系统的王权主义理论，而且通过他的教学实践活动，为中国学术界培育了一个王权主义批判学派，也就是人们通常讲的"南开学派"或"刘泽华学派"。这个学派的大本营无疑是在南开。刘泽华教授作为开宗立派的代表人物，三十多年来，培养了数量相当可观的一批博士和硕士研究生。他们毕业后有的留在南开，大多数分布到全国各地，天津、北京、上海、山东、辽宁、河北、陕西等地都有，他们又培养了一批刘门再传弟子。所以这个学派不但是后继有人，而且队伍还在不断发展壮大中。

关于这个学派的定位，葛荃教授将中国政治思想史研究中的学术流派主要归纳为三大派：新学历史学派、马克思主义历史学派和现代政治学学派，他是将以刘泽华为代表的南开学派看作是"马克思主义历史学流派的新发展"①。这个"新发展"包括了对 20 世纪 50 年代以来教条主义思潮及其危害的深刻反思,真正回到实事求是的思想路线上来,同时以开放的眼光注意吸收现代政治学的观念和方法,但是又不丧失中国学术文化的主体性。我以为这个定位是准确的,勇于打破教条主义设置的种种思想禁区,其实就是更好地坚持了社会存在决定社会意识,又注意到思想与社会互动的唯物史观。

在中国历史上,儒、墨、道、法、名、阴阳、兵、农等学派蜂起,出现了春秋战国时期"百家争鸣"的思想活跃局面。《宋元学案》《明儒学案》中写了那么多"学案",实际上就是一个个以案主为中心的大小学派,不同学派之间的交流、交锋与交融,促进了当时学术思想的繁荣和发展。五四以来中国出现了自由主义西化派、文化保守派和马克思主义派"三分"的思想格局,实际上就是现代中国的三大学派。马克思主义派中也有思想倾向不同或学科领域不同的各种学派,比如在中国思想史研究领域就有著名的侯外庐学派。我记得刘泽华在为《中国儒学发展史》一书写的序中,曾经讲到他与侯派黄宣民的友谊。黄宣民一方面把刘的研究成果归之于"侯外庐学派",同时又期待"刘泽华学派"有新的更具个性特征的发展。②这说明两个学派在学术上既有亲缘关系,又有所不同,比如在研究对象和范围上就不完全相同。

在古今历史上,学派现象都是客观存在的,不过在社会转折时期,思想管制相对宽松的时期,学派生长和发展的土壤可能更适宜一些。另外在学者和学术共同体方面,也需要具备一定的主观条件。形成学派首先要有"学",就是要有原创性的学术思想,它还不是一般性的创新思想,而是具有重要理论价值和实践价值的学术思想,能够形成系统的学理和学说,对那个时代学术思想的发展产生重要影响,起到引领和推动作用。因此一个学派开宗立派的代表人物就非常重要,在一定意义上说,他的学识与人格,对这个学派的生存和发展、气象和规模具有决定意义。有了"学",还要形成"派",就是你的创新思想和理论要能说服人,得到一些人的认同,成为志同道合者,形成有大体相同的学术宗旨,在学理、学说、学风上基本一致的学术共同体,并且具有学术传

① 刘泽华主编:《中国政治思想通史·综论卷》,中国人民大学出版社,2014 年,第 717 页。
② 参见黄宣民、陈寒鸣主编:《中国儒学发展史》刘泽华序,中国文史出版社,2009 年,第 1—4 页。

承的特点,能够一代、两代、三代地传下去。这个学术共同体要有不断创新的学术成果面世,积极参与公共学术论域的讨论,展现出自己的学术个性和思想锋芒。后来者不断有所创新和发展,这个学派才有长久的生命力。

说实话,在当今中国学术界,真正具备上述条件,能够称得上是"学派"的情况并不多。我认为"刘泽华学派"就是少数完全具备这些条件的学术共同体之一。刘泽华为这个学派确立了基本的理论方向和学理基础,后继者与合作者也大都能沿着这个方向继续开拓前进和深入挖掘。比如张分田教授在七十多万字的《民本思想与中国古代统治思想》(上、下册)一书中,用丰富的思想史料,说明了民本思想一直是中国古代统治思想不可或缺的构成部分,它以"君为民主–民为国本"为基本结构,是一种对绝对王权的政治调节理论,是为补充、规范、论证君本思想服务的。他对民本与君本关系的分析,运用的正是"阴阳组合结构"的方法。记得十多年前,我有一次去西安,刘门弟子陈学凯送给我一本他的著作《正统论与革命观——中国传统政治文化的调节机制》。这本书也是运用"阴阳组合结构"的方法,对"正统"与"革命"这一对带有全局性的政治文化范畴,进行了细致深入的分析,二者看似对立,但所维护的都是王权主义体系。刘门弟子中我最熟悉的是林存光,他主要在政治哲学方面发展,治学踏实勤奋,不到知命之年,已经出版了十多部个人专著和他主编的著作。他在坚持刘泽华学派的基本理论立场和学术宗旨之同时,对儒学和中国传统文化的精华做了更多积极正面的论述。刘门弟子各有专攻,各有自己的学术风格,但是都认同王权主义学派的基本理论立场,有共同的问题意识和学术取向,互相支持,相依互补,以导师刘泽华教授为中心,成为当今中国学术界实力相当雄厚的一个学术群体,而且队伍和影响都在不断扩大。在我看来,这就是典型的学派现象。

摆在我们面前的这部九卷本通史,就是刘泽华学派存在并且展现出其学术实力的最好见证。这部著作的最大贡献是以"权力支配社会"理论深刻揭露了中国传统社会的本质,以王权主义理论和"阴阳组合结构"深刻揭露了中国传统政治思想的本质,以及形成了观念体系、作为意识形态的传统思想文化的本质,儒家、法家思想都不例外。这样就抓住了中国政治思想史的核心和主题、主旨、主线。在这种认识框架下继承和弘扬中华优秀传统文化,就不是简单地到里面去找好东西,而是需要更加细致深入的具体分析,区分精华和糟粕,把精华部分从整体结构中"解构"出来,经过批判地清理和创造性地转化,以适应古为今用的需要。包括那些为了地主阶级的长远利益、巩固封建王朝统治而行之有效的治国理政方法,比如礼法合治、德主刑辅、为政之道任人为先、治国先治吏、居安思危、改易更化,等等。事实上今天的执政党都在批判地借鉴和吸取,以形成不同于西方的治理模式。也就是说,对于中国传统政治思想的本质把握,并不等于对它的全盘否定。

我拿到这部作品只有十多天,还来不及认真拜读,着重翻阅了一下"综论卷",获益良多,十分感佩。我赞成刘泽华学派的基本观点,但是有些看法也不完全一致,这个可以在下面交流讨论。我觉得这个课题研究还可以继续深入下去,还有发展空间,特别是在理论阐释方面。初步想到三点:

一是把中国传统政治思想的核心和主题归结为王权主义,应该说这种看法是有充分历史事实根据的,它有没有充足的学理根据呢?这就需要用唯物史观深刻说明这种社会意识形态的本质及其产生的必然性,具体分析与产生它的土壤(社会存在)的必然联系;需要从政治上层建筑与经济基础的辩证关系,与思想观念形态的反映和被反映关系,来说明为什么政治权力能够支配整个中国传统社会。我们知道,政治权力在很大程度上也是一种物质的力量,至少软实力是有硬实力作为支撑的。在传统社会,政治权力的获得往往是武力争夺的结果,"马上得天下"是要付出血的代价的,所以掌权者绝不肯轻易放弃,而是要用足用够这个权力。唯物史观的一个重要特点,就是要揭露思想与利益的联系,唯心史观则是要用种种漂亮的言辞,越来越抽象的普遍性形式,"共同利益有幻想",来掩盖这种联系。马克思恩格斯在《德意志意识形态》中指出,取得了统治地位的剥削阶级,总是要赋予自己的思想以"普遍性的形式",把自己的利益说成是社会全体成员的共同利益,以掩盖和模糊其意识形态的阶级性。他们还举例说:"例如,在贵族统治时期占统治地位的是忠诚信义等概念,而在资产阶级统治时期占统治地位的则是自由、平等,等等概念。"[①]我们也可以用这种分析方法和基本观点,来说明王权主义与补充、调节它的各种传统政治思想、理论之间的关系。

---

① 《马克思恩格斯全集》(第3卷),人民出版社,1960年,第53页。

二是在王权主义理论架构中，如何借鉴传统政治智慧服务当今的问题。习近平2011年9月在中央党校开学典礼上的讲话，有一大段讲要学习和借鉴中国古代治国理政的历史经验，最近在中共中央政治局第十八次集体学习时又强调，对古代的成功经验，我们要本着择其善者而从之、其不善者而去之的科学态度，牢记历史经验、牢记历史教训、牢记历史警示，为推进国家治理体系和治理能力现代化提供有益借鉴。刘泽华学派讲"阴阳组合结构"，就是指出中国古代政治思想的内容是丰富多样的，是包含着内在矛盾的，我们要善于区分精华与糟粕，真正做到扬精弃糟、批判继承、古为今用。张岱年先生讲到过中国传统文化各要素之间的相互联系，也讲到过其可分离性问题，他的"综合创新"论就是建立在文化系统的可解析性与可重构性，文化要素之间的可离性与可相容性这两个理论前提之上，其研究思路可供我们借鉴。

三是王权主义批判理论有何重要的现实意义？邓小平在"文革"后强调要批判封建主义，指出"搞特权，这是封建主义残余影响尚未肃清的表现"[1]。权力迷信、权力崇拜和权力滥用都是我们今天所要坚决反对的。新一届党中央重拳反腐，已经揭露出来的贪腐现象，大都与"权力寻租""权钱交易"有关。封建王权主义与资产阶级拜金主义相结合所产生的权贵资本主义，是有可能断送中国特色社会主义事业前途的，这一点大家看得越来越清楚。还有，面对当今中国思想界的那些鼓吹"复古更化""儒士共同体专政""王道合法性"的理论，批判封建王权主义也绝不是多此一举，而是有着强烈的现实意义。走出王权主义与回归王权主义已直接成为今天学术思想论争的焦点之一。

王权主义批判理论的真理性，主要在于它符合历史实际。我相信，随着研究的深入，这个课题的重要理论意义和现实意义，将会越来越彰显出来。关于刘泽华学派的称谓，李振宏教授直称"王权主义学派"，如果把研究者的立场考虑进去，也可以叫作"王权主义批判学派"或"王权主义反思学派"。

本文是作者2014年10月17日在南开大学《中国政治思想通史》新书发布会暨学术研讨会上的发言。

原载《天津社会科学》，2015年第2期

---

[1] 《邓小平文选》(第二卷)，人民出版社，1994年，第332页。

"王权支配社会"释义

林存光

一、引言

就中国传统的政治形态及其制度架构而言,自商周以迄于秦汉,中国传统的君主政体无疑既发生了许多重要的、具体的形态和制度上的变迁,但它在理念上又确乎具有某种一以贯之的特点,即支撑中国传统君主政体的制度架构及其运行机制的核心政治价值理念一直是王权至尊和天下王有这两大观念,或如牟宗三先生所言:"无论封建贵族政治还是君主专制政治,政权皆在帝王(夏商周曰王,秦汉以后曰帝)。"[①]正因为如此,刘泽华先生精到而扼要地将中国传统君主政体统制下的社会的控制和运行机制统称之为"中国的王权主义",并认为中国古代社会的一个重要特点便是"王权支配社会"或"权力支配社会"[②],这无疑是我们认识和把握中国古代政治史与社会史的一大关键性命题。然而究竟应如何来理解和把握这一命题的真实含义,笔者认为仍有阐释的必要,故不揣鄙陋,试就这一命题稍做释义,以便消除一些不必要的对这一命题的望文生义的臆想和误读。

首先,我们需要申明的是,这一命题的有效性并非是以漠视或轻忽它

---

① 牟宗三:《政道与治道》,广西师范大学出版社,2006年,第1页。
② 刘泽华:《中国的王权主义:传统社会与思想特点考察》,上海人民出版社,2000年。

本身在不同历史时期的变调为代价。中国传统的君主政体与"王权支配社会"的社会控制和运行机制,并非是一种超历史的存在物,它自始至终都处在具体的历史形态的演变进程之中。在不同的历史环境和条件下,不仅中国的传统社会具有极为不同的结构性特点,凌驾于社会之上,而具有某种一贯性特征的君主政体在形式上也会发生某些重要的变迁,以至引发人们意识和行为上的各种不同的反应。众所周知,春秋战国乃是中国传统社会结构和政治形态发生急剧而深刻变革的过渡时期,对此学者们多有精彩论述,而刘泽华先生亦曾指出:"从分封制国家转到君主集权国家","这一转变关系到社会结构、社会关系、观念与价值体系的转变等等","在封建制下,所有受封者都是一个个相对独立的国家。分封者和被封者虽然有宗主和藩属的隶属关系,但权力各成体系。上下关系的特点是:我主人的主人不是我的主人。君主一统的集权制正是要取消或削弱这种制度与观念,君主要'一竿子插到底',要控制每一人。把'我的主人的主人不是我的主人'的社会结构改成'君主是所有人的主人'"。①这也就是说,中国传统的社会结构和政治形态在战国秦汉之际发生了一种空前的巨变,即由贵族分权政体转变而为君主专制政体。

然而关于秦汉以后中国君主政体的性质与特点问题,长期以来却一直存在着认识上的重大分歧与争议,迄今似乎仍然没有得到圆满的解决。这一认识上的分歧与争议主要是由钱穆先生所持的观点引发的,钱先生在其《中国传统政治与儒家思想》《中国传统政治》等诸文中阐发了他对中国传统政治的理解和认识,认为秦汉以后的传统政治并非是君主专制政体,而是中国式的民主制,中国的传统政府是一种"士人政府"等,此论一出即在当时乃至今日的中国学术思想界引发了颇为不同的反响,有的沿着钱先生的思路继

---

① 刘泽华:《春秋战国的"立公灭私"观念与社会的整合》,《洗耳斋文稿》,中华书局,2003年,第363—364页。

续思考,有的则撰文辩驳而明确提出反对意见。①就中国传统君主政体的实质而言，我认为中国政治思想史的著名学者萧公权先生和刘泽华先生针对钱先生的观点所提出的批评意见尤为切中肯綮。在他们看来,"由秦汉到明清二千年间专制政治虽然在效用上好坏不齐,然而本质上却是始终一贯,并且就大势上看,由浅趋深,逐渐地增加了程度,也逐渐地暴露了弱点"②。或者说,"中国古代的权力运动仪象万千,跌宕起伏,令人眼花缭乱,但有一个引人瞩目、也是尽人皆知的基本事实,这就是君主专制制度不断地强化"。亦即"中国古代的权力运动尽管错综复杂,但从总的趋势看基本没有离开王权主义的轨道"③。我们对"王权支配社会"的释义,便是从这一基本认识和事实判断出发并以之为前提而展开的。

二、中国传统君主专制政体的实质与特征

如果我们能够就上述引言中所谈及的问题达成共识的话,那么下面的问题就是，我们究竟应如何来认识和理解秦汉以后中国传统君主专制政体的实质与特征？又当如何来认识和理解"王权支配社会"的控制与运行机制的问题呢？

综合古今学者的相关论述,我们似可将秦汉以后中国传统君主专制政体的实质与特征简要概述如下:

(1)它具有一种非理性的暴力特征

从权力产生、获取或保持的途径与方式上来讲,中国的君权传统所依靠

---

① 即使在海外对于中国历史与文化怀有同样温情与敬意的新儒家阵营中,钱穆先生对中国传统政治的认识和看法亦属一大"异见",不仅张君劢先生撰写了一部三十余万字的长篇大著专门批驳钱先生的观点,徐复观先生在其所著《两汉思想史》一书中对秦汉大一统帝国君主政体的"一人专制"型特点的抉发也与钱先生之见完全相反。牟宗三先生同样肯认秦汉以后为君主专制政体, 如牟先生曰:"自春秋后,经过战国,士级露头角,占社会之大势力,周之贵族政治遂必趋于崩溃,而转为秦汉后之君主专制。"(《历史哲学》,广西师范大学出版社,2007 年,第 44 页)。另外钱先生的学生亦曾专门著文反思中国反智论的政治传统,其关于中国君权传统,以及君权与相权(官僚制度)之关系的看法亦与其师之见迥然有异(《"君尊臣卑"下的君权与相权》,《中国思想传统的现代诠释》,江苏人民出版社,1995 年)。

② 萧公权:《中国君主政体的实质》,《宪政与民主》,清华大学出版社,2006 年,第 71 页。

③ 刘泽华:《王权至上观念与权力运动趋势》,《洗耳斋文稿》,中华书局,2003 年,第 308、331 页。

的无疑主要都是暴力的手段即武力征服,无论是三代汤武之征伐或"因革命而取得政权",还是秦始皇以武力灭六国而统一天下,乃至汉高祖刘邦"以布衣提三尺剑取天下"或"马上得天下",亦即"以个人行动之方式(英雄主义)打天下"①,莫不如此。对此,学者们多有精到的论述,如某学者所说:

> 君权的取得以至保持主要都仰赖于武力。所谓"马上得天下""一条杆棒打下四百座军州",总之,君权是从枪杆子里出来的……君权的保持当然也要靠武力,历代的兵制就是最好的说明……所以,除非我们承认有天下者即是"天命所归""职德所在"或"民心所向",否则我们不能不说,君权的传统中是以"力"为核心的……所以在实际历史过程中,除了用武力"取而代之"以外,没有任何其他资格可以使人配做皇帝(后世所谓"禅让"也都是先打好了武力的基础的)。

刘泽华先生亦说:

> 帝王之权是武力征服的产物,武力凌驾于政治权力之上。最早的权力是如何产生的,暂且不论,就有史可考的王朝而言,除了新莽代汉有其特殊性之外,所有王朝的更替都是通过武力争夺或以武力为后盾来实现的……武力原则是中国古代政治机制中的最高原则。这当然不是说事事都要动武,而是说武力矗立在政治的背后。②

正因为君主获取和保持政权的方式主要是靠武力征服的暴力手段,或者说"武力原则是中国古代政治机制中的最高原则",因此这不仅直接体现在关于王朝更替的、以"成者为王败者寇"的非理性的话语逻辑为核心的政治叙事模式之上,而且专制君主在正常实施其统治权时也常常呈现出一种诉诸武力支配的、毋庸置疑的非理性的暴力特征,更重要的是,专制君权本身乃是"理

---

① 牟宗三:《政道与治道》,广西师范大学出版社,2006年,第2、3页。
② 刘泽华:《王权至上观念与权力运动趋势》,《洗耳斋文稿》,中华书局,2003年,第318—319页。

性所不许施,议论所不敢到的领域"。"焚书""坑儒"的文化暴行,屠戮功臣的历史悲剧,"非用即杀"的用人原则①,"顺我者昌,逆我者亡"、反抗者即为盗贼的专制逻辑,等等,无不彰显着专制君权的非理性的暴力特征,这种非理性的暴力特征也就决定了专制君主的权力意志在根本上是不愿也是无法受到制度上客观有效的制约的。

(2)它具有一种天然的自私本性

从专制君主的权力欲望或本性上来讲,它具有一种占有整个天下或据天下为己有的天然的自私倾向。众所周知,秦始皇帝和汉家高祖作为秦汉大一统帝国的开创者,他们都曾毫不隐讳地向世人非常明确地表白传达出过自己的这一自私的真实心声,"始皇帝"之所以要自命为"始皇帝",正在于他要向全天下的人宣示一个毋庸置疑的"真理",那就是整个天下不过是我一己或一家一姓之私有财产,自我而始,我将把它"二世三世以至于万世"地"传之无穷",此便是所谓的"家天下"意识的肇端。尽管"始皇帝"的这一自私的无穷愿望未能如愿以偿,甚至秦王朝具有反讽意味地二世而亡了,但是继之而起的汉家高祖刘邦在"马上得天下"而建立了汉家王朝之后,虽然不再像始皇帝那般自信或奢望自家的王朝可以"二世三世以至于万世"地"传之无穷",但是不仅高祖本人喜不自禁而将据天下为私有之情溢之于言表②,而且汉人亦同样视"天下高帝天下"③"子孙继嗣,世世弗绝"为理所当然④,诚如黄宗羲所言,"视天下为莫大之产业,传之子孙,受享无穷,汉高帝所谓'某业所就,孰与仲多'者,其逐利之情不觉溢之于辞矣"(《明夷待访录·原君》)。

对秦汉大一统专制君主据天下为己有而根本不同于已往的自私本性⑤,

---

① 如汉武帝所言:"夫所谓才者,犹有用之器也,有才而不肯尽用,与无才同,不杀何施!"(《资治通鉴·卷第十九·汉纪十一》)

② 据《史记·高祖本纪》:"(高祖九年)未央宫成。高祖大朝诸侯群臣,置酒未央前殿。高祖奉玉卮,起为太上皇寿,曰:'始大人常以臣无赖,不能治产业,不如仲力。今某业所就孰与仲多?'殿上群臣皆呼万岁,大笑为乐。"

③ 如西汉人申屠嘉曰:"夫朝廷者,高皇帝之朝廷也。"(《史记·张丞相列传》)东汉人樊儵更明确对明帝言:"天下高帝天下,非陛下之天下也。"(《后汉书·樊阴列传》)

④ 据《史记·孝文本纪》:"有司皆固请曰:'……高帝亲率士大夫,始平天下,建诸侯,为帝者太祖。诸侯王及列侯始受国者皆亦为其国祖。子孙继嗣,世世弗绝,天下之大义也。'"

⑤ 如或谓韩王曰:"秦之欲并天下而王之也,不与古同。"(《战国策·韩三》)

古今学人从不同的角度多有深刻的体察和论述,大梁人尉缭曾这样评价秦王嬴政的为人:"秦王为人,蜂准,长目,鸷鸟膺,豺声,少恩而虎狼心,居约易出人下,得志亦轻食人……诚使秦王得志于天下,天下皆为虏矣。"(《史记·秦始皇本纪》)而柳宗元在其名文《封建论》中则曰:"秦之所以革之者……其情,私也,私其一己之威也,私其尽臣畜于我也。"柳氏之言可以说道出了天下古今之公论,如王夫之所谓:"秦之所以获罪于万世者,私己而已矣。"(《读通鉴论》卷一《秦始皇·变封建为郡县》)然而需要强调指出的是,秦皇汉祖的"私己"之情,即"视天下人民为人君囊中之私物"(《明夷待访录·原臣》),是不能像尉缭那样仅仅归因于他们个人的个性所使然的,而毋宁说是由一人专制之君主的权力本性所致,所谓的"兼有天下""并有天下""帝有天下",所谓的"六合之内,皇帝之土""人迹所至,无不臣者"(《史记·秦始皇本纪》),莫不是刻意在凸显以天下为帝王一人所兼有的、独占的君主专制权力的自私本性,帝王的个性为人只不过为此仅仅增添了些个人的色彩而已。不过,在君主一人专制的时代,皇帝的个性为人这一因素对于整个政治生活来讲,也绝不是无足轻重的。

(3)从政治建制上讲,秦汉以后的君主专制是一种中央集权的一人专制

与据天下为己有相对应的,秦汉以后大一统帝国的专制君主又是集权力于一人的,所谓的"天下之事无小大皆决于上"(《史记·秦始皇本纪》),所谓的"尺土一民,皆上自制之"(《文献通考·封建》),所谓的"先王之世以道治天下,后世只是以法把持天下"(《二程遗书》卷一《二先生语一》),所谓的"尽天下一切之权而收之在上"(《日知录》卷十三"守令"),所谓的"三代以下,天下之是非一出于朝廷"(《明夷待访录·学校》),等等,皆是指此。作为大一统帝国的专制君主,秦汉以后的皇帝一人直接垄断了天下所有大小事务的最终决断权,他的自由意志或好恶指意便是天下是非的唯一源头,是拥有绝对权威的无上法令①,而且皇帝专制权力意志的贯彻与执行是通过郡县制官僚政治体制垂直地自上而下地来加以实施的。因此正如徐复观先生所指出的,对于"秦政所建立的专制政体"的实质,我们应从两个方面来加以把握,即"一方面指的是

---

① 如汉酷吏杜周所谓:"三尺安出哉?前主所是著为律,后主所是疏为令,当时为是,何古之法乎!"(《史记·酷吏列传》)

122

对封建政治下的诸侯分权政治而言的中央专制,即是一般所谓之废封建为郡县",而"另一方面的所谓专制,指的是就朝廷的政权运用上,最后的决定权,乃操在皇帝一个人的手上;皇帝的权力,没有任何立法的根据及具体的制度可加以限制的"①,因此综合来讲,秦汉以后的君主专制政体可以说是一种中央集权的一人专制。

这种所谓的中央集权的一人专制究竟意味着什么?它的实质或根本特征是什么?除了上述种种说法之外,其他学者还从不同的角度、以不同的表述方式对此给予了相当一致的阐述。如萧公权先生认为:"中国专制政体最大的特点和欧洲专制政体相像,是君主的独尊",或者说"专制政体的最大特征是集天下之大权于一点"②。刘泽华先生认为,中国传统的王权专制集中体现在权力一统于天子的"五独"与天、道、圣、王的"四合一"的观念与体制上,这一观念与体制"把帝王定为唯一的政治主体",而"王权专制制度最大的一个特点是一种由上而下的垂直体制,官员由上而下地委任","在王权垂直政治与由上而下任命体制中不可能产生分权和制衡制度",总之,"'五独'的王权体系一直像穹庐那样笼罩在整个社会之上……把整个社会控制在自己的掌下"③。日本学者西嶋定生则认为,从理念上即理想形态上讲,皇帝统治的实质是对每个人实施直接的"个别人身支配",它"使皇帝成为从根本上是人民的唯一统治者"④。无论是"君主的独尊""集天下之大权于一点",或是"把帝王定为唯一的政治主体",还是"使皇帝成为从根本上是人民的唯一统治者",这些说法无疑都共同揭示了中国传统君主专制政治的根本性质和特点,即由于权力总揽、归属于君主一人,因此所谓的"政治",无非是专制君主一人的政治,或者说是王者的"个人性的事件",换言之,亦可以命之为"王权政治"。所谓"个人性的事件",是指在君主一人专制的时代,天下国家的治乱兴衰在很大程度上

---

① 徐复观:《两汉思想史》(第一卷),华东师范大学出版社,2001年,第77、80页。

② 萧公权:《中国君主政体的实质》,《宪政与民主》,清华大学出版社,2006年,第71、78页。

③ 刘泽华:《王权至上观念与权力运动趋势》,《洗耳斋文稿》,中华书局,2003年,第315、327、328、331页。

④ [日]西嶋定生:《中国古代帝国的形成与结构——二十等爵制研究》,武尚清译,中华书局,2004年,第39—40页。

取决于或"被视作是王者个人性格的好恶、能力、品性及其人格的超凡魅力的延伸性事件,而且是一种因具体的王者而异的非连续性(一治一乱的政治循环与王朝兴替)事件"①;而所谓的"王权政治",亦是指在君主一人专制的时代,以王权为中心而进行制度创设或秩序建构以实施对整个社会的管理、控制或全面统治。也只有在君主一人专制的时代,人们才会视君主为天下臣民万物的唯一主人②,而把天下国家的治乱兴亡系之于君主一人之身或一人之心,因此之故,天下之至尊者为君,而"为天下之大害者"亦唯君(《明夷待访录·原君》),以至"正君心"遂成为救治天下的根本希望之所在③,反之,如果君心不正而导致天下穷困不治,除非民不聊生、群起而革命之外,则其他任何人亦只能无可奈何或委之天命④而已。

(4)中国传统官僚制度的工具性

秦汉以后,中国传统政治的整个制度架构事实上包括彼此相关的两个部分或两种成分,一是"君统"即君权的传统,二是"官统"即官僚制度的传统。这两种成分虽然始终处在一种错综复杂的关系状态之中,但它们并存共生而共同构成了帝国的完整的政治体制,我们可以称之为"皇权-官僚政治"体制或"官僚君主制"⑤。在这 政治体制内,君主或皇权居于至尊无上的支配性的核心地位,而官僚不过是受到皇权或君主严密支配和控制的,并为皇帝或君主支配、控制和治理整个社会或帝国服务的统治工具而已。因此就官僚制度的

---

① 林存光:《历史上的孔子形象——政治与文化语境下的孔子和儒学》,齐鲁书社,2004年,第164页。

② 如历史上声名最著的清官海瑞在上疏明嘉靖帝时所言:"臣闻君者天下臣民万物之主也,其任至重。"(《明史·海瑞列传》)

③ 如朱熹曰:"天下事有大根本,有小根本,正君心是大本。"(《朱子语类》卷一百零八《论治道》)

④ 如唐甄曰:"治天下者惟君,乱天下者惟君,治乱非他人所能为也,君也。"(《潜书·鲜君》)王夫之论东汉太子废立与天下治乱的关系曰:"光武以郭后失宠而废太子彊,群臣莫敢争者。幸而明帝之贤,得以掩光武之过,而法之不臧,祸发于异世,故章帝废庆立肇,而群臣亦无敢争焉。呜呼!肇之贤不肖且勿论也,章帝崩,肇甫十岁,而嗣大位,欲不倒太阿以授之妇人而不能。终汉之世,冲、质、蠡吾、解渎皆以童昏嗣立,权臣哲妇贪幼少之尸位,以唯其所为,而东汉无一日之治。此其祸章帝始之,而实光武贻之也。故立适与豫教并行,而君父之道尽。过此以往,天也,非人之所能为也,而又奚容億计哉!"(《读通鉴论》卷七《后汉章帝·废太子庆立肇》)

⑤ [美]孔飞力:《叫魂·1768年中国妖术大恐慌》,陈兼、刘昶译,上海三联书店,1999年,第244页。

实质而言,相对于建立在宗法分封制基础上的贵族分权政治,秦汉以后的新型官僚政治制度则可以说是在战国时期君权不断扩张的趋势下发展而来的中央集权的君主专制政治的派生物、副产物和补充物。①在这一意义上,皇权或君主与官僚制度本质上乃是一种中心与派生、支配与依附、主体与延伸的关系,它们共同构成了一种相互依存的共生体,尤其是官僚组织的建制使君权更加集中、强大而有效地施行其个人的专制统治。

不可否认,这两种传统之间也存在着一些不容混淆和忽视的重要差异,譬如,皇位虽然是由一家一姓来世袭性地垄断的,而官位却不能不依据"任贤官能"的原则实行选任荐举制或科举考试制②,即以治事的能力与效率作为任用、选拔或降免官吏的主要标准,诚如王亚南先生所说:"选贤任能是官僚政治的口号,'能者在位,贤者在职'的理想的实现程度,确也能测定那种政治场面的休咎与吉凶。"③有学者亦曾强调指出,相对于以"尊君卑臣"为最高原则的、"反智政治的最后泉源"的君权的传统,在官僚制度的传统中"倒反而不乏智性的成分",亦即:

> 官僚制度本身要求客观而普遍的法度,要求对事不对人的态度(impersonality),要求上下权责分明,也要求专门分工(specialization of functions)。这些基本要求都必须通过理性的规划才能达到。中国传统的官僚制度无论在中央或地方的行政制度方面,都表现着高度的理性成分(rarionality)。

---

① 王亚南:《中国官僚政治研究》,中国社会科学出版社,1981年,第23页。

② 对此,古人多从公、私两个方面来分别评价秦的功过是非,如柳宗元在其著名的《封建论》一文中所言:"秦之所以革者,其为制,公之大者也;其情,私也,私其一己之威也,私其尽臣畜于我也。然而公天下之端自秦始。"而王夫之在《读通鉴论》一书中亦如是曰:"封建毁而选举行……而民于守令之贪残,有所藉于黜陟以苏其困。故秦、汉以降,天子孤立无辅,祚不永于商、周;而若东迁以后,交兵毒民,异政殊俗,横敛繁刑,艾削其民,迄之数百年而不息者亦革焉,则后世生民之祸亦轻矣。郡县者,非天子之利也,国祚所以不长久;而为天下计,则害不如封建之滋也多矣。呜呼!秦以私天下之心而罢侯置守,而天假其私以行其大公,存乎神者之不测,有如是夫!""秦之所以获罪于万世者,私而已矣。"(《读通鉴论》卷一《秦始皇·变封建为郡县》)

③ 王亚南:《中国官僚政治研究》,中国社会科学出版社,1981年,第102页。

另外,官僚制度对君权的行使在事实上也构成一种"最大的阻力",乃至"在中国的政治传统中,君权和官僚制度的关系更是一部不断摩擦、不断调整的历史"。

然而作为唯一的政治主体,专制君主的意志始终是决定一切的终极力量,只是由于"天下不能一人而治",故而"设官以治之"(《明夷待访录·置相》)。而在"设官以治"的体制下,帝国的统治者逐渐将知识精英分子(文人学士)和社会精英分子(世家豪族)吸纳进庞大的官僚组织或行政机器中,从而形成了"士大夫与统治者共天下"这一"中国历史上的一大特色"①。不过,我们需要强调指出的是,这种"共"只不过是一种"共治",即社会的与知识的精英分子被吸纳整合进庞大的官僚行政体制中而对专制君主的治权而非政权方面的一种有限分享。②这种依附性的"治权分享",是不可能从根本上对专制君权构成"分权制衡"的。

总之,专制君权(皇权)既超乎官僚制度之上,又要通过它来实施其一人的专制统治,尽管传统的官僚制度有时会构成君权行使的事实上的"最大阻力",但它"本身不能决定运行的方向",始终仍是受专制君权操纵的;尽管它也不乏智性或理性的成分,乃至不能不通过"精英整合"的方式实现仕途与治权的相对开放,但它又始终作为专制君权统制、把持天下的机器和工具发挥

---

① 如许倬云先生在《秦汉知识分子》一文中所说:"知识分子由汉初不足称道的社会地位,先以实用价值为政治权力提供若干必要的服务。继而以天人感应的理论,知识分子获得了代社会立言的发言权,及对政治的监督权,再经过教育机构的扩大,知识分子成为汉帝国庞大官僚组织的参与者,其人数也越来越多。东汉时,知识分子已与专制君主平分政治权力。"(《求古编》,新星出版社,2006年,第375页)又在《西汉政权与社会势力的交互作用》一文中说:"世姓豪族,不仅如杨联陞先生所说,是东汉政权的基础,而且也构成西汉中叶以后政治势力的社会基础。整个两汉由汉初政治权力结构与社会秩序,各不相涉的局面,演变为武帝时两方面激烈的直接冲突,又发展为昭宣以后的逐渐将社会秩序领袖采入政治权力结构,而最后归定为元成以后帝室与士大夫共天下的情势。光武中兴,仅使这一情势成为东汉明显的制度而已。值得注意的是士大夫与统治者共天下的情势竟延续了许多世纪,成为中国历史上的一大特色。"(《求古编》,新星出版社,2006年,第358页)

② 牟宗三先生曾把传统的政治权力分为政权和治权两个方面,并认为:"君主制,政权在皇帝,治权在士,然而对于君无政治法律的内在形态之回应,则皇帝既代表政权,亦是治权之核心。"(《历史哲学》,广西师范大学出版社,2007年,第168页)

其作用的。

三、"王权支配社会"的主题与变调

果如上言的话,那么,毫无疑问,我们便只能以"王权支配社会"来概括秦汉以后中国传统社会和历史的主题。当然,这一主题也会随着各种历史条件或主客观因素的朝代变化而"被赋予不同的变调,敷衍成不同的故事"①。在各种各样的变调中,应该说有几个方面的问题是值得我们稍加辨析的。

首先,王权对社会的"支配",亦可说是君主的"一人专制",正如徐复观先生所言,既是造成中国社会停滞不前和中华民族一切灾祸的"总根源",更是我们理解中国历史的"一大关键"②。它之所以是中华民族一切灾祸的"总根源",是因为它那非理性的暴力特征和天然的自私本性,以及"权力统于一尊""不可分割,亦不受限制"③,使得它最易于走火入魔。所谓的"不可分割,亦不受限制",是指不存在制度上的"分权体制"④或对专制君权本身的"某种'宪政'制衡"⑤或"制度控制"⑥,然而这也并不是说专制帝王在任何时候、任何情况和任何条件下都可以随心所欲或为所欲为,事实上,"每个社会都以自己的方式对政治权力的限度做出界定。没有哪个社会愿意长期容忍不受限制的专权"⑦。像秦二世意欲"悉耳目之所好,穷心志之所乐"(《史记·李斯列传》)而

---

① [美]孔飞力:《叫魂·1768年中国妖术大恐慌》,陈兼、刘昶译,上海三联书店,1999年,第293页。

② 徐复观:《两汉思想史》(第一卷),华东师范大学出版社,2001年,第92页:"两千年来的历史,政治家、思想家,只是在专制这架大机器之下,作补偏救弊之图……这架机器,是以法家思想为根源,以绝对化的身份、绝对化的权力为中核,以广大的领土,以广大的领土上的人民,及人民散漫的生活形式为营养,以军事与刑法为工具所构造起来的。一切文化、经济,只能活动于此一机器之内,而不能逸出于此一机器之外,否则只有毁灭。这是中国社会停滞不前的总根源。研究中国历史,不把握到这一大关键,我觉得很难对中国历史做正确的理解。"

③ 梁漱溟:《梁漱溟全集》(第三卷),山东人民出版社,1990年,第181页。

④ 如刘泽华先生所言:"在王权垂直政治与由上而下的任命体制中不可能产生分权和制衡制度。"(《洗耳斋文稿》,中华书局,2003年,第328页)

⑤ [美]孔飞力:《叫魂·1768年中国妖术大恐慌》,陈兼、刘昶译,上海三联书店,1999年,第305页。

⑥ 如英国哲学家卡尔·波普尔所言:"通过权力之间的彼此平衡来对统治者实行制度控制。"〔《开放社会及其敌人》(第一卷),陆衡等译,中国社会科学出版社,1999年,第231页〕

⑦ [美]孔飞力:《叫魂·1768年中国妖术大恐慌》序言,陈兼、刘昶译,上海三联书店,1999年。

"得肆意极欲"（《史记·秦始皇本纪》），最后导致了秦王朝的迅速灭亡，即为专制君权不受限制以至走火入魔的显例，而二世亦成为"为人昏庸骄恣，历代帝王中鲜出其右者"①的典型，秦朝的二世而亡更为后世王朝敲响了警钟，特别是汉家统治者正是在直接汲取秦朝速亡的深刻历史经验教训的基础上来调整自己的统治方式、指导思想与治理策略的。

那么，历史上的专制帝王究竟在观念上或实际上能够受到些什么样的限制呢？依牟宗三先生之见，"秦汉大一统后的君主制，皇帝是一个无限制的超越体，人民是纯被动的潜伏体"，而"民起不来，君成为一个无限制的超越体，则限制君的唯一办法就是德与'天命靡常'的警戒"②。有相关学者们则对此有更为详尽、系统而意思相近的阐述，据他们所言，传统约束和限制君权的办法不外三种：一是，以"一个更高的力量"即"天"或"理"的权威来"约束君权"或"限制君的意志"，即给君权以"一些无形的、精神上的限制"或"宗教的限制"；二是，君权本身逐渐凝成的"独特的传统"或"国家的成法和祖宗的家法"，对于后世的君主也多少有一些拘束力；三是，官僚制度对君权的行使也往往会形成一种"比较真实"的"阻力"，如"西汉时代的丞相就可以与人主抗权，不容人主任意独制"。然而不管是哪一种限制和约束，又都不足以改变或否定"君权是绝对的（absolute）、最后的（ulti-mata）"的性质，或者这些限制和束缚虽然使专制君主"不能完全任意行为"，"而就二千年中大势看来，它们的效力事实上并不久远重大，不足以动摇专制政体的根本"。

其次，秦汉以后，"王权支配社会"是建立在社会的均层化和政治的集权化的基础之上的，所谓的社会均层化是指传统立君封贵族或有势力的社会阶层被彻底打散，而政治集权化则是指以皇权为单一权力中心的制度架构。然而皇位的至尊与权力的过于集中或一元化也导致了专制君主的孤弱之势。王夫之曾评之曰："郡县之天下，夷五等，而天子孤高于上，举群臣而等夷之，贾生所以有戮辱太迫、大臣无耻之叹焉。呜呼！秦政变法，而天下之士廉耻泯丧者五六矣。汉仅存之；唐、宋仅延之；女真、蒙古主中国而尽丧之。"（《读通鉴

---

① 萧公权：《中国政治思想史》，辽宁教育出版社，1998年，第249页。
② 牟宗三：《历史哲学》，广西师范大学出版社，2007年，第167页。

128

论》卷二《汉文帝·后世戮辱大臣》)秦汉之后,中国皇帝"孤高"而"君临于四民之上",虽至尊而超绝于众生之上,但也因此"当真成了'孤家寡人'",也就是说,"皇帝一个人高高在上",亦难免"陷于力孤势危之境",故"秦以后,封建既不可复,而皇室仍有时动念及此者,即为其感到势孤而自危"①。秦、汉以降,天子既"孤立无辅"(《读通鉴论》卷一《秦始皇·变封建为郡县》),变封建为郡县而设官以治之,所凭借以把持天下者不外官吏和法术,然而正唯如此,"法愈密,吏权愈重;死刑愈繁,贿赂愈章;涂饰以免罪罟,而天子之权,倒持于掾史。"(《读通鉴论》卷一《秦二世·法密不能胜天下》)再者,专制君主的权力亦不得不在一种围绕着皇权这一单一的权力中心所形成的制度架构与特殊的人际关系网络中来行使,而继体之君的皇位又由世袭而来,能承继大统者未必皆为有能力、能自主而人格、智力皆已成熟之人,故幼儿童稚、无能昏聩之君不绝于世,而"大权"又"不能无所寄"(《明夷待访录·置相》),故皇帝之大权往往旁落,转相为母后、外戚、宦官、权臣所侵占篡夺,导致整个天下和国家祸乱并生而无有宁日。

尽管如此,我们却有必要做出一种区分,即在个别而具体的君主本人与作为一种体制化存在的普遍王权之间、在皇帝本人与作为一种"神圣位置"的皇位之间做出区分,才能真正把握问题的实质。就个别而具体的君主或皇帝本人来讲,其个人的性格、兴趣、能力、品质和智力状况无疑是千差万别的,其本人能否掌握大权并善加行使也是因人而异的;而作为一种体制化存在的普遍王权却具有一种持久不变的制度化的特征和性质,即"君权是绝对的、最后的",也正是这后一点使得皇位成为一种"神圣的位置"。我们只有综合而不是混同这两个方面即君主的个人品质与普遍王权或"神圣位置",才能完整地理解和把握"王权支配社会"的真实历史含义,对此,美国著名汉学家史华慈有极精到的论述,他认为,中国政治思想的深层结构包括两个方面,即:

> 第一是在社会的最顶点,有一个"神圣的位置"(sacred space),那些控制这个位置的人,具有超越性力量,足以改变社会。从这个角度说,

---

① 梁漱溟:《梁漱溟全集》(第三卷),山东人民出版社,1990 年,第 153、154、182 页。

位置本身比是谁占据那个位置更为重要。但是反过来说,在那高点有一特殊机关,由某一特定人物所代表(通常是王权)。因为结构本身并无动力足以改变自己,故必须仰仗这个占据最高神圣位置的君王的个人品质来改变整个社会结构。如果上述两面能密切结合,也就是所谓"政教合一"。而这样一个理想结构对社会的每一个方面都有管辖权(jurisdiction)。①

依史华慈之见,"在中国政治思想的深层结构中,在上位的人君的个人品质虽然重要,可是那个客观的结构似乎更重要。"而且这一结构从未受到过真正的挑战,传统士人虽能清醒地认知到,却始终"依附盘旋于其中"而跳不出它的局限,这"也许是因为传统士人惯于把这个深层结构的替代面想成就是'乱',故不敢去改变它……能不能守住社会秩序似乎占着最优势的位置,正因为怕'乱',所以不敢质疑或挑战这个深层结构"②。正唯如此,中国历史竟在治乱循环中蹒跚爬行了二千多年而始终跳不出这一自我设置的历史困局。

正是在上述区分的意义上,我们可以说,所谓的"王权支配社会",主要是在一种体制化的普遍工权或结构性的神圣位置的意义上来讲的,但这一历史的主题却会被个别而具体的君主的个人性维度赋予极为不同的变调。但作为体制化的普遍王权或至尊而神圣的位置本身的维度,无疑比君主个人的维度要更为重要,尽管有时某些皇帝本人仅仅是被专权的母后、外戚、宦官和权臣玩弄于股掌之上的一个微不足道的傀儡或玩偶而已,但这些现象不过是"皇权的变态",而且最终又会"向皇权回归"③。从根本上讲,帝制中国的历史上之所以会出现诸如母后、外戚、宦官和权臣等的干政专权现象,正是因为在以皇权为中心形成的制度架构和特殊的人际关系网络中,他们可以以皇权的某种亲缘性、依附性、寄生性或私人性的身份而拥有接近并分享皇帝权力的最大

<hr />

① [美]本杰明·史华慈:《中国政治思想的深层结构》,许纪霖、宋宏编:《史华慈论中国》,新星出版社,2006 年,第 25 页。

② [美]本杰明·史华慈:《中国政治思想的深层结构》,许纪霖、宋宏编:《史华慈论中国》,新星出版社,2006 年,第 26—27 页。

③ 刘泽华:《王权至上观念与权力运动趋势》,《洗耳斋文稿》,中华书局,2003 年,第 328 页。

机会,在相互的权力斗争和利益博弈中,他们彼此之间亦构成一种相互消长排斥的关系,其中某一种身份的人的权力的增长膨胀便意味着另一种身份的人的权力的萎缩削弱,为此而引发的政治权力斗争有时异乎寻常地激烈和残酷,而在斗争中最终能够赢得胜利者则往往会由垄断对皇权的分享机会而走向专权。在这一意义上,我们亦可以说,正因为皇权至尊而皇位神圣,它本身才会成为人们在其中进行激烈争夺斗争的主要政治场域,而争夺斗争的历史结果,一方面既有可能导致王朝统治的衰落、分裂与兴亡更替,但另一方面总的趋势却是普遍王权及皇位的至尊与神圣性在不断地得到强化。

最后,秦汉以后,专制君主的一人统治还始终面临着一种合法性与正当性的焦虑及其统治的效力问题。由于专制君主取得权力的主要途径与方式主要是靠武力夺取或从马上得来,其次便是由世袭继承祖统而来,因此他们的政治统治不是基于赤裸裸的暴力基础之上,就是基于皇位世袭的传统和统治事实的"现实"①基础之上,但是他们也始终致力于为其政治统治及其一家一姓的王朝运统披上一件天命、德行与圣化的合法性的外衣,而事实上,他们所宣称或强制要人认同的统治秩序的这些合法性,无不是在夺取或继承权力之后在事后赋予的,如秦始皇"推终始五德之传"、以为"周得火德"而秦代周为"水德之始"(《史记·秦始皇本纪》),汉高祖刘邦亦认为正唯天命所在,所以他才能"以布衣提三尺剑取天下"②,而汉家那雄才大略的一代英主武帝则更是汲汲于下诏策问"受命之符"。不仅秦汉时期的帝王如此,后世的开国之君和继体守文之君更是如此,他们莫不乐于以真命天子、神明圣王自居。不仅历代的帝王们乐于以真命天子、神明圣王自居,秦汉及其后的儒生士人们虽有时也试图借助于"德与'天命靡常'的警戒"来限制君主的专制权力,但他们也总是乐于事后赋予专制帝王以天命、德行与圣化的合法性。正因为专制帝王的天命、德行与圣化的合法性主要是一种事后的赋予,所以这事实上只不过是

---

① 如殷海光先生所言,"统治者的权力之根据有二:第一,他是统治者,而别人不是。第二,他统治久了,站稳了。他的权力来自他老是存在时空中的这一现实的事实。所以,在中国历史上,统治了一年叫作'寇',统治了一百年便成'天子'。"(《中国文化的展望》,中国和平出版社,1988 年,第 143—144 页)

② 据《史记·高祖本纪》,刘邦领兵击讨黥布时,为流矢所伤,吕后迎良医入见医治其伤,高祖不许并骂之曰:"吾以布衣提三尺剑取天下,此非天命乎?命乃在天,虽扁鹊何益!"

使历代的专制帝王们盗取、占有或垄断了天命、德行与圣化的合法性符号,并由此而可以对其治下的所有臣民或任何人随心所欲地施行 "合法的符号暴力"。专制君主既可以任意操纵合法性,以至于"下材凭势亦冒尧舜之美名以肆其倍蓰于桀纣之毒害"①,那么思想、观念的工具化亦是不可避免的,即任何的思想、观念对专制帝王而言只能是具有某种工具性的价值。

除了专制君主一人统治的合法性和正当性的问题之外,还有一个统治的效力问题,即专制君主何以能够"以一人而专制天下"(郭象《庄子注·在宥》)。毫无疑问,"单个的人是没有什么力量的",专制君主主要是以有组织的官僚集团为中介来有效地行使其权力、实施其一人统治的,而这正体现了"政治权力的至关重要的特征",即"个人以有组织的团体为中介行使权力是最为有效的"②。换言之,秦汉以后的专制君主正是通过郡县官僚制度来对人民实行有效的"个别人身支配",并成为"人民的唯一统治者"的。不过,有学者也因此而提出了一个专制君主统治的效力问题,即"皇权止于县政"或"皇权不下县",而县之下的乡村社会秩序主要是由一种"自治体制"来维持的,所谓的"自治"显然意味着不需要政府的强制管理,或者是政府的强制管理的阙如或失效。那么事实是否真的如此呢?不可否认,专制君主的一人统治的确存在着一个统治效力的问题, 如专制君主的一人统治会受到某种主客观条件的制约,既可能在一定时期因奉行"无为而治"的统治政策而放松控制, 也可能因为大一统帝国疆域规模上的过于广大而导致其对偏僻边缘区域的乡村社会的控制力有一种边际递减效应, 但效力问题绝不意味着对其"支配权"的否定。

如果说代表皇权的正式的政府权力机构的设置只到县一级的话, 那么"皇权不下县"或"皇权止于县政"的命题可以说大体是成立的,但如果是以这一命题来暗示说县之下的乡村社会完全处于政府权力管辖之外的真空状态

---

① 萧公权:《中国政治思想史》,辽宁教育出版社,1998 年,第 216 页。萧公权先生于该书第 840 页对于儒家试图以道德原则约束专制君主的做法另有一精彩评论,他说:"儒家之尊君,既无具体限权之方法,而仅以比较宽泛空洞之道德原则,以图约束专制君主之行为。而大权在握,难为矩范。空泛之道德约束,实等于无约束。后世儒者又变本加厉,引申'致贵其上'之主张至于极端,君主遂'圣明天纵','德迈唐虞',而自身成为道德上之无上威权。故中国专制政体之完成,儒家之功,殊不可没。"

② [美]斯科特·戈登:《控制国家》,应奇、陈丽微、孟军、李勇译,江苏人民出版社,2005 年,第 12 页。

或完全由一种"自治体制"来维持的话,那么它对人们认识传统中国社会的真实状况来讲,便是一个极具误导性的命题。已有学者对作为正式的郡县官僚制度向下延伸的、旨在加强对乡里社会的控制的乡里制度做出了系统而翔尽的研究①,就此我们不想做过多的申论,但需要指出的,一是中国传统的乡里制度代有变迁,秦汉时期中国的乡里社会也许"还处于半自治状态"或还具有"半自治"色彩,不过,就总的趋势来讲,随着君主专制制度的强化,作为"治民之基"的乡里制度的"自治色彩"却是不断"弱化"②乃至完全丧失掉了的。如瞿同祖先生所言,在清代,州县级以下虽"没有任何类型的正式政府存在",但"在州、县或组成州县的市镇、乡村"却并"没有自治"③;二是中国传统的乡里制度具有一种"宗法性与行政性的高度整合"的特点④,当然,乡里制度与宗法家族制度之间的关系既错综复杂亦因时因地而异。总的来讲,家族势力对乡里制度有着巨大而广泛的干预和影响力,但有一点是确定无疑的,那就是中国传统的乡族之制并不能给中国乡村社会带来真正的、完全的"自治"⑤。而且这里还涉及一个如何认识和看待中国古代社会问题的大问题,即传统中国存在不存在一个能够与"国家"相分立而对抗的"社会"?徐复观先生对此有极精到的论述,他说:

> 看古代的社会问题,与看近代西方的社会问题,有很大的区别。近代西方的社会,有许多压力团体,不仅可以保有独立性的活动,且可把自己的主张反而强加之于政府,成为政治的基本动力。西方中世纪有强大的教会势力,不仅可与政府抗衡,有时且可取得政治的支配权。但在中国古代,不仅没有社会的压力团体可以影响大一统的皇权专制,即连

---

① 参见赵秀玲:《中国乡里制度》,社会科学文献出版社,1998年。

② 赵秀玲:《中国乡里制度》,社会科学文献出版社,1998年,第14、71页。

③ 瞿同祖:《清代地方政府》,范忠信、晏锋译,法律出版社,2003年,第5页。

④ 赵秀玲:《中国乡里制度》白钢序,社会科学文献出版社,1998年。

⑤ 如萧公权先生所言:"盖乡族之制,既非完全自治,亦非真正民主。乡族廪学祠会之功用不过在运道德之力量以正风俗,藉互助之组织以救饥寒。范围褊狭,远不能与近代地方自治相拟。故曰:非完全之自治也。近代真正之自治,以民主政体为条件。君主专制政体之下,可有分权之地方政府,而难有人民主动之自治。"(《中国政治思想史》,辽宁教育出版社,1998年,第497页)又言,传统之"乡约",其性质亦"固与真正之地方自治有别也"(《中国政治思想史》,辽宁教育出版社,1998年,第521页)。

宗教活动,亦早由政治领导者所垄断,构成统治者权力的一部分。因此,社会是完全在政治控制之下,随政治活动而决定其命运与动向。①

在早期帝制中国的秦汉时期,乡里社会之所以"还处于半自治状态",只是由于"封建官僚体制还未能完全控制乡里社会",另外还有"汉初的'无为而治'统治政策"方面的原因。②因此事实上,所谓的"半自治状态"所指的不过是不受过多干涉的自然自在状态而已,并不存在一种真正意义上的乡里社会的"自治体制",也就是说,与大一统的官僚帝国相对应的,并不是一个有组织的、能够真正自治并足以与国家相抗衡的"社会",毋宁说所谓的"社会"不过是一种分散的、地方性的乡里社会。诚然,也许会因为"天高皇帝远",生活在这种分散的、地方性的乡村社会的传统中国人往往是"未尝不自由"的,但这种所谓的"自由"却是未得到"明白确立"的③,是没有法律保障的"自由",或者更准确地说,乃是一种消极被动的或"散漫"的"自由",而在人民的消极被动中所隐藏着的正是君主的绝对权力,正所谓"下面愈散漫,上面愈容易形成极权专制"④。

与缺乏法律保障的散漫的"自由"截然不同的,则是由理想的"良好的法律"所创造的"公民共享的自由",正是这后一种"自由"才真正构成了"支配或奴役而不仅仅是任何一种类型的强制"的"对立面"⑤。澳大利亚政治学家佩迪特对"支配与干涉之间的区别"所做的分析,可以说为我们进一步更确切明白地厘清"支配"与统治效力之间的区别提供了一种强有力的理论支持。他说:

> 我这里所理解的"支配"(domination)典型地表现在主人与奴隶或主人与奴仆的关系上。这种关系起码意味着支配者可以专断地干预被支配者的选择,尤其是他可以进行干预,而无须考虑对方的利益或观

---

① 徐复观:《两汉思想史》(第三卷),华东师范大学出版社,2001年,第104—105页。

② 赵秀玲:《中国乡里制度》,社会科学文献出版社,1998年,第14页。

③ 梁漱溟:《梁漱溟全集》(第三卷),山东人民出版社,1990年,第248页。

④ 牟宗三:《政道与治道》新版序,广西师范大学出版社,2006年。

⑤ [澳]菲利普·佩迪特:《共和主义:一种关于自由与政府的理论》,刘训练译,江苏人民出版社,2006年,第41、45页。

点。因此,支配者可以任意地、随心所欲地实施干涉:他们不必请示任何人,也不会受到牵制或惩罚。

支配与干涉之间的区别源自这样一个事实,即无干涉的支配(domination without interference)与无支配的干涉(interference without domination)都是可能的。我可能受到他人的支配——举一个极端的例子来说,我可能是他人的一个奴隶,但实际上我的选择并没有受到任何干预。这可能仅仅是因为我的主人是一个仁慈的人,没有颐指气使的脾气;也可能是因为我很狡猾,或者我对我的主人竭尽溜须拍马之能事,结果得以随心所欲。就我有一个主人而言,我受到了支配;但就这个主人无法实施干预而言,我没有受到干涉。

同我可能处在无干涉的支配之下一样,我也可能在不受支配的情况下——不涉及奴役或屈从的情况下——受到干涉。①

根据佩迪特“无支配的自由观”,真正的、与奴役相对立的自由是“无支配而不是无干涉”,在他看来,“仁慈的主人剥夺了其下属的自由,即使事实上他没有干预他们,他也在支配他们;制定良好的法律没有剥夺其臣民的自由,尽管它干预了他们,却没有支配他们”。②据此,我们亦可以说,所谓的“王权支配社会”,实则意味着整个天下被视为专制君主一人、一家、一姓之私产,而君主与其臣民之间乃是一种主奴性质的支配与被支配的关系,诚如严复所言:“盖自秦以降,为治虽有宽苛之异,而大抵皆以奴虏待吾民……夫上既以奴虏待民,民亦以奴虏自待。”③专制君主对社会或天下既拥有绝对的支配权,则社会便无真正的“自治”“自由”可言,奉行“无为而治”统治政策或开明而仁慈的君主

---

① [澳]菲利普·佩迪特:《共和主义:一种关于自由与政府的理论》,刘训练译,江苏人民出版社,2006年,第25页。

② [澳]菲利普·佩迪特:《共和主义:一种关于自由与政府的理论》,刘训练译,江苏人民出版社,2006年,第47页。

③ 萧公权《中国政治思想史》,辽宁教育出版社,1998年,第763页。另如,梁启超亦曾言及于此而谓:“专制久而民性漓也……役之如奴隶,防之如盗贼,则彼亦以奴隶盗贼自居……故夫中国群治不进,由人民不顾公益使然也;人民不顾公益,由自居于奴隶盗贼使然也;其自居于奴隶盗贼,由霸者私天下为一姓之产而奴隶盗贼吾民使然也。”(《新民说·论进步》)

也许对人民的生活不进行过多的干预、干涉,这只是一种不干涉的支配;而专制君主一人统治的效力问题, 说到底不过是专制君主虽拥有绝对的支配权,但在某些客观条件的制约下却可能无法实施干涉或不能有效地控制他的臣民而已。无法实施干涉或不能有效地控制的极端情况,就是帝国已趋于分崩离析或人民群起而革命。

总而言之,大一统帝制中国时代的政治是以专制君主的一人统治为本质特征的,帝国的专制君主们既地位至尊而作为"单个的人"又常"陷于力孤势危之境",既意志自由而他那专断的意志又可能受到各种因素的限制,既权力独占而其权力又不能不让他身边的一些依附者和寄生者有所分享。但不管怎样,专制君主作为大一统帝国的唯一主人、唯一政治主体、唯一统治者,却始终没有动摇过或受到根本的挑战。而所谓的"王权支配社会",也并非意味着任何一个作为"单个的人"的皇帝可以完全任意地"决定一切",这是不言而喻的,但如果有学者望文生义地偏偏做如是理解,并由此而否定"王权支配社会"这一历史的和理论的命题的话,那么问题不是出于故意的歪曲,就是出于无知的误解。

原载《中西政治文化论丛》(第七辑),天津人民出版社,2009 年 10 月

思想、社会与历史

——刘泽华先生的"王权主义"说评析

林存光

2008 年 6 月由人民出版社出版的《中国政治思想史集》（全三卷），是刘泽华先生倾注了三十多年的心血研究中国政治思想和政治文化的成果汇编，从其所承载的厚重的学术分量和思想深度而言，该合集完全称得上是一部研究中国政治思想和政治文化的里程碑式的皇皇巨著。先生自 20 世纪 80 年代初以来独著、主编及与他人合著的一系列著作的相继出版问世①，无疑在中国政治思想史研究领域构成了一道最耀眼也最具思想冲击力的学术风景线。二十多年来，笔者沿着这道启人心智的学术风景线一路走来，一边欣赏一边不时地捡拾起一小块贝壳，装点自己的学术成长之路。

也许有人从刘先生的著作中读出的是"思想的沉重与无奈"②，然而我读先生充满睿智和深刻思想洞见的学术文章和论著，却总有一种"心花开放"而欣喜轩快之感，直如明人陈继儒在《小窗幽记》中所言："读一篇轩快之书，宛见山青水白；听几句透彻之语，如看岳立川行。"读刘先生的文章和著作，让我

---

① 刘泽华：《先秦政治思想史》（南开大学出版社，1984 年），《中国传统政治思想反思》（生活·读书·新知三联书店，1987 年），《专制权力与中国社会》（吉林文史出版社，1988 年；天津古籍出版社，2005 年），《中国传统政治思维》（吉林教育出版社，1991 年），《中国政治思想史》（全三卷）（浙江人民出版社，1996 年），《中国的王权主义：传统社会与思想特点考察》（上海人民出版社，2000 年），《中国传统政治哲学与社会整合》（中国社会科学出版社，2000 年），《洗耳斋文稿》（中华书局，2003 年）等。

② 李宪堂：《思想的沉重与无奈》，《中国图书评论》，2008 年第 9 期。

137

感受最深的便是思想探险者的无畏的胆识和勇气。先生尝言，论史者不仅需要有史识、史德和史才，还要有史胆。何谓史胆？其实也就是先生所常常讲的，"有如马克思所说的敢于站在地狱门口为真理献身的勇气和决心"。思想宏富，胆气照人，敢言别人所不敢言，卓然"通古今之变"而"成一家之言"，"虽千万人，吾往矣"，此可以说正是刘先生论史为学的真实写照。

"一身土气"，这是刘先生的"夫子自道"，亦是刘先生的自我警策。由于整个时代大环境的缘故，造成了他那一代学人从事学术研究的局限性和特殊的学术经历，因不懂外文，只能研究中国的学问，而且无法与其他国家的学者直接进行国际的学术交流与对话；然而先生从来就不是一个闭目塞听、只知读死书的"土"学者，他极为关注国内外学术研究和理论发展的新动向，尤其是对现实和未来的深切关怀、对世界大势和现代潮流的热切关注，更为先生的学术研究与理论思考不断地注入着源源不竭的动力。正因为"土气"，先生的身上才从不见趋新赶时髦的浮薄之气，而是始终坚守学术独立和自由思考的信念与尊严而执着地潜心于中国学术的中国式研究，并一以贯之地坚持运用"归纳法"，且以思想文本的"'母本'体系的整体性"作为立论的前提来研究和论述中国政治思想史①，也正因这"土气"，先生的著述与成就反倒在国际上日渐引起越来越多的学者的关注和重视。

刘先生是一位具有强烈使命感和社会责任心的学者，他不仅有着铁肩担道义的传统士人的良知与情怀，更是一位深切关注中国的当下现实、关注中华民族的前途和未来命运而极富"现代意识"的知识分子。正因为如此，先生才能成为一代能将学术之精深宏富与思想之穿透力有机融贯于一体的思想史名家。而综括先生三十余年来运思于中国的思想、社会与历史之间而读史阅世、治学论政的一以贯之的特点，一言以蔽之，即从"大"处着眼，而从"小"处着手②。

---

① 诚如刘先生在《中国政治思想史集》的第一卷《先秦政治思想史》再版弁言中所言："本书的立论基本上是来自归纳法，所有的材料都是从'母本'中梳理出来的，而且在解释和运用时也都以'母本'的整体性为前提。我曾给自己'立法'，决不抓住一两句话，离开'母本'体系，推导和演绎出现代性的政治观念或理论。由于以归纳和'母本'体系为基础，我自信本书叙述的内容更接近历史的本来面目。"

② 所谓"从'小'处着手"，即基于对史料的扎实缜密的爬梳收集和归纳整理，来对问题进行"小心求证"，以避免陷于空论玄谈式的虚见。对此，秦进才先生在《形式主义史料与政治文化的存在方式》（《中国图书评论》，2008年第9期）一文中有极好的评述，兹不赘言。

一、治史向"大"处进军

　　"治史向'大'处进军",这是著名的美籍华裔学者何炳棣先生的"宏愿"①,此宏愿亦正是刘泽华先生的自觉追求。"向'大'处进军",亦即所谓的"从'大'处着眼",即是关注对宏观性问题的理论思考和论述。在我看来,刘先生关注的宏观性问题主要涉及两个方面:其一是关于历史认识论和方法论的问题,其二是对中国思想、社会与历史的实质性认识的问题。

　　刘先生对历史认识论和方法论问题的检讨和思考,大体可以分为前后两个大的阶段。第一个阶段,即在20世纪80年代,刘先生相继发表了一系列讨论历史认识论问题的论文②,重点是要批判、反思、清理和破除"文革"思维中的教条主义和"庸俗阶级斗争论"对史学研究的恶劣影响,尽力彰显和极力倡导史家的自由思考和独立认识的主体意识。他提出了许多有价值的理论观点,如社会历史发展的根本动力是生产斗争或生产活动而不是阶级斗争,"政治"概念大于"阶级"概念,历史认识可分为考实性认识、抽象性认识和价值性认识,"除对象,争鸣不应有前提"和"史家面前无定论",以及"历史学要关注民族与人类的命运"等,有力地推动了史学研究领域的思想解放。因此在史学界,先生可谓是引领思想解放的先锋人物。

　　然而先生常常自我反省和剖析,在那个万众一心、群情激昂地对"革命"和"领袖"怀着无比狂热的崇敬与崇拜之情的时代,先生那时也总想"紧跟",而自己又总"跟不上",原因就是自己"入仕心不切"和"学人心未灭"。"入仕心不切则下笔不够狠",而"学人心未灭则迂腐于理"。"紧跟"而又"跟不上"令先生倍感困惑,不过,先生毕竟是一位具有极强自我反思能力的学者,坚持独立思考终于使先生逐渐地摆脱了"文革"思维方式的定式而从教条主义的禁锢中走了出来。1984年出版的《先秦政治思想史》一书,可以说正是先生突破和走出教条主义的禁锢而开创性地将"思想解放"运用于先秦政治思想史的学术研究的一部典范之作。该书有意识地力求突破简单地给思想家贴上一个

---

① 何炳棣:《读史阅世六十年》卷后语,广西师范大学出版社,2005年。
② 刘泽华:《洗耳斋文稿》,中华书局,2003年。

"阶级"标签的僵化的"阶级分析"的直线性认识模式,故对思想家的阶级属性问题采取谨慎的模糊处理的方式,换言之或直白地讲,就是给思想家实行了"脱帽礼"①。

第二个阶段,即 20 世纪 90 年代至今,刘先生在实际的学术研究过程中逐渐形成并提出了自己研究历史、社会和思想史的一套相对更加成熟的方法论理念。具体讲,这套方法论理念主要包含三个方面的内容:

一是社会形态的"三分法"与历史阶段论。历史研究需要一种大视野的宏观眼光或高瞻远瞩的全景观,否则任何人都会身陷浩如烟海的历史文献的迷雾,因失去辨别方向的能力而被困死于故纸堆中。关于历史社会形态的问题,唯物史观为我们提供了一种基础与上层建筑二分法及五种形态的思维定式,虽然先生"尚未想从'定势'中跳出来",但对此"定势"却力图做出重要的调整和修正,提出"分层次地把握社会形态",即认为应分三个层次的问题来分析和把握社会形态,它们分别是基础性的社会关系形态问题、社会控制与运行机制形态问题和社会意识形态与范式问题。而且认为历史发展的进程仍然有其"大势"或"规律",而既然"历史有规律",它也就"必然有阶段性或时段性",我们"每个人都只能生活在历史进程中的一定时段,因此任何思想都是有时段性的"。

二是"阶级–共同体综合分析"方法。学术研究需要装备一些必要的理论性、方法论的"智力工具","阶级分析方法"便是这样的"智力工具"之一。这些"智力工具"往往能够在我们分析宏观性问题时提供给我们一只极具洞察力和解释力的"法眼"或"智慧之眼",然而片面地或机械化地强调和运用它们也有可能会形成一种遮蔽,使我们一叶障目而不见泰山。刘先生并未简单地否定和抛弃"阶级分析"的方法,而同样是力图修正和完善这一方法。依刘先生之见,在分析基础性的社会关系形态问题时,"运用马克思主义有关生产力与生产关系的理论所勾勒出的社会关系",从总体上看仍然是"最贴近历史,或

---

① 在《中国政治思想史集》的第一卷《先秦政治思想史》再版弁言中,先生是这样讲的:"1949 年以后到本书出版之前所有的思想史著作,在论述人物及其思想时几乎都被戴上'这个'阶级或'那个'阶级的帽子,而我在本书中实行了'脱帽礼',把帽子统统摘掉了。这在当时也可以说是绝无仅有的,谓余不信,不妨翻翻那时的著作。"

者说解释力最强"的,据此而言,"基础性的社会关系即阶级关系",然而我们不应轻忽的是,在阶级关系之外还有其他各种社会关系。从类别上讲,"社会共同体"便属于不同于乃至比"阶级关系"更复杂的另一大类社会关系,"社会共同体有大有小,小至一个家庭,大至民族、国家,现在又有世界村、国际联合体等","其中既有阶级关系的内容,又超越阶级关系",因此社会关系分析需要运用"阶级–共同体综合分析"的方法。

三是思想与社会互动、政治与文化互化的整体研究视角。思想与社会、政治与文化都不是孤立的历史现象,"思想关联着特定的语境(社会)",而"'社会'也不是与思想相分隔的",二者之间是一种有机互动的整体,"并以历史的形态存在和延伸着"。同样,政治与文化也是一种互动互化(政治文化化与文化政治化)的关系,因此唯有采取一种整体研究的综合视角,才能对思想史、社会史、政治史、文化史,以及它们之间的关系乃至整个历史获得一种完整的认识和理解。

刘泽华先生之所以不愧是"史之大者",这不仅在于他修正、拓展、深化和完善了我们已有的一些历史研究的方法和认识论眼界,更主要的还在于他在系统研究和深入反思中国思想史、社会史、政治史和文化史等领域的实质性的重大历史问题时,形成和发展出了一种对中国大历史的统合性的卓越创见,即以"王权支配社会"和"王权主义"来概括中国古代社会的特点和政治思想文化的主旨,此留待后文详说。

二、反思"传统",解析"国情"

刘泽华先生对历史"大"问题或宏观性问题的深切关注和理论思考,绝不是出于对悬空蹈虚的观念游戏的偏好,而是深深地扎根于对中国"国情"的认识和了解。而要真切地认清中国的"国情",是决不能轻忽文化的惰性及"传统的当下性"影响的。因此反思"传统"、解析"国情"可以说便自然而又必然地进入了先生的问题意识并处于一种中心的位置,构成了先生整个学术研究的原动力。对此,先生有着最清醒的自觉,并直言不讳地剖白自己的心路说,"研究政治思想史的主要目的之一是为解析国情"。在刘先生看来,"研究中国的政治思想与政治精神是了解中国历史与现实的重要门径之一",而刘先生在20世纪70年代末之所以集中精力于中国政治思想史的研究,就与"反思'文化大革命'中的封建主义大泛滥"有着直接的极大的关系,因为"那些封建主义的东西不仅仅是'文化大革命'的创造,而且是历史封建主义的继续和集成",不仅如此,在我们当下的现实中,历史或传统仍然是我们国情中最重要的组成部分,因此先生说:"我的研究目的之一就是为解析中国的'国情',并说明我们现实中的封建主义的由来。"①

反思历史,是为了未来;反思传统,是为了解析国情。我们只有通过反思历史和传统而全面透彻地了解我们的国情,才能在历史的脉络中更加清醒地确定好自己的位置,以便走向未来的康庄大道。然而近百年来,在"古今中西之争"的文化困境中,我们与自身的传统却一直处于"一种充满疑问的关系"当中,这造成了中国问题的特殊性和复杂性,乃至人们对传统与国情的认识和了解亦充满了问题的歧义性。诚如刘先生所言:"'传统',这一众说纷纭的词语,紧扣着我们的心弦,刺激着我们的想象力,它就像变幻莫测的手影,人们试图用各种理论来把握它、界定它,但迄今为止,几乎每一种理论都不免捉襟见肘。"②而所谓的"国情",亦如同"传统"一样。

依美国著名思想史家史华慈之卓见,"历史环境事实上总是充满着模糊与暧昧","它在本质上具有高度的问题性与不确定性"③,"国情"之为"国情",正是我们当下所处的"历史环境",认识的歧义正根源于其"富有成果的含混性",各种认识都有要求承认其合理性或真理性的正当权利。然而我们也必须清醒地意识到,我们都是身处在"国情"之"局"中的人,我们应明白"当局者迷",或者说"不识庐山真面目,只缘身在此山中"的道理,我们的认识可能只是一种"当局者"的"迷思",没有人可以占有和垄断认识的绝对真理。但是笔者仍然认为,我们却可能在各种对历史传统和现实国情的认识中辨识出一种"识大体"之见。

历史不是轻易地可以割断的,传统也不可能被简单地处理掉。然而在今

---

① 刘泽华:《中国政治思想史集》(全三卷)总序,人民出版社,2008年。
② 刘泽华:《中国传统政治思维》前言,吉林教育出版社,1991年。
③ 许纪霖、宋宏编:《史华慈论中国》,新星出版社,2006年,第5页。

天,对中国历史与传统,究竟是遵循一种"温情与敬意"优先的态度与原则,还是采取一种"批评与反思"优先的态度与原则?究竟是遵循一种从历史和传统中抽离出其人文精神或价值系统(主要是儒家的)而一味加以肯定和弘扬的哲学诠释的眼光和立场,还是采取一种思想与社会互动、政治与文化互化的整体研究的历史眼光和立场? 在这两个问题上,刘先生的学术观点显然与所谓的新儒家有着根本的分歧。但是这种分歧决不能被简单地理解或定性为是反传统主义和传统主义之间的分歧,因为他们之间在对现实和国情的认识上还存在着一致的"识大体"之见,即肯定和接受现代西方的启蒙价值如科学、民主、自由、平等、法治和人权等,并认为中国需要走现代化之路;即使是对中国历史和传统的认识,他们之间也有着诸多的不谋而合之见,如对中国延续了两千年之久的君主专制政治传统,除了钱穆先生是个例外之外,像张君劢、牟宗三和徐复观先生都承认这一点,并持激烈批判的民主化的政治立场和态度。另如有学者言:"事实上,他们(指新儒家——引者注)把中国文化(以儒家为中心)的理想和现实一分为二。在现实的层面上,从制度到习俗,他们不仅是反传统的,而且其反传统意识的激烈有时甚至不在五四主流派之下……虽然新儒家反传统的程度因人而异,不可一概而论,但大体上说,他们确是对中国文化的一切有形的现实都无所肯定,所肯定的仅是无形的精神。"并说:"根据我个人的了解,新儒家的主要特色是用一种特制的哲学语言来宣传一种特殊的信仰。"同样的,根据我个人的了解,刘先生对于中国的思想文化传统亦并不是抱持一种简单的全盘否定和蔑弃的立场和态度的,而且还对新儒家的"现代意识"持有一种肯定和激赏的同情理解的态度,并说:"我不是泛泛反对新儒家,我只是反对他们'把历史上儒家民主化、现代化和把儒家作为现在的救国之道'。"

在笔者看来,我们不宜用"政治正确性"的标准判定认识或释义学上的是非对错问题,但是,近代以来的"古今中西之争"毕竟已经把一种古今不同的历史间距意识和中西文化生活的相对性意识深深地植入当下中国人的思想观念和实践生活之中了。笔者虽然无意于抹杀中国思想文化传统中的丰富内涵及其优秀成分,也不想简单地否定一些学者对中国文化的民族性和主体性诉求的合理价值与意义,不过,刻意地混淆和模糊古今之间的历史间距①，或者简单地以中西文化之间的相对性替换文化优劣论的视界，却可能使我们既认不清历史传统也辨不明现实国情的合乎事实的"总体真相"。

那么究竟是抽离性的哲学诠释的进路，还是整体性的历史研究的进路，更能揭示中国历史和传统乃至现实和国情的合乎事实的"总体真相"呢？在笔者看来，当然是后者。而且尤其值得警醒的是，新儒家学者常常将他们自身已经经由西化的批判和洗礼②后所具备的"现代意识"有意无意地无限扩大而误当作当下中国的"全民意识"，乃至认为当下中国的根本任务应主要是对儒家传统的复兴，更加令人感觉惊奇和吊诡的是，一些所谓的"大陆新儒家"的代表人物有的甚至因"反西化"而拒斥"现代意识"，其"新意识"中带有极强烈的在政治上主张"儒士共同体专政"的"反民主"的色彩，乃至认为"'三纲'才是真正的儒学的最核心的价值，而且'三纲'的价值现在最需要我们去发扬，以解决目前遇到的很多问题"，因为"立体的秩序中必须有等级性，有等级性就有纲"，特别是"在政治结构中，上下的关系绝对存在"③，这听上去，说话者的意思之间颇有些阿Q先生的那句名言余音缭绕的味道④，似乎觉得人生天地之间，大约本来只能是生活在上下等级关系中罢了。

也许民主不是万能的，也许现代西方启蒙意识与心态有其极严重的偏颇和流弊，也许我们不得不承认事实而无奈地生活在上下等级的社会关系和政治结构中。但是相对于专制，民主毕竟"是个好东西"；相对于传统的人治化专制、尊君卑臣、臣民奴性、礼制等级和纲常名教，民主、法治、平等、自由和人权的"现代意识"毕竟是更具进步性且是我们当下所最需要的；也许在政治结构中上下等级关系是不可避免的，但是我们现代生活的根基毕竟是建筑在人格

---

① 如刘泽华先生所言："我们主张'通古今之变'，但对于简单化的古为今用则不敢苟同，因为简单化的古为今用容易混淆古今，反而会使我们陷入传统的泥潭中而难以自拔。"（《中国传统政治思维》前言，吉林教育出版社，1991年）

② 杜维明先生关于儒学的西化和现代化问题的阐述，参见哈佛燕京学社编：《启蒙的反思》，江苏教育出版社，2005年，第68页。

③ 陈来、甘阳主编：《孔子与当代中国》，生活·读书·新知三联书店，2008年，第34—35页。

④ 鲁迅《阿Q正传》："他意思之间，似乎觉得人生天地之间，大约本来有时也未免要杀头的。""他不过便以为人生天地间，大约本来有时也未免游街要示众罢了。"

和权利人人平等乃至我们平等地对待他人和被他人平等地对待的精神原则基础之上的。因此从历史研究的整体视角和古今不同的历史间距意识,乃至从社会政治与思想文化的变革日益加深和剧烈且又步履维艰的当下中国现实状况与发展趋势来看,笔者仍然认同刘泽华先生对中国历史和传统、现实和国情的评估和考量,那就是:"当我们深思熟虑走向未来之时,首先必须回顾历史",我们对"传统"应做"历时性的把握",即"从对具体历史过程的描述中体认'传统',而不是用几个硬邦邦的概念和范畴来规范'传统'";在今天,反思历史,对"传统"做认真的清理和总结,"比任何时候都更为紧迫和重要","因为我们站在了历史的转折点上,现代化的历史使命,要求我们对传统做深刻的批判和反思"。[1]

总而言之,为了从历史和传统中走出来,首先要正视"历史"、反思"传统",以便"确定历史转变的起点";反之,反思"传统",解析"国情",也正是为了要从历史和传统中走出来。正所谓"消除老的和现代的封建主义,是摆在我们面前的一项紧迫任务,岂可等闲视之"[2]!

三、中国思想与社会的政治性

那么,为了立足现实、解析国情,以便"确定历史转变的起点",我们首先需要正视的历史和反思的传统,具体地讲,又究竟是一种什么样的历史和传统呢?哪里是我们正视历史和反思传统的楔入点呢?毋庸讳言,对此的认识亦是仁者见仁、智者见智而莫衷一是的,而如果我们愿意采取一种历史研究的整体眼光的话,我们就不难发现刘先生的下述论断确乎是中肯而精当的,即:"要准确而深刻地剖析传统,就必须以政治为楔入点。"[3]

或许有的学者会格外重视和凸显中国思想文化的伦理色彩,乃至将中国传统社会看作是一个伦理本位的社会,又或许有的学者会特别强调和凸显以天人合一、内圣外王为根本关怀或核心主题的中国哲学的思想独特性和文化优异性,乃至认为所谓的"中国哲学"已不成其为"哲学"而不过是一

---

[1][3] 刘泽华:《中国传统政治思维》前言,吉林教育出版社,1991年。
[2] 刘泽华:《中国政治思想史集》(全三卷)总序,人民出版社,2008年。

145

种不同于西方哲学的别样而特异的"思想"。然而历史研究的整体眼光使我们对这些用一种特制的从历史的复杂环境中抽离出来的表达某种单一思想或文化特性的词汇来宣传一种特殊的信仰的说法不能不持一种谨慎怀疑的态度,不是说它们一无是处,而是说"不完全的真理",即只有部分符合真实情况的说法,"比完全的假话更有误导性"①。相比之下,我认为,研究中国政治思想史的经典作家对中国学术思想或思想文化的总体特征所做的另一种概括和表述是更符合历史的真实复杂情况的,如梁启超先生在其所著《先秦政治思想史》一书中所反复强调的:"我国自春秋战国以还,学术勃兴,而所谓'百家言'者,盖罔不归宿于政治。""我们的民族性,又是最重实际的,无论那一派的思想家,都以济世安民为职志,差不多一切议论,都归宿到政治。"②亦如汉家太史公司马谈《论六家要旨》论诸子百家"一致而百虑,殊途而同归"之言曰:"夫阴阳、儒、墨、名、法、道德,此务为治者也。"(《史记·太史公自序》)"务为治"或"归宿于政治"的经典概括,真可谓是要言不烦,实为千古不刊之论。

在"伦理的"或"哲学的"抑或"政治的"之间,我们既不必做非此即彼的两难选择,也不能做既可以这样也可以那样的两可选择,因为"政治"的概念,不仅大于"阶级"概念,也大于"伦理"概念或"哲学"概念!当然,我们也不能仅仅停止于笼统的"政治"概念。因此刘泽华先生从历史研究的整体视角对中国思想和社会的政治性的总体特征做了更进一步深入且具体的精到阐释与系统论述。依刘先生之见,中国古代社会的一个极为重要的特点,是"王权支配社会",即以君主为中心的政治体系和专制权力构成一个巨大的无所不在的网,覆盖着古代中国社会的各个角落,这种现实反映到人们的意识中,便把王权看得高于一切,看成一切的归宿,"因此在古代整个思想意识形态中,政治思想占有特别重要的地位,以致可以这样说,它是古代整个思想意识形态中的核心部分。哲学的、经济的、教育的、伦理的等思想,不仅离不开政治,而且通

---

① [美]塞缪尔·亨廷顿:《我们是谁?——美国国家特性面临的挑战》,程克雄译,新华出版社,2005 年,第 33 页。

② 梁启超:《先秦政治思想史》,东方出版社,2012 年,第 1、258 页。

过各种不同的道路最后几乎都归结为政治。"①对此,先生一再地强调和申论,在《中国传统政治思维》一书的前言中亦如是说:

> 众所周知,在传统中,政治的幽灵无处不在,而且举足轻重,决定一切。从历史上看,几乎所有的思想家都以其独特的方式与政治紧密地纠葛在一起。政治问题成为全部社会问题的核心,甚至一切社会问题最终都被归结为政治问题。中国古代的君主政治就像一张铺天盖地的大网,笼罩在整个社会之上。天网压头,在劫难逃,不管人们是主动地迎合,还是被动地顺应,抑或想挣脱,都不能不与它打交道,于是造成人人关心政治的局面,政治思想也就成了中国古代思想文化的重心。而且在某种意义上,我们可以说,正是这种鲜明的政治色彩和强烈的政治化倾向,构成中国传统文化的一个基本特征。因此要准确而深刻地剖析传统,就必须以政治为楔入点。

刘先生为了反思和剖析传统,"以政治为楔入点"而研究中国思想和社会的历史,经过反复的思索和不断的完善,发展和提炼出了两大重要命题:一是"王权支配社会",二是"王权主义"。前者是指中国传统社会的最大特点,后者在狭义上是指先秦诸子的主旨或中国传统思想文化的主脉。这两者是彼此密切相关的,如先生所言:"我认为中国传统思想文化的主体是政治思想和政治文化,而其主旨则是王权主义。思想文化的王权主义又根源于'王权支配社会'这一历史事实。"②而综括两者而言,亦可以一言以蔽之,即广义上的"王权主义",如先生又言:"我用'王权主义'来概括中国历史的特征。我所说的王权主义既不是指社会形态,也不限于通常所说的权力系统,而是指社会的一种控制和运行机制。大致说来又可分为三个层次:一是以王权为中心的权力系统,二是以这种权力系统为骨架形成的社会结构,三是与上述状况相配的观念体系。"③这一对中国传统思想文化之主旨和中国传统社会的一种控制和运

① 刘泽华:《中国传统政治思想反思》前言,生活·读书·新知三联书店,1987年。
② 刘泽华:《中国的王权主义:传统社会与思想特点考察》自序,上海人民出版社,2000年。
③ 刘泽华:《中国政治思想史集》(全三卷)总序,人民出版社,2008年。

行机制的高度理论性的概括,无疑是极其透辟而精到的。

对刘先生的上述理论概括,有人或许会有不同的认识和理解,在此,我想谈几点个人的看法,以对先生的"王权主义"之说做一点补充、修正和完善:

一是我认为"王权主义"概念要大于"君主专制主义"概念。尽管刘先生自己常常将"王权主义"等同于"君主专制主义",有的弟子甚至更将"王权主义"视作是所谓的"极权主义",但我认为,从政治思想的角度讲,尽管先秦诸子大多推崇圣王之治,但他们的思想主张之间又显然存在着极大的差异,而不宜做一种简单的完全同质化的理解。诚如亚里士多德所言,"君主制有多种形式,而且各种君主制的统治方式也不尽一致"①。而诸子百家的理论化的王权主义就更是如此了,他们的君主理念各不相同,儒家主张君主应"以德化民",故相应地也对君主提出了更为严格的道德人格修养的要求②;道家主张无为而治,并以君主的体道修为为中心来思考政治的出路问题,这一思路的极端发展便表现为庄子那种对君主的权力意志持强烈质疑或激烈批评的态度;而墨家的尚同一义和法家的以法术控御臣民的治道理念则可以说是先秦诸子中最易于导致君主的极权专制统治的王权主义理念。③

二是王权主义不仅在思想上有着不同的理想化的理论表现形态,而且在实践上也有着极为不同的制度化的历史表现形态,如建立在宗法分封体制和

---

① [古希腊]亚里士多德:《政治学》,中国人民大学出版社,2003年,第102—103页。

② 我认为,对思想的本义与其运用(或被利用)之间应做出必要的区分,儒家的王道德治式的仁君圣王观念在历史上往往被转换或利用为"王圣"的重要资源,乃至造成杜维明先生所说的那种政治后果,即"一个彻底政治化的儒家社会要比一个纯粹的法家社会对人的迫害和压迫更厉害。纯粹的法家社会基本上是规范人的行为……但是一个彻底政治化或权威化的儒家社会,领导者对人民的控制不只是行为,而且一定还有态度、信仰,乃至下意识层面的东西;就算你的行为非常正确,但他对你还是存有怀疑的,因为你可能态度不好;也许态度很好,但是你对整个社会的最高理念的信仰可能不坚定;就算前三者都好,但是你的下意识也可能有问题,做的梦可能是不健康的。所以说彻底儒家化社会是最残忍的,绝对比纯粹的法家社会更加残忍"。(《对话与创新》,广西师范大学出版社,2005年,第132页)

③ 如美国著名汉学家狄百瑞认为,墨子不过是在其"简单化的有关人类行为的假设"的基础之上,"强烈真诚地、直截了当地"主张"依照一种单纯的极权主义的观点来动员起一切力量"(《东亚文明——五个阶段的对话》,江苏人民出版社,1996年,第9页)。冯友兰先生则认为:"把法家思想与法律和审判联系起来,是错误的。用现代的术语说,法家所讲的是组织和领导的理论和方法。谁若想组织人民,充当领袖,谁就会发现法家的理论和实践仍然很有教益,很有用处,但是,有一条,就是他一定要愿意走极权主义的路线。"(《中国哲学简史》,北京大学出版社,1985年,第186页)

贵族政治基础上的周天子"天下共主"的支配性权威，与秦汉以后建立在郡县官僚政治和中央集权体制基础上的皇权一人专制的绝对性权威实是不可同日而语的，尽管二者之间在王权支配或君主专制的理念和实质上有其前后一以贯之的内涵与特点。因此笔者主张应以一种建构主义的眼光历史地来看待王权主义的问题，因为王权或王权主义是一种历史的社会建构物，作为一种社会的控制和运行的机制，在历史上或不同的历史时期，它究竟建基于一种什么样的制度基础之上、采取一种什么样的权力形式、施行一种什么样的政治统治的方式、具有一种什么样的本质特性、呈现出一种什么样的精神面貌或气质，诸如此类的问题，说到底乃是人的选择与各种主客观条件共同作用的结果。王权主义就像其他的历史存在物一样，也是存在于发展变化、日生日成的历史进程当中的，与其对它做一种本质化的处理，即简单而笼统地把它等同于专制主义[①]，毋宁把它看作是一种关于中国历史的叙事，即使在大一统帝国皇帝的一人专制统治之下，中国人的历史又岂止是"专制主义"一语可一言以蔽之的。因为即使是面对着至尊无上的专制皇权，也是有人因反对它而送命，有人因拥护它而受赏；有人一心要完善它，而有人则试图要修正它；有人要取代和颠覆它而奋起革命，而有人则想挟持和篡夺它要尽手腕；有人助纣为虐使得它变得愚蠢而疯狂，有人则力主限制它以使之有所节制而富有理性。总之，历史上的王权主义需要我们历史地来看待，而一旦失去了历史的眼光，所谓的历史研究也就失去了它应有的价值和意义了。

三是有两点误读需要厘清。在《思想的沉重与无奈》[②]一文中，李宪堂认为在对"王权主义"的历史分析和思想清理中，"显然，刘先生没有对'专制王权'进行'善'或者'恶'之类的道德评判，而是从本质上把它归结为一种原发性的社会秩序，看作是一种社会资源控制与分配体系，承认它的文化必然性和历史合理性"。而又说"正是从这个认识角度，作为传统政治思想主流的儒家自

[①] 如李宪堂所说："专制作为一种价值和行为取向，称为专制主义……因为专制是王权的本质，王权必然地追求专制；王权主义强调的是权力的唯一性和绝对性，专制主义体现的是权力的统摄性和笼罩性。所以本书把专制与王权专制、专制主义与王权主义，看作完全相同的概念。"（《先秦儒家的专制主义精神——对话新儒家》，中国人民大学出版社，2003年，第33页）

[②] 李宪堂：《思想的沉重与无奈》，《中国图书评论》，2008年第9期。

然进入了刘先生批判的视野",甚至暗示在"刘先生批判的视野"中,似乎"儒家学说的每一个理念,都与专制王权血肉相关"。且不说从不做"道德评判"到所谓的"批判的视野"的转换之间显得多么突兀而不合逻辑,问题的关键在于这样一种表述同时从两个方面曲解了刘先生的学术观点,而极易引起他人的误解,在此有必要加以澄清。其一,在对"王权主义"进行历史分析和内涵表述时,刘先生并未对其进行"善"或"恶"之类的道德评判,或者更准确地说是将"善"或"恶"之类的道德价值评判暂时加括号悬置了起来,但是这绝不意味着我们对"王权主义"或"专制王权"就不应做任何"善"或"恶"的道德价值评判,因为先生对"王权主义"进行历史研究的目的和动机显然正是为了要清理它并期望人们能够从中走出来,这是先生所反复强调的。而在下面两段话中,先生将自己的意思表达得更加清楚明白,那就是"肯定'恶'在一定历史条件下是'动力'或'杠杆',不是为了颂扬它,而是为了消除它;而且即使在肯定它充当'历史的不自觉的工具'时,也不能忘记它本身仍是'恶'而不是'善'"①。"我对中国古代史的看法,自以为首先是描述性的,每一论点都是以相当充实的材料为基础。那么其中是否包含意义与价值呢?当然有。但我不是以意义与价值为出发点。就意义与价值而言,我也不是非历史主义者,君主专制在中国的历史上的某个时期和某些方面有过重要的建树和历史的功绩。但当中国步入世界性近代化之路时,君主专制无论如何都过时了。中国的君主专制主义像百足之虫,死而不僵,影响还广泛存在。我的'价值'和'意义'之一就是想对它有一个清醒的认识,以便从中走出来。"②其二,先生对历史上的儒学的阴暗面及其影响,对其等级礼制思想,对其"使人不成其为人"的"等级人学",对其以纲常名教为核心的伦理道德学说,对其天、道、圣、王"四合一"的政治哲学理念,的确是持一种严厉批判的态度的,但是我却并不认为先生采取的是一种简单化的一概否定和蔑弃的态度。先生的批判基于一种学理性的或理性认知的立场和态度,运用历史归纳和具体分析的方法,是就儒学思想的"主流"而言的,而对孔子之言"己欲立而立人,己欲达而达人"和"己所不欲,勿

---

① 刘泽华:《理念、价值与思想史研究》,《天津社会科学》,2008 年第 3 期。

② 刘泽华:《困惑与思索》,张艳国主编:《史学家自述——我的史学观》,武汉出版社,1994 年。

施于人"，却有着这样的分析和评价："上述两句话，可以说是孔子整个思想中最富有光彩的地方，它在理论范围内把所有的人置于平等的地位。它冲破了等级的藩篱，具有个性解放的因素。在上述问题中，自己不承认任何高于我的外来的权威，也不认为自己比别人高。"①据此，我可以说，显然，先生并不认为"儒家学说的每一个理念，都与专制王权血肉相关"，而至于儒家所谓的"仁"是否如李宪堂所说的我们"毕竟可以超时代、超阶级地理解它"，我想，刘先生的回答可能是，我们对古代的文化遗产如孔子学说的价值问题要具体细致地分析其"原生价值""延伸价值"和"抽象价值"②，这样才能做出客观公允的评价。

四、中国传统"政治哲学"的终结

我认为，把刘先生的著作放到梁启超、萧公权等研究中国政治思想史的经典系列和名家谱系中来加以定位和评价是一点都不过分的，这是从纵向比较的角度上讲的。而若从中西横向比较的角度上讲，刘先生的著作及其用心和贡献，则堪与英国著名政治哲学家卡尔·波普尔的《开放社会及其敌人》③相媲美。在刘先生看来，在中国，王权主义或君主专制主义无疑正是现代开放社会或公民社会的敌人，而这一敌人两千多年来一直就隐藏在我们传统的政治思想和政治文化当中，刘先生的一系列著作正是要试图帮助我们理解王权主义，以及对其进行不断的斗争的意义。而从深层或抽象的思想层面来讲，要想与这一敌人进行斗争并取代之，就必须要花大力气系统清理和深入反思因其富于理性色彩而极易迷惑人的所谓的"政治哲学"问题。因此在刘先生对中国政治思想史进行学术研究的三十多年的生涯中，一直以来，政治哲学的问题始终处在一个特别重要的、根本性的核心位置。

---

① 刘泽华：《中国政治思想史集》（第一卷），人民出版社，2008年，第233页。

② 刘泽华：《历史研究中的价值性认识》，《洗耳斋文稿》，中华书局，2003年。

③ [英]卡尔·波普尔：《开放社会及其敌人》，陆衡等译，中国社会科学出版社，1999年。《译者的话》有言："正是极权主义的盛行给了波普尔写作本书的动力和灵感。"而作者在该书引言中亦告诉我们："今天我们称之为极权主义的东西，属于正如我们文明自身一样古老或年轻的一种传统。""因此，它试图帮助我们理解极权主义以及对其进行不断的斗争的意义。"

在《中国传统政治哲学与社会整合》一书前言中,刘先生曾这样来阐述自己对"政治哲学"问题的理解和重视:

> 早在 20 世纪初已出现"政治哲学"这一概念,孙中山、梁启超都使用过。其后在思想史的著述中也每每出现。然而在历史研究中,对政治哲学的系统阐述和研究却很少见。
>
> 近二十年来,我的主要精力用于中国古代政治思想史的教学与研究。我深深感到中国古代政治哲学应作为一个专门领域来对待。1983年我曾写过一篇"中国政治思想史研究对象和方法问题初探",1984年作为前言收入我的《先秦政治思想史》一书中。我在该文中提出政治思想史研究要突破"阶级论"单线认识的框框,开拓政治思想研究的新领域。在谈到扩大研究视野时,我首先谈的是开展"政治哲学问题"的研究。
>
> 思想观念的组成部分很多,而政治哲学则具有统领全局的意义。这与中国古代政治权力支配社会的事实是相适应的。
>
> 传统政治哲学博大宏富,然其旨归则为王权主义。古代的王权体系像穹庐一样笼罩着整个社会,而以王权主义为旨归的政治哲学则为王权体系提供了理论依据和价值坐标。以至可以这样说,政治哲学这种"软件"对人们的思想与行为的规范作用甚至比现实的王权体系的"硬件"更为有效。在长达两三千年的时期内,王权有起有伏,金銮殿轮换坐,而王权模式则一脉相承,这固然有多种原因,其中政治哲学则是最得力的守护神。
>
> 基于此,我对政治哲学看得极重,把它视为中国历史进程中的社会控制因素。我还认为,不梳理政治哲学就难以把握中国历史的总貌和特点。

尽管刘先生很少给"政治哲学"下一个明白而确切的定义,但从先生胪列出的一系列"政治哲学"的内容来看,其问题意识已经触及了问题的关键,这些内容包括:其一,在政治思想与观念中最具普遍性的理论与命题;其二,有关政治"为什么是这样"的理论与命题;其三,政治价值的理论依据;其四,有关政治范式化的理论与观念;其五,政治理论的结构与思维方式问题。其中,关于政治思维方式问题,先生又提炼出了一系列"阴阳组合结构"式的命题,如天人合一与天王合一、圣人与圣王、道高于君与君道同体、天下为公与王有天下、尊君与罪君、正统与革命、君本与民本、等级与均平,等等。

关于政治哲学的含义和内容,还存在着值得讨论的余地和空间,这里再谈几点个人的看法。

第一,关于政治思想观念中最具普遍性的理论与命题,可以将有关政治"为什么是这样",以及政治范式化的理论、命题和观念包括在内。就先秦诸子而言,"推崇圣王统治"大概要算是最具普遍性的理论命题了,而他们何以要推崇圣王统治的理由,如以天下为统治对象、以某种人性为正当基础、以依道而治为合法根据等,所回答的便是政治"为什么是这样"的问题,乃至将圣王统治具体落实在统治方式上便会形成一些是追求王道理想还是力求实现霸道事功的范式化的不同治道理念。这三个方面的具有普遍性意义的理论问题是彼此相关而密不可分的,故我们可以把它们关联着看作是政治哲学研究的第一层次的问题。扼要而言,这一问题也就是一般所谓的"内圣外王之道"的问题,说到底,它回答的是"谁应当统治",统治的对象、方式及其合法根据与正当基础等一系列最具普遍性意义的政治理论问题。①

第二,关于政治价值及其理论依据的问题,刘先生做了很好的概括,那就是帝王的"五独"观念(天下独占、地位独尊、势位独一、权力独操、决事独断)及在这种观念的统摄之下形成的"君尊臣卑",可以说构成了中国传统政治价值系统的骨架或主导性理念。这种理念在理论依据上再配以儒家的"纲常名教",会变得"合乎情理"而成为在人心中更加根深蒂固的一种心态和思维定势。而尤其值得我们注意和警醒的是,建基于"五独"观念和"君尊臣卑"的价值理念之上的君主专制体制具有极其强大的吸附力,它会把任何道义性的价值都吸附到自己的身上,刘先生所说的传统政治思维特征上的"阴阳组合结构"的形成无疑与此有着直接的关系,而且所谓的"阴阳组合结构",不仅"是

①参见林存光:《圣王崇拜:一种政治哲学》,《王权与社会——中国传统政治文化研究》,崇文书局,2005 年。

一种思维定势,同时也是一种价值系统"①。

第三,果如上言,则结合政治思维的"阴阳组合结构"问题,我认为可以更好地来理解"王权主义"概念大于"君主专制主义"概念的含义。从各种错综复杂的政治思想观念的关系线索和脉络中归纳概括出一系列政治思维的"阴阳组合结构",实属刘先生匠心独运的另一大创见。如先生所言,这些组合性的观念并不是一种等同的或对称性的观念,而是有主有辅、有阴有阳,主辅两方虽然"互为条件、互相依存、互相渗透","是一种有机的组合关系",但主与辅两方也是不能转化、颠倒和错位的。譬如"君本–民本的组合","君本以民本为基础,民本以君本为归宿",两者互相依存,胶结在一起,而又以君本为主,以民本为辅,从而形成一种组合关系,"'民为国本'与'君为民主'是辩证地统一在一起的",但是"君本的主体位置是不能变动的"。②同理类推,在刘先生所列举的一系列"阴阳组合"命题中,天王合一、圣王、君道同体、王有天下、尊君、正统与等级等也无疑处于"主"的位置;反之,天人合一、圣人、道高于君、天下为公、罪君、革命与均平则处于"辅"的位置。

在君主独尊专制的时代,上述阴阳主辅的组合性结构之为政治思维的主导性特征,这一点应该说是毋庸置疑的;阴阳组合关系中的"主–辅"性,对我们从总体上理解和把握传统政治思维的本质特征也是十分关键的。然而组合性关系毕竟不是必然的逻辑关系,组合性的两种理念之间存在着一定程度的内在张力乃至激烈的对抗与冲突,因此在个别思想家的思想观念中,阴阳组合的"主–辅"性实有着或隐晦或彰显的差别,甚至有的思想家思考问题的重心可能主要集中于"辅"的一面而不是"主"的一面。显然,处于"辅"位的价值理念也具有更多的道义性、理想性的色彩,如果把这一方面的价值理念单独拿出来加以考量的话,我认为我们并不能简单地把它们直接等同于或定性为是"君主专制主义的",许多富于道义性、理想性的价值理念与"君主专制"也许并没有必然的逻辑关联,或者反倒对"君主专制"构成一种有限的制约因素,甚至能够激发出一种强烈的批评、抵制乃至反抗专制暴政的政治倾向。但

---

① 刘泽华:《洗耳斋文稿》,中华书局,2003 年,第 676 页。
② 参见刘泽华:《洗耳斋文稿》,中华书局,2003 年,第 675—676 页。

是"五独"性的君主专制权力及其统摄、吸附一切的绝对权威性无疑也是不会允许这些道义性、理想性的价值理念拥有完全自主性的独立价值的,专制权力往往将它们吸纳转化为辅助性的无害的消极因素或者是有助于其统治合法化的积极因素。如果我所言不错的话,那么刘先生所谓的政治思维的"阴阳组合结构"便可以说是"王权主义的",而并不完全是"君主专制主义的"。

从思维方式的角度讲,所谓的"王权主义"乃是指以君主或王权为中心来思考政治统治的问题,在这一中性或广义的描述性的意义上,王权主义的含义可以被扩展而将各种不同的君主制的理念与形式包括在内,不仅法家以加强君主的绝对权力为鹄的的权力政治观是王权主义的,即如儒家以治人者的修己为根基的道德政治观和道家以圣人体道而治的无为政治观也是王权主义的,甚至庄子的"应帝王"不也可以说成是王权主义的吗?儒道的政治信念是靠提升统治者的道德修为和精神境界来寻求现实政治的出路或试图削弱、消解专制权力的弊害,尽管他们怀抱着"民贵君轻""从道不从君"的政治价值理想或向往逍遥自在的精神自由,但他们却仍然是在以君为本的前提下思考政治问题的,正所谓"君仁,莫不仁;君义,莫不义;君正,莫不正。一正君而国定矣"(《孟子·离娄上》)。或者是期望"唯无以天下为者,可以托天下也"(《庄子·让王》)的圣王出世。"君主专制主义"是一个因带有不可理喻的强制与干涉的刚性含义而具有极强的负面价值色彩的概念,比较而言,广义上理解的、富于涵盖性的"王权主义",乃是一个内涵上富于包容性和灵活性的柔性的概念,唯有在这一意义上,许多道义性、理想性的价值理念如"王道理想"所体现的"社会理性、道德、正义、公正"等才能被吸纳进政治思维的"阴阳组合结构"中而成为刚性含义的君主专制的补充和资源。因此这种结构性的思维范式也决定了广义的王权主义乃是一种融王权崇拜(或君主专制)与王道理想于一体的"结构性的王权主义"。

另外再结合"阶级-共同体综合分析"的方法来看,"君主专制"更多的是指阶级统治的内容,而所谓的"从道不从君""天下为公""民贵君轻"乃至"罪君"等之类的道义性、理想性的价值理念更多的则是与士人政治人格的相对独立性和有限主体意识及其对"共同体"的政治忠诚直接相关的,这两个方面是完全可以组合在一起而归属于"结构性的王权主义"的范畴之下的。而有人说:"主张'民贵君轻'的民本主义,虽然与王权主义互补,却不能完全纳入王权主义;主张'从道不从君'的主体人格,也不能一律视为王权主义的补充"①,这一说法显然是把"王权主义"的含义理解或限定得过于狭隘了,而且既不符合思想史的事实,也未能正确理解"阴阳组合结构"的"思维范式"含义。

也许有学者会争辩说,我们没有必要把一些道义性、理想性的价值理念都非得打上"王权主义"的历史烙印不可,特别是一些价值理念如儒家的修身正行、以民为本、天下为公很难说具有绝对的刚性的"专制"政治含义。的确,我本人也认为这些理念在今天看来与君主专制并无直接的逻辑上的必然相关性,然而在历史上它们又的确在以王权支配或君主专制为核心的思想文化的观念系统中构成了不可或缺的一个链条或环节,而被吸纳、转换、利用为一种王圣统治的资源,这一点也是不可否认的历史事实。总之,我虽然并不认为刘先生所讲的每一句话都对,但就总体而言,先生的"王权主义"之说却是迄今为止对中国传统的思想、社会与历史最富于解释力也是最具有创见性的,而先生对王权主义的全面清理与系统反思,不仅以其学术上的精审与思想上的深邃铸就了一座中国政治思想史研究领域的学术高峰,而且它更意味着中国传统以"内圣外王之道"为核心主题的"政治哲学"及"阴阳组合结构"式的政治思维范式的终结。诚如先生所说:

> 既然我认为传统思想文化的主旨是王权主义,因此我对它在现实生活中的有效性怀疑多于相信,对张扬传统的种种说法多不敢苟同;对流行的开发传统、开发儒家以救时弊的思潮更为怀疑。在我看来,当务之急是分清什么是传统观念,什么是现代意识,以及如何从传统的笼罩中走出来!②

在传统政治思维中,蕴含着丰富多彩的政治智慧和极为光辉的远见卓识,某些思想因素,即使在今天也有着不容忽视的政治价值和文化价值。但是作为一种范式,传统政治思维必须被扬弃,因为我们与古人

---

① 刘刚、李冬君:《走向自我之路》,《中国图书评论》,2008 年第 9 期。
② 刘泽华:《中国的王权主义:传统社会与思想特点考察》自序,上海人民出版社,2000 年。

处在不同的历史时期,现代化与传统毕竟在方向上已分道扬镳。我们在今天汲取古人的政治智慧,首先就要分清古今,分清方向,必须充分认识到古人的历史局限性。①

从近代开始,各种新的政治思想喷薄而出,尽管它们与传统政治思想错综交织在一起,但方向上的分野是显而易见的。专制主义与民主主义的对立,臣民文化与公民文化的对立,突破了由先秦诸子共同建构的以"圣化"为中心的传统政治思维的范式,从而在政治文化上开启了一个以"公民化"为标志的新时代。②

"终结"意味着新的精神、道路和方向的创立,意味着政治观念的根本转向,政治精神的脱胎换骨,思维范式的破茧而生,政治价值的重新选择。总之,一句话,继承五四精神,对中国的思想文化传统做系统、深刻而全面的批评性反省者,当今之世,刘泽华先生可以说是这一精神谱系和学术脉络中的不可忽视的、最具代表性的重要学者之一。最后,借用牟宗三先生的一句话说,就是:"大其心量,放开眼界,当知区区之意不甚差谬也。"③

原载《天津社会科学》,2009 年第 3 期

---

①② 刘泽华:《中国传统政治思维》前言,吉林教育出版社,1991 年。
③ 牟宗三:《生命的学问》,广西师范大学出版社,2005 年,第 68 页。

也论国学研究的态度、立场与方法

——评梁涛儒家道统论的"国学观"

林存光

梁涛先生前不久写了一篇《论国学研究的态度、立场与方法——评刘泽华先生王权主义的"国学观"》的文章(以下简称"梁文"),发表在 2009 年 12 月 7 日的《光明日报》国学版上。由于梁文所涉及的问题是"如何看待当前的国学热,尤其是国学研究的态度、立场与方法问题",而本人亦很关切这方面的问题,故就梁文中提出的一些问题,再结合梁涛先生所写《竹简〈鲁穆公问子思〉与早期儒学的政治理念》①《回到"子思"去——儒家道统论的检讨与重构》②等文章,也来谈一点自己的看法,并兼评一下梁涛先生本人"儒家道统论的'国学观'"。

一、梁文"国学观"的片面性与国学研究应持的态度、立场与方法

与人商榷,必先阐明自己的观点、立场和态度;应充分了解对方的观点、立场和态度,而不能择取对方的片言只语断章取义地加以引申发挥,并将己

---

① 中国人民大学孔子研究院编:《"国际儒学论坛·2008——儒家仁爱思想的现代价值"学术研讨会论文集》,2008 年,第 154—168 页。

② 中国人民大学孔子研究院编:《"国际儒学论坛·2009——儒家的安身立命之道"学术研讨会论文集》(上册),2009 年,第 197—201 页。

意附会强加给对方,然后再将对方的学术观点做"彻底妖魔化"的处理和评说。遗憾的是梁涛先生恰恰犯了这两条学术大忌,在既未阐明自己的观点、立场和态度,也未充分了解对方的观点、立场和态度的情况下,就匆忙而武断地评说刘先生的"国学观",岂能不思维混乱、错误百出而又自相矛盾呢?

梁文虽然未充分阐明自己的观点、立场和态度,但文中透露出的信息却明确告诉我们梁涛先生所持的观点、立场和态度就是"儒家道统论的'国学观'"的观点、立场和态度,因为他在评论刘先生的国学观时援引的理据主要就是子思和孟子的政治思想观念。而在梁涛先生看来,思孟之思想学说无疑正是儒家道统之正脉,故近年来他用功最勤、胸怀大志而着力于要重新构建的就是儒家的道统论,因此我们将梁涛先生的国学观称之为"儒家道统论的'国学观'"应该说是大致不误的。

那么笔者的观点、立场和态度又是什么呢? 笔者也像梁涛先生一样愿意"同情地理解"儒家,并极为赞赏和偏爱思孟学派所采取的那种"民贵君轻"的政治立场和"恒称其君之恶"的政治态度,以及为己修身、仁民爱物、忠恕待人的人生信念与道德理想。

但是笔者却也与梁涛先生有不一样的地方,那就是:在我看来,仅仅从同情儒家的立场和赞赏思孟学派的态度,并不能理所当然或不证自明地直接推导出我们对国学应采取笼而统之的、倡导与弘扬的片面观点、立场和态度。因为所谓的"国学""文化"和"传统",尽管是我们本来固有的东西,但并不意味着我们就可以不加鉴别、不做取舍、盲目而无意识地去认同它、倡导它和弘扬它,我想即使是孔孟儒家本身也是不会这样做的,因为孔子是删过诗的,而孟子更说过"尽信书不如无书"的话!

关于国学研究,我认为至少有两个方面的问题需要首先认真加以考量:一是如民国学者马瀛所言,"国学范围,广博无垠"①。如是,那么对它究竟有无进行分科研究的必要?对此,梁涛先生说:"人大提出建立国学院,针对的就是目前国内教育界照搬西方模式,学科划分过细过窄,各学科之间缺乏沟通的现状。而这一现状与传统学术有很大的不同。比如中国传统学术讲求文史哲

---

① 马瀛:《国学概论》,中央编译出版社,2009 年,第 7 页。

不分家,但现在被划分到不同的院系。"①"分家"固然有弊端,但能把文史哲取消,在"国学"名义下一锅煮吗?所谓"中国传统学术讲求文史哲不分家"也是违背历史事实的,试问"诸子百家"缘何而起?汉代经学的家法师法何必讲究?艺文"七略"之分何其繁多?儒释道三教缘何命名?经史子集缘何成部?谓余不信,兹引厦门大学国学院为证,"20世纪20年代厦大国学院成立时,其学科设置就不仅包括文、史、哲、语言、考古,还包括了医药、天算、地学、美术、法政、教育、神教、经济和闽南文化"②,这不明明是说,尽管厦大国学院想"包打天下",但它的学科设置竟也分科分得这样的细呀!

二是如果说国学研究所涉及的内容和范围不仅"广博无垠",而且其中精粗混杂、真伪并存,那么对它是否应采取"二分法"的态度、立场和方法。在这一点上,梁涛先生是明确赞同刘先生的看法的,他说:"刘先生强调对于传统文化要用'二分法','每个民族的精神都有积极面,同时也有消极面',这当然不错。"又说:"所谓'二分法'是说任何事物包括文化传统都有积极、消极两个方面,需要从两个方面去做整体把握,同时由于研究者的观察视角与所处时代的不同,在二分的基础上,既可以侧重于对传统消极方面的批判,也可以着力于对传统优秀部分的弘扬。"(见梁文)既然如此,那么,国学研究就不宜先入为主地只说"倡导"和"弘扬",国学研究的目的也不宜笼统地说是为了提倡国学,我们并不是简单地反对"提倡国学","国学研究"与"弘扬国学"是两个不同价值取向的问题。梁漱溟先生曾经为孔子说话,在他极力主张在理想的层面以孔子的人生哲学代表中国文化路向的同时,却也不曾忘记一定要指出在现实的层面中国文化实在又是一塌糊涂,里面堆满了许多的"死板板的烂货"。如果笼统地讲"提倡"与"弘扬",是否连那些"死板板的烂货"也要提倡与弘扬?国学中可"研究"而不可"提倡"和"弘扬"的东西正多着呢!而梁涛先生虽然口头上也讲"二分法",但就是不允许别人"二分",而是采取片面提倡、弘扬国学的观点、立场和态度。

---

① 安乐哲、梁涛:《国学、实验主义与中国文化的重建——安乐哲教授访谈录》,《国学学刊》,2009年第2期。

② 《大学四校长"国学学科问题"高端访谈(上)——该不该为国学上户口?》(国学版),《光明日报》,2009年12月21日。

从上述两点来看,梁涛先生所谓的无须分科的"国学研究"及其片面"提倡国学"的态度、立场与方法显然存在着许多认识上的严重误区,是极为不可取的。

二、梁文对刘泽华先生学术观点的恶意曲解及其思维错乱

梁涛先生说:"在二分的基础上, 既可以侧重于对传统消极方面的批判,也可以着力于对传统优秀部分的弘扬", 但又说对传统消极方面的批评不能是"刘先生的那种批判"。那么对传统消极方面,刘先生究竟是如何进行批判的,而梁涛先生为何不赞同这种批判,以及梁涛先生本人又是如何批判的呢?

依刘先生之见,中国传统政治思想和政治文化的主旨就是"王权主义",并着重于对其进行系统的思想史的学术梳理和学理性的分析批判,这种分析和批判究竟有什么不对呢? 梁涛先生显然并没有认真、系统地研读刘先生的著作,只是因为刘先生对时下一些人"提倡国学"的论调提出了几点质疑,就断定刘先生的王权主义批判是针对整个"国学"的,是对"国学"的一种全盘否定,于是梁涛先生就断言说,刘先生的国学观是一种"王权主义的'国学观'",而且认为刘先生对传统消极方面的批判是不可取的。但在我看来,问题并不在于刘先生对传统政治思想的论述本身, 而在于梁涛先生本人的学术偏见,仅仅站在提倡国学的立场上,并凭一己之主观印象而对刘先生的学术观点进行一种简化歪曲的解读与评论。

首先,刘先生在研究和批判中国传统政治思想和政治文化的"王权主义"问题时,"国学热"还远未兴起,反之,刘先生在谈论国学问题时也从来没有在"国学"的前面冠以"王权主义的"限定词,怎么就突然冒出什么"王权主义的国学观"呢? 梁涛先生的这一说法究竟源自哪里呢? 不管是什么原因,提出这一说法的目的很明显,就是意在将刘先生的学术观点做"彻底妖魔化"的处理和评说,如梁文竟然道听途说地说什么"刘先生在'文革'中受到过冲击",由于受到"极大的刺激"而"过多地把道德义愤带到学术研究中,用'文革'中的感受去想象古代的王权,结果把古代社会说得一片漆黑,将传统文化彻底妖魔化"等,这些无端想象推测之辞,显然不像是出于一个严肃讨论学术问题的

学者之口！看来，一些人之所以极力"提倡国学"，难道是因为在"文革"中没有受到过冲击或刺激，而是过多地把美好的道德想象带到学术研究中，用"天下为公"的感受去想象古代的王权，结果把古代社会说得一片光明，将传统文化彻底神圣化吗？

其次，刘先生在多处说王权主义是一个事实判断，其在历史上的意义是另一个层次的问题。这一点正体现在刘先生提出的"阴阳组合结构"这一概念及其含义上。譬如，刘先生认为，在中国传统政治思维中，包含一系列对应性的阴与阳两方面的观念，这两个方面有着或强或弱的合理性或不合理性，它们构成一种"阴阳组合结构"，但这两个方面的组合关系又是不平衡的，是一种主辅性的关系，如就君本与民本这一对"阴阳组合结构"而言，"君本以民本为基础，民本以君本为归宿"，两者互相依存，胶结在一起，而又以君本为主，以民本为辅，从而形成一种组合关系。"'民为国本'与'君为民主'是辩证地统一在一起的"，但相对于民本来讲，君本更居于主导或支配性的地位。难道不是这样吗？对此，梁涛先生举例反驳说，"孟子讲'民为贵''君为轻'，主张对暴君可以诛之、杀之，可刘先生讲，现实中还是君为本，孔孟并不否定君主的统治地位，一句话便把民本否定了，把民本讲成了君本。"很显然，梁涛先生是在以自己片面的理解来曲解刘先生的意思，因为强调君本居于主导和支配的地位，并不意味着把民本及其合理性抹杀和否定掉，只是说我们今人应对传统政治思维结构的特点及其主导的方面应有一个基本的判断和准确的理解，这样才能够完整地把握传统政治思维方式的结构性脉络，才能认清基本的历史事实及历史走向的大趋势和大方向，即"从历史中走出来"。

然而照梁涛先生的意思，既然孟子讲"民贵君轻""暴君可以诛之、杀之"，刘先生就不能说孟子"并不否定君主的统治地位"，就不能讲君为本。似乎孟子讲民贵君轻就已经等于是把君主的统治地位给否定掉了。那么，果真如此吗？举例来说，孟子主张君权天授，他赞成孔子说的"天无二日，民无二王"，朱讲"为我"，孟子认为那就是"无君"，而且厉声斥骂他是"禽兽"啊！孟子说的"治人者"与"治于人者"的分别难道是无关紧要的吗？谁在政治上居于统治和支配的地位，究竟是民，还是君主，难道孔孟不清楚吗？如果不是以君为本，他们当年又何必那么辛苦地祈请君主这样那样？梁涛先生是否真的认为，孔孟只讲民本,而不讲君本呢?讲"民贵君轻"和"暴君可以诛之、杀之"就意味着把君主制度或君主的统治地位给否定掉了呢?梁涛先生也说:"从人类的历史经验出发,儒家不否认'立君'的合理性,孔子主张'天下有道,则礼乐征伐自天子出'(《论语·季氏》),便是肯定一个统一的王权对于维护社会秩序的巨大作用。"难道这不叫王权主义吗?梁涛先生又说:"在君、士、民的关系中,虽然'民贵君轻',但民没有实际的政治权利,其利益、要求要靠士来维护、主张,统治权则完全掌握在君的手中。这一状况造成儒家政治思想,一是缺乏政治上的平等观念,二是缺乏普遍的权利意识。所以早期儒家虽然倡导民本,主张'民为贵',但其'劳心''劳力'说又否定了民('劳力者')的政治权利,肯定了人在政治上的不平等。""早期儒家倡导民本、仁政,重视民的生存权、财产权在当时无疑有积极的意义",但"民不能提出政治上的独立要求,不能真正掌握自己的命运,而只能被动地接受执政者的同情和怜悯"。因此"儒学政治理念确乎从一开始就存在着局限与不足"①。照梁涛先生的这一番宏论说来,统治权"完全掌握在君的手中"难道不是以君为本吗?人民"不能真正掌握自己的命运",那么所谓的"民贵君轻"不是变成了一种完全不能落实的骗人的美丽谎言了吗?笔者百思不得其解的是,为什么只许梁涛先生如此批评儒家政治理念的天然的(从一开始就存在)局限与不足,就不许刘先生讲君本相对于民本来讲在过去更占主导和支配的地位呢?为什么梁涛先生认为刘先生讲了一句"孔孟并不否定君主的统治地位",就"一句话便把民本否定了,把民本讲成了君本"呢?很明显,问题不是出在刘先生的讲法上,而是梁涛先生本人的思维出现了错乱的问题,以如此错乱的思维来提倡和弘扬国学,难道不令人担心会出现方向性的危险和错误吗?刘先生说"阴阳组合结构"是"极高明的、有很大的容量,有调节的空间",等等,怎么就是一笔抹杀呢?

梁涛先生又举例说:"儒家讲'从道不从君',郭店竹简中有'恒称其君之恶者可谓忠臣',可刘先生讲,历史上还有'王体道''王就是道'的命题(不知刘先生说的是谁的命题,但绝不是孔孟的观点),这才是问题的实质所在,一

① 中国人民大学孔子研究院编:《"国际儒学论坛·2008——儒家仁爱思想的现代价值"学术研讨会论文集》,2008 年,第 156、166、167 页。

句话又将儒家对王权的批判、反抗否定掉了,把对专制的批判讲成了圣王崇拜。"(见梁文)的确,孔孟没有讲过"王体道""王就是道"的话,但孔子却讲过"大哉尧之为君也!巍巍乎!唯天为大,唯尧则之"(《论语·泰伯》)。孟子更是"言必称尧舜",并说:"规矩,方圆之至也;圣人,人伦之至也。欲为君,尽君道;欲为臣,尽臣道。二者皆法尧舜而已矣。"(《孟子·离娄上》)难道对孔孟来说,尧舜圣君不是天与道的效法者或体现者吗?而后世的专制君王不正是以王的身份而占有、盗用了圣的名号而对人民实行奉天法道的合法统治吗?批评现实"王圣"的专制统治而不追根溯源地去反思"圣王崇拜"的情结或推崇圣王统治的理想在政治思维方面所固有的缺陷与不足(先秦诸子皆然),以便努力推进牟宗三先生所谓的在客观制度层面解决"政道"的理性架构问题,仅仅是"恒称其君之恶",能从根本上解决问题吗?在缺乏政道而由王圣统治的时代,王是圣,也就是体道者,甚至"王就是道",反之,非圣无法、左道惑民甚至是反唇腹诽,那可都是杀头的政治罪啊!

三、梁文关于"王权"观的谬误、无识与吊诡

关于如何看待和评价历史上的王权问题,梁涛先生也提出了自己的看法,他借用某些学者的说法批评道:"刘先生对古代王权做了无限的夸大,将历史中的部分现象、事实当作了历史的整体甚至全部,又将复杂的文化现象都还原到王权上来,想用王权主义对其一一进行解释和说明,这种研究方法本身就是简单化的,其结论也是有偏颇的。"(见梁文)那么刘先生的学术观点是否真的像某些学者所说的那样简单化和偏颇呢?我在此不想过多地铺张论述,而只想指出这样几点以供理智清明者做进一步的思考和探讨:

一是"王权主义"是刘泽华先生对中国传统政治思想与政治文化之主旨和古代社会的控制和运行机制的基本特点的一种理论概括,在做这种理论概括时,刘先生都是明确声言是从其主要或主导的方面来讲的,而从没有说过这就是"历史的全部"。这一整体性的概括是否恰当或是否抓住了历史现象的主要方面,当然可以进行学术讨论,这就涉及从总体上如何看待和评价历史上的王权的问题了。要对这一问题做出正确的判断,其实并不难,但我认为需

要判断者具备一种"识大体"的历史见识。

二是就如何评价历史上的王权及其影响和作用而言，梁涛先生所认同和赞成的观点和看法是，"统一的中央集权是在秦汉以后才出现，即以郡县制为基础的中央王权而言，其对社会的控制也是有限的，政府委派的官吏一般只到县一级，且人数有限，往往只有两三人，王权以下是地方自治传统，'天高皇帝远'，'帝力于我何有哉'乃是社会的常态"。但我想告诉梁涛先生的是，不妨了解一下另一种学术的观点和看法，如日本著名学者西嶋定生先生通过对秦汉二十等爵制的研究得出一个主要结论，就是秦汉时期皇帝统治的实质就是对每个人实施直接的"个别人身支配"，它"使皇帝成为从根本上是人民的唯一统治者"①，另如有的学者对中国古代的乡里制度及其历史演变也做过系统而全面的学术研究②，另外瞿同祖先生对清代地方政府也有系统而深入的研究③。在我看来，果真如梁涛先生所说的，那么很多历史现象便是不可理解的。如果真的是地方自治、"天高皇帝远"的话，那么所谓的什伍编制、编户齐民、保甲里甲之类的乡里制度就肯定都是完全不起作用或者仅仅是学者们的主观想象虚构出来的。真的是这样吗？我想请教梁涛先生的是，既然老百姓的生活常态完全不受王权帝力的干涉，那么历朝历代的陈胜吴广们为何还要起义而反抗暴政呢？梁涛先生是否认为这些历史上的反抗者都是不可理喻的闹事的刁民和盗贼呢？如果说中央王权对社会的干涉和控制真的非常有限，而人民一直享有充分的政治自由和地方自治的话，那么试问梁涛先生，子思"恒称其君之恶"和孟子讲民贵君轻而肯定人民反抗暴君的权利在历史上还有什么意义呢？梁涛先生为何还要推崇他们批评、反抗王权的思想学说呢？

古代的王权对社会的控制果真像梁涛先生和有的什么学者所认为的那样是"有限的"，只是"历史中的部分现象、事实"吗？梁涛先生又引用美国著名学者狄百瑞的观点和看法说，狄百瑞"甚至认为，儒家思想中存在着一个自由主义的传统"，但我要引用另一位美国著名汉学家的观点和看法说，费正清先

---

① [日]西嶋定生：《中国古代帝国的形成与结构——二十等爵制研究》，武尚清译，中华书局，2004年，第39—40页。

② 参见赵秀玲：《中国乡里制度》，社会科学文献出版社，1998年。

③ 参见瞿同祖：《清代地方政府》，范忠信、晏锋译，法律出版社，2003年。

生甚至认为，"中国的统治阶级谱写了中国的历史，因此只能透过中国统治阶级考察中国历史。"①不知道究竟是儒家的"自由主义"，还是中国的统治阶级，谱写了中国的历史？所谓的"天高皇帝远"，所谓的"帝力于我何有哉"，梁涛先生还应该加上地球人都知道的陶渊明描绘的"世外桃源"。果真如此的话，儒家的天下为公、世界大同的社会理想岂不早就实现了吗？仅仅一句"历史中的部分现象、事实"，就能把古代的王权轻描淡写地给抹杀掉吗？如果真的是用历史的眼光看问题的话，究竟是刘先生"对古代王权做了无限的夸大"，还是梁涛先生自己通过诗意的想象而把古代王权做了无限的美化呢？究竟是刘先生"反复强调要用历史的眼光看问题，但在王权的问题上，缺乏的就是历史的态度"，还是梁涛先生自己反复强调用思孟儒家的眼光看问题，把思孟儒家片语视为真实的历史？梁涛先生说刘先生"只见王权，不见其他"，"把一切优秀的文化传统都归于王权并予以否定"或者"对古代王权做了无限的夸大，将历史中的部分现象、事实当作了历史的整体甚至全部"等，在我看来，这样一种批评不仅是一种想当然的批评，而且也让我们看清了梁涛先生的真面目：名义上尊奉思孟之道统，实则背离了思孟儒家批判、反抗"王权"的政治立场与态度。这也说明梁涛先生不仅太缺乏"识大体"的历史见识，而且太过美化或虚无化了历史上的王权及其支配性的统治地位！梁涛先生的儒家立场、政治态度和历史认识是多么的怪异、荒谬和吊诡呀！

梁涛先生在口头上赞同"对于传统文化要用'二分法'"，但为了片面地强调对国学或传统文化的弘扬，却走到自相矛盾的地步或"一分法"的泥沼之中。如他说："更重要的是，对传统文化的积极弘扬，本身就是建立在对传统的客观分析之上的，包含了对传统负面内容的批判。我们只有首先了解了哪些是传统的积极面，哪些是消极面，然后才能去做正面的弘扬。同样，我们提倡、弘扬正面的价值观，也就是对传统消极内容的批判和否定。"（见梁文）我不知道读者朋友读了梁涛先生的这番话后会有什么感觉，或者能否搞懂梁涛先生究竟讲的是"二分法"，还是在不经意间将"二分法"转换为了"一分法"？"对传统文化的积极弘扬"真的能够把"对传统负面内容的批判"包含在内吗？同样，

---

① [美]费正清：《观察中国》，傅光明译，世界知识出版社，2001年，第119页。

"提倡、弘扬正面的价值观"真的"也就是对传统消极内容的批判和否定"？欲以"对传统文化的积极弘扬"来包含"对传统负面内容的批判"，或者欲以"提倡、弘扬正面的价值观"来取消或替代"对传统消极内容的批判和否定"，这是一种回避实质性问题的自欺欺人的做法，是一种不敢正视传统消极内容的做法。不敢正视传统文化的消极内容，不敢正视儒家思想的缺陷和阴暗面，不敢正视历史上的王权支配和王权主义的问题，这才是真正的历史虚无主义啊！

总之，在我看来，刘泽华先生所说的并没有错，即"每个民族的精神都有积极面，同时也有消极面"，同样，每个民族的传统文化或学术思想也都有积极面，同时也有消极面，所以我虽不认为国学就是"国渣"，但我也不认为国学就是"国粹"。国学中的精华需要弘扬，而国学中的糟粕也更需要批判。

四、梁文的学风问题及其儒家道统论的诬妄

那么，为什么梁涛先生会以如此错乱的思维和自相矛盾的论调来解说和批评他人的学术观点呢？

我认为，问题可能恰恰出在梁涛先生本人一贯的学风与立场上。

举例来说，梁涛先生曾经解读《礼记·礼运》篇，认为该篇是孔子后学子游派的作品，他得出的一个重要结论就是："通过'大同''小康'的对比，《礼运》的作者强调，天下为公、权力公有是公正、合理的，而天下为家、权力私有则是不公正、不合理的。"①关于权力的公有和私有及其公正不公正、合理不合理的问题，《礼运》篇的作者和其他儒家学者所抱持的观点果真如梁涛先生说的这样截然二分对立吗？据笔者自己的理解，恐怕并非如此，因为《礼运》的作者在对"大同""小康"做了对比之后，接下来讨论的问题并不是梁涛先生所说的那个问题，在子游和孔子的问答中，他们最关切的反倒是要在他们所处的"当今时代"急需推行小康之法、三代礼治的问题。读书不能只读半截子就下结论，这不成了半截子读书法了吗？另外在我看来，一些儒家学者推崇尧舜禅让（在这个问题上儒家学者的观点并不尽一致），或向往和追求大同理想，并不意味

①中国人民大学孔子研究院编：《"国际儒学论坛·2008——儒家仁爱思想的现代价值"学术研讨会论文集》，2008年，第156页。

着他们一定就不赞同和维护君主世袭制,或者一定认为天下为家、权力私有就是不公正、不合理的。这需要具体分析,至少《礼运》的作者并没有讨论这个问题,而孟子则与弟子明确地讨论过这个问题,但在孟子看来,权力转移的方式及其正当合理性的问题并不在于是传贤(天下为公)还是传子(天下为家)的形式本身,而是取决于"天与"与否(《孟子·万章上》)。对这一点,以研究思孟儒家和解读先秦儒家典籍文献见长的梁涛先生不会不知道吧?①但梁涛先生为什么书只读了一半就急着下结论而得出上面的看法呢?我想不是由于梁涛先生读书喜欢断章取义,就是因为梁涛先生太过偏爱儒家道统而不自觉地对其政治理念做了现代化的过度诠释,前者属于学风问题,而后者则属于刘先生所谓的"倒贴金"问题。大概梁涛先生心目中对于什么是公正、合理的,什么是不公正、不合理的,早就有了一种现代人的政治理念与问题意识,于是乎就无意识地推想自己所推崇的古典儒家肯定也是这么想的。将在古人的思想观念里隐而不彰或并不存在的现代意识强加在古人的头上而大肆渲染,岂不正犯了刘先生所说的"倒贴金"的"历史学的大忌"吗?梁涛先生也是这么讲的,"当然,学术研究是包含了'是什么'和'应该怎样'的不同层面,在历史事实的问题上,自然要讲求客观,不可对古人的思想一味拔高,更不可'倒贴金'。"(见梁文)但在我看来,梁涛先生在解读"大同""小康"的对比性意义的时候,很明显地将自己认为应该不应该的问题意识"倒贴"在了《礼运》篇作者"是什么"的思想上了。

无论是学风也罢,还是"倒贴金"也好,问题的关键似乎又都出在梁涛先生太过强烈的儒家立场及其道统意识上。

"回到孟子"是梁涛先生在口头上曾经提出的一种儒家道统论的立场与态度,不过,自从郭店竹简发现之后,梁涛先生积极投身于相关研究的队伍行列之中,经过一番钻研和发掘,其儒家道统论的立场和态度最近又有了崭新的进境,那就是"回到'子思'去"。在他看来,"子思"才真正代表了"儒学一个思想丰富的时代,以及一种合理的思想结构",而在道统的传承中,"孟子是有

---

① 在《郭店竹简与思孟学派》(中国人民大学出版社,2008 年)一书第 158—183 页,梁涛对此问题有更全面的论述,但其整个论述也呈现出了更多的自相矛盾和思维混乱。

所'失'","荀子是有所'偏'";"回到'子思'去——并非历史学、发生学意义上的回到,而是诠释学意义上的回到,即恢复根源文化生命的丰富性,在此丰富性的基础上重建儒家道统",而且,"如果说从子思到孟、荀是儒家整合的思想开始分化,但又在局部得到深化的话,那么,从孟、荀回到'子思'去,则是要在此深化的基础上,对孟、荀各自的思想创造进行统合,进行再创造,重建儒家道统"。另外梁涛先生还准备学习宋儒"出入佛老数十载,然后返之于六经"的做法,而"重新出入西学(黑格尔、康德、海德格尔、罗尔斯等)数十载,然后返之于六经,以新道统说为通领,以新四书(《论语》《礼记》《孟子》与《荀子》四部书——引者注)为基本经典,'六经注我''我注六经',以完成当代儒学的开新与重建",并认为这是"我们面临的一项重要职责与使命"。①

道统的问题自唐宋以来就成了儒家学者心中挥之不去的一个大问题,现代新儒家或者以宋明心性儒学为道统所在,或者以汉儒公羊学政治儒学为道统所在,而梁涛先生很明显是要回到"子思"而重建儒家的新道统。梁涛先生告诉我们,为什么要回到子思去呢?因为在儒家道统传承和儒学分化发展的过程中,孟子是有所"失"的,荀子是有所"偏"的,唯有子思的时代才是儒家思想最丰富和思想结构最合理的时代。看来梁涛先生也承认儒学是朝着"分"而发展的,只有"分"才会深化,但"分"又是不好的,是不丰富的,所以才要回到整合的"子思"去。接下来,梁涛先生要学宋儒,但学只是学他们的做法(不过是学了点皮毛而已),也就是要接续孟、荀之后千载不传之道统而重建儒家新道统,但不知梁涛先生如何处置汉宋儒家及现代新儒家在丰富和发展儒学思想上的贡献呢?说一句"回到'子思'去"就可以一句话把他们全都否定或抛弃掉吗?除非梁涛先生认为他们都一无贡献,否则的话,重建道统仅以先秦儒家为限,岂不是太不丰富和深化了吗?截断众流,推倒一切,重新再来,梁涛先生的做法可谓勇气可嘉!当然梁涛先生的心态还是很对西方开放的,那就是要学宋儒而立志于"出入西学",不过我觉得梁涛先生比宋儒的高明之处就在于,宋儒先是"出入佛老",然后"返之六经",而梁涛先生可谓是先回到"子思"

① 参见中国人民大学孔子研究院编:《"国际儒学论坛·2009——儒家的安身立命之道"学术研讨会论文集》(上册),2009年,第200—201页。

建立起新道统说之后才想起要"出入西学"的！但不知梁涛先生"出入西学"究竟怕不怕再也回不到"子思"去？当然按照"国学就是所有发端于中国的学问"的说法，梁涛先生肯定是出得去再回得来的，是不可能"错认他乡作故乡"而把"西学"错认作"国学"的。不过梁涛先生回到"子思"去却颇有"错认孙子作祖师"的味道，错认就错认吧，毕竟子思还是值得错认的。然而令人遗憾的是，梁涛先生却又常常背离子思批评王权和"恒称其君之恶"的政治立场与态度，这也不难理解，因为梁涛先生说了，回到"子思"去又不是真的要在"历史学、发生学意义上"回到，而只不过是"诠释学意义上的回到"！

其实，在笔者看来，所谓的"道统"说，不过都是有关儒家学术、思想或精神的发展线索或脉络的一种论述视角而已，不同的视角自会导致不同的"道统"论说。这样说来，如果梁涛先生还了解一点什么"诠释学"的话，他就会很有节制地说，这不过是其一家之言而已，然而梁涛先生却拿自己的一家之言当成了衡量学术是非的绝对标准，也当成了批评他人学术观点的试金石。正因为如此，所以梁涛先生才会这么无所顾忌地放肆地对他人进行非学术性的"大批判"，但他批评刘先生的王权主义说时，却又常常自觉不自觉地远离和背叛了思孟儒家批评和反抗王权的政治立场和态度，这正应了明儒李贽的那句话，即道统之说常使人"好自尊大标志而不知其诟诬"啊！

毋庸置疑，梁涛先生的学风问题与其道统论的诬妄是紧密联系在一起的，学风不正，在道统的问题上又"好自尊大标志而不知其诟诬"，这正是梁涛先生之所以会凭借其过于自信而偏颇的儒家立场及其道统意识，并以匪夷所思的错乱的思维和自相矛盾的论调来解说和批评他人的学术观点的原因所在！

综上所述，关于国学研究的问题，刘泽华先生主张应采取"二分法"的态度、立场和方法，对此，梁涛先生站在片面提倡和弘扬国学的态度和立场进行了批评。但依笔者之见，梁涛先生本人所持儒家道统论的"国学观"及其学术研究的态度和立场就是极成问题的，态度和立场偏颇，片面地曲解刘先生的学术观点，尤其是在有关古代王权的问题上，存在着极为严重的认识上的谬误和自相矛盾的问题，因此他对刘泽华先生的所谓学术批评是缺乏充分理据而不成立的。

原载《学术界》，2010 年第 2 期

王权主义与中国传统社会形态论

——刘泽华先生的中国史观述要及相关争议评析

林存光

刘泽华先生是当下中国的杰出学者和著名历史学家,倾毕生精力致力于研究中国之历史,特别是传统中国的政治史、社会史和思想文化史,尤专精于中国政治思想史,一生著述丰硕,且极富思想批判的穿透力和学术识见的独创性。对先生之学思不能尽述,本文仅就先生史学成果中的两大核心观点,即中国历史上的王权主义与王权支配社会的问题,略述其大要与旨趣,并就与此相关的一些学术争议稍做评析。

一、王权主义与中国传统社会形态论述要

刘泽华先生深入历史,立基于历史研究的整体视角,在对中国传统的政治、社会和思想文化有了通贯性的客观了解和全面认识的基础上,由对社会历史传统所做的整体考量和总体评估,所提出的最为重要的两大核心命题,即:中国的王权主义和王权支配社会。对这两大命题的精到概括与系统论述,可以说充分体现了刘先生中国史观中最具深刻意蕴的学术创见与历史卓识。

所谓的"王权主义",在刘先生的学术话语中,具有广、狭两种含义,它既是对中国传统政治思想与政治文化之主旨、亦是对中国传统社会的一种控制和运行机制的概括和凝练。刘泽华先生是这样阐述他的这一学术观点和思想

见解的：

> 我认为中国传统思想文化的主体是政治思想和政治文化，而其主旨则是王权主义。思想文化的王权主义又根源于"王权支配社会"这一历史事实。①

> 我所说的王权主义既不是指社会形态，也不限于通常所说的权力系统，而是指社会的一种控制和运行机制。大致说来又可分为三个层次：一是以王权为中心的权力系统；二是以这种权力系统为骨架形成的社会结构；三是与上述状况相应的观念体系。②

显然，上述"王权主义"的论述又是与"王权支配社会"的命题密切相关的，而从广义上来讲，王权主义与王权支配社会这两大命题在含义上实相互包含而可以互证互诠、相互阐明。笔者始终认为，刘泽华先生对中国王权主义与王权支配社会之社会历史传统所做的迄今为止最充分而系统的历史研究和最全面而深刻的理论阐述，是值得我们严肃和认真对待的，故先后撰写多篇文章对其内涵曾详加论析。③兹再从中国传统社会形态论的角度，并结合一些有争议的问题，略做评述。

在我看来，王权支配社会与广义上的王权主义的命题，实是对中国传统社会形态之根本特征及其控制和运行机制所做的一种符合历史事实的高度理论概括，它无疑是我们认识和把握中国古代政治史与社会史的"一大关键"。也就是说，刘泽华先生不仅仅像其他学者那样讨论中国的传统政治是不是君主专制的问题，而是在系统探讨王权专制在观念和体制上的特点的基础上，更进一步在理论思考上大大推进和深化了这一论题，并明确提出作为中国传统社会形态之根本特征的"王权支配社会"重要命题。

---

① 刘泽华：《中国的王权主义：传统社会与思想特点考察》自序，上海人民出版社，2000年。
② 刘泽华：《中国的王权主义：传统社会与思想特点考察》，上海人民出版社，2000年，第2页。
③ 参见林存光：《"王权支配社会"释义》，《中西政治文化论丛》(第七辑)，天津人民出版社，2009年；《思想、社会与历史——刘泽华先生的"王权主义"说评析》，《天津社会科学》，2009年第3期；《重读中国古典政治哲学——兼论中国政治思想史研究诸范式》，《政治思想史》，2011年第1期。

当然,中国传统的君主专制政体及"王权支配社会"的社会形态特征与"王权主义"的社会控制和运行机制,并非是一种超历史的存在物,它自始至终都处在具体的历史形态的演变进程之中。在不同的历史环境和条件下,不仅中国的传统社会具有极为不同的结构性特点,凌驾于社会之上,而具有某种一贯性特征的君主专制政体在形式上也会发生某些重要的变迁,以至引发人们意识和行为上的各种不同的反应,其中,最为重要的可以说便是周秦之变。众所周知,春秋战国乃是周秦之变亦即中国传统社会结构和政治形态发生急剧而深刻变革的过渡时期,对此学者们多有论述,而刘泽华先生亦曾论说:"从分封制国家转到君主集权国家","这一转变关系到社会结构、社会关系、观念与价值体系的转变,等等","在封建制下,所有受封者都是一个个相对独立的国家。分封者和被封者虽然有宗主和藩属的隶属关系,但权力各成体系。上下关系的特点是:我主人的主人不是我的主人。君主一统的集权制正是要取消或削弱这种制度与观念,君主要'一竿子插到底',要控制每一人。把'我的主人的主人不是我的主人'的社会结构改成'君主是所有人的主人'"。①这也就是说,中国传统的社会结构和政治形态在战国秦汉之际发生了一种空前的历史巨变,而且人尽皆知的一个基本事实是,正是这一历史巨变造成了秦汉以后延续两千年之久的中央集权的君主专制制度,而且它越来越趋于完善和强化。那么究竟应如何来认识和评价这一政治制度,及其对塑造中国传统社会形态造成了什么样的实质性的历史影响?刘泽华先生从历史研究的整体视角做出了自己的总体判断,并进行了系统的论述,一言以蔽之,即:王权(或专制权力)支配社会。由于刘先生对此所做阐述内涵丰富,难以详述,笔者在此只能尽量依据刘先生自己的论述做扼要介绍。

1.政治权力是考察中国古代社会结构最重要特点的一把钥匙

刘泽华先生认为,中国古代社会的一个极为重要的特点就是:政治权力在中国古代社会中占据着一种决定性的突出位置,因此我们只有从政治权力的视角才能更好地来理解和把握中国古代社会结构最为重要的特点。对此,

---

① 刘泽华:《春秋战国的"立公灭私"观念与社会的整合》,《洗耳斋文稿》,中华书局,2003年,第363—364页。

刘先生在《专制权力与中国社会》一书的引言中曾这样论述道：

> "权力"，在社会学及政治学中最普通的定义，是指一个人根据其意愿而对他人的行为加以控制或决定的能力。在中国古代，这种权力常常是无所不在的……只要有了权，土地、财富、一切东西都可以源源而来……古代中国社会的一个重要历史事实：即政治权力在当时是比任何有形的东西更值得追求的无价宝。如果一个人能掌握国家的最高权力，成了皇上君主，便可以把全国的行政、立法、司法、赏罚以至生杀各种大权集于一身，便可"以天下恭养"，可以对天下一切人随意"生之、任之、富之、贫之、贵之、贱之"。这是古代中国社会结构最重要的一个特点。而正是由于政治权力所占据的这种突出位置，以至古代中国社会的各个方面，如土地运动、社会分配、阶级构成、思想文化，以及社会兴衰与动荡安定，等等，实际上都与权力发生着密切的关系。我们认为，考察中国古代历史，不可不留意政治权力在古代社会中的这种特殊位置与作用。

2.中国古代社会结构中的社会分层及其成员，以及中央集权制的君主专制国家的形成与建立，主要是由政治权力的决定作用塑造出来的，是政治权力支配社会、政治权力支配经济运动的产物

这方面的相关具体论述可参见刘泽华先生于 20 世纪 70 年代末到 80 年代先后撰写的研究战国秦汉时期的特定社会阶层与政治身份的系列论文，如《从春秋战国封建主的形成看政治的决定作用》《论中国封建地主产生与再生道路及其生态特点》《论战国时期"授田"制下的"公民"》等。①在这些文章的具体论述中，刘先生强调的核心论点是，社会的分层及其成员，主要不是经济运动的自然产物，而是由政治权力为主导塑造出来的，亦即政治权力支配社会的产物。不仅如此，从春秋战国时期的兼并战争到秦的统一和中央集权制国家的建立的历史进程来看，政治权力在其中同样起着支配性的决定作用，因此与钱穆先生对秦统一之原因的解释不同，即认为秦之统治者为统一所做

---

① 刘泽华：《洗耳斋文稿》，中华书局，2003 年。

的种种努力不过是"为一种弭兵理想之实施"而已,且认为"秦代政治的后面,实有一个高远的理想,秦政不失为顺着时代的要求与趋势而为一种进步的政治"①。而刘泽华先生则认为,秦的统一和中央集权制国家的建立其实"是权力支配经济运动的产物",也就是说,"君主集权制与其说是某种形式的土地占有关系(国有或私有)要求的产物,毋宁说是权力支配经济,主要是支配分配的产物。权力的大小与分配的多寡成正比,所以人们都拼命地追逐权力。封建统一与君主集权就是在这种追逐权力的斗争中形成的。这种追逐当然不是个人之间骑士式的角斗,而是以君主为核心、以军事和官僚为基础的集团的行动。"②

3.中国古代社会属于"权力–依附"型结构,而在其中王权居于社会各种权力之巅

关于如何判断传统社会结构或形态的问题,占主导地位的观念是从经济结构上论说,比如奴隶制、农奴制、地主制,等等,这些说法无疑有相当的解释力。但刘泽华先生认为就对社会控制的全局意义而言,从经济结构上论说实不如从权力的作用上解释和阐述更能表现其特征,于是提出了传统社会的结构特点是"权力–依附"型。刘先生是这样论述的:

> 中国古代社会结构属于"权力–依附"型结构。这种结构广泛存在于社会生活的各个层面……总之,几乎一切人与人之间的纵向关系都有明确的序位,并依序位构成"权力–依附"式的等级关系。这就使除帝王以外的一切社会角色都在不同程度上具有"奴"的属性。"尽人皆奴"是生产关系、社会关系、政治关系及相应的文化观念所共同构建的社会现实。

> 与普遍化的"权力–依附"型社会结构相适应的是普遍化的绝对权威崇拜。中国古代社会权威崇拜的特点是:几乎一切社会权威,无论虚拟的还是实在的,都被视为绝对权威,即具有较强的支配性、强制性和

---

① 钱穆:《国史大纲》(上册),商务印书馆,1996 年,第 120—124 页。
② 刘泽华:《中国的王权主义:传统社会与思想特点考察》,上海人民出版社,2000 年,第 12 页。

> 不可违逆性……权威者与服从者的关系实质是人身依附关系，即主奴关系。这类权威又大多染以神圣的油彩，以致成为全社会的信仰。①

在上述"权力-依附"型的社会结构中，对整个社会具有全局控制与支配意义的最高权力便是王权。帝制中国的君主被看作是全社会最高和唯一的主人；在一切社会关系中，在社会身份等级关系中，唯有君主的地位至高无上、至尊至贵；在权力体系中帝王是独一无二的；一切权力属于帝王；在政治决策过程中，君主是最高、最后的决断者。这便是中国传统王权专制的集中体现，即权力一统于天子的"五独"，即天下独占、地位独尊、势位独一、权力独操、决事独断，乃至"'五独'的王权体系一直像穹庐那样笼罩在整个社会之上……把整个社会控制在自己的掌下"②。尤其值得注意的是，君主集权国家在战国秦汉时期逐渐建立起了一套完善的郡县官僚制度和"编户齐民"的行政管理系统，"五独"的王权体系正是通过这套制度和系统对所有的人民实施全面的人身支配和绝对的政治统治。正如刘先生所说："当时发展起来的编户齐民制度不是一般的行政管理与户口登记，而是整套的人身控制、职业控制、行为控制、义务控制和社会控制体系，是君主直接对每个人的统治和奴役制度。"③

4.居于各种权力之巅的王权（或皇权）支配和左右着中国传统"四民"的社会政治命运乃至生死存亡，因此，也就决定和影响着中国传统社会的治乱兴亡

作为传统"四民"之首的士人，他们以"学"为业，无疑是思想文化的主体，但作为一个群体，他们在政治上又不可避免地注定会沦为专制王权的御用品或依附者。对此，刘先生曾论述道：

> 春秋以前"学在官府"，其后"官学"解体，分化出诸子之学，"学"在

---

① 刘泽华：《中国的王权主义：传统社会与思想特点考察》，上海人民出版社，2000年，第372页。
② 刘泽华：《王权至上观念与权力运动趋势》，《洗耳斋文稿》，中华书局，2003年，第308—331页。
③ 刘泽华：《春秋战国的"立公灭私"观念与社会的整合》，《洗耳斋文稿》，中华书局，2003年，第370页。

王权之外获得了自由。然而这仅仅是一时的现象，从中国古代的历史的大势看，"学"没有获得自由发展和存在的空间，应该说，"学"基本是由王权控制，或依附、投靠王权。西周的"学在官府"，春秋战国诸子的"干世主"，秦始皇的"以吏为师"和汉武帝的"独尊儒术"，可以说是王权与"学"结合过程中依次发展的四种方式，其精神是一脉相承的，汉武帝的独尊儒术则是集大成。其后延续了两千多年。

汉武帝独尊儒术、罢黜百家，同秦始皇的以吏为师一样，意在把社会的思想文化置于王权控制之下，使思想文化降格，成为王权的从属物。且不说被"罢黜"者，就被"独尊"的儒术而言，恰恰因被尊而失去了原有的独立性格。因为它的被尊是皇权决定的，它被皇权宣布独尊的同时，也就被置于皇权控制之下。

儒学既是官学，也就是官方的意识形态。这种官方意识形态借助帝王的政治力量推向全社会，从而使整个社会观念儒家化。儒家的社会化无疑有自身的儒化因素，但更主要的是政治推动的结果。特别是以经取士，把士人的多数吸引到儒家的轨道，并成为维护帝王体系的学人或政治工具。①

关于工商阶级与工商业，秦汉以后，统治者更是一贯奉行以农为本而以工商为末的观念，并采取和实施"重农抑商"的国家政策，或者将工商业置于王权政治或国家权力的掌控和支配之下，《专制权力与中国社会》一书对此有详细论述，兹不赘引。

而关于"四民"中最大多数的农民，他们作为农本经济的生产主体，既构成帝制中国与专制王权的生存根基，受到历代统治者的重视和保护，同时又是统治者或专制王权控制、支配和剥削搜刮的主要对象，承担着专制王权及其庞大的官僚国家机器能有效运行的大量赋役负担。因此关于如何看待和把握中国传统社会的这一对最主要的矛盾体，实关系着对中国传统社会之治乱

① 刘泽华：《中国的王权主义：传统社会与思想特点考察》，上海人民出版社，2000年，第172、174—175页。

兴衰及其长期停滞性延续这一根本问题的正确理解。就此,刘泽华先生特别强调应从两个最主要的基本规律的角度对之做出合理的历史解释,这两个基本规律就是简单再生产的规律和价值规律,前者是中国传统社会生存和延续的基础,而后者的实现和作用范围的扩大则是推动扩大再生产和传统经济发展的主要杠杆,是传统社会内部产生新因素的前提。一方面,帝制中国的统治者为了能够长久地获取赋税和徭役,为了政权的稳定,需要农民来维持简单再生产的进行,故而不得不使劳动者能够得到其相应所需的一定生活条件;另一方面,他们又不断利用强大的国家权力对社会经济生活实施强制性的全面干预,既靠权力意志强行征用繁重的赋税和沉重的徭役,乃至剥夺了农民进行简单再生产的条件,这可以说是造成中国传统社会动荡不安的最主要原因,同时又一贯奉行严厉的工商官营和抑制私人工商业的政策。而抑制工商业经济发展的结果,也就破坏了价值规律的正常运转,这对农业生产也起着破坏作用,从而也就使传统社会失去了发展变化的活力,乃至处于长期迟滞发展的状态。①总之,中国传统"四民"的社会政治命运乃至生死存亡,以及中国传统社会的治乱兴亡,从根本上讲,最终都是由帝制中国的专制王权所支配和决定着的。

5.对中国传统社会形态须做分层研究与综合分析

在我看来,刘先生所提出的王权支配社会的命题与广义上的"王权主义"实则是为我们提供了一种以"王权"为中心观察中国传统社会形态及其控制与运行机制之特质的独特理论视角,因此刘先生说:"王权支配社会不限于说明政治的作用,而是进一步把它视为一种社会体系和结构。"②而作为传统社会的一种控制与运行机制的"王权主义"则包含三层含义,即以王权为中心的权力系统,以这种权力系统为骨架形成的社会结构,以及与上述状况相应的以王权主义为主旨的观念体系。正因为如此,对王权支配社会之传统社会形态特质及其"王权主义"的控制与运行机制的历史研究和分析,实需要一套成

---

① 参见刘泽华:《中国的王权主义:传统社会与思想特点考察》,上海人民出版社,2000年,第100—113页。

② 刘泽华:《分层研究社会形态兼论阶级-共同体综合分析》,《洗耳斋文稿》,中华书局,2003年,第672页。

熟的方法论理念。

关于历史社会形态的问题,唯物史观为我们提供了一种经济基础与上层建筑二分法及五种形态的思维定势,虽然刘先生自言"尚未想从'定势'中跳出来",但对此"定势"却力图做出重要的调整和修正,并明确提出"分层次地把握社会形态",即认为应分三个层次的问题来分析和把握社会形态,它们分别是基础性的社会关系形态问题、社会控制与运行机制形态问题和社会意识形态与范式问题。关于第一个层次的问题,刘先生曾论述道:

> 在社会生产力发展缓慢的历史时期,在生产力还没有突破现有社会关系以前,社会的运动主要受日常社会利益关系矛盾的驱动。这里所说的"日常社会利益"是指形成利益的基础性的社会关系没有什么大的变化,利益的内容大体相同,利益分配和占有方式也大体相同。社会利益问题无疑有许多内容,但主要的还是经济利益。在长达数千年的中国传统社会中,经济利益问题主要不是通过经济方式来解决,而是通过政治方式或强力方式来实现的。这样,政治权力就走到了历史舞台的中心,并在相当长的时期内成为社会控制和运动的主角。①

正是在基于相对单一的经济利益而形成的基础性的社会关系形态之上,建立起了以王权为中心的权力系统,"这个系统在社会整个结构系统中居于主要地位,其他系统都受它的支配和制约",处于该系统中心地位的王权则可以说"是基于社会经济又超乎社会经济的一种特殊存在,是社会经济运动中非经济方式吞噬经济的产物"。②而与以王权为中心的社会控制与运行机制形态相应的,则是在思想意识形态领域,形成了一种以王权崇拜、君尊臣卑和三纲五常为核心、为纲纪的主流社会意识和观念形态。

在此需要强调指出的是,作为社会意识和观念形态的王权主义,并非是

---

① 刘泽华:《分层研究社会形态兼论阶级-共同体综合分析》,《洗耳斋文稿》,中华书局,2003年,第672页。

② 刘泽华:《分层研究社会形态兼论阶级-共同体综合分析》,《洗耳斋文稿》,中华书局,2003年,第673页。

一种以单一的刚性的绝对君主专制主义为其内涵的,它事实上还包含着许多丰富的、柔性的道义性、理想性的价值理念,如"王道理想"所体现的"社会理性、道德、正义、公正"等,因此作为社会意识和观念系统的王权主义乃是一种富有包容性的、刚柔互补的"结构性的王权主义"。刘先生还特别提出了一种具有重要方法论意义的"阴阳组合结构"或"阴阳组合命题"的问题,以便更好地来理解、把握和阐明作为观念的王权主义在政治思维方式上的基本特点。譬如,天人合一与天王合一、圣人与圣王、道高于君与君道同体、天下为公与王有天下、尊君与罪君、正统与革命、君本与民本、等级与均平,等等。依刘先生之见,这些组合性的观念并不是一种等同的或对称性的观念,而是有主有辅、有阴有阳,主辅两方虽然"互为条件、互相依存、互相渗透","是一种有机的组合关系",但主与辅两方也是不能转化、颠倒和错位的。如"君本–民本的组合","君本以民本为基础,民本以君本为归宿",两者互相依存,胶结在一起,而又以君本为主,以民本为辅,从而形成一种组合关系,"'民为国本'与'君为民主'是辩证地统一在一起的",但是,"君本的主体位置是不能变动的"①。以此类推,在刘先生所列举的一系列"阴阳组合"命题中,天王合一、圣王、君道同体、王有天下、尊君、正统与等级等也无疑处于"主"的位置,反之,天人合一、圣人、道高于君、天下为公、罪君、革命与均平等则处于"辅"的位置。由此可见,刘先生并非简单地否定那些处于"辅"位的价值和意义,而只是强调在"阴阳组合结构"中由于他们居于"辅"位而缺乏独立自主性的价值和意义而已,我们不能仅仅从这些道义性、理想性的观念本身的角度来评估其历史价值和现实意义。

综上所述,刘泽华先生从政治权力的视角反思和剖析中国古代社会,且从不同侧面和不同层次展开全面深入的探究,最终提炼出了用以概括中国传统社会形态之根本特点及其控制和运行机制的、彼此可以互证互诠的两大重要命题或核心观点,一是"王权支配社会",二是"王权主义"。刘先生认为,中国传统社会形态的根本特点在于"王权支配社会",而所谓的"王权主义",则有广、狭两种含义,狭义的"王权主义"概念被用来概括中国传统政治思想与

---

① 刘泽华:《传统思维方式与行为轨迹》,《洗耳斋文稿》,中华书局,2003 年,第 675—676 页。

政治文化的主旨,而广义的"王权主义"概念则是指社会的一种控制与运行的机制。在系统阐述这两大命题的同时,刘先生还为分析和研究"王权支配社会"的传统社会形态特质和"王权主义"的社会控制与运行机制,提出了一套成熟的方法论理念。职是之故,笔者可断言曰,刘泽华先生诚不愧为当代中国的一位具有独立而卓越的学术创见的史学大家。

二、有关国学问题的争议与评析

2009 年刘泽华先生曾经发表了一篇题为"关于倡导国学几个问题的质疑"的文章,文章就时下倡导国学和建立国学一级学科的观点提出了自己的一些学术性的质疑意见,譬如国学作为学问与作为学科建设是否应区分;如果国学以研究传统的东西为主,最好不要与现代的东西乱对应,搞拉郎配;对传统文化的价值判定要有分寸,不宜过分夸张等。该文被《新华文摘》2009 年第 15 期转载后,引起了许多人的关注,并引发了一场相当热烈的学术讨论。一些学者不赞同刘先生的看法,并对刘先生的学术观点进行批评和反驳。这本属正常的学术讨论,不过,其中有的学者却自以为占有着复兴儒学和儒教的"道德制高点",不仅争辩国学一级学科本身是否应当建立的问题,且措辞激烈地来批评刘先生关于"王权主义"和"王权支配社会"的历史论述,以及在有关儒家文化传统历史评价上的所谓"错误"。由于批评中带有许多有意的歪曲、片面的理解和简单扣帽子、打棍子的"文革"式遗风,与荀子所主张的"以仁心说,以学心听,以公心辩"的理想辩说之道相悖甚远,本不值得一辩,但其中涉及的诸多问题亦不容回避,故在此不妨稍做回应,以进一步辅助阐明刘先生的王权主义说及其中国传统社会形态论的主旨。

本文所论涉到的主要学者和论文有:陈明的《国学之争的实质是传统文化的理解问题——刘泽华王权主义叙事质疑》(原载《国学学刊》,2010 年第 2期),韩星的《对于〈关于倡导国学几个问题的质疑〉的质疑》(原载《中国社会科学报》,2010 年 1 月 21 日,"争鸣"版),方朝晖的《怎么看"尊王"、"忠君"和"三纲"》(原载《中华读书报》,2010 年 2 月 10 日,第 15 版),和吴光的《历史的误读与历史观的偏颇——与刘泽华、张分田二先生商榷》(原载《光明日报》,2010 年 1 月 18 日,第 12 版)。为行文的方便,下面将分别称之为陈文、韩文、方文和吴文。上述作者对刘先生的批评如下:

批评之一:刘先生的王权主义叙事"从思想史角度说对儒家、法家的价值理念不加区分,从社会史角度说对周秦的制度丕变不加考索,从政治学角度说对国家社会的利益目标、力量对比及其博弈过程以及由此而来的'统治形式'与'统治程度'不做具体分析"。

上述批评主要是由陈文提出的,对此,其实不难做出回答。刘先生除了在《先秦政治思想史》一书中对儒、法等诸子各家的政治思想论析、辨别甚明之外,在相关论述中还曾对先秦法家的君主专制主义理论和儒家的道德理想人格思想做过如下评述:

> 先秦法家为当时的社会变革提供了理论指导,在实际的政治生活中起过重要的促进作用。可是他们的君主专制主义理论同他们的社会改革主张又交融在一起。在当时,没有君主专制,变法就难以进行。在实际上,我们不可能把法家的君主专制主义理论与他们的变法主张分隔开来,但是又不能因分隔不开而连同君主专制主义理论也一并肯定……法家在当时的历史条件下,是一批改革家,他们积极参加了创造历史进程和推动历史进程中的善。然而他们的创造与改革恰恰是借助并通过君主专制制度进行的。法家的君主专制主义理论对君主专制制度的完善与强化起了推波助澜的作用。强化君主专制制度在当时是必然的,但却不好说它是历史之善,相反,在很大程度上应该说属于历史之恶。然而这种恶在当时特定条件下却又成就了历史变革之善。在剥削制度下,有完全的恶,却无纯粹的美和善,美和善中必定包含着恶,法家的改革和主张与强化君主专制制度理论便是善恶交融的一例。①

而关于儒家的道德理想人格思想,刘先生则将之归纳概括为如下五个方面:第一,尊重个人的志气或志向。第二,在某些外在的社会压力和政治权威面

---

① 刘泽华:《先秦法家关于君主专制主义的理论》,《洗耳斋文稿》,中华书局,2003 年,第 76—77 页。

前,表现出某种独立性倾向。第三,在追求道德理想时,突出了个人主观能动性。第四,在人生道路选择上,允许一定的灵活性。第五,表现为一种宏大的人生抱负,勇于为了理想的实现而献身。并说:"无可否认,以上这些表述确乎塑造出一种顶天立地的人格形象。他们志高而行洁,'夫贤人君子,以天下为己任者也',有着强烈的社会责任心。在儒家文化的人格力量感召之下,也确实培养出一些仁人志士,其中不乏感天动地的壮举和悲剧式的英雄人物。他们的业绩流为口碑,传布民间,在一定程度上充实了我们的民族自尊心。"①

由上可知,所谓的"从思想史角度说对儒家、法家的价值理念不加区分"实为不学不实之诬辞。而陈文所谓的"区分",推求其意,大概是主张肯定儒家的价值理念而否定法家的价值理念,这实际暗含着一种简单的抑法扬儒的立场和态度。而刘先生则始终坚持这样的学术立场和研究态度,即结合思想家所处的时代环境,以辩证分析的立场和态度来对诸子各家思想的价值和意义做出客观公正的分析和评价,对法家如此,对儒家亦不例外。因此在正面评价和充分肯定儒家的道德理想人格思想的同时,刘先生还进一步指出,强调个体人格的独立性并非儒家思想文化的全部,儒家固然有其理想性和调和性的一面,但从官方意识形态的角度讲,在儒家的思想文化中占有特别重要地位或在中国传统社会政治生活中发挥着纲纪或支配作用的还有圣人崇拜、三纲五常和君尊臣卑等种种观念,它们才真正构成了君主专制主义的主导性的价值依据和观念支撑。

关于周秦的制度丕变和历史上国家与社会领域的对立问题,刘先生在深入全面地梳理和考察春秋战国时期"立公灭私"观念的形成和衍生时进行过系统的分析和阐述。如刘先生说:

> 立公灭私观念形成的时期正是君主一统专制制度的发展时期。
> 国家指以权力为中心的权力体系,社会领域指国家体系之外的社会组织与个体等。国家与民间社会是历史中的必有之物,无法互相取代。但是,如何处理两者的关系,则有相当的空间由人安排和设计。立公

---

① 刘泽华:《中国政治思想史集》(第三卷),人民出版社,2008年,第294—295页。

灭私的观念把国家与民间社会对立起来了，战国时期以此为指导而进行的变法对民间社会与国家的关系进行了新的组合，并对以后也产生了极大的影响。

在历史的一定时期，比如春秋战国，国家与民间社会有某种对立，国家对民间社会进行某些改造，从历史进步而言是必要的，这个问题不在这里讨论。我要说的是，这种国家与民间社会的对立是适应了君主专制发展的需要，立公灭私导向了国家至上。这种模式一旦形成就具有巨大的惰性，使国家控制民间社会成为惯性和成例，在历史的发展中越来越走向反面，并成为反动。①

很显然，比之陈文零零碎碎地引用其他学者的相关观点，且笼统而模棱两可地谈论中国历史上国家（state）与社会（society）的二元结构及其利益博弈的问题，并仅仅强调儒家代表民间而其立场"坚定地站在社会一边"等，刘先生所做上述分析和论述，要更为具体、深刻和系统，而且合乎儒家思想是符合官方正统思想与历史上"王权支配社会"的真实状况与社会现实。

批评之二：刘先生所使用的"王权"概念"在道德上是负面的"，从王权主义视角对历史文化传统的思考必然导致民族虚无主义；反之，中国传统的君主制及维护它的"尊王""忠君"和"三纲"等儒家思想，在当时的历史条件下，实具有唯一的有效性与合理性。

上述批评与观点主要是由陈文、韩文和方文提出的。如陈文说："刘氏中国文化的王权主义叙事的关键词是支配二字。王权在道德上是负面的，被王权支配的社会文化也就失去价值和意义。"这体现了一种"对历史文化的把握和处理"的"简单化和虚无化"。反之，则认为，"如果不刻意混淆文化与政治的区分，即使王权支配了社会，文化也并不就因此丧失自己的独立品格。因为文化的根深植于人心和人性之中，而人心与人性是任何东西都不可能毁灭的"。而韩文则一方面格外强调和极力张扬儒家的批判精神，而另一方面却对刘先

---

① 刘泽华：《春秋战国的"立公灭私"观念与社会的整合》，《洗耳斋文稿》，中华书局，2003 年，第361、368、371 页。

186

生"对中国传统文化的诸多内容"所做的"王权主义的全面批判和清理",特别是对儒家思想的最终归宿"仍然不免是虚伪和'吃人'"而"绝不可能把社会引向理想境界"所做的批评反省,深不以为然,认为"这样,就残酷地用学术之刀把传统文化的精髓挖了出来。否定儒家思想的核心价值,也就否定了中国文化的核心价值,其结果必然导致民族虚无主义"。

那么事实是否如此呢?否!上述所谓"批评",不过是基于论者自己对刘先生学术观点的片面的歪曲理解而做的妄评而已,因为刘先生的王权概念或王权主义的命题从来都是历史的描述性的,虽着力于对王权对社会的支配性统治做批判性的反思,但绝不是简单地从道德上否定王权,甚至完全否定道德理想和文化的价值和意义。譬如刘先生曾明确说:

> 我对中国古代史的看法,自以为首先是描述性的,每一论点都是以相当充实的材料为基础的。那么其中是否包含意义与价值呢?当然有。但我不是以意义与价值为出发点。就意义与价值而言,我也不是非历史主义者,君主专制在中国的历史上的某个时期和某些方面有过重要的建树和历史的功绩。但当中国步入世界性近代化之路时,君主专制无论如何都过时了。中国的君主专制主义像百足之虫,死而不僵,影响还广泛存在。我的"价值"和"意义"之一就是想对它有一个清醒的认识,以便从中走出来。①

而对儒家的批判精神及其理想国的意义与王权主义之间的对立统一关系,刘先生亦曾做过系统而精到的如下论述和分析:

> 思想家们往往对自己的理想国充满自信,儒家也是这样。孔、孟、荀都主张"以道事君",在他们看来,道高于君,道义重于权势,在道与君发生矛盾时要从道而不从君,甚至杀身成仁。支配他们言行的是理想、信

---

① 刘泽华:《困惑与思索》,张艳国主编:《史学家自述——我的史学观》,武汉出版社,1994年,第126页。

念和原则,也就是"道"。

在传统思想中,儒家是对现实社会关系的合理性论证最多的一家,又是讲理想最多的一家,对现实多有批判。肯定中有批判,批判是为了肯定,这就是儒家的基本政治思路。

儒家政治学说的这种品格,为统治者自我认识和自我调整留下了回旋的余地,所以儒家不仅在现实政治中为自己争取到生存的基础,而且具有持久不衰的生命力。

儒家对"道"的强调,对君主的批判,是否会导致对君主制度的否定呢?不会。从思维逻辑上看,这种批判是以一种理想化的君主政治为基本前提和尺度的,对君主的品分不是对君主专制制度的否定,而是从更高的角度对君主专制制度进行肯定和论证,无论其批判火力如何之猛,甚至达到否定个别君主的地步,但决不会把人们引向君主制度的对立面。

政治调节的核心是调节君主。君主个人的修养、品德和政治行为是维系君主政治的关键。儒家的"可爱非君,可畏非民""君舟民水""君舟臣水""君轻民贵"等政治命题,从一定意义上说,主要是针对君主的。这类思想的基本点为后儒所遵奉,在吸收、融合传统思想的多种因素的基础上,形成了一整套君主政治的调节理论,如天谴说、从道说、崇圣说、尊师说、尚公说、民本说、纳谏说,以及君德说,等等。依照这些理论,君主在天、地、国、家、臣、民面前都有应尽的责任和行为规范,从君之德到君之行,从君主的日常生活到他的重大政治行为,都要有所规范,有所克制。表面上看这些理论都是针对君主的,但实质上它们又是君主专制理论的重要组成部分。它的意义主要是调节王权,防范王权走向极端而失控。

儒家的政治理想就其主体而言,实质上是一部完整的君主论,它既从更高层次论证了等级君主制度的永恒性,又提出了实现君主政治目标的途径和方案,还包括了防范王权走向非理性化的内容。这就是为什么"道义"同君主常常发生激烈的冲突,可历代君主还依然推崇、播扬"道义"的学说,并把它奉为统治思想的根本原因……所以说儒家的理想国理论在局部上与专制君主有矛盾冲突,但从总体看,它不是对君主制度的否定。一个阶级的统治离开了自我调整是难以长久地维持下去的,这一点对于剥削阶级也是如此。只有进行自我认识、自我批判,才能推动自我调整,避免造成政治上的僵化。儒家把先王之道,有道之世,王道乐土,王制社会和道义仁政,作为一种政治价值尺度去裁衡统治者的一切政治行为,从而为中国古代统治阶级的自我认识、自我批判和自我调节提供了理论依据。儒家的政治理想把肯定现实社会基本秩序和批评时君时政、改良现实妥善地结合在一起。这种理论既能满足统治阶级中当权者的需要,又为在野派和其他图谋改良社会的人们抨击现实、品评政治提供了依据,同时还为下层民众提供了改善处境的希冀。儒家政治学说具有广泛的适应性是其长期被统治者奉为统治思想的重要原因。

"三纲五常"是儒家道德的真谛⋯⋯对于"三纲五常"同君主专制主义的关系,已经有大量文章论及,此不赘述。我们只想再强调一点:儒家的"三纲五常"对以君主专制为主要特征的中国古代的各种社会关系起着强化与巩固的作用。我们不否认儒家的道德理想在中国历史上曾起过有益的作用,在人的自身完善中曾充当过善良的导师,但伦理道德在实践中只是造就了一代又一代病态灵魂的扭曲的人(主要指统治者有意识地培养臣民顺从性的奴性而提倡的忠孝道德——引者注),为君主专制主义提供了最基本的社会条件,其最终归宿仍然不免是虚伪和"吃人",绝不可能把社会引向理想境界。①

另外刘先生对中国传统政治哲学中道与王和圣与王相对二分与合二为一的关系论题的分析和论述,②亦与上述引文所论主旨相同,在此不再详述。而我们之所以不厌其详地引述刘先生对儒家的理想国与王权主义关系的论述,是因为韩文片面地强调儒家的批判精神而却不许别人对儒家有任何的批判反思,讳言历史上儒家维护现实政治和君主专制的一面,尤其是将对儒家"纲常"思想中有利于维护君主专制统治的方面所做的历史批评视作是"洪水

① 刘泽华:《中国的王权主义:传统社会与思想特点考察》,上海人民出版社,2000 年,第 319、320、322、324—326、329 页。

② 参见刘泽华:《中国的王权主义:传统社会与思想特点考察》,上海人民出版社,2000 年,第 400—449 页。

猛兽",并断章取义地以为,这种批判必然会导致民族虚无主义。由上述引文可知,韩文的这一"批评"是完全不能成立的。陈文和韩文将"历史和文化的虚无主义"或"民族虚无主义"的大帽子简单地扣在刘先生严肃的学术观点之上,不啻失之公允,亦大有"文革""大批判"之遗风,难道这就是韩文所津津乐道的儒家"批判精神"在当代的延续和复兴?另外在我看来,刘先生对儒家道德理想与现实王权专制之间交互为用关系的历史分析和批评反思,并非如陈文所暗示的那样是对"文化与政治的区分"的"刻意混淆",也不必然导致"民族虚无主义";相反,陈文对"深植于人心和人性之中"的文化的"独立品格"和韩文对儒家的"批判精神"所做的浪漫主义的片面强调,却恰恰是对历史上儒教与政治交互为用、道统与政统相对二分与合二为一关系的"刻意抹杀",而必然导致的则是无视王权支配社会的历史事实,以及未经批评反省而盲目认同历史文化传统的愚蠢的守旧主义。谓余不信,试看方文便知。

方文的主旨在极力为中国传统的君主制及维护这一制度的儒家"尊王""忠君"和"三纲"思想的"唯一合理性"做曲意辩护。方文虽然自称"完全同意中国古代文化中有许多不合理的成分,特别是中国人几千年来根深蒂固的人际矛盾和斗争现象",并"坚决反对有些人把国学研究引向民粹主义方向,不适当地夸大传统文化的所谓优越性";但又认为,"对传统文化的批判不能在一些错误思想偏见的支配下进行,认识不到儒家'尊王''忠君'和'三纲'思想的合理性"。姑且不论这场国学论争中的一些非学术的"学术批评"现象是否是"中国人几千年来根深蒂固的人际矛盾和斗争现象"的某种回响与体现,至少方文承认中国古代文化中有许多不合理的成分,并反对不适当地夸大传统文化的所谓优越性,实属难能可贵,但问题是怎样才算是对传统文化的正确批判?由于方文对此语焉不详,我们无从得知,但我们可以确切知道的是,依方文之见,"民主/专制"二分式思维方式是一种错误的思想偏见,在这一思想偏见的支配下批判中国传统的君主政治是专制的,乃至批判儒家"尊王""忠君"和"三纲"的思想,都属于错误的批判,因为"事实证明,在当时条件下,君主制是促进社会进步、民族团结和生产发展的唯一有效制度……孔子没有主张通过投票来选拔鲁国国君,与宋明理学家没有倡议全民大选确立天子,大概不是由于他们的思想反动、保守,而是因为君主制在当时条件下是最好的选择"。而"如果我们承认君主制是古代社会条件下唯一合理的政治制度安排，那么'尊王'就可能有利于国家统一和民族团结，因为'王'是当时国家整体利益的最高代表；而'忠君'，则有可能为苍生谋福祉、为社稷谋太平，因为国君作为最高权威在当时是促进经济、社会发展的主要原动力。在这种情况下，'三纲'特别是'君为臣纲'，则可能意味着从大局出发、从国家民族利益出发，意味着受人之托、忠人之事，意味着忠于自己的良知和做人的道义。"既然历史上的君主制及维护它的"尊王""忠君"和"三纲"思想都是唯一有效和合理的政治制度安排与思想观念，那么我们对它们便无须批判，果真如此，不仅刘泽华先生批判反思历史上的王权主义与王权支配社会的问题是完全错误的，有学者所谓"现代许多人都相信儒学和民主是不能并存的。如果这是指建制化的儒学，我想争议不大"的说法看来也是一种绝对的误判，而唯一合理的是古人选择了"君要臣死，臣不得不死"的历史宿命，而我们今人也只能选择"法官要你亡，你不得不亡"的现实宿命。尽管"君主制有许多不合理之处，'三纲'也为一些国君滥杀无辜提供了方便，造成了某些人的特权"，而"今天的法官有时昧着良心草菅人命"，但中国人命该如此——该杀该亡，谁叫古人和我们今人只能在对君主、天子或上级、法官的"感恩"中，体现古人和我们今人"作为一个个有血有肉的生命的灵性，其中包含着他们对自己生命尊严的认知和对灵魂不朽的追求"呢？今人自有今人自己的选择，无须我在此多言，而对古人来讲，假如我们的先圣先贤先儒们地下有知，不知在听了如此"高论"之后会做何感想？批评暴君虐政的孔孟会心生疑惑：难道我们批评错了？被英明的始皇帝和李斯丞相所坑杀的儒生会说：我们活该啊！倡导"尊王""忠君"和"三纲"的宋明儒者会问：我们还是做对了一件政治正确的选择，何必又劳神伸天权以限王权、"致君尧舜上"或者是格君心之非呢？公然批判"为天下之大害者，君而已矣"和"自秦以来，凡为帝王者皆贼也"的明末清初思想家黄宗羲和唐甄等人会想：我们真是不可理喻，干吗要说这些恰恰凸显了秦汉以后"王权支配社会"之二千年历史事实的无聊的话呢？历史当然不会按照我们今人所"假如"的来演绎，仅仅依据一种历史条件决定论的非历史观点亦是无法简单地证成历史上的君主制及其维护它的"尊王""忠君"和"三纲"思想的唯一有效性与合理性的，对错综复杂的历史现象作如此简单化和单一性的解读,正像方文所批评的"脱离具体的社会历史背景,从若干抽象的哲学原理或价值理念来理解政治制度的错误思维"一样是错误的。在我看来,方文的"错误思维"或"错误的思想偏见"就在于他把君主制的历史必然性及其有效性与其合理性混为一谈了,而且不能全面地看待和分析儒家思想的多面性及其历史变化,笼统地谈论儒家"尊王""忠君"和"三纲"思想的合理性,而不能深入体悟儒家在理想与现实之间的生存状态及其现实政治困境,过于轻忽了儒家尊王、忠君、纲常的思想在历史上先后发生的实质性变化及其历史负面影响。相比之下,我认为刘泽华先生从君主专制的必然性与合理性的向背关系而对历史上的君主制所做的分析和批判,更为合乎历史的事实,其言道:

> 对重大的历史现象,既要探讨它的必然性,又要讨论它的合理性。君主专制制度有没有合理性呢?我们只能说,它有可能为社会进步提供条件,即有合理性的因素。
>
> 从历史事实看,中国历史上的君主专制制度并不是没有给社会带来任何好处,在某些方面对历史的进步是起过有益的作用,如中华民族的形成,地域的扩大,某些有利于经济恢复(相对它的破坏而言)和发展的措施等。但是从总体考察,君主专制与社会进步更多的不是同向运动,而是向背运动。①

姑且不论刘先生和许多现代学者对历史上的君主专制制度所做的历史分析与批判反思,从古人黄宗羲的观点或大儒之见来看,历史上的(特别是秦汉以后的)君主制和三纲式的尊王思想及"君要臣死,臣不得不死"的"忠君"观念也未必一定是合理的,黄氏尝言:"古者,天下之人爱戴其君,比之如父,拟之如天,诚不为过也。今也,天下之人怨恶其君,视之如寇仇,名之为独夫,固其所也。而小儒规规焉以君臣之义无所逃于天地之间,至桀、纣之暴,犹谓汤、武不当诛之。"(《明夷待访录·原君》)古人尚且如此说,难道今人反思批判传统的君主专制反倒成了一项思想上的大罪?大儒小儒之见相异何啻霄壤之别,

---

① 刘泽华、汪茂和、王兰仲:《专制权力与中国社会》,天津古籍出版社,2005年,第271页。

而我们不禁要问,今之小儒汲汲于复兴儒学儒教,究竟意欲把我们引向何方?鼓吹传统君主制和儒家"尊王""忠君""三纲"思想的唯一合理性的用意,难道真的就是希望我们生活在虽"有时昧着良心草菅人命",但"要你亡,你不得不亡"的法官或长官们的权力意志支配下,而且还要"感恩"着过活?这样的话,不复兴也罢!

批评之三:刘先生"对历史的误读"与"历史观的偏颇"在于"部分肯定,全盘否定"。

这一批评主要是由吴文提出的。吴文不赞同刘先生在《关于倡导国学几个问题的质疑》一文中的说法,即:国学、儒学"是上个历史时期的东西。从中国现代化进程看,其中固然有可取的养分,但从体系看,更多是阻力","我对国学、儒学能加入现代化行列基本上持怀疑态度。我不否认其中有精华,但从体系说与现代意识是两回事,而且有历史阶段的差别"。吴文批评刘先生"历史观的偏颇"及其"对历史的误读",认为"其所误者,就在于'部分肯定,全盘否定'、借共性否定个性,将中国历史上的儒家与法家、民本与君主、人文精神与专制主义、道德理想与现实矛盾、民主精华与封建糟粕,等等统统捆绑在一起加以批判,将'脏水与孩子'一起倒掉。这实质上是一种全盘反传统的民族虚无主义历史观"。吴文的批评颇有代表性,而且像陈文和韩文一样扣以"全盘反传统的民族虚无主义"的大帽子,但其"捆绑"说也犯了陈文和韩文同样的以偏概全、断章取义、以己意曲解刘先生学术观点的浅薄毛病。

吴文批评刘先生"对历史的误读"在于"部分肯定,全盘否定",而为了显示自己对"基本的历史事实"的正确见解和全面认知,申辩道:

> 我们不否认儒家有"尊君"传统,也不否认秦汉以后的儒家有为君主专制政体服务的一面。然而,基本的历史事实是,孔孟时代封邦建国式的宗法制君主制度与秦汉以后的大一统君主专制制度是很不一样的,孔孟的互动式尊君与秦汉以后的"三纲"式尊君也是大不相同的。孔子说"君君、臣臣、父父、子子",强调的是各守其职,而非主仆关系,其所谓君臣关系是符合礼义的互动互敬关系,所以孔子有"君待臣以礼,臣事君以忠""以道事君,不可则止"之说,孟子有"君之视臣如手足,则臣

视君如腹心""君之视臣如土芥,则臣视君如寇仇"这样的名言。他们要尊的君,是有道之君,不是随心所欲对臣民"生杀予夺"的无道昏君。如果君王无道、违礼,孔子的态度是"不可则止""不合则去",孟子的态度是可以"革命"、可以"杀一独夫"。这样的"尊君",能说是专制主义吗?

显然,吴文是不会赞同方文笼统地讲儒家"尊君"和"三纲"思想的合理性的,而是在先儒孔孟的尊君思想与秦汉以后后世儒者的尊君思想之间做了明确区分,认为前者才具有合理性。不过,如果和上引刘先生对儒家理想国与王权主义关系所做的系统而全面的论述做一下比较的话,细心的读者一定会立即发现,吴文如此简单的二分法,实在太过简单了,而且竟宣称在这种区分中发现了一个"基本的历史事实"。我们不禁要问,孔孟的互动式尊君与秦汉以后两千年中一直占据支配地位的"三纲"式尊君,究竟哪一种"尊君"更接近于"基本的历史事实"呢? 显然,对"基本的历史事实"的判断不应偏颇到仅仅依据一二思想家的观念来做出,乃至连两千年的事实都漠然视之的地步,对历史的误读竟然到了如此地步,真的是令人莫名惊诧。不过,这却是不难理解的,因为吴文在批评他人"部分肯定,全盘否定"时,虽然这一批评并不符合实情而不能成立,而且逻辑上"部分/全盘"的说法本身也属语词的错乱混搭而用词不当,但这一批评事实上却误导了吴文作者本人不自觉地犯了一种"部分否定,全盘肯定"或"部分合理,全盘皆对"的错误。面对这样的对历史的错乱认识与偏颇误读,借用吴文批评刘先生的话说,"我也不得不说,这样的观点很成问题,经不起推敲……并未超出主观想象而达至客观真实之境"。

由上可见,我们不难发现时下儒学、儒教复兴论调中出现的一种值得关注和深思的观念乱象,这些有关历史认识和儒家思想之合理性的各种各样的论调显得极不和谐。他们为了张扬儒家的价值理念,或是极力强调"文化与政治"的截然二分,或是格外凸显儒家的批判精神,或是简单肯定儒家道德人文精神而刻意轻忽"董仲舒以后的儒家的阳尊阴卑纲常伦理",甚至以历史条件决定论的非历史观点来为传统君主制和儒家"尊王""忠君"和"三纲"思想的"唯一合理性"做曲意辩护。他们有的讲"文化的根深植于人心和人性之中",有的讲"在中国文化的发展历程中,'变'往往是具体的历史内容的损益增删,而天不变道亦不变,作为中国文化根本的常道是不变的,而不是一切皆变",但问题是,在帝制中国的历史上,其根深植于人心和人性之中而占据主导、统治或支配地位的"文化"究竟是什么样的"文化"? 而作为中国文化根本的、占据主导、统治或支配地位的不变的"常道"又是什么样的"常道"? 若说是"道统政统分立、以德抗位"的"文化",但陈文又说那"只是一种理想,将其完全当成事实是一种历史和文化的浪漫主义";若说是承载着儒家批判精神的"常道",但从"尊王""忠君""三纲"思想的所谓"唯一合理性"来讲,那又显得太虚幻而不合理;若说是"尊王""忠君"和"三纲"的儒家思想,但吴文又认为在孔孟的互动式尊君与后世的三纲式尊君之间存在着本质的区别,而前者似乎才真正体现了一种"基本的历史事实"。另如陈文针对刘先生基于对中国历史的系统全面的考察和探究而提出的王权支配社会的历史观点,批评说:"他和门下弟子所有的著述都是为了用各种零碎的材料证明这个'支配'的观点,或者用这个观点解释所有的概念与事件",而其实,正是陈文作者本人对刘先生的所谓"批评"所依据的仅仅是"由零碎知识支撑的观点"而已;陈文还批评刘先生"关于中国文化的王权主义叙事"采取了一种"基于东方与西方、传统与现代二分现代意识形态"的"知识论的话语形式",并暗示说刘先生王权支配社会的历史观点"刻意混淆了文化与政治的区分",以为这一观点"抹杀了社会的独立性、有机性",并质问道:这样,"现代个体权利、公民概念又能从哪里立足生长? "[1]而其实,正是陈文作者本人不自觉地采取了一种混淆东方与西方、传统与现代的"知识论的话语形式",正因为如此,所以批评者才有可能基于一种"由零碎知识支撑的观点"而在今天提出什么"刻意混淆文化与政治的区分"的"公民宗教"之说,以为不如是不足以复兴儒教,岂不知,所谓的"公民宗教"之说,一如立儒教为国教说一样,果真施行的话,才真不知"现代个体权利、公民概念又能从哪里立足生长? "余不一一。

　　总而言之,刘泽华先生从社会形态论的角度,并基于历史研究的整体视角,经由对中国社会史、政治史和思想史所做的系统考察和深度反省,所提出

---

　　① 陈明:《国学之争的实质是传统文化的理解问题——刘泽华王权主义叙事质疑》,《国学学刊》,2010 年第 2 期。

的用以精到概括中国传统社会形态根本特质及其控制和运行机制的两大命题——王权支配社会与中国的王权主义,实具有极为丰富的理论内涵和深刻的历史意义,不是浮泛而一厢情愿的儒家情结及其片面的价值偏好所能轻易否定得了的。然而上述种种批评恰恰缺乏历史研究的整体眼光和深度史识,只是凸显了一种带有强烈价值偏好的浮泛而片面的儒家情结,他们或是笼统地强调代表社会一方利益的儒家立场,或是刻意张扬儒家的独立品格、批判精神与互动式尊君,或是片面肯认传统君主制的历史必然性与儒家"尊王""忠君"和"三纲"思想的唯一合理性,而对中国传统社会的整体形态与长期延续的根本历史特点缺乏系统的考察和完整的理解。职是之故,这些确乎"由零碎知识支撑的观点"和"甚僻违而无类"的浅薄之论不仅彼此冲突、相互削弱,认真说来亦对于儒学、儒教的当代复兴不但无益,反而有害。但他们却自以为自己站在了道德的或文化道统的制高点上,容不得对儒家思想的任何异己之见和对历史传统的任何批评审视。不过,他们做出的上述纷杂而过度的反应却正映衬出了刘泽华先生历史研究的客观理性及其学术观点的系统条贯与深刻宏富。

原载葛荃主编:《反思中的思想世界——刘泽华先生八秩华诞纪念文集》,天津人民出版社,2014 年 10 月

中国思想史的双面故事

——中国传统政治思维的"阴阳组合结构"续说

林存光

《周易大传·系辞上》有云:"一阴一阳之谓道。"这是古人用来揭示和阐明天地万物生成、存在、运动和变化之规律问题的一句名言,其中蕴含着一种非常深刻的规律性道理,如高亨先生之注释曰:"一阴一阳,矛盾对立,互相转化,是谓规律。"①这是说,任何事物都是在相互对立和彼此依存的状态下衍生和存在的,阴阳对立、相互影响、彼此消长和转化而产生事物的运动与变化,同时,阴阳对立统一、合和为一而又共同构成一个整体,亦即自然之道。这充分体现了古人对于事物之规律性道理的深刻理解与认识,不过,对研究中国思想史的学者来讲,运用一阴一阳的范畴说明任何事物内含两面性也许早已成为一种常识性的知识,实在是不足为奇的。然而正因为如此,旧词新用,化常识为新见,就更需要一种充满真知灼见的特别的学术眼光与思想睿智。刘泽华先生用一阴一阳的范畴来深刻揭示和阐明中国传统政治思维方式之结构性的基本特点,将之命名为"阴阳组合结构",正说明了这一点。所谓中国传统政治思维的"阴阳组合结构"或中国政治思想命题的阴阳组合属性,用更形象的比喻说法来讲,其实就是最能体现中国历史之思想特质的双面故事。作为一大学术发明,作为对中国传统政治思维方式之基本特点的高度理论概

---

① 高亨:《周易大传今注》,齐鲁书社,1979年,第514页。

括,它无疑是刘泽华先生在中国思想史特别是传统政治思想史研究领域所做出的独特而重要的一大学术贡献。正如方克立先生和李振宏先生所说,这一发现与概括,"对全面认识中国传统政治思想以至整个中国传统文化,都具有重要的方法论意义"①,"是刘泽华先生对中国古代思想史研究的一大贡献"②。本人不揣谫陋,尝试就先生的这一重大学术贡献和此说的多重含义略做续说申论,以期对先生此说的未尽之意能多少起到些许补充的作用。

一、一位西方汉学家的中国思想史论述

为了更好地理解刘泽华先生的学术贡献,我想有必要先来介绍一位非常有代表性的西方学者对中国思想史的看法与观点,这位西方学者便是美国著名汉学家本杰明·史华慈。当然,在这里我们要做的介绍并不是对史华慈研究中国思想史的成就与贡献做出全面的评述,而只是他对中国思想的基本特质或一般性特点的理解与把握,且只是根据他有限的几个单篇论文来略做介绍,但希望通过这一介绍能够提供一种富有启示性意义的有益参照。

对史华慈先生来讲,"我们已经处在指望告诉我们中国思想的不变本质的大量著作与论文的包围之中",而且他抱持这样一种"个人的信念",即"现在西方的中国思想研究者所面临的主要任务不是要沉思于那不变的本质,而应当去找寻中国思想的广度、多样性及其问题",但是他不仅认为,"无疑存在着中国思想的一般性特点",而且他的确又不得不违背自己的上述信念或戒条,撰文讨论那在他看来"有关中国思想一般特征的东西"③。或者尽管史氏认为"不只是墨家、道家、儒家之间,彼此在思维方式上有着很大的分歧;同时在先秦至近代的历史演进轨迹里,思维方式本身也有很大的不同",但他还是"同意共同文化取向仍然是存在的"④。事实上,在我看来,他就中国思想一般

---

① 方克立:《为"刘泽华学派"赞一个》,《天津社会科学》,2015 年第 2 期,第 130 页。

② 李振宏:《王权主义历史观的有效性及其证成》,《天津社会科学》,2015 年第 2 期,第 139 页。

③ [美]本杰明·史华慈:《论中国思想中不存在化约主义》,许纪霖、宋宏编:《史华慈论中国》,新星出版社,2006 年,第 28 页。

④ [美]本杰明·史华慈:《研究中国思想史的一些方法问题》,许纪霖、宋宏编:《史华慈论中国》,新星出版社,2006 年,第 21 页。

特征的探讨和论述,对我们来讲,确乎是相当精到而富有启发意义的。在此,我只介绍史氏对于三个方面问题的看法与观点。

一是中国政治思想的深层结构问题。

在《中国政治思想的深层结构》一文中,史氏曾这样来分析贯穿中国历史之发展的一种思想特质或深层结构,他说:

> 我所指的这个"深层结构"包括两方面:第一是在社会的最顶点,有一个"神圣的位置"(sacred space),那些控制这个位置的人,具有超越性力量,足以改变社会。从这个角度说,位置本身比是谁占据那个位置更为重要。但是反过来说,在那高点有一特殊机关,由某一特定人物所代表(通常是王权)。因为结构本身并无动力足以改变自己,故必须仰仗这个占据最高神圣位置的君王的个人品质来改变整个社会结构。如果上述两面能密切结合,也就是所谓"政教合一"。而这样一个理想结构对社会的每一个方面都有管辖权(jurisdiction)。①

依史氏之见,上述深层结构,并不是"儒家所特有的",而是"先秦许多思想家(像墨家、法家、道家等)所共有的特质",当然,虽然他们共同分享了这个政治深层结构的某些特质,但却也是"朝向不同的方向发展"的。②不过,虽然这一深层结构的世界观本身"拥有巨大的力量",但中国历史上的大部分士人似乎并不太相信"政教合一"的乌托邦理想"可能立即在现世实现",也就是说,"士人对这个'政教合一'的可行性并不总是那样乐观的"。如是也就引出了一个更加值得我们深思的问题,而"问题就在于,传统士人既能如此清醒地认知这个乌托邦之局限性,但何以仍旧依附盘旋于其中"?史氏给出的一个饶富意味的解释或答案就是:"也许是因为传统士人惯于把这个深层结构的替代面想成就是'乱',故不敢去改变它",换言之,"能不能守住社会秩序似乎占

---

① [美]本杰明·史华慈:《中国政治思想的深层结构》,许纪霖、宋宏编:《史华慈论中国》,新星出版社,2006 年,第 25 页。

② 参见[美]本杰明·史华慈:《中国政治思想的深层结构》,许纪霖、宋宏编:《史华慈论中国》,新星出版社,2006 年,第 25—26 页。

着最优势的位置,正因为怕'乱',所以不敢质疑或挑战这个深层结构"①。

二是儒家思想中的几个极点问题。

在《儒家思想中的几个极点》一文中,史氏又用"极点"的比喻论述和分析了儒家思想学说中比较重要的一些主题,如修身与平天下、内外王国、知和行。就这样一些由两个"极点"共同构成的思想主题来说,史氏认为,"我们不能用像'对立''矛盾'和'两分'这样的词语;因为夫子和大多数正统的儒家学者都认为所说的两个方面并不是对立的,而是不可分割地互相补充的",当然,必须指出的是,在若干世纪的思想演化的过程中,"显而易见的是,所说的极点之间存在着紧张关系,尽管他们名义上对两者同时信奉,某些人更加侧重于或趋向于其中某一个极点"。②

毫无疑问,我们要想对创立于始祖孔子并在后世不断演化变迁的儒家思想形态整体有一种充分的理解,关注和思考、揭示和阐明史氏所列举的诸思想主题的极点之间的关系及其历时性的演化问题将是极为有益的。对我们而言,史氏的相关思考和论述也是相当独到而富有启发意义的。

三是思想史与思想之有效性二者之间的关系问题。

以上是史氏关于中国政治思想的深层结构和儒家思想中的极点问题所做的具体而微的分析和论述,而在《关于中国思想史的若干初步考察》一文中,史氏还企图建立一个更富理论意义的"思想史的概念"。史氏将他企图建立的思想史概念的基本假设归纳概括为以下四大要点:

> (1)思想史的重点并不仅仅限于一般所谓的"自主过程"的思想领域。它主要着重在人类对他所处的生活环境的意识反应。
>
> (2)思想史家的理想是希望对自己所研究的人物的思想尽可能达到完全的了解……
>
> (3)思想史家把人类的意识反应看作是整个人类行为的动因之一,

---

① [美]本杰明·史华慈:《中国政治思想的深层结构》,许纪霖、宋宏编:《史华慈论中国》,新星出版社,2006年,第26—27页。

② 参见[美]本杰明·史华慈:《儒家思想中的几个极点》,许纪霖、宋宏编:《史华慈论中国》,新星出版社,2006年,第48—49页。

因此对观念与人类其他活动领域的关系也有兴趣。

（4）当他在研究过程中对自己所遇到的思想是否有效的问题能完全不参与这种幻想放弃以后，他仍然企图把自己的判断，以及所想了解的别人的思想划清界限。①

其中，需要我们在这里特别提出来加以讨论的是第四点，它主要关涉到"思想史与思想之有效性的问题二者之间的关系"。依史氏之见，毫无疑问，思想史家的理想亦即其目的或任务首先就在于要充分了解思想，对自己所研究的人物的思想尽可能达到完全的了解，而不是去判断或评论它的有效性，"因为我们自己的判断会影响我们的了解"，甚而至于"由于心理上根本觉得他们的思想错误"而草率地将所研究人物的思想一笔抹杀。因此思想史家的基本信条就是，"无论我们如何深入探讨我们所研究的问题，在未完全了解别人的思想倾向，以及思考路线以前，我们要避免加入自己的观点"。然而史氏却进一步指出，"虽然思想史家的目的是在了解，而不是在判断，但是如果他的确忠于自己的话，他应该承认，他在研究过程中将免不了会对他所研究的各种问题加以参与"，而且"事实上，如果对自己的参与能有意识上的醒觉的话，在某些程度上，反而有助于把自己的观点与自己所想了解的别人的观点之间划清界限"。相反，那种只是了解而不做任何判断的想法也许只是一种"完全不参与的幻想"，"比起在了解欲控制下的活生生的参与感，更有害于客观性"。②

二、中国思想史的双面故事及其多重含义

参照上述史氏研究和论述中国思想史的观点与看法，我们也许可以更好地来理解和阐释刘泽华先生的理论观点及其学术贡献。当然，这绝不意味着

---

① [美]本杰明·史华慈：《关于中国思想史的若干初步考察》，许纪霖、宋宏编：《史华慈论中国》，新星出版社，2006年，第11—12页。

② [美]本杰明·史华慈：《关于中国思想史的若干初步考察》，许纪霖、宋宏编：《史华慈论中国》，新星出版社，2006年，第10—11页。

刘先生的理论观点及其学术贡献只能通过这种方式来加以理解和阐释,或者失去了这一参照,我们就不能对其加以恰当地理解和阐释了。不过,我希望通过参照或比较的方式来更好地彰显中西最卓越的思想史家之间的共同之处和各自的独到之处。

首先,虽然刘先生不像史氏那样以一种明确的企图而提出要建立一个思想史的概念,但却像史氏一样对思想史的研究进路有着极独到的理解和明确的论述,如先生在《开展思想与社会互动的整体研究》一文中,便特别强调指出,"在这里作为关键词的'思想'不宜视为一个独立的、自主的领域,思想关联着特定的语境(社会)",同样地,"作为关键词的'社会'也不是与思想相分隔的",尽管"思想与社会无疑可以二分,尤其在研究时更可以做认识性的学科划分,但就历史本身而言,两者是结为一体的,以致可以说两者互为表现,是一种历史的本体"。①显然,这一凸显思想与社会之互动关系的整体性研究进路,与史氏所强调的思想史的重点应着眼在"人类对他所处的生活环境的意识反应",以及"把人类的意识反应看作是整个人类行为的动因之一"的思想史概念,在文字表述上虽然不尽相同,但其实质含义事实上却是相互融通一致的,正可谓东哲西哲,心同理同。而且比较而言,先生将思想与社会的"结为一体"或"互为表现",更看作是"一种历史的本体",这一看法却未必包含在史氏的思想史概念中,而实为先生的一大独到之创见。

正是在对中国传统思想与古代社会长期而深入系统的研究与反思的基础上,先生提出了解读中国历史之奥秘的两大最富卓见的重要命题,一是"王权支配社会",二是"王权主义",前者是指中国古代社会的最大特点,后者在狭义上主要是指先秦诸子各家共同的思想主旨或中国传统思想文化的主脉。两者又可合并为广义上的作为"社会的一种控制和运行机制"的"王权主义",先生用之来"概括中国历史的特征"②。在我看来,这一高度理论性的概括,事实上正像史氏所揭示和申论的中国政治思想的"深层结构"一样,是同样精到而透辟的,具有异曲同工的启示意义,值得我们做更进一步深入的思考和探究。

---

① 刘泽华:《开展思想与社会互动的整体研究》,《洗耳斋文稿》,中华书局,2003年,第679页。
② 刘泽华:《中国政治思想史集》(全三卷)总序,人民出版社,2008年。

在此需要特别强调指出的是,先生对"中国的王权主义"所做的高度理论性概括是有充分的历史事实和文献材料支撑的,因为先生所运用的方法是"归纳法",而所抱持的思想史家的理想和信念也正是首先要对所研究的思想、社会和历史尽可能达到完全的了解。但也正像史氏一样,先生从不隐讳自己参与或判断亦走出王权主义的观点和立场。正因为对自己的参与或判断抱有充分醒觉的意识,故先生在自己的观点与自己所研究或想了解的古代社会与传统思想的观点之间更能够明确而恰当地划清界限。那么,这究竟意味着什么呢?依我之见,这恰恰涉及如何恰当地理解和把握中国传统政治思维方式之基本特点的重要问题。事实上,只有在真正恰当地理解和把握了中国传统政治思维方式之基本特点的基础上,我们才能既对所研究的思想(丰富性、多样性及其一般性特点或共同文化取向)尽可能达到完全的了解,而又能与之划清界限。而所谓的划清界限,绝不意味着仅仅"由于心理上根本觉得他们的思想错误",就草率地或简单地将所研究的古人的思想一笔抹杀。

史氏对儒家思想中的几个极点的论述,的确抓住了儒家学说中的比较重要而富有鲜明特色的一些思想主题。无独有偶,刘泽华先生亦列举了一系列包含阴、阳两个极点的政治思想主题,从而以"阴阳组合结构"的概括很好地揭示和阐明了中国传统政治思维的基本特征。如先生说:

> 在传统政治思想中,我们的先哲几乎都不从一个理论原点来推导自己的理论,而是在"阴阳组合结构"中进行思维和阐明道理。这里不妨先开列一些具体的阴阳组合命题,诸如:天人合一与天王合一、圣人与圣王、道高于君与君主体道、天下为公与王有天下、尊君与罪君、正统与革命、民本与君本、人为贵与贵贱有序、等级与均平、纳谏(听众)与独断、思想一统与人各有志、教化与愚民、王遵礼法与王制礼法、民为衣食父母与皇恩浩荡、仰上而生……
>
> 开列了这一大串命题,为了说明这种组合命题的普遍性。这里用了"阴阳组合结构",而不用对立统一,是有用意的。在上述组合关系中有对立统一的因素,但与对立统一又有原则的不同,对立统一包含着对立面的转化,但阴阳之间不能转化,特别是在政治与政治观念领域,居于

阳位的君、父、夫与居于阴位的臣、子、妇,其间相对而不能转化,否则便是错位。因此阴阳组合结构只是对立统一的一种形式和状态,两者不是等同的。以上罗列的各个命题,都是阴阳组合关系,主辅不能错位。比如在民本与君本这对阴阳组合命题中,民本与君本互相依存,谈到君本一定要说民本,同样,谈到民本也离不开君本,但君本的主体位置是不能变动的。①

中国传统政治思维主辅性的"阴阳组合结构"一个基本特点就是,主辅或阴阳之间是不能转化的,君本的主体位置是不能变动的,或者如史氏所说,王权的神圣位置是毋庸置疑的。说到底,这是一种王权主义的政治思维方式,而且在长期的历史进程中形成一种难以突破或逾越的"思维定势"。那么就此我们同样可以提出一个需要我们认真加以对待和深入思考的史华慈式的问题,即传统时代的人虽然有时面对专制暴君或无能之昏君提出他们激烈的批评或谏议,或者受到暴君虐政压迫的人民也常常奋起抗争和起义,但他们何以仍旧"只能寄希望于好皇帝"或仁君圣主的出现而依附盘旋于王权主义的政治思维定势之中?史氏有史氏的解答,不过,刘泽华先生从政治思维的"阴阳组合结构"的角度所做的相关思考及其所给出的解释或答案似乎具有更为深刻的思想内涵与理论意义。依先生之见,主辅性、结构性的"阴阳组合结构"的政治思维方式和认知路线,"对把握事物非常有用,也非常聪明","它反映了事物的对立与统一的一个基本面","应该说是极其高明的","也可以说是'中庸''执两用中'思想的具体化",正所谓"极高明而道中庸"。因此"就思想来说,这种结构的容量很大,说东有东,说西有西,既可以把君主之尊和伟大捧得比天高,又可以进谏批评,乃至对桀纣之君进行革命",正是"由于有极大的容量,以至于人们无法从这种结构中跳出来,至少在政治思想史范围内,直到西方新政治思想传入以前,先哲们没有人能突破这种'阴阳组合结构'。最杰出的思想家黄宗羲虽有过超乎前人的试跳,但终归没有跳过去"。②

---

① 刘泽华主编:《中国政治思想通史·综论卷》,中国人民大学出版社,2014年,第96—97页。
② 刘泽华主编:《中国政治思想通史·综论卷》,中国人民大学出版社,2014年,第100页。

如果我理解不错的话,所谓中国政治思维的"阴阳组合结构"或中国政治思想命题的阴阳组合属性,其实说到底无非是突出和彰显了中国思想史的一个"极高明而道中庸"的双面故事。了解并讲好这一故事,对我们理解王权主义的历史特质及其富有极大容量和思想丰富性、自我调整空间和极强适应性的问题,将是至关重要或大有裨益的。除此之外,我还想接着谈一些自己的认识和体会,在我看来,中国思想史的双面故事其实具有丰富而多样化的多重含义或意蕴。刘先生所谓主辅、阴阳之间不能转化是其中的一种,史氏所谓"儒家思想中的几个极点"之"不可分割地互相补充"则是另外的一种。而借用史氏的说法,除了修身与平天下、内外王国、知和行之外,我认为,儒家思想中还有另外几个极点,诸如君子与小人、王道与霸道、华夏(或中国)与夷狄、三纲与五常等,它们组合构成的思想主题对了解儒家学说之特质来讲具有同样重要的意义,而且它们同样也可以被称之为是一种主辅性的"阴阳组合结构",但主辅、阴阳或极点之间的关系却是不尽相同的。

具体而言,君子与小人在身份地位的含义上是既有劳心与劳力、治人者与治于人者、士人精英与普通大众之高低差别而又相互依存的,但在道德人格的意义上却又是相互对立的。而从人格理想和社会治理的角度讲,儒家又总是希望人人能有士君子之行,故小人若能受教而上达乃至自我转化为君子,实则是为儒家所乐见的;反之,君子亦可能下达而堕落为小人,这却是为儒家所深恶的。王道与霸道在孟子那里是完全对立的,而在荀子那里则是协调一致的,但无论对孟子还是对荀子来讲,王道都是高于或优于霸道的。华夏(或中国)与夷狄的问题在儒家思想中其含义尤为复杂,既有地理、国家和民族的含义,但更主要的则是指文化或文明上的分野与区别,儒家认为华夏在文明上优于或高于夷狄,故主张"用夏变夷"而非"变于夷"(《孟子·滕文公上》),当然,在人类文明演进的现实历史进程中,儒家也承认,华夏与夷狄之间的文明分野并不是绝对的,而是会相互转化的,故而亦主张中国而夷狄则夷狄之,夷狄而中国则中国之。三纲与五常则是一组典型的既具有主辅性含义而又具有"不可分割地互相补充"含义的思想命题。另外值得一提的还有圣与王的关系问题或圣王与王圣的思想命题。在理想含义上,圣王的理念即是指圣人最宜作王,但在现实政治的层面,常常是实际的王者占有或盗用圣人的名义,亦即圣王的理想被转化为王圣的现实,这也可以说就是史氏所谓的"当观念屈就于现实政治之时,可能发生的曲解和转变",亦即"观念转变成主义的问题"①或理想转变成现实的问题,这也同样是中国思想史的双面故事中不容忽视而值得关注、思考和分析的一个重要思想命题。

三、"阴阳组合结构"的规范性意义及其有效性问题

由上而言,中国思想史的故事是双面的,而不是单面的,这一双面故事的含义是多重的,而非单一的。也就是说,中国政治思维的阴阳组合结构或思想命题的阴阳组合属性,除了史华慈先生所谓"不可分割地互相补充"的"极点"性含义和刘泽华先生所谓"不能转化"的主辅性含义之外,还存在具有其他多重复杂含义的阴阳组合命题,需要我们对具体命题做具体分析。但不管怎样,正如刘先生所说,有一点却是毋庸置疑的,那就是"上文所说的种种阴阳组合命题在古代思想领域具有普遍性",而且更为重要的是,它们不仅"是一种思维定势",同时"也是一种价值系统",从而对人们的行为方式构成"一种设定和规范",其中,"对士人的影响尤其突出"。总之,可以说,"阴阳组合结构对传统社会的规范有着不可估量的意义",还仍然有待我们做"深入研究"②。不过在这里,我想对阴阳组合结构的规范性意义及其有效性问题做一些必要性的厘清与讨论。

要而言之,君本-民本的阴阳组合结构与思想命题的规范性意义在于,人们只能"在君主统治之下,行民本主义之精神",这意味着尽管民本主义为"我国有力之政治理想",但"此种无参政权的民本主义,为效几何"却是大可置疑的。诚如梁启超先生所言,"我国政治论之最大缺点,毋乃在是"。③君子-小人的阴阳组合结构与思想命题的规范性意义不在于把人简单地区分为两类人,而在于一个社会的文明生活必须通过"对生活境界高级与低级的分辨","通

---

① [美]本杰明·史华慈:《关于中国思想史的若干初步考察》,许纪霖、宋宏编:《史华慈论中国》,新星出版社,2006年,第10页。

② 刘泽华主编:《中国政治思想通史·综论卷》,中国人民大学出版社,2014年,第100、102页。

③ 梁启超:《先秦政治思想史》,东方出版社,2012年,第7页。

过对品性等级高下的区分和排序"而运行,或者"由真正的贤人为其他人树立标准""让贤人有这么做的机会"乃是"文明追求的一个核心目标"①。王道-霸道的阴阳组合结构与思想命题的规范性意义在于,天下国家的优良治理理应遵循道义优先的基本原则,并主要依靠"以德服人"的王道和制民恒产、保障民生的仁政来实现治国平天下的理想目标。华夏-夷狄的阴阳组合结构与思想命题的规范性意义在于,一种合理而文明的天下秩序必须建立在对不同民族生活方式之文明与野蛮的区分和排序的基础上,并由真正文明的民族或国家(即华夏中国)为其他民族或国家树立标准。当然,正如上文所指出的,在坚持这一文明分野理想的同时,华夷之辨的规范性意义也意味着必须承认华夏中国与夷狄在文明上相互转化的可能与事实。三纲五常的阴阳组合结构与思想命题的规范性意义在于,"它告诉我们人类社会应当是什么样子"②,亦即人类社会的理想秩序就应当是居于阴位的臣、子、妻绝对服从居于阳位的君、父、夫,在此根本原则之下再通过"教以人伦"的方式使人们遵循"父子有亲,君臣有义,夫妇有别,长幼有序,朋友有信"(《孟子·滕文公上》)的道德行为规范,就可以形成一种理想而合乎天理的人类社会秩序。

毫无疑问,对古人来讲,上述阴阳组合结构与思想命题的规范性意义都是理所当然或毋庸置疑的,而且"具有广泛的和切实的应用性"③。然而在今天,对我们而言,它们还仍然有效吗?简单肯定或简单否定的态度和立场,无疑是不可取的,我们必须在对其尽可能达到完全了解的基础上做出我们自己的分析和判断,只有这样,我们才能与之划清界限而从中国传统的王权主义及其政治思维的"阴阳组合结构"中走出来。对此,刘泽华先生是从不讳言的,如先生说:"如果我们不从这种阴阳组合结构中走出来,我们就不可能登上历史的新台阶。"④那么,这是否就意味着像有些无知的学者所说的,刘泽华先生只是一位中国传统思想文化特别是儒家思想文化的全盘否定论者呢?当然不

---

① [美]克莱·G.瑞恩:《道德自负的美国:民主的危机与霸权的图谋》,程农译,上海人民出版社,2008年,第148、149页。

② [美]本杰明·史华慈:《论中国的法律观》,许纪霖、宋宏编:《史华慈论中国》,新星出版社,2006年,第44页。

③④ 刘泽华主编:《中国政治思想通史·综论卷》,中国人民大学出版社,2014年,第102页。

207

是,正如方克立先生所评析的那样:

> 这部著作(指刘泽华先生主编的九卷本《中国政治思想通史》——引者注)的最大贡献是以"权力支配社会"理论深刻揭露了中国传统社会的本质,以王权主义理论和"阴阳组合结构"深刻揭露了中国传统政治思想的本质,以及再现了观念体系、作为意识形态的传统思想文化的本质,儒家、法家思想都不例外。这样就抓住了中国政治思想史的核心和主题、主旨、主线。在这种认识框架下继承和弘扬中华优秀传统文化,就不是简单地到里面去找好东西,而是需要更加细致深入具体分析,区分精华和糟粕,把精华部分从整体结构中"解构"出来,经过批判的清理和创造性的转化,以适应古为今用的需要。包括那些为了地主阶级的长远利益、巩固封建王朝统治而行之有效的治国理政方法,比如礼法合治、德主刑辅、为政之道任人为先、治国先治吏、居安思危、改易更化,等等。事实上今天的执政党都在批判地借鉴和吸取,以形成不同于西方的治理模式。也就是说,对中国传统政治思想的本质把握,并不等于对它的全盘否定。
>
> "刘泽华学派"讲"阴阳组合结构",就是指出中国古代政治思想的内容是丰富多样的,是包含着内在矛盾的,我们要善于区分精华与糟粕,真正做到扬精弃糟,批判继承,古为今用。[①]

上引方先生的评析可以说对问题阐释得再清楚明白不过了,那就是"阴阳组合结构"之说不仅深刻地揭露了中国传统政治思想或政治思维的本质特征,而且指出了中国古代政治思想的内容是丰富多样的,其中既有精华又有糟粕,既极高明而又道中庸,这是对所研究的思想的充分而客观的了解,这一了解绝不意味着全盘否定。而为何却被误解为全盘否定呢?说到底,乃是由于误解者心理上根本觉得中国传统思想或儒家思想正确,便草率地一味要全盘肯定。正是由于有了这种心理作祟,所以才会有人汲汲于"为三纲正名",汲汲

---

① 参见方克立:《为"刘泽华学派"赞一个》,《天津社会科学》,2015年第2期,第131、132页。

于鼓吹和极力主张既不由民做主、亦不以民为本而只是为民而王的"王道政治"和"儒士共同体专政",正因为如此,所以"走出王权主义与回归王权主义已直接成为今天学术思想论争的焦点之一"①。

最后,我想强调的是,君本–民本的阴阳组合结构与思想命题在历史上的有效性,以及从王权主义和阴阳组合结构中"走出来"的参与或判断,并不意味着民本理念在过去就是根本错误的,在今天也是完全不适用的,反之,我本人赞同金耀基先生的下述主张:"阐扬中国之民本思想,涵摄西方之民治观念,俾中国的民本思想得新精神而寻出一条出路,使民主制度在中国大地生根结实,正中国现代学人所当努力之大方向,大题目。"②而且在今天,正如刘泽华先生所指出的,"只有承认政治多元化才可能走出阴阳组合结构"③,也只有通过多元文明之间的平等对话与交流互鉴才可能走出华夷之辨的阴阳组合结构,只有真正承认人与人之间法律意义上的自由平等权利才可能破除三纲的迷思、重新发扬五常的交互伦理意义。只有走出旧的双面故事,也许我们才能够讲好新的双面故事抑或多面故事。

　　本文为作者参加 2019 年 12 月 23 日在天津召开的《刘泽华全集》
　　(全十二卷)发布会暨"刘泽华学术思想研讨会"提交的论文

---

① 方克立:《为"刘泽华学派"赞一个》,《天津社会科学》,2015 年第 2 期,第 132 页。

② 金耀基:《中国民本思想史》,法律出版社,2008 年,第 199 页。

③ 刘泽华主编:《中国政治思想通史·综论卷》,中国人民大学出版社,2014 年,第 103 页。

也谈国学研究的立场和方法

——与梁涛先生商榷

李宪堂

　　最近几年来国学成为社会各界关注的热点,其实质无疑是传统文化的再评价和新发扬。随着"国学热衷派"的声势日隆,也有越来越多的学者站出来表达对这种群众性文化复古运动的质疑和忧虑。今年(2009 年)5 月份,刘泽华先生在《历史教学》杂志上发表《关于倡导国学几个问题的质疑》一文,在学界引起了较大反响。12 月 7 日,梁涛先生在《光明日报》国学版推出长篇大论《论国学研究的态度、立场与方法 ——评刘泽华先生王权主义的"国学观"》,对刘先生的观点提出商榷和批评。拜读了梁涛先生的大作,感到无论在学理研究还是在现实关怀的意义层面上,对这个问题都有进一步探讨和争鸣的必要,因为对国学的认识和评价已不再仅仅是一个关于如何继承和弘扬传统的学术问题,也是一个有关国家战略导向和社会利益分配的现实问题。

　　我不是梁先生的反对派,我赞同他"积极地弘扬传统文化"的基本主张,只是不太赞成他对"传统"的狭隘界定,不赞成他"弘扬"传统的具体途径和手段,也不赞成他为来历暧昧、身份尴尬的"国学"赋予如此沉重的使命。梁文的标题是"论国学研究的态度、立场和方法"。态度当然是端正、严肃的;立场则有点暧昧,不分析看不出作者所持的是人类的、国家的,还是利益集团的立场;涉及的方法除了原则性的"一分为二",剩下的只是含糊的"我注六经"与"六经注我"。实际上,通篇除了批驳刘先生"王权主义的国学观"(刘先生这位反专制的斗士怎么成了一个王权主义者？)基本上是在论述关于"如何认识和对待传统"的看法和主张。尽管有点与内容不符，我还是"奉和"了梁先生的题目。只是我不想就梁文的每个具体论点展开辩驳，那样容易站到与他相反的立场上去——会丧失掉论辩的共同基础而流于自说自话。我也不想讨论态度问题，我相信大家的态度都是严肃而端正的。然而态度正确并不意味着立场正确，因为人都有犯晕的时候；更不意味着方法正确，因为有时候方法会被观点所拖累。我想同梁先生一起，通过考察其立论的前提和论证的逻辑检视其结论的可靠性，进而反思，一个严肃的学者应当持怎样的立场，一门规范的学问应当采用什么样的方法，以期达成共识，使我们对这个重大问题的认识澄明起来。

一

根据梁涛先生的看法，传统是一种具有超越性的既成之物，是现实生活之当然的依据和标准。他的论据有两个：1.轴心时代的智者(具体说是原始儒家)奠定了民族自我理解的基本框架；2.文化的连续性和超越性决定了传统对现实、对未来具有永久性的指导价值。诚如荀子所言，这两条论据看起来"持之有故，言之成理"，但却是经不起推敲的。

首先，即便存在一个轴心时代，它也不能专断地划定人类思维的空间和方向，更不能一劳永逸地穷尽真理。固然，一些伟大的思想家能够超越时代的局限而把目光投向永恒，那不过是他们从自己寄身的洞穴里对万物的真相和人类的本质提出的愿望与设想。我们所知道的唯一真理是，人没有本质而只有历史，人的本质只能历史地呈现并向未来敞开，所以不会有哪个既往的时代会成为不可超越的顶峰——那样的看法违背了我们的生活实践的经验和常识，也不符合我们作为自由主体的自我期许。如果真的如雅斯贝尔斯所言："人类一直靠轴心时代所产生的思考和创造的一切而生存，每一次新的飞跃都需回到这一时期并被他重新点燃"，则我们的存在变得何其沉闷而寒酸！难道那些开启了民族心智的圣哲们本身不是传统的产物？难道轴心时代以前的漫长岁月只是一片虚无的荒野？难道现代生活成了古人思想的注脚、而人类将永远生活在少数几个天才的影子里？再者,中国的轴心时代正是庄子所谓"道术为天下裂"价值混乱时期,当时人即莫衷一是,我们又能何所执守？

其次,文化具有连续性的特点,却并不具备超越性。什么是文化？文化不是带有魔力的历史的遗留物,而是人类生存的形式与方式。人之区别于动物,在于他能为自然存在的事物赋予意义并将自己的生存安顿其上——人生存在文化中。在结构层面上,文化是人类为了安顿自己的存在而构筑的意义的网络;在功能的层面上,文化是思想与行动在其相互缠绕的过程中生成的现实建构之力。人类的历史,就是不断进行文化建构和解构的过程,在这个过程中留下种种制度和观念遗存——就像珊瑚群长成礁石,为历史赋予一种可见的连续性和稳定性,这便是传统。显然,对历史中的人来说,传统不是超越性的既在,因为他就生活在传统之中,时刻为传统所生成并生成着传统。

不断回顾和重温传统,是人类不可救药的根性之一。在进入自由王国之前的漫长岁月里,人类就像从河流奔向大海的鱼群,在天命的限定和时势之偶然的激荡里,顺流而下,时时通过精神的回溯追寻先辈的踪迹以确立自己的生存坐标。历史自觉意识的阙如,使人们很自然地把目光从现实移开而投向过去,从而将传统理解为"被证明有效的既成之物",当作评价现实的标准。当社会分化加剧、生活中充满不确定性时,总有很多人本能地求助于传统,希望从中找到力量和灵感的源泉,从而在混乱和虚无之中确立意义和秩序感;相反,当一个社会内部矛盾较小、蒸蒸日上地向未来敞开之时,传统往往被遗忘在不知什么地方,因为人们在自信而满怀热情地创造新的生活现实。

因为赋予了传统一种居于生活之外的超越性,梁涛先生得出结论:历史上的许多创新都是以"返本开新"的形式来完成的。他举了西方文艺复兴的例子,强调"创新往往经过复兴才能实现"。这实在是一种基于相似类推的"想当然"的判断。文艺复兴是反对封建神权的思想解放运动,是资产阶级新文化的兴起,而不是简单的古希腊、罗马文化的"开新"。文艺复兴运动所以能彪炳千古,是因为它是一场以新的世界观(哥白尼的天文学革命开始,培根集成并倡导的、分析的、实验的物理世界观)为基础的人的观念的革命,它的动力来于历史和人心深处,是新的社会现实的旭日喷薄。当人们强调文艺复兴时代在"肯定现世享受、崇尚个体自由和理性之美"等价值取向上与古希腊、罗马的相似性时,往往忽略了问题的另一面:作为希腊传统重要构成要素的柏拉图、亚里士多德、托勒密等人的观念与方法,是作为中世纪神学的同盟军而被新时代所扬弃的。对人类的历史做一个全面考察,我们会发现所谓"文化复兴"在多数时候仅仅是表达现实诉求的旗号,它更多地被那些即将失去历史合理性的集团当作救命的稻草。例如,袁世凯复兴过儒学,蒋介石复兴过儒学,每一次"复兴"都把社会搞得乌烟瘴气。我不知道国学派的复兴儒学运动和他们的有什么不同?但我知道,一个自信的、开放的民族是不需要乞灵于传统的,因为对任何传统的思想文化资源它都能兼收并蓄。

鉴于传统不可替代的指导作用,梁涛先生还强调"弘扬"国学和传统是"时代的需要"。那我们就要问:时代的需要是谁的需要?它是由谁来定义又如何定义的?是由谁来表达又如何表达的?作者说这个时代的需要就是"建设中华民族的共有精神家园"。难道我们这么多年一直无家可归?如果只能将家园安放在国学的故纸堆里,我宁愿一个人在荒野里流浪!所幸的是,那个糊里糊涂就被别人给"代表"了的时代已经过去了,那个宣布一下就可以独占真理的时代已经过去了,这个时代要求人们自我确立、自我负责,并在此基础上对他人、对社会有所担当。

二

对待自己民族的文化传统,一个学者应当持有怎样的立场?要回答这个问题,首先要弄明白传统对现实的真正意义,弄明白不同处境和情势下的个人对同一个传统会有怎样不同的利益诉求。

我想,传统之所以值得"弘扬",是因为人们对它有如下几种价值期待:

1.从中转化、发挥出具有未来意义的价值,奉献于人类文明的重建。
2.推行国家文化竞争战略,通过输出价值观拓展和引导市场。
3.强化民族文化认同,维护国家的统一和稳定。
4.掌握话语主导权,在社会资源和利益分配中攫取更大的份额。
5.在族类的延续和传承中确认自我,安顿心灵。

显然，第一种立场是"人类的"，第二、第三种是国家的，第四种是利益集团的，第五种是个体的。下面我们对其正当性和适宜范围分别加以剖析。

第一种立场体现着一种宗教式奉献的热忱，在我看来却大可不必。每个民族都有自己引以为自豪的传统，新的人类文明的建构将是这些不同的文化资源激荡、融合的过程。大家机会均等，公平竞争，谁的传统更具开放性、更能符合人道理想，谁的文化就能在人类新的社会现实的建构中发挥更大作用。以自由而富有创造性的生活充分展示文化的魅力，让别人来选择吧，没有必要越俎代庖甚至强人所难——"礼闻来学，不闻往教"正是我们传统的律则之一，且不可以认为"己所欲"就可以"施于人"。向世界其他国家的人们推销自己的传统，最有力的广告语言恐怕是个体成员的具体的行动，而不是张灯结彩的炫耀和张扬。如果多数中国人的行为能够表现出"传统派"们所标榜的那种文化优越性——比如天下情怀、和同意识、自由人格，等等，那些没有"伟大传统"可以"弘扬"的国家自然会"忻然向化"。因而向世界推介自己国家的文化价值的工作还是应该交给专家去做，因为那需要在长期知识积累的基础上形成的洞察力，需要将"精华"从"糟粕"中剔除出来的专业技术手段。至于各有所业的你我人等，在这个全球一体化的、多元的时代里，所应做的是面向世界敞开胸怀，在与他人的相互激发、相互协作中创造新的生活内容和形式。只要我们活得有尊严，活出风采，其他国家的人们会为我们的传统所吸引——正是因为我们生活在一个伟大的传统中，我们才具有了他人所羡慕的力量、气度和光华。

第二种立场值得尊重。在这个"丛林法则"支配下的资本的世界里，无法成为"世界公民"的芸芸众生仍然需要国家的庇护，因而国家利益理应被置于一个重要的地位。在物质文明高度发达的今天，文化越来越成为产品价值的主要来源。国家之间的文化竞争首先是一种市场争夺。通过文化输出引导消费，创造市场，理应成为国家战略的重要组成部分。我们应当努力制造出更多、更优秀的文化产品，像韩国人制造"韩流"一样制造"中国流"，但这个只能悄悄做，吆喝多了会引起反感。所以我们可以在政府主导下用大力气去挖掘、去开发，却没有必要大张旗鼓做表面文章。

至于"强化民族认同"之类政治诉求,更不应当寄托在传统文化的弘扬上。华人世界之大团圆的达成,有赖于克服传统中的"小圈子意识""帮派作风""江湖习气"之类"消极因素",在自由个体自主担当的前提下确立向未来开放的族类愿景,而不是通过"传统拜物教"收拾人心。仪式是必要的但不是必需的,把传统供起来崇拜,香火再旺盛也只是一种外在的场面。

第三种立场可以接受。社会从来不是铁板一块,存在不同的阶级和利益集团是一个天然的事实。在这个利益多元化的时代里,无论是团体还是个人的利益都应当得到尊重,以天理之大公的名义"去人欲"那是儒家的作为,而不是现代人应当信持的态度。不过,作为社会价值的阐释者,一个严肃的学者应当尽量免除集团和个人私利的影响,这是职业道德的基本要求。顺便说一句:我不知道梁先生站在谁的立场,代表了哪方的利益,我只知道他是"奉命作文",最终要论证的是"国学设为一级学科的必要性"。

第四种立场应当尊崇。历史意识的觉醒是思想解放的一个重要维度,而历史意识的觉醒必须同时是文化使命的自觉,因为人既是历史的存在又是文化的存在。当一个个体,能够沉入历史的深处面对族类的永恒,能够站在时代的峰尖去审视文化的源头,直视天命的庄严、悲剧的凄美和人性的光耀,才能体会到生命的自由、美丽和崇高,才能够脱放得下、担承得起。然而,在民族文化中反身自诚,这只是自我确立的前提,更重要的一步是通过"收拾精神,自作主宰"[1]在向世界的敞开中确立自我的价值和意义。乾坤朗朗,大道朝天,人类正在走向融合,我们岂能执守一偏?每个人都可以运用世界各种不同的文化资源,融会贯通,没有必要只认同一套现成的东西。在此,让我们记住瑞典汉学家罗多弼的告诫:"自我认同没有必要只寄托于本民族过去的文化传统,我们必须自我负责。不论是本民族的传统文化还是西方文化,都会给人们以启发,人们可以在人类共享的资源中汲取自己喜欢的要素,然后通过自我思考形成一个整体。"[2]任何民族的传统都有其积极的元素和有用的成分,这理所当然地是属于全人类的财富。当某个传统的所有者特意"弘扬"自己的存货

---

① 《陆九渊集》卷三十五《语录》。
② 《罗多弼谈全球视野下的中国文化观》,《中国社会科学报》,2009 年 12 月 10 日。

时，便成了带有利益诉求的策略性行为。当然，不排除少数人是出于"拯救人类"的高尚目的，也只能作为信念起一种大致的导向作用。

因而除了在追求现实利益时作为一种策略手段，传统是不必要"弘扬"的。被刻意"弘扬"的传统只能是表达某种现实利益的旗号——"弘扬"云云，如果不是受了私利的诱导，就是出于对正在发生的事件的无知！"弘扬派"之所以能言之成理，是因为他们把特定情势下现实操作层面的手段性问题，理解、论证为人类生存和发展的逻辑内部包含的本体性问题，而一般人不容易看透其中的奥秘。

人们所以认为传统值得弘扬是因为它耦合了现实的需要，触发了社会大众的欲求——我们所弘扬的内容其实是生成于我们生活实践中的东西，只不过借用了传统的形式而已。然而传统一旦被"弘扬"，它便被固化、被切割了，就像被供奉在庙里的神灵，剩下的只是一堆木石泥胎。这样，"弘扬"的结果很容易走向反面：对现实的误导和遮蔽——使我们的注意力离开现实的真问题而迷失在故纸堆里。人们都热衷于做场面、趁热闹，却没有多少人愿意正视传统宿命般的局限性，正视现实转化的复杂与艰难。真不知我们还要背着历史的重负前行多久？难道这个刚刚从大一统的梦境里醒来的民族，又要在天人和谐的集体催眠中沉沉睡去？是的，民族的崛起需要文化竞争力的跟进，但至少思想学术界应当保持必要的清醒，否则就会丧失对现实的警觉。对我们这个正在挣扎着想从传统中走出的民族来说，首要之务恐怕不是"弘扬"而是批判——在开始建设之前，还有必不可少的基础清理工作要做。

记得来自德国的足球教练施拉普纳曾这样教训中国的球员：如果你们不知道足球应该怎么踢，那我告诉你们，向着球门，往前踢！我也想告诉那些急于弘扬传统却不知道如何弘扬的国学派们：如果你们不知道如何弘扬传统，那就面向未来，围绕时代的中心课题，尊严而负责任地生活！

三

梁涛先生"国学研究"的主要方法就是将传统从历史中抽取出来并分解为"积极的"和"消极的"两类不同成分，然后"从正面去积极地加以弘扬"。所谓从"正面"，就是致力于宣扬、推广传统的"积极的一面"。

传统可以被从历史的存在场中抽取出来吗？要回答这个问题，我们首先要明白什么是历史，历史和传统是什么关系。

历史是什么？历史不是过去的事件的总和——那是上帝统治的领域。历史就是人类之存在的显现和展开，被人的意识所照亮的人类生存事实相互联系和演变的过程。它是在对过去的抗争中呈现出来的，在主体之自我确认的过程中被建构起来的。为了在充满敌意的世界里维持生存，为了照亮黑暗中前进的道路，为了维系住不断塌向虚无的存在的基础，人类创建了多层次的意义的结构——包括制度、符号、风习等元素的文化综合体。这种文化建构的思路、原理和风格因为代代相传或自然复制，就被称为传统。可以说，传统就是内含着文化基因的、历史的内在结构和机理，它为变动不居的人类历史性生存赋予个性形象和稳定感，也为现实中的人们自我确认、自我充实提供手段和素材。只要创造它的族权不灭，它就时刻处在"激活"状态：一方面，人和他的传统时刻处在相互生成之中；另一方面，传统不断地被重新发现、重新阐释，不断地被洗去杂质或添加新的内容。

因而从本质上说，传统是不可以从历史的作用场中"抽取"出来的——一旦抽取出来，传统就会像被解剖过的小白鼠一样死去了。当然，出于认识的需要，可以进行高度抽象，比如在人们认识和改造世界的姿态、角度和方式的层面上，将一个传统归结为体现着某个族群对自己的本质力量的理解的核心价值系统，也不是没有意义，但我们不应忘记，抽象是一种认识手段，而不是实践方式。

同样，撇开历史的、现实的内容，将传统的"积极方面"抽取出来，也只具有认识论的意义。事实上，人们所能从传统中抽取出来的"积极的"东西，只是一些有待发挥的价值信条和有待填充的概念形式而已。固然，它们曾经内含着鲜活的现实内容，但这些"精华"的文化种子只有扎根于人们生产和生存斗争的社会实践并接受了现代价值的灌注，才会重新获得生机。人们可以拿这些传统的东西去"转化""发挥"，去"返本开新"，只是不要忘了那是"旧瓶装新酒"，因而没有必要对瓶子顶礼膜拜。举个例子：儒家思想所以能大行其道，并不是它们能解决现实的人类问题，而是因为它们为人们留下了借题发挥的空间——它的每一个概念都不是逻辑上圆满的,看起来很丰满实则有待阐释者的充实,如"仁爱""和谐"这些概念,都需要以现实的内容加以填充才获得意义。所以我们可以对其中"积极"的内容进行"创造地转化",如将孟子的"民为贵,社稷次之,君为轻"阐释为"人权高于主权,主权高于政权"①,但不要忘了那是我们的观点而不是孟子的观点,这并不能说明孟子的思想就是民主的、宪政的,值得以国家的意志设立一门一级学科去"大力弘扬"。

梁涛先生还强调,"对传统文化的积极弘扬,本身就是建立在对传统的客观分析之上的,包含了对传统负面内容的批判",同时"提倡、弘扬正面的价值观"本身,"也就是对传统消极内容的批判和否定"。他举例说:"我们提倡仁爱、和谐的价值观,也就是对传统消极内容的批判和否定,就是对传统的'窝里斗''酱缸'文化的批判和否定;我们提倡民主、人权的政治理念,就是对专制政治漠视人的生命、践踏人的尊严的抗议和控诉"。这种大实话有什么意义啊?一个医生,不去研究病人致病的机理以根除病因,却致力于赞美病人体质"积极的"方面,表达对细菌和病毒的"抗议和控诉",病人会康复起来吗?尤其是当"积极的方面"的认定并不是经过对病人生理机制的剖析得出的结论、而只是根据想象和愿望贴下的标签时,这种纸面上的振振有词就只能算巫师行施的交感法术了

在现实生活中,所谓"积极的""消极的"因素是互为前提、互为因果的。在中国传统的王权大一统社会里,正是"提倡仁爱、和谐的价值观",导致了权力崇拜和"小圈子意识""窝里斗"等文化酱缸性——试想,当"仁爱"只是一种居高临下的赐予,当"和谐"只是对个体差异性的表面弥合,会产生怎样的结果?荷尔德林说,"必定使一个国家变成人间地狱的东西,恰恰是人们试图将其变成天堂"。当全国都在致力于从传统中"抽取"和"弘扬"所谓"积极的内容",以此来寄托心灵、指导实践,那"积极的内容"会变成毒药,传统也将被践踏成一片泥泞。

---

① 参考熊培云:《重新发现社会》自序,新星出版社,2010 年。

四

梁涛先生对刘先生的批评，主要提出了四条理由，下面做一个简要梳理，看一下这些理由能否站得住脚。

一是认为刘先生的"阴阳组合论"是"执其一偏不计其余"的"一分法"，而他自己那种"着力于对传统优秀部分的弘扬"的方法是"二分法"。"一分法"强调传统中消极的一面，将"历史的现实层面与文化的价值、理想层面混同起来，用前者否定后者，将后者化约到前者"。

众所周知，刘先生用"阴阳组合结构"描述中国传统政治思想的特点：每一个命题都是由一阳一阴两个方面构成的，其中阳的一面是主导性的，"阴"则是对"阳"的必要的反制和补充。如"君本"与"民本"构成一个组合命题，前者为阳，后者为阴；"民本"与"君本"相须而在，是"君本"理念的题内应有之义。显然，这种方法基于对事物内在矛盾样态的结构性描述，其基本精神是在"矛盾中陈述"，同时关注两面而抓其根本。试问这样一种具有丰富辩证法内涵又切实有效的、对思维对象的把握方式，怎么成了不管青红皂白的"一分法"？难道抛开适用的环境条件、剔除具体的历史现实内容，想当然地把传统中的"积极成分"普适化，反倒成了"二分法"？当那些"不积极"的成分被悬置、被虚化的时候，所谓"二分"跟"一分"还有什么实质的区别？

至于批判刘先生"将历史的现实层面与文化的价值、理想层面混同起来"，则实在是悬鹄以射，中而不肯。刘先生一直强调在历史的环境条件下认识问题，反对抽空了现实生活内容而无限发挥，并没有用一种庸俗的唯物主义来否定文化和道德理想的价值；他主张"在分析、再创造中汲取"传统文化的"某些养分"①，只是反对无条件无原则地对传统予以"认同"；他主张任何文化传统都有优秀的成分值得认真汲取，而现代文化只有在追求现代理想的生活实践中才能创造出来。总之，他只是强调在生活实践中创造和评判文化价值，而从来没有将两者混同起来。

---

① 刘泽华：《关于倡导国学几个问题的质疑》，《历史教学》，2009 年第 5 期。

二是批评刘先生延续了以简单进步论和阶级分析为特征的"左倾"思想,只强调文化的阶段性、时代性而忽略其连续性和超越性。

我们已经证明了,文化是人的生存方式,而人是一种历史的存在,因而文化没有超越性。至于对其连续性的把握,恐怕要以对其阶段性、时代性的认识为前提。刘先生的一些基本判断,如"经济发展的程度大体也决定了文化的发展程度",以及"(儒学)是上个历史时期的东西,从中国现代化进程看,其中固然有可取的养分,但从体系看,更多是阻力"(作者按:此句可能表达不精确,但意思是明白的),等等,是建立在对历史、对现实的严肃考究上,绝不是在套用某种过时的简单学说。倘若用心读完刘先生一百二十万字的三卷本文集,就会明白,他的观点尽管卑之无甚高论,却都是他在艰难的资料爬梳基础上、结合自己的人生经历和实践、独家体会出来的结论——可以说,他的每一个判断,都是一锤一锤的资料从岩石上敲下来的;他的每一个看法,都是一铲一铲地从历史的地层里掘出来的。与一般学者不同的是,刘先生一直有一种强烈的现实关怀,一直强调历史学家应当作为人类自我反思能力的体现者通过思索过去理解当下和未来,应当珍重自己的使命并对现实发出自己良知的声音。在其三卷本文集第三卷的弁言中,刘先生旗帜鲜明地说:"我这些文章是有针对性的,就是对现代封建主义作历史的解剖……这些'范式'相当稳定,以致可以说都形成了'定势',成了人们政治思维的当然前提和出发点,因此对人与社会具有极大的控制力,成为一种社会惰性。对这种惰性如不用极大的力量进行清理,就会'死的拖住活的',成为前进的绊脚索。"20世纪80年代在担任南开大学历史系主任时,他曾顶住压力开设了"文革史"和"人权史"两门课程,并邀请国外的人权研究专家为历史学院的师生做讲座。他认为现代社会的建设有赖于以公民意识为核心的现代文化的创造,而创造现代文化所需的思想资源是传统所无法提供的。如果说这样的社会历史观是一种"简单的进步论",则梁涛先生那种把现实生活的依据和标准寄托于过去、一定要"返本"才能"开新"的主张,岂不成了"简单的退步论"?至于说阶级分析方法,尽管由于曾经被滥用而名声扫地,迄今为止仍然不失为一种有效的社会分析工具。倘若要指责刘先生"在思想文化与社会现实之间做简单对应",只是着眼于"深挖古人思想的阶级属性",恐怕需要拿出事实依据来。

三是批判刘先生"对古代王权做了无限的夸大，将历史中的部分现象、事实当作了历史的整体甚至全部，又将复杂的文化现象还原到王权上来，想用王权主义对其一一进行说明"。

刘先生强调古代社会"政治支配经济"，王权的影响无所不在——"在时间上是永久的，在空间上是无边的"，只是在强调王权对社会的笼罩性。刘先生从来没有说古代社会除了专制主义思想就什么也没有了，在具体表述中，刘先生用的是"古代社会政治思想的'主流'或'主旨'是王权主义"这样的字眼。王权大一统思想当然是要支配一切的——从生产、生活资料到人的情感和欲望，但主观志向并不等于实际能力，两者之间当然存在空缺和缝隙。任何统治体系都不可能彻底控制所有人的思想、情感和欲望，这应当是无须论证的常识，所以，用"历史上依然可以有唐诗宋词，有四大名著，有玄学、理学，有一批思想家的涌现"来否定王权的支配性和笼罩性，实在是没什么道理的。

梁涛先生还以"政府委派的官吏一般只到县一级，且人数有限，往往只有两三人，王权以下是地方自治传统"论证王权对社会的控制是"有限的"，这是把王权政治固有的支配性和中央体制的实际控制能力混为一谈。王权主义是一个价值系统，它不仅通过国家机器贯彻自己的意志，还通过种种形式的"教化"把自己的理念播植于人心。大一统的专制王权建构的是一个向心式的有机秩序网络，有控制力薄弱的边缘，但不存在一个自主、自治的地方。且不说在历史上的许多时期建立的严密的保甲联防制度，通过乡绅将地方牢牢归置于政府的控制之下，就是在中央政府鞭长莫及的穷乡僻壤，也是王权的天然盟军——父家长权——在实施控制。所谓地方长老，不过是具体而微的国王，他的统治可能是温情的，但绝对不会是民主的。

至于王权积极的一面，刘先生从来没有否认过。刘先生的理论是一个完整的体系。从生产资料的分配入手，落实到授田制与军功制结合的历史实际，是专制王权产生、强化的途径与过程；从"道""圣""中""和""君臣"等核心概念和"天王合一与天人合一""天下为公与王有天下""君本与民本"等阴阳组合命题的解剖入手，分析了传统政治文化的内涵、要素和结构方式；从

"臣民意识"的培育、"明君清官神话"的产生、"尊君崇圣"理念的贯彻、谏议制度的实行、朋党政策的调谐等权力机制入手,分析了王权主义政治进行社会控制的手段、方式及其种种表现形态。刘先生的最终结论是,专制王权是传统社会历史地形成的一种组织结构和资源运作与分配体系;而作为其政治文化之精魂的"王权主义"或者说"君主专制主义",既是一种社会组织原则,也是社会正义的源泉和依据。

从梁涛先生一句"中国有五千年的文明,也有两千多年的专制主义"可以看出,他把专制仅仅看作人为创设的一种负面的政治体制。显然,刘先生没有对"专制王权"进行"善"或者"恶"之类定性评价,而是从本质上把它归结为一种原发性的社会秩序,承认它的文化必然性和历史合理性。

第四个理由根本就不需要反驳,因为那根本就不是事实。梁涛先生称刘先生"在对待传统文化尤其是王权问题上的偏差",是由于在"文革"中受到冲击导致的情绪化(道德义愤),这完全是一种想当然的猜测。刘先生是受到过冲击,但那种冲击是如此司空见惯,以至于对当事者本人都没产生什么印记。因为想"紧跟"却跟不上而逐渐产生疑惑而决定用自己的头脑思考,这便是刘先生以"批判"和"反思"为抱负的学术志业的缘起。

刘先生从来没有把谁作为争论和批判的目标,他只是做他认为应当做的事,思考那些不得不思考的问题。他自主沉浮,任由世人评说。然而他的存在本身就是一个巨大的"立场",他的理论不可避免地成为争论的焦点。与那些国学们盛气凌人的道德义愤相比,刘先生那洒脱而恬淡的坚守难道不更能体现着思想的自由和尊严?

五

最后,也来谈一下国学。

梁涛先生如此卖力地弘扬传统,主要是为了替他热衷的国学争一个名分,但什么是国学,梁涛先生并没有给出说明。他提到了章太炎倡导的旨在"激动种姓、增进爱国热肠"的"国粹学",也提到了胡适主张的以"再造文明"为目的的"国故学",却没有将两者各自的短长利弊做出评价,也没有说明它们和当今走红的国学是什么关系。他自己则在"国学"和"儒学"之间随意跳来跳去,给人一种"国学就是儒学甚至就是先秦孔孟之学"的印象。

据刘梦溪先生研究,国学这个概念出现于20世纪最初几年,"是晚清知识分子面对域外文化的冲击,起而检讨自己的文化传统所使用的语词"①。当时由于欧风美雨破门而入,东西方文化剧烈冲突,一些具有文化担当意识的知识人士如章太炎、梁启超、胡适等感于传统飘零、文脉将绝的现状,"倡国学以激发种性的文化自觉"。他们理解的国学,基本上是"国粹之学"和"国故之学"。"国粹"这个概念来于日本明治维新时期,本指民族性、民族文化精髓,即一国独有的、他人难以模仿的文化特性,后来更多的指承载着这种特性的物质产品;"国故"则指民族历史文化的一切遗产。如梁启超在1902年写给黄遵宪的信中,主张"取旧学磨洗而光大之",以"保存国粹"进而"养成国民";章太炎以"独欲任持国学"为职志,多次举办国学讲座,其学问领域主要在于传统的小学和经学;胡适在《国学季刊》的"发刊宣言"中直接将国学定义为"国故之学":"'国学'在我们心眼里,只是'国故学'的缩写。中国的一切过去的文化历史,都是我们的'国故';研究这一切过去的历史文化的学问,就是'国故学',省称为'国学'";马一浮则将国学直接定义为"六艺之学"。可见,所谓"国学",出身本低微,身份亦尴尬,是特定时代特定情势之下的产物,一开始就承担了难以承担的沉重使命——所谓发煌国学,实在是为传统招魂。当然,在逆潮流而动的表象背后,这些国学先驱者们的努力起到了反制全盘西化、凝聚民族精气的作用。他们孤寂中的志向,苍凉处的自信,还是令人感佩的。

20世纪90年代,在理想主义的激情风流云散的一片空旷里,在现代主义、后现代主义"交相战"的思想迷茫中,在全民经商的世俗氛围内,国学随着海外新儒家的归来再度进入了人们的视野。来于历史远处的书香气给久违传统的人们带来一种似曾相识的亲切感。他们像外出谋生的流浪者突然发现埋藏在家中的珍宝那样既欣喜又惊奇地接受了这种古老的时髦。这个时期围绕国学展开的争论不乏意气成分,但基本上没有沾染太多的功利因

---

① 刘梦溪:《论国学》,上海人民出版社,2008年,以下所引皆出于此书。

素。进入 21 世纪后，一方面，随着国势的隆起和民族主义的发酵，重拾传统以恢复民族自信心成为大众性的心理需求；另一方面，体制内科研经费的增加使资源分配的争夺日趋激烈。于是与民间竞相制造"国学大师"同时，许多大学、科研机构纷纷参与了国学的圈地运动，致使国学成了一个烟雾缭绕的大坛场；各种不同的国学概念杂然并出，大的可以包罗五十六个民族的文化遗产，小的则限于传统的文字训诂和经典之学。在有些人那里，国学被径直等同于"儒学"；在另外一些人那里，国学则是派头十足的"国家之学"。

作为一门学术，国学能否成立？对此，思想学术界一直存在激烈争论。认为国学祸国殃民，主张挫其骨扬其灰者历来大有人在，如 20 世纪 20 年代何炳松先生曾发表《论所谓"国学"》一文，号召"中国人一致起来推翻乌烟瘴气的国学！"当今学者李零先生称"国粹"多是"国渣"，国学"是个混乱概念"，就是"国将不国之学"。①就是堪称国学大师的马一孚、钱穆等人也主张谨慎地使用这个概念。钱穆先生在其所著《国学概论》中，直截了当地说："学术本无国界。国学一名，前既无承，将来亦恐不立。"胡适倡导整理国故，其实是用西方的方法整理中国的文化遗产，他当时提出的主张是"文学的归文学，哲学的归哲学，史学的归史学"。可见国学是先天不足，后天多损。北大、清华在 20世纪 20 年代都曾设立过国学门或国学研究院，但很快又都关门歇业。主要原因恐怕还是在现代学科体制建立后，国学已成了大而无当的阻碍之物。

我个人的意见是，可以在狭义的范围内、按照约定俗成的原则，审慎地使用"国学"这个概念——比如可以把它界定为以古代文字和元典为对象的传统学术。（即便这样，也会遇到一些难以解决的问题，比如研究古代文字、音韵要不要采用现代西方的比较语言学理论？如果拒绝采用，岂非划地自限？如果采用了，岂不成了"不中不西"之学？）为了表明"弘扬"的态度，出于管理和研究的便利，各个学校根据自己的实际情况也可以设立国学院、国学研究所之类的专门机构——可以把它们看作一个筐，不论什么只要差不多合适就可以装进去。至于成立国学一级学科，我看实在弊多利少，因为那样

---

① 李零：《传统为什么这样红——二十年目睹之怪现状》，2007 年 4 月 19 日中国人民大学清史所演讲稿。

会对现有的学科体系造成巨大冲击,导致教学和管理的混乱。目前采用的学术分科体系无疑存在着严重弊端,比如说它导致了研究视域的条块分割,不利于通才的培育和成长,但倘要用一锅炖的"国学"去代替它,只会使事情变得更糟。

对那些借"弘扬"之势、一心要使自己的"国学"挤进体制之中,抢占资源分配之要津的"意不在酒"的"醉翁"们,我想请他们重温一下忧郁的思想者王小波那黑色的嘲讽:"(国学)这种东西实在厉害。最可怕之处就在那个'国'字。顶着这个字,谁还敢有不同意见……它的诱人之处也在这个'国'字,抢到这个制高点,就可以压制一切不同意见;所以它对一切想在思想领域里巧取豪夺的不良分子都有莫大的诱惑力。"

让我们以知识者的良知去抵抗"国学"的诱惑。

本文部分内容原载《光明日报》,2010 年 1 月 25 日

传统的本质、意义与局限

——关于国学价值评估问题的思考

李宪堂

最近几年来国学成为社会各界关注的热点。"国学热衷派"的理由是,倡导和研究国学,可以弘扬民族传统的优秀文化,加强国家凝聚力,增大国际影响力,提升民族自信心。①此类观点正如荀子所言"持之有故,言之成理"(《荀子·非十二子》),且合乎大众愿望,因而追捧者日众,但也有越来越多的学者站出来表达对这种群众性文化复古运动的质疑和忧虑。②传统到底是什么?它对现实和未来的意义何在? 在"大力弘扬"的热潮下如何认识它固有的局限?在"取其精华"的操作中如何把握理性的分寸?对这些被思考了很久的问题予以进一步探讨的需求正日趋迫切,因为人们认识传统的深度与社会生活展开的程度正向相关。随着因国家崛起导致的民族主义情绪的发酵,随着因社会分殊化引起的利益多元化的加剧,对国学的认识和评价已不再仅仅是一个关于如何继承和弘扬传统的学术问题,也是一个有关国家战略导向和社会资源分配的现实问题。通过对传统之本质的深入思考为日甚一日的国学热确立一个理性的限度,从而保持对正在发生的事件的觉知和关注,是当今学界义不

---

① 参见《国学是一门学科》,《光明日报》,2009 年 10 月 12 日;《论国学研究的态度、立场与方法——评刘泽华先生王权主义的"国学观"》,《光明日报》,2009 年 12 月 7 日;《大学四校长"国学学科问题"高端访谈》(上),《光明日报》,2009 年 12 月 21 日等文章。

② 参见刘泽华:《关于倡导国学几个问题的质疑》[《历史教学》(高校版),2009 年第 5 期],李零:《传统为什么这样红——二十年目睹之怪现状》(2007 年 4 月 19 日中国人民大学清史所演讲稿),等等。

容辞的职责。

一、传统的本质与功能

无论是传统的热衷派还是反对派，都不能否认这样一个事实：作为一种历史形成物，传统作用于我们当下的实践中，是我们生活世界的有机构成部分。因而要理解什么是传统，首先应当理解人之存在的现实是如何建构的？在规定人类生活世界的两个向度——历史和文化——中，传统发挥着什么样的作用？而要回答这样的问题，就必须进一步追问：什么是历史？什么是文化？什么是人之为人的本质？

哲学家总是企图在"存在"的层面上定义人的本质，那只能是一种悬空的自我设定。其实，人没有本质而只有历史。一方面，人的本质是开放的、处在不断生成的进化之路上，总是涵载具体的历史内容而展开并呈现出来；另一方面，历史构成了人类存在的先验形式：人的生命不是一个自然事实，而是一个社会现象，是由包括前人积累的经验在内的生活经验形成的意义结构——族类的历史先验地形成了我们生命的内在。历史是人的自我之确立和展开的场域，也是意义（文化）传承的机制与过程。人类因为有了历史而有了未来，因为有了文化而告别了洪荒。

那么什么是历史？人们总是想当然地将历史定义为"过去的事情"。如此一来，便割断了历史与现在的联系，将人的历史推入只有上帝才能洞悉的"过去的深渊"。历史不是过去事物的总和——那种总体性的"过去"只是人的历史得以呈现的支持性背景。历史是人的属性，是人类之存在的显现和展开，是被人的意识所照亮的人类生存事实相互联系和演变的过程。一旦人类不再存在，世界将陷入沉寂而虚无的永恒——自然物之单调而循环往复的变化不属于历史的范畴。可以说，历史是在对过去的抗争中呈现出来的，是在人类自我确认的过程中建构起来的。人既是历史的主体，又是其历史的产物——历史是流衍性与建构性的统一。

众所周知，人类经历了漫长的时期才从自然中脱胎出来，历史意识的觉醒是人之为人的标志，因为那意味着人类获得了一般动物所不具备的、超越了"当前"的局限而自我确认、自我规划、自我期许的能力。这种能力体现为以下三个方面：第一，通过记忆和记忆能力的维持，撑起人类精神活动的空间；第二，在过程之中将相互联系的事物进行意义关联，构建起评价事物和确认自我的坐标；第三，将个体的存在系连于族类的永恒，据以规划前进的方向和目标。可以说，历史建构的过程就是文化创造的过程。

什么是文化？文化是人类"耕作"、驯化自然的手段与方式，也是人类安顿自己的手段和方式：为了在充满敌意的世界里获取生存的资源，为了照亮黑暗中前进的道路，为了维系住不断塌向虚无的存在的基础，人类在代代相承的累积中创建了多层次的意义的结构——包括制度、符号、风习等元素在内的整个意义系统。在结构层面上，文化是人类为了安顿自己的存在而构筑的意义的网络；在功能的层面上，文化是思想与行动在其相互缠绕的过程中生成的现实建构之力。从根本上说，文化就是人类存在的根本形式。

历史意识的觉醒是文化建构的前提（人类首先关心的是自己的行为前后关联的结果，然后是与它者的关系，再后才是对自己在宇宙中的地位和本质力量的思考），对历史的觉知和想象是支撑文化网络的第一根经线。文化在历史中生成并延续，在新陈代谢中形成具有稳定性的结构，在新旧相摩中留下具有代表性的物品。呈现在这些结构和物品中的意义建构的思路、原理和风格因为代代相传或自然复制，就被称为传统。

可以说，传统就是内含着文化基因的、历史的内在结构和机理，表现为体现一个文化之特性的价值倾向及其表达风格。作为一种内在的程序原理，它为变动不居的人类生存赋予个性形象和稳定感；作为一种外在的样式或范型，它为现实中的人们确认自我、评价事物提供现成的标准和依据。传统是人类社会中最持久、最坚韧的组织因素。在时势的激荡下，历史会出现隆起、坎陷甚至断裂，传统总是力求荡平坎坷，贯通前进的道路。只要创造它的族群不灭，传统就时刻处在"激活"状态：一方面，人和他的传统时刻处在相互生成之中；另一方面，传统不断地被重新发现、重新阐释，不断地被洗去杂质或添加新的内容。

传统的功能体现在两个层面。首先，对社会而言，它起到一种纵向整合的作用。正如传统研究专家爱德华·希尔斯所言："与自身社会的过去割裂，就如同与现今割裂一样,都会使个人和社会失去秩序。"①作为一种自组织力量,传统是内在于社会之中的固有价值,维持着社会的统一和延续,因为社会不是瞬间存在物的集合体,它是历史地积累、架构而成的。因而"传统应当被当作是有价值生活的必要构成部分",而不是"仅仅被当作是障碍或不可避免的状况"②。凡是传统被彻底"打烂"的时期,都呈现为社会价值混乱、阶级矛盾剧烈的非正常态。

其次,对社会中的个体而言,它提供一种思考和行为的现成范式。作为一种"被证明有效的既存之物",它为人们日常生活中的选择和判断提供一种稳妥的标准与借鉴,不仅可以减少成本而且能够避免创新带来的风险;作为精神依恋的对象,它为不适应变化的社会分子提供一种有所归依的安全感。需要强调的是,对传统的依赖往往出于惰性和惯习,经常与理性判断无关。

对传统这种维系我们社会之统一和延续的建构性力量,我们应当致以"温情的敬意",并注意从之汲取资于创新的有益资源,但毫无疑问,它天然具有一种黏滞性:不论一个人是否愿意,它总是执着地纠缠在他所生活的环境中,这使它更多的时候作为一种阻碍创新和解放的因素而存在。由之,当人们致力于"弘扬"传统的时候,真正应当关注的现实问题往往被遮蔽了起来;而当"弘扬"仅仅被作为一种旗号使用时,传统便自然地成为反动派的盟军。

二、"弘扬"的意义与限度

传统是否应当或值得"弘扬"?能否从中将"积极的成分"抽取出来?亦即:"弘扬"的意义及限度何在?

除了上面提到的传统自然具有的两种功能外,人们根据自己现实中的需要对传统赋予了更多的价值期待——不同处境和情势下的个人与群体会有不同的利益诉求。仔细分析,人们"弘扬"传统不外乎以下几点理由:

1.从中转化、发挥出具有未来意义的价值,奉献于人类文明的重建。

---

① [美]爱德华·希尔斯:《论传统》,傅铿、吕乐译,上海人民出版社,2009年,第352页。

② [美]爱德华·希尔斯:《论传统》,傅铿、吕乐译,上海人民出版社,2009年,第354—355页。

2.推行国家文化竞争战略,通过输出价值观拓展和引导市场。

3.应对现实的价值混乱,强化民族文化认同,维护国家的统一和稳定。

4.掌握话语主导权,在社会资源和利益分配中攫取更大的份额。

5.在族类的延续和传承中确认自我,安顿心灵。

第一种诉求基于值得敬意的"全人类"立场,体现着一种宗教式奉献的热忱,在笔者看来却大可不必。每个民族都有自己引以为自豪的传统,新的人类文明的建构将是这些不同的文化资源激荡、融合的过程。大家机会均等、公平竞争,谁的传统更具开放性、更能符合人道理想,谁的文化就能在人类新的社会现实的建构中发挥更大作用。没有必要越俎代庖甚至强人所难——"礼闻来学,不闻往教"(《礼记·曲礼上》)正是我们传统的律则之一,且不可以认为"己所欲"就可以"施于人"。向世界其他国家的人们推销自己的传统,最有力的广告语言恐怕是个体成员的具体行动,而不是挑灯结彩的炫耀和张扬。如果多数中国人的行为能够表现出"传统派"们所标榜的那种文化优越性——比如天下情怀、和同意识、自由人格等,那些没有"伟大传统"可以"弘扬"的国家自然会"忻然向化"。因而正确的做法是,把向世界推介自己国家的文化价值的工作交给专家去做,因为那需要在长期知识积累的基础上形成的洞察力,需要将"精华"从"糟粕"中剔除出来的专业技术手段。至于各有所业的一般人众,在这个全球一体化的、多元的时代里,所应做的是面向世界敞开胸怀,在与他人的相互激发、相互协作中创造新的生活内容和形式。只要我们活得有尊严,活出风采,其他国家的人们会为我们的传统所吸引——正是因为我们生活在一个伟大的传统中,我们才具有了他人所羡慕的力量、气度和光华。

第二、三种理由基于国家利益的考虑,是值得尊重的。在这个"丛林法则"支配下的资本的世界里,无法成为"世界公民"的芸芸众生仍然需要国家的庇护,因而国家利益理应被置于一个重要的地位。在物质文明高度发达的今天,文化越来越成为产品价值的主要来源。国家之间的文化竞争首先是一种市场争夺。通过文化输出引导消费,创造市场,理应成为国家战略的重要组成部分。我们应当努力制造出更多、更优秀的文化产品,像韩国人制造"韩流"一样制造"中国流"。我们可以在政府主导下用大力气去挖掘、去开发，却没有必要大张旗鼓做表面文章。

至于"强化民族认同"之类政治诉求，更不应当寄托在传统文化的"弘扬"上。就当今而言，华人世界之大团圆的达成，有赖于克服传统中的"小圈子意识""帮派作风""江湖习气"之类"消极因素"，在自由个体自主担当的前提下确立向未来开放的族类愿景，而不是通过"传统拜物教"收拾人心。仪式是必要的但不是必需的，把传统供起来崇拜，香火再旺盛也只是一种外在的场面。纵观历史，我们会发现，每当社会动荡、人心浮涌之时，"弘扬""复兴"之类旗号就会被专制权力当作法器祭出，作为"定于一"的凭借或"救命的稻草"。例如，袁世凯复兴过儒学，蒋介石复兴过儒学，每一次"复兴"都把社会搞得乌烟瘴气。一个自信的、开放的民族是不需要乞灵于传统的，因为对于任何传统的思想文化资源它都能兼收并蓄。

第四种理由可以接受。社会从来不是铁板一块，存在不同的阶级和利益集团这是一个天然的事实。在这个利益多元化的时代里，无论是团体还是个人的利益都应当得到尊重，以天理之大公的名义"去人欲"那是理学家的作为，而不是现代人应当奉持的态度。不过，作为社会价值的阐释者，严肃的学者应当尽量免除集团和个人私利的影响，这是职业道德的基本要求。

第五种理由需要认真辨析。固然，历史意识的觉醒是思想解放的一个重要维度，而历史意识的觉醒必须同时是文化使命的自觉，因为人既是历史的存在又是文化的存在。一个个体，只有当他能够沉入历史的深处面对族类的永恒，能够站在时代的峰尖去审视文化的源头，直视天命的庄严、偶然性的残酷和人性的光耀，才能体会到生命的自由、美丽和崇高。然而在民族文化中反身自诚，这只是自我确立的前提，更重要的一步是通过"收拾精神，自作主宰"[①]，在向世界的敞开中确立自我的价值和意义。乾坤朗朗，大道朝天，人类正在走向融合，我们岂能执守一偏？每个人都可以运用世界各种不同的文化资源，融会贯通，没有必要只认同一套现成的东西。正如瑞典汉学家罗多弼对我们国人的忠告："自我认同没有必要只寄托于本民族过去的文化传统，我

[①]《陆九渊集》卷三十五《语录》。

们必须自我负责。不论是本民族的传统文化还是西方文化,都会给人们以启发,人们可以在人类共享的资源中汲取自己喜欢的要素,然后通过自我思考形成一个整体。"①任何民族的传统都有其积极的元素和有用的成分,这理所当然地是属于全人类的财富。

由此可见,除了在追求现实利益时作为一种策略手段,传统是不必要刻意"弘扬"的。被刻意"弘扬"的传统只能是表达某种现实利益的旗号——"弘扬"云云,如果不是受了私利的诱导,就是出于对正在发生的事件的无知!"弘扬派"所以能言之成理,是因为他们把特定情势下现实操作层面的手段性问题,理解、论证为人类生存和发展的逻辑内部包含的本体性问题。

人们所能"弘扬"的传统,只能是一些有待发挥的价值信条和有待填充的概念形式而已——传统是不可以也不能够被"全面复兴"的。如前所论,传统天然具有两面性:建构性与阻滞性。在性格上,传统毫无疑问是偏向于保守的,更多的时候表现为对现实的阻碍。为了绕过这一壁障,传统的热衷派们很自然地将传统文化的内容分为"积极的"与"消极的",抑或"精华的"与"糟粕的"两种不同的成分。除了极少数以信仰取代理智的"传统原教旨主义者",主张"弘扬"传统的人都以"取其精华,弃其糟粕"这种看起来绝对正确的"辩证法"的"一分为二"相标榜,以表明自己的做法有益而无弊。

传统可以被从历史的作用场中抽取出来吗?答案当然是否定的,因为作为社会纵向整合的内在结构要素,传统是与现实血肉相关的"活"的东西,一旦"抽取"出来,它就会像被解剖过的小白鼠一样死去了。当然,出于认识的需要,可以进行高度抽象。比如在人们认识和改造世界的姿态、角度和方式的层面上,将一个传统归结为体现着某个族群对自己的本质力量的理解的核心价值系统,也不是没有意义,但我们不应忘记,抽象是一种认识手段,而不是实践方式。

因而撇开历史的、现实的内容,将传统的"积极方面"抽取出来,只具有认识论的意义而缺乏实践价值。固然,人们能够从传统中抽取一些"恒常性"的因素加以创造性的发挥,但"恒常"的东西只有进入世界之中,获得历史的现实的内容,才能实现其具体的本质,否则就只能是一些空洞的信条和有待填

---

① 《罗多弼谈全球视野下的中国文化观》,《中国社会科学报》,2009 年 12 月 10 日。

充的概念而已。就是说,那些被"抽取"出来的、曾经内含着鲜活的现实内容的"精华"的文化种子只有扎根于人们生产和生存斗争的社会实践并接受了现代价值的灌注,才会重新获得生机。人们可以拿这些传统的东西去"转化""发挥",去"返本开新",只是不要忘了那是"旧瓶装新酒",因而没有必要对瓶子顶礼膜拜。儒家思想之所以能大行其道,并不是它们能解决现实的人类问题,而是因为它们为人们留下了借题发挥的空间——它的每一个概念都不是逻辑上圆满的,有待阐释者的充实,如"仁爱""和谐"这些概念,都需要以现实的内容加以填充才获得意义。所以我们可以对其中"积极"的内容进行"创造地转化",如将孟子的"民为贵,社稷次之,君为轻"阐释为"人权高于主权,主权高于政权"①,但不要忘了那是我们的观点而不是孟子的观点,这并不能说明孟子的思想就是民主的、宪政的。

在现实生活中,所谓"积极的""消极的"因素是相须而在且互为前提、互为因果的。例如,在中国传统的王权大一统社会里,正是"提倡仁爱、和谐的价值观",导致了权力崇拜和"小圈子意识""窝里斗"等文化酱缸性——试想,当"仁爱"只是一种居高临下的赐予,当"和谐"只是对个体差异性的表面弥合,会产生怎样的结果?当人们都在致力于从传统中"抽取"和"弘扬"所谓"积极的内容",以此来寄托心灵、指导实践,那"积极的内容"会变成毒药,传统也将被践踏成一片泥泞。

人们之所以认为传统值得弘扬是因为它耦合了现实的需要,触发了社会大众的欲求——我们所弘扬的内容其实是生成于我们生活实践中的东西,只不过借用了传统的形式而已。然而传统一旦被"弘扬",它便被固化、被切割,就像被供奉在庙里的神灵,剩下的只是一堆木石泥胎。这样"弘扬"的结果很容易走向反面:对现实的消解和遮蔽——使我们的注意力离开现实的真问题而迷失在故纸堆里。人们都热衷于做场面、趁热闹,却没有多少人愿意正视传统宿命般的局限性,正视现实转化的复杂与艰难。是的,民族的崛起需要文化竞争力的跟进,但至少思想学术界应当保持必要的清醒,否则就会丧失对现实的警觉。对我们这个正在挣扎着想从传统中走出的民族来说,首要之务恐

---

① 参见熊培云:《重新发现社会》自序,新星出版社,2010年,第8页。

怕不是"弘扬"而是批判——在开始建设之前,还有必不可少的基础清理工作要做。

不断回顾和重温传统,是人类不可救药的根性之一。在进入自由王国之前的漫长岁月里,人类只能在天命的限定和时势之偶然的激荡里摸索前进的道路,因而需要时时通过精神的回溯追寻先辈的踪迹以确立自己的生存坐标,寻求评价现实的依据和标准。当社会分化加剧、生活中充满不确定性时,总有很多人本能地求助于传统,希望从中找到力量和灵感的源泉,从而在混乱和虚无之中确立意义和秩序感;相反,当一个社会内部矛盾较小、蒸蒸日上地向未来敞开之时,传统往往被遗忘在不知什么地方,因为人们在自信而满怀热情地创造新的现实生活。一个自信的、开放的民族是不需要乞灵于传统的,因为对任何传统的思想文化资源它都能兼收并蓄。

三、关于国学价值之评估的思考

古代王权大一统社会"家天下",只有天下学、帝王学而没有国学。国学的出现是鸦片战争后传统文化对大举入侵的西学抵制、反击的结果。洋务运动派主张的"中学为体、西学为用"已发其端倪。迄今为止,"国学热"已经经历了三次较大的浪潮。

第一次是20世纪二三十年代。当时由于欧风美雨破门而入,东西方文化剧烈冲突,一些具有文化担当意识的知识人士如章太炎、梁启超、胡适等感于传统飘零、文脉将绝的现状,"倡国学以激发种性的文化自觉"。第二次出现于20世纪90年代。这次热潮涌动的是久已疏离了传统的人们无所归依的文化乡愁。第三次是进入21世纪后直到现在。随着国势隆起背景下的民族主义的发酵,重拾传统以恢复民族自信心成为大众性的心理需求,国学成了一个烟雾缭绕的大坛场,被赋予了许多功利的、情绪性的诉求。

章太炎等第一代国学派是以传统守护人的姿态去"大力弘扬"的,国学的价值对他们来说是不需要论证的。经历过"文革"的传统反叛和马克思理论洗礼的现代国学派为自己辩护的主要工具是"一分为二"的"辩证法"。他们认为中华传统中内涵着积极的、恒常性、普适性的内容,把这些"精华"的因素提取出来加以"发扬光大"，既是国家发展的现实需要，也是人类文明建设的必然要求，因而发煌国学以弘扬传统乃是当务之急。撇开关于国学的范围、意义，以及作为一门学术能否成立的各种争论不谈①，就算它像某些论者所认为的那样，是传统文化的最主要载体和弘扬传统的最有效手段，那我们还应当追问：确认和评估其价值的方法与原则是什么？是否就是"一分为二"的"取其精华，弃其糟粕"？

将辩证法的丰富内涵化约为"一分为二"，完全是一种简单化乃至庸俗化的理解。"一分为二"永远是正确的，只要回避了实践对"如何分"的追问——区别"精华"和"糟粕"的标准是如何制定、由谁制定的，"一分为二"如何操作，是"扣其两端"取其"中"吗，则有哪些事物可以像划分线段一样确立一个中点，等等；同样，"取其精华"具有当然的正当性，只要不考虑现实中的效果翻转——倘若"国学"由大众时髦进而成为学术圣物，会不会导致对现实问题的遮蔽而成为阻碍社会进步的因素？说穿了，脱离了实践内容的"辩证法"只是一种内含着既定结论的、貌似公正的、用以宣布真理的逻辑程式：通过"一分为二"以一种居高临下的主体的傲慢确立自己的裁断者地位，然后把"积极的因素"作为神圣之物罗列出来，构筑起不容置疑的义理高地，最后把空洞的、表面上的自圆其说宣布为真理的胜利。

黑格尔的辩证法就已强调，概念必须历史地进入主体与客体的矛盾中实现自己的具体化。作为对黑格尔的扬弃，马克思主义的辩证法是世界历史中实践的、革命的原理，是对具体情境中主体与客体能动关系之作用机制的描述，关注的是事物之历史的具体性及事物间关系的动态开放性。众所周知，马克思正是在劳动的对象化和异化、异化的克服，以及人与自然的统一这个社会实践的路向上走向辩证法的。

---

① 对此，思想学术界一直存在激烈争论。认为国学祸国殃民，历来大有人在，如20世纪20年代何炳松先生曾发表《论所谓"国学"》一文，号召"中国人一致起来推翻乌烟瘴气的国学！"当今学者李零先生称"国粹"多是"国渣"，国学"是个混乱概念"，就是"国将不国之学"（李零：《传统为什么这样红——二十年目睹之怪现状》，2007年4月19日中国人民大学清史所演讲稿）。就是堪称国学大师的马一浮、钱穆等人也主张谨慎地使用这个概念。钱穆先生在其所著《国学概论》中，直截了当地说："学术本无国界。国学一名，前既无承，将来亦恐不立。"胡适倡导整理国故，其实是用西方的方法整理中国的文化遗产，他当时提出的主张是"文学的归文学，哲学的归哲学，史学的归史学"。

根据实践的辩证法,事物存在于历史性的场域中而不是线性的逻辑轨道上,它的意义不是既定的,而是体现在具体的时空位置和相互缠绕的复杂关系中;一个事物一旦进入世界,便开始了它自己也不能把握的充满机缘的行程,其间会发生断折、裂变、隆起、反转乃至最后消融于无形,它的性质在不同的时空点上会呈现不同的色彩,它对人类的价值只体现在人类解决现实课题的具体实践中。同样,作为人类历史性生存的原则和方式,任何文化传统都处在不断的遮蔽和再阐释、解构和再建构的过程之中,不存在凌驾于历史性之上的超越性,不存在恒常不变的"种子"或"精华"。就中华传统来说,它是我们民族成长过程中生存需求、自然选择、路径依赖等多种因素综合作用的结果,它永远是一个向未来敞开的形成中的事物。

实践的辩证法还告诉我们,任何事物都努力成为它自己,同时又都内含"它所不是"的东西,在其发展变化的过程中,会由于其自身的内在原因产生出自身的否定,或者在内外因素的综合作用下走向自己的反面。因而历史从来不搞全盘"继承"或彻底"撇开",也从来不做零打碎敲的"析取",它是在多重的辩证否定中发展演化的。当我们根据"国家或时代的需要"去"弘扬"传统时,不应当放弃这样的追问:用什么样的技术把"积极的方面"抽取出来?如何保障"弘扬"的结果不会走向它的反面?认为只要弘扬"积极的方面"就不会产生消极的后果,这本身就是对辩证法的违背。

对国学的价值评估不依赖"辩证法"的来回掂量,而要看它能不能理论化为系统的学问,能不能解决现实的问题。若认为传统凋零导致世风颓弊,只有弘扬国学才能拯救文化、振兴国家,实在是书生之见!对一个自信、自由而富有创造力的群体来说,它只是一套华丽而笨重的行头,因为内心的律则和现实的指令足以为他们的生活提供坚实的依据与标准。国学拯救不了传统,传统也不需要拯救,需要拯救的只是我们正在退化的、作为自觉的历史主体的热忱与良知!

总之,我们不应否认传统文化含有许多积极的内容,也不应反对"对传统进行创造性的转化与开新"。我们要反对的是把传统奉为拜物教的对象,反对在未经基础清理的情况下建造迎合民族虚荣心的形象工程。认为只要坚持"二分法"就能放心大胆地"弘扬",是一种机械唯物主义的想当然。正确的做法是,服从于实践的辩证法,把握时代的根本,关注现实的课题,把伦理、道德问题与战略、策略问题分开处理,把群众性的精神需要和集团、个人的利益诉求区别对待。而不论什么情况下,我们都不应忘记,思想者应当捍卫批判的立场,在风尚的熏染和利益的纠缠下要保持应有的警觉,因为对传统的"弘扬"过度会导致对现实真问题的遮蔽和消解。

原载《天津社会科学》,2010 年第 3 期

王权主义反思学派的理论与方法

李宪堂

　　王权主义反思学派是 20 世纪 80 年代以来,中国思想史研究领域涌现出来的一个特色鲜明的学术群体,该学派以刘泽华先生为核心,有共同的史学观、共同的方法论,基本一致的价值取向和学术研究旨趣。在刘先生的引导、带动下,该学派的各位成员从不同角度和侧面展开对中国思想文化史特别是中国政治思想史的研究,丰富了由刘先生创立的王权主义批判理论①,成为当代中国学界一个旗帜鲜明的方面军。

　　王权主义批判理论是一个完整的体系,它以"王权"和"王权主义"为核心概念,以"权力支配社会"为核心命题,以强烈的历史批判意识和现实关怀为基本价值取向,为中国古代史和传统文化研究提供了一个切实可用的宏观阐释框架。在 20 世纪 90 年代以来的多次意识形态论战中,在与种种新儒家和国学派的争辩中,这一理论表现出了令人信服的历史与现实解说能力,因而获得了越来越多的国内外学者的认可。本文力图对王权主义批判理论做一个系统的概括和说明,以此就教于海内外大方之家。

---

　　① 李振宏先生在国内第一个以"王权主义学派""王权主义理论"命名刘泽华学派及其理论,如果把"王权主义"理解为标志性而非限定性意象,似乎也未尝不可,但显然这种命名容易给不了解刘先生学术的人造成误解。我个人观点,可以把学派标识为"反思",理论突出其"批判",由主体之反思而发为理论之批判,则里表辉映,名实相洽。

一、王权主义批判理论的概念体系

"王权主义批判理论"是围绕王权在古代社会的核心地位和支配性功能建构起来的。"王权"和"王权主义"是其核心概念。前者是指中国传统社会中由最高统治者独占、独享的一种笼罩性社会支配力,体现为传统社会的结构形式和运作机制,后者则是前者赖以维系的根本价值理念,体现于作为传统社会之意识形态的符号意义系统。以"王权"和"王权主义"为核心,王权主义批判理论建立起了一个充实而自洽的概念体系。

1.核心概念之一:王权

王权又称君权、皇权,是对现实中的国王、皇帝、君主之权力的抽象。皇权是它的主要形态。因为君主和皇帝都是一般意义上的"王",故以"王权"概而言之。不同于西方历史上的各种暴君所体现的非常态的政治强权,中国传统的"王权"是一种基于原生秩序的"合法"统治形式。它建立于社会组织是一个穹宇式的等级结构体系,见之于利益分配是一个运作生产、生活资源的秩序生成机制。王权有以下特征:

(1)整体性

王权是一个排他的整体性存在,可以被仿制、被克隆但不可被分割,一切权力机构都是王的办事机构或派出机构,不存在独立的宰相权和监察权;一切社会性权力比如宗族权、地方乡绅的治理权等都是王权具体而微的复制品。

(2)绝对性

王权是绝对的,拥有一个唯一的、不容置疑的合法性源泉,这就是"天"或"天道"。在现实中,王权是至上的,没有任何有效的、有程序的制衡力量,无须经过任何中介,直接凭借武力便可以拥有与支配天下。[1]

(3)无限性

王的权力是无限的,像穹宇一样笼罩一切,统天、地、人、物为一体,像天道一样在时间上是永久的,在空间上是无边的;王的权位是终生的和世袭的。[2]

---

① 参见刘泽华:《中国的王权主义:传统社会与思想特点考察》,上海人民出版社,2000年,第3页。
② 参见刘泽华:《中国的王权主义:传统社会与思想特点考察》序言,上海人民出版社,2000年,第3页。

刘泽华先生用"伞盖式权力体系"来描述王权对社会的笼罩性："在多种社会结构中，王权体系居于主导地位"，"在社会诸种权力中，王权是最高的权力"[①]；"官僚权力体系支配整个社会，皇帝的意志通过官僚权力体系直达社会所有的成员，并实现人身占有与支配"，因而"所有的社会成员都是皇帝的纳税者和服役者"。[②]

关于王权的合法性来源，刘先生强调的是天、道、圣、王的"四合一"。"天"是威严又仁慈的宇宙主宰，是包括人在内的世间万物的养育者和看护者，王者作为"天子"代天牧民，他的权威自然是上天赋予的；"道"或者"天道"是人之为人的根本依据，贯通天人的宇宙理则，也是世界之秩序和意义的根本；而"圣人"则是天道在人间的转达和阐释者。王权通过对"圣"的独占而垄断天道，从而获得不容置疑的绝对性。刘先生正是通过对"天人合一"与"天王合一"，"王、道相对二分与合二为一"，"王、圣相对二分与合二为一"这些复杂的组合关系的剖析入手，去揭示王权是如何建构、论说其权力合法性的。

关于王权的本质，刘先生强调，它一开始就是暴力的产物："这种王权是基于社会经济又超乎社会经济的一种特殊存在。它是社会经济运动中非经济方式吞噬经济的产物，是武力争夺的结果。"[③]王权生成于对社会资源的争夺，"权力的组合与分配过程，同时也是社会财产、社会地位的组合过程"[④]，因而"在王权形成的过程中，同时也形成相应的社会结构体系"[⑤]；同时，王权主导社会资源的再分配，"在日常的社会运转中，王权起着枢纽作用"，因而它又是"社会的一种控制和运行机制"[⑥]。

显然，在刘先生这里，"王权"不限于通常所说的权力系统，有时可以理解为"王权社会"的缩略语，"实际上就是一个社会形态概念，或者说是一种历史观"，"指称整个古代社会的运行机制、社会体制"，是一个"如同'封建主义'或'资本主义'一样的表示社会属性的理论术语"[⑦]。总之，王权既是传统社会的

---

① ③ ⑤ 刘泽华：《王权主义概论》，《锦州师范学院学报》，2001 年第 3 期。

② 刘泽华：《中国的王权主义：传统社会与思想特点考察》，上海人民出版社，2000 年，第 16 页。

④ 刘泽华：《中国的王权主义：传统社会与思想特点考察》序言，上海人民出版社，2000 年，第 3 页。

⑥ 刘泽华：《中国的王权主义：传统社会与思想特点考察》序言，上海人民出版社，2000 年，第 2 页。

⑦ 李振宏：《中国政治思想史研究中的王权主义学派》，《文史哲》，2003 年第 4 期。

结构形式,也是传统社会组织和运作社会资源的机制。

2.核心概念之二:王权主义

刘先生认为,作为一种价值理念,王权主义是传统政治文化的核心,其内容是王权至上论和王权崇拜。王权至上是从"君尊"与"臣卑"两个方向论证的,前者刘先生概括为"五独观",即君主"天下独占""地位独尊""势位独一""权力独操""决事独断"①,拥有统属、处置社会一切的决定权;后者是宣称臣民的所有生产、生活资料都来于君主恩赐,包括身体在内的一切都属于君主所有。王权崇拜指的是对王权的圣化和神化,把君主看作天道的化身、理性和正义的体现,是"沟通天人的中枢",也是"认识的最高权威和最终裁决者"。天人合一的大一统世界观和"以类行杂、以一行万"的方法论是王权主义在形而上的体现,前者论证的是王权的神圣性,后者贯彻的是"王"对万物的宰制和操作权。总之,王权主义的核心理念是:王是世界的绝对中心,整个宇宙之秩序和意义的源泉,所有资源和能量的聚集之处,所有臣民在王面前都只有工具性价值。

王权主义预设了天道的绝对性和至善性,以天地阴阳的尊卑关系,来拟构人类社会的伦理和政治关系,以此来确立天下一统的人间秩序。作为天道之化身的"王",便成了人间秩序和意义的原点。王权主义因此成为论证大一统君主专制统治之合法性的意识形态,成为社会正义的源泉和依据——比如作为其核心范畴的"王道"包含了"大公无私""天下均平""明君保民""清官治世"等理念,成为社会理性和道德的最高体现。王权主义理论的形成是中国古代社会君主政治的需要,反过来,它又巩固和强化了君主集权的统治:"在政治运行过程中,王权主义直接促进君主专制政治系统的建立和完善,是指导政治输入和输出体系即政令法规的制定与实施的理论依据……在长期的社会政治实践中,王权主义通过多种社会化渠道,直接控制和影响着人们的政治意识。"②

刘先生指出,传统政治文化的所有观念和论题都是围绕王权主义这个核

---

① 刘泽华:《中国的王权主义:传统社会与思想特点考察》序言,上海人民出版社,2000 年,第 5 页。

② 刘泽华:《中国政治思想史集》(全三卷),人民出版社,2008 年,第 24 页。

心建构的,形成一个自我证明、自我纠偏的完整的价值体系:"王权主义的体系庞大而完备,它的内在构成呈一种刚柔二元结构。刚是指王权主义的绝对性而言,柔指的是王权主义的内在调节机制"①,诸如"以民为本""从道不从君""社稷为重君为轻"之类警诫、约束君主的理论和主张,都是王权主义价值体系的题内应有之义,而这正是它得以延续两千年的生命力之所在。

3.王权主义批判理论的概念体系

围绕着"王权"和"王权主义"这两个核心概念,王权主义批判理论针对王权产生的过程与机制、王权之渊源与合法性证明、君主专制社会的秩序建构原理与资源分配机制、专制主义的正义理论与社会治理思想、专制主义意识形态的基本理念与价值取向、传统思维方式的特征与缺陷、传统文化的局限与未来可能性等不同层面的问题,构筑了一个独具特色的概念体系,其中最主要的有:穹宇式权力体系、权力支配经济、权力的地产化、士人–地主–官僚循环圈、权力依附结构、"道""王"合一与相对二分、"圣""王"同体、"天""道""圣""王"四合一、王权主义的刚柔结构、阴阳组合结构、政治文化化与文化政治化、知识的生产与权力的生产、君主独尊论、臣民卑贱论、主奴综合人格、臣民的罪感意识、片面化的人、道德自我的镜像、王道主义的乌托邦、明君清官神话、贪污的必然性与必要性、王权与社会的矛盾、阶级–社会共同体、边际平衡的思维方式、"尊君–罪君范式""实践的辩证法",等等,涉及从社会历史观、人性论、社会治理思想、思维方式与方法论等各个层面。

二、王权主义批判理论的核心命题与理论框架

"权力支配社会",这是王权主义理论的核心命题,它来于刘先生对中国历史和传统之本质的基本判断。规模宏大的王权批判理论就是围绕着这一命题建构起来的。

1.权力支配社会:王权主义批判理论的核心命题

其主要内容刘先生表述如下:"在社会生产力发展缓慢的历史时期,在生

---

① 刘泽华:《中国的王权主义:传统社会与思想特点考察》,上海人民出版社,2000 年,第 141 页。

产力没有突破现有的社会关系以前,社会的运动主要还是受日常的社会利益矛盾驱动的……在长达数千年的中国传统社会中,经济利益问题主要不是通过经济方式来解决,而主要是通过政治方式或强力方式来解决的",中国传统社会就总体而言"不是经济力量决定着权力分配,而是权力分配决定着社会经济分配,社会经济关系的主体是权力分配的产物"①,因而社会历史的整体性和规律性体现在大一统的王权主义政治文化及其制度形态的演变机制上,王权既是传统社会的结构形式,也是其运作机制和组织原则。

刘先生是从以下几个层面论证这一判断的:

(1)从王权形成的历史看

在对中央集权的君主专制形成、强化的过程深入考察后,刘先生得出了一个近乎常识却一直被教条所蒙蔽的结论:君主专制帝国是政治支配经济运动的产物。在 1981 年发表于《中国史研究》第 4 期的《中国封建君主专制制度的形成及其在经济发展中的作用》一文中,这个观点第一次获得明确的表述:

> 君主集权制与其说是某种形式的土地占有关系(国有或私有)要求的产物,毋宁说是权力支配经济,主要是支配分配的产物。权力的大小与分配的多寡成正比,所以人们都拼命地追逐权力。封建统一与君主集权就是在这种追逐权力的斗争中形成的。

刘先生进一步指出,权力对社会的塑造还体现在,它不仅创造了贯彻其意志的上层建筑,还创造了自己赖以生存的经济基础,即作为统治阶级之主体的贵族、地主,以及作为国家主要税基的编户齐民。首先,封建地主、贵族的主要成员的形成是权力支配资源分配而不是生产方式自身运动的结果,尤其是中国历史上第一代封建主的成员主要是通过政治方式发展起来的②;其次,政治因素在第一代小农形成中起了决定性作用,由国家实行的授田制是生产编户小民的主要渠道,作为"国家不断进行财产和权力再分配的基本形式"的

---

① 刘泽华:《王权主义概论》,《锦州师范学院学报》,2001 年第 3 期。
② 参见刘泽华:《从春秋战国封建主形成看政治的决定作用》,《历史研究》,1986 年第 6 期。

军功爵制造出数量巨大的中小地主和自由农民,成为秦统一六国所凭赖的中坚力量,也是秦帝国专制统治的坚实基础;再次,政治权力的再分配是封建地主再生的主要途径,它推动着士人–官僚–地主循环圈的运转,通过活化社会结构为王权统治赋予了一种新陈代谢的功能。

(2)就王权社会的结构形态和运作机制而论

通过对古代社会状况的观察和分析,刘先生很自然地得出了"权力支配社会"的结论。他说:"中国自有文字记载开始,即有一个最显赫的利益集团,这就是以王–贵族为核心的利益集团,以后则发展为帝王–贵族–官僚集团。这个集团的成员在不停地变动,而其结构则又十分稳定,正是这个集团控制着社会。"[1]这个集团既是一个政治系统,又是一个社会结构系统,它集政治、经济、文化于一体,通过控制权力控制整个社会:"古代政治权力支配着社会的一切方面,支配着社会的资源、资料和财富,支配着农、工、商业和文化、教育、科学、技术,支配着一切社会成员的得失荣辱甚至生死。在这里,从物到人,从躯体到灵魂,都程度不同地听凭政治权力的驱使"[2]。在王权的笼罩下,只有大道流行的"天下"而没有"社会"。

权力对社会的支配是通过"尊尊于一"的等级制度实现的。王权主义社会是一个由中央机制统摄的、呈现为严格的差序格局的等级制社会,等级制度本身是由政治直接造就的,因为权力的组合与分配过程,同时也是社会财产、社会地位的组合与分配过程。无论是传统社会前期根据血缘关系进行的分级封建,还是后期由国家"礼法"对士农工商的角色规定;无论是中央专制集权形成之初的军功爵制,还是秦汉以后各种不同的人才选拔方式,都是制造等级差序的统治手段。"等级制度实行的宽度与广度,标志着政治权力对人身的支配程度",因为它把人的思想和行为限定在权力所规定的礼法秩序里。"等级制及其相应的理论把王抬到了金字塔顶,并使所有的臣民变得既不自立又无自由"[3],归系于最高统治者的等级体系像一张疏而不漏的大网,把芸芸众生笼络其中。

① 刘泽华:《中国政治思想史研究之思路》,《学术月刊》,2008 年第 2 期。
② 刘泽华、汪茂和、王兰仲:《专制权力与中国社会》,吉林文史出版社,1988 年,第 258 页。
③ 刘泽华:《中国的王权主义:传统社会与思想特点考察》,上海人民出版社,2000 年,第 216 页。

权力对社会的支配直接体现在对大众生产生活资料特别是土地的支配上。"普天之下,莫非王土;率土之滨,莫非王臣",这可视为专制权力的入世宣言。专制帝王视天下为私产,通过封赏、分授、征收、罚没等行政手段,以及租税、徭役等经济措施,几乎不受限制地支配社会产品和国民福利。每一次最高权力的更替,都伴随着土地所有权的重新洗牌;每一个朝代由建立到兴盛的过程,都伴随着土地兼并程度的提升。在专制帝王统治下的中国,"土地集中的方式,主要不是'地租地产化',而是'权力地产化'"①。

权力推动着社会运转,以其强大的资源支配能力不断创造出旷世繁华,又不断因为超经济剥夺引起阶级矛盾激化而导致社会秩序崩溃,然后以王权秩序的重建开始新一轮治乱循环,这就是中国历史运动的基本规律。在《王权主义:中国文化的历史定位》一文中,刘先生特别强调了王权的这种建构和自我修复能力对古代社会之维系和演变的决定性作用:"在社会诸种权力中,王权是最高的权力;在日常的社会运转中,王权起着枢纽作用;社会与政治动荡的结局,最终还是回复到王权秩序。"可以说,专制权力对中国社会的超经济压榨和对经济规律的强行干预,是传统社会长期停滞的原因。

(3)就权力对行为和思想主体的控制而论

通过对作为传统社会文化创造者的士人之角色和人格的分析,刘先生用事实无可辩驳地证明:专制权力不仅控制人的生产、生活资料,而且控制人的身体乃至人的思想和意识,它把一切都打上自己的印记,使人无所逃于天地之间。

①权力通过控制学术控制士人的身体和生活

刘先生指出,从西周时期的"学在官府",春秋战国诸子的"干世主",到秦始皇的"以吏为师",再到汉武帝"罢黜百家,独尊儒术",以及隋唐以后的科举取士,"学"基本是由王权控制,或依附、投靠于王权,基本没有获得过独立存在和自由发展的空间。权力通过垄断知识的"买方市场"而制造对自己的需求,从而不断强化自己的统治基础,使整个知识分子群体别无选择地成为王权体系的建构者或后备军,最终儒学本身亦沦落为帝王钦定的国家意

① 刘泽华:《中国的王权主义:传统社会与思想特点考察》,上海人民出版社,2000 年,第 3 页。

识形态。①

②王权主义文化按照自己的需要实现了对士人人格的重塑

首先,它以"天道"(天理)之"大公"实现了对人之感性的统摄和对个性的压抑,并使这种整塑变成基于内在需求的自我整塑。刘先生反复强调,天道(天理)的绝对性统摄了人的个体性和独特性,王权以天道和天理为法器剥夺了人的感性,使人的生命本身成为展示真理的符号性存在。他说:"中国古代的人文思想不是把人引向个性解放和人格平等,而是引向个性泯灭,使大多数人不成其为人。"②新儒家宣称儒家士人凭道德自立,抗礼王权,刘先生通过揭示道德的本质揭示了所谓"道德自立"的虚假性。他强调在儒家那里"人间道德法规不是人类社会自身的产物,而是宇宙法则在人间的体现"③。既然道德不是个人自我立法的准则,它就不可能成为个体人格的凭借;既然王权就是落实于人间的天道秩序,对"道德"的皈依必然导向对王权的投诚——王权通过"道"和"德"的独占实现了对知识及其主体的支配。

其次,它制造并强化儒生群体的臣民意识乃至奴性意识。刘先生一针见血地指出,"绝对权威总是造就绝对服从,绝对服从总是造就绝对权威"④。君主越崇高,臣民越渺小,君主的神圣性是以臣民的卑贱性为前提的。一方面,王权主义政治文化通过三纲五常和明君圣主神话等意识形态工具清除了士人自尊、自立的诉求;另一方面,在王权的绝对性面前,士人只能安心接受自身工具性的存在价值,并把这种接受内化为精神上的需要。因之在通过自卑、自贬、自贱凸显王权神圣性的同时,于"得君行道"的幻觉里获得身心的安顿,这便是儒家士人所能采取的人生立场与姿态。

2.王权主义批判理论的基本命题和理论框架

围绕着"权力支配社会"这一核心命题,王权主义批判理论发展起了相互联系的系列基本命题和论断,从而构成了一个对中国历史和传统文化进行深入阐释的完整的宏观框架。这些命题和论断主要有:

---

① 刘泽华:《中国的王权主义:传统社会与思想特点考察》,上海人民出版社,2000 年,第 172 页。

②③ 刘泽华:《中国的王权主义:传统社会与思想特点考察》,上海人民出版社,2000 年,第 216 页。

④ 刘泽华:《中国的王权主义:传统社会与思想特点考察》,上海人民出版社,2000 年,第 381 页。

（1）王权不仅是一种权力，更是一种制度，是一个基于自然秩序的笼罩性的统治体系，它有一个绝对的中心——即垄断了"道"和"圣"的"王"——由这个中心生发的层级性的中央机制，将天下万民笼络其内。

（2）王权是基于社会经济又超乎社会经济的一种特殊存在。它是社会经济运动中非经济方式吞噬经济的产物，是武力争夺的结果。

（3）王权是君主专制社会的结构形式，也是其资源分配和动员的机制。在多种社会结构中，王权体系居于主导地位；在日常的社会运转中，王权起着枢纽作用。

（4）王权统治的社会就总体而言，不是经济力量决定着权力分配，而是权力分配决定着社会经济分配，社会经济关系的主体——王室、贵族与官僚地主是权力垄断与分配的产物。[①]

（5）王权同整个社会的矛盾，是传统社会的主要矛盾。王权的超经济剥夺是中国传统社会周期性动荡的原因。强大的自我修复能力使王权秩序在每次崩溃后都能如初重建。

（6）王权主义是传统思想文化的核心和主体，它通过对道（天理）和圣（文化）的独占垄断了真理的源泉。

（7）尊君卑臣即君主神圣论和臣民卑贱论是王权主义的核心理念；王权主义通过对思想和学术的控制实现了对人的形塑，从而不断再生产自己的统治基础。

（8）明君清官神话是王权主义国家意识形态必须具备的内容；在王权统治的社会里，贪污是社会产品分配的方式之一，是不可避免的甚至是必要的。

（9）天人合一的大一统世界观和"以类行杂、以一行万"的方法论是王权主义在形而上的体现。阴阳组合结构是王权主义意识形态的建构原理。

（10）通过民主和法治建设，实现由传统臣民社会向现代公民社会的转型，是当今社会面临的时代课题。

（11）"传统"不可以"一分为二"地抽象继承，它的理念必须进入现实之中得到时代价值的灌注才能获得生机；对传统的过度弘扬会导致对现实真问题

[①] 刘泽华：《中国政治思想史研究之思路》，《学术月刊》，2008年第2期。

的遮蔽和消解。①

（12）五四发轫的启蒙任务不仅尚未完成而且有待深化，在进行现代文明建设之前必须进行不可绕过的基础清理工作。

以这些基本命题和论述为主干，王权主义批判理论构成了一个完整的框架体系，其中既有对民族历史矛盾运动和规律的深入探讨，也有对传统文化之观念体系的系统分析，还有对传统社会之构成原理和运作机制的真切描述，尤其是揭示了以儒家为主体的传统思想与专制体制的内在有机联系、传统的局限与未来可能性等，贯通了从形而上的观念(世界观、社会观、历史观、人性论等)到经济基础和生产关系，从深层文化秩序与行为范式到思想理论、符号体系、大众意识等人类生活的各个层面。

三、王权主义批判理论的方法论

关于王权主义批判理论的研究方法，倘若一言以蔽之，可称为实实在在的"历史的方法"。所谓"历史的方法"有三个层次的含义：第一，一切由史实说话，把史料的辨析作为立论的前提——刘先生称之为"论由史出"；第二，在发展变化的过程中、在真实的结构关系和矛盾运动中判断和评价事物——刘先生概括为"在矛盾中陈述"；第三，在复杂的现实利益关系中判断和评价事物——刘先生由此归纳出"阶级–共同体分析法""思想与社会互动的整体研究法"。

1.论由史出

强调考实性认识的基础性，主张概括和推演型的抽象认识必须以严格的史实考辨为依据，这是南开史学的特色，也是刘先生从王玉哲、杨志玖等南开先贤那里继承下来的优良学风。杨志玖先生是傅斯年的学生，王玉哲先生在学术上也深受傅斯年的影响，而傅斯年是兰克史学最热心的推销者，因此可以说，王权主义反思学派的研究方法带有兰克学派的流风余韵。"有一份材料说一分话"，这是傅斯年先生的口头禅，也是包括刘先生在内的南开先贤严守

---

① 李宪堂：《传统的意义、本质与局限——关于国学价值评估问题的思考》，《天津社会科学》，2010 年第 5 期。

的信条。1989年,刘先生与叶振华在《文史哲》第1期发表《历史研究中的考实性认识》一文,指出考实性认识的一般形式是通过"存提-搜证-考求"三段式发现史料中的矛盾点与契合点以证其是非的过程,考实性认识的主要方法有比较、归纳、类推、演绎、钩沉、溯源六种。这是迄今为止国内学界对考实性研究方法的最全面深入的探索。

在考实性认识的基础上,刘先生的大弟子张分田先生提出了一种看似笨拙却能碾压一切歪理邪说的研究方法:"罗列事实研究法"。这种方法的含义是:一种或几种事实也许不足以证明一个结论的有效性,但当不同层面、不同角度的事实都指向某种统一性的内容时,相应的结论就是确定不疑的。所谓"罗列"事实并不是资料的简单堆积,而是通过事实的罗列重构、整合事件的结构、逻辑、要素和过程,即在思想体系或理论结构的整体中定位和阐释史实,从而在具体的语境中理解其真实的含义——某个结论之所以可靠是因为它在相关事实构成的整体中找到了落脚点。

关于如何通过史实的辨析和整合得出经得住考验的结论,笔者在刘先生"考实法"的基础上提出了"整体构拟还原法":通过要素的比勘、整合拟构出研究对象所属的集合体(一个历史时期或一个理论体系)的内在统一性,形成某种类似于"观念图景"或"逻辑框架"的深层结构,然后将不同性质的要素从不同角度代入这个构拟的整体性框架并反复调试,使之在凸显出所属整体之内在统一性的同时落实自己。[1]

2.在矛盾中陈述

针对学术界特别是各色新儒家们对古人的论述和观念断章取义、无限发挥的弊病,刘先生强调要在"矛盾的陈述"中清理历史事实,评判历史现象。所谓在矛盾中陈述,首先是指在发展变化的过程中,去确认和评价某个事物的历史合理性。如在谈到对王权主义的评价时,刘先生说:"王权主义在历史上有过历史的合理性吗?对此我取历史辩证法的观念来看待,君主专制主义是一种社会秩序和社会资源控制与分配体系, 它有其必然性和历史的合理性。我从来没有说过中国历史上不该有君主专制主义。在叙述历史的时候,我认

---

[1] 参见李宪堂:《天下观的逻辑起点与历史生成》,《学术月刊》,2012年第10期。

为只能用辩证分析的方式来对待,要在矛盾中陈述。"①对儒学,刘先生也作如是观,主张在历史过程中评判儒学的意义和价值,否认儒学内含着超时代的"恒常"性内容,反对根据"去其糟粕、取其精华"的简单二分法做抽象继承。

其次指的是在真实的结构关系和矛盾运动中评判事物。在此,刘先生提出了最具特色的范式性研究方法:"阴阳组合命题"研究法。所谓"阴阳组合命题",指的是相互约束、相互补充、相互说明的两个命题,构成一个完整陈述,当其中的某个命题单独出现时,需要回到这个结构中并结合具体语境才能判定它所表达的真正意义。刘先生的定义是:"所谓阴阳组合结构,是说一个主命题一定有一个副命题来补充,形成相反而相成的关系。"②他解释说:"我们的先哲几乎都不从一个理论元点来推导自己的理论,而是在'阴阳组合结构'中进行思维和阐明道理……诸如:天人合一与天王合一、圣人与圣王、道高于君与君道同体、天下为公与王有天下、尊君与罪君、正统与革命、民本与君本、人为贵与贵贱有序、等级与均平、纳谏(听众)与独断……在上述组合关系中有对立统一因素,但与对立统一又有原则的不同,对立统一包含着对立面的转化,但阴阳之间不能转化。"③

"阴阳组合结构"是中国式的辩证法,是传统政治文化中最重要的思维范式。这种组合命题避免了因逻辑的无限推演导致的极端化结论(如基督徒关于上帝能否制造一块自己也搬不动的石头之类的思辨),在专制王权理论体系内部预设了一种自我约束机制;又可以使持论者在不同的语境下根据需要有所侧重,因而它也是王权主义意识形态最主要的表达和修辞方式。它体现了传统政治智慧的中正和圆融,是打开王权主义理论奥秘的一把钥匙——既然古人是在这种"阴阳组合结构"中表述他们的意见和主张的,在研究他们的思想观念时,就应当复原他们叙说的语境,完成他们论理的架构,从而形成整体性的评价,而不是执其一偏无限发挥。

作为一种研究方法,"阴阳组合结构"符合了传统思维的建构范式和逻辑理路,使刘泽华学派在与对手论战时拥有了碾压性的优势,因为他们激活并

① 刘泽华:《答客问:漫说我的学术经历和理念》,《社会科学战线》,2004 年第 4 期。
② 刘泽华:《中国政治思想史研究之思路》,《学术月刊》,2008 年第 2 期。
③ 刘泽华:《传统政治思维的阴阳组合结构》,《南开大学学报》,2006 年第 5 期。

利用了历史自身的言说,能够更透彻地解说传统政治文化体系内部各个命题之间的关系,更能有效反击新儒家种种断章取义或就某个论题无限发挥的论辩伎俩,像一面照妖镜一样使形形色色的附会和修饰之辞顿现原形。

通过对"阴阳组合结构说"的进一步发挥,张分田先生提出了独具特色的"'尊君–罪君'文化范式研究法"。他认为传统政治文化的命题都是围绕着"尊君–罪君"这一自我圆融的核心组合结构组织起来的,并且几乎每一个命题都有与其相辅相成的副命题,像分形结构一样复制了"尊君–罪君"模式,因而张分田先生把"尊君–罪君"视为一种普遍性的"文化范式",认为"'尊君–罪君'是帝王观念诸要素相互组合的基本方式"①,因而用这个"范式"可以有效地解释传统文化的建构原理和根本特征。

"尊君–罪君"范式也是一种阴阳组合结构,由看似相反实则取向一致的两个命题构成,只是与一般阴阳组合结构说相比,"范式论"强调的是两个命题之间的圆融性而非主次、主副的绝对性,即它强调同一个论述中的阴阳命题互为根基、互为前提,构成一个不可分割的整体。如果说前者还可以看作主观性的政治智慧的体现,则"范式说"直接诉诸传统政治文化的结构和功能,因而能更直观、更现成地揭示王权主义之政治文化的本质。

3."阶级–共同体综合分析法"与"思想与社会互动的整体研究法"

表面看来,"阶级–共同体综合分析法"是刘先生针对改革开放以前片面强调阶级分析和其后完全抛弃阶级分析两种极端倾向而提出的一种"折中性"方法,其实它来自刘先生对历史之本质和历史研究之意义和可能性的深刻认识。刘先生认为,社会关系大体可以分为两类:"一类是基础性的阶级关系;另一类是'社会共同体',它比阶级关系更复杂,其中既有阶级关系的内容,又超越阶级关系。"②作为人类社会最基础的社会关系的反映,阶级分析法有其不可取代的价值,但若简单地套用阶级分析,会导致历史研究的表面和片面。因为人们不仅生活在阶级中,还生活在国家、宗族、家庭等更复杂的社会关系中,故而刘先生主张将两者结合起来,采用"阶级–共同体分析法"研究历史。其实质

---

① 张分田:《从民本思想看帝王观念的文化范式》,《天津师范大学学报》(社会科学版),2004 年第 1 期。

② 刘泽华:《分层研究社会形态兼论王权支配社会》(《社会形态与历史规律再认识笔谈》之一),《历史研究》,2000 年第 2 期。

是在真实的、多样的社会关系中认识和评价历史人物和历史现象。

"思想与社会互动的整体研究法"是刘先生针对思想史研究提出的、具有马克思主义色彩的方法论。刘先生自称是一个马克思主义者,他从马克思那里接受的影响除了经济基础决定上层建筑的唯物史观(刘先生把权力支配经济视作发展缓慢的专制制度下的特例)、宏伟的人类视野和俗世情怀、现实主义的批判的立场,还有实践第一性的认识论原则。实践是思想见之于社会的媒介。所谓"思想与社会的互动"即是强调在与人类实践的相互作用中探讨观念的生成,在与社会现实的相互需要中判断思想的价值。2001年,刘先生在《历史教学》第8期发表《开展思想与社会互动的整体研究》一文,把自己这方面的经验和体会概括为"思想和社会互动的整体研究法"。他解释说:

> 我这里所提出的思想与社会互动过程,不是一般的既研究思想又研究社会,也不是思想研究与社会研究的机械相加,而是说主要是两者的互动和混成现象。更具体地说,主要是研究如下两方面的问题,一是思想的社会化和社会的思想化过程问题;二是思想(观念)的社会和社会的思想(观念)。

在这篇文章中,刘先生把思想与社会互动的整体研究归结为十二个方面的课题,把人类社会的全部复杂性都纳入了研究的视野,从阶层、集团、个体人格到制度、文物、符号系统、表达方式等,无所不包,将分析的刀锋深入其内部的各个系统、各个层面,关注的不仅是思想理论的历史过程与内在逻辑,还有思想与社会相互生成的原理和机制。正是这种宏观把握与微观考察相结合、文化分析与史实考证相表里的研究方法,使刘先生总能摆脱教条和定论的限制,从常识中发现真理,于微尘中证见世界。

作为对"思想与社会互动的整体研究法"的拓展和深化,笔者在多年的思想史研究中总结、提炼出了"实践的辩证法"的方法论概念。所谓"实践的辩证法",意为把"辩证法"落实为实践的原理(而非抽象为关于矛盾之对立统一的形式逻辑),强调实践的第一性和中介性,主张在"观念与现实的相互生成"中研究思想史的现象和问题。"实践的辩证法"是基于新型历史观的方法论,它认为历史是在时间中展开的人类经验的体系,既是生成的也是建构的,既是记忆的又是认知的,既是过去的又是当下的。人类社会中的事物存在于历史性的场域中而不是线性的逻辑轨道上,一旦进入世界便开始了它自己也不能把握的充满机缘的行程;并且任何事物都内含"它所不是"的东西,在其发展变化的过程中,会由于其自身的内在原因产生出自身的否定,或者在内外因素的综合作用下走向自己的反面。①以实践的辩证法原理研究历史特别是思想史意味着:

(1)在主体与客体的相互纠缠中考察历史现象的生成和演进,把有关结构与功能的宏观阐释落实到观念生成的微观基础上。

(2)进入思想者的生活世界,在其现实利益关系和具体的交往结构中,在其欲望的诉求和人格形成的过程中,考察思想者的理论和主张。

(3)把歧出、断折、裂变、隆起、反转等逻辑关系看作比线性因果关系更具普遍性的事物之间的联系方式,在具体的时空位置和相互缠绕的现实利益关系中判断和评价事物——因为理论正确的在实践中不一定正确。

(4)强调人类历史是在多重的辩证否定中发展演化的,传统生成为现实又随时为现实所生成,因而不可以全盘继承无限弘扬也不可以"一分为二"地抽象"汲取",传统的价值只有进入现实情境中才能获得生机。

"实践的辩证法"力图摆脱各种形式的目的论和决定论,弥合唯物主义与唯心主义、结构主义与功能主义,以及整体主义与个体主义之间的方法论鸿沟,既强调经济基础的决定作用,又注意制度惰性的阻滞功能;既关切社会系统自我强化与平衡的机制,也考察个体与其世界相统一的方式;既强调社会现实在展开、分裂、破碎中不断增加的复杂性,也关注历史现象在其位移、隆起、反转过程中体现出来的逻辑统一。

四、余论:王权主义批判理论的学术价值和现实意义

王权批判理论是对马克思唯物史观的修正,它为我们研究中国历史和传

---

① 参见李宪堂:《传统的意义、本质与局限——关于国学价值评估问题的思考》,《天津社会科学》,2010 年第 5 期。

统提供了一套切实有效的工具，能使我们深入理解构成现实的背景和元素，以及形成"中国特色"的深层原因。

1.修正和发展马克思经典理论的尝试

刘先生自称是一个马克思主义者,这不仅是因为马克思的经典理论构成了他的学术背景,还因为同样的批判意识和现实关怀所产生的理论亲近感。尽管刘先生自己强调"王权支配社会"的论断与"经济基础决定社会基本形态"的马克思主义经典命题针对的是不同层面的问题,王权批判理论其实不是马克思经典理论的特殊适用,而是对它的修正和发展。马克思把人类社会的变革理解为由经济基础和上层建筑构成的机械系统的矛盾运动的结果,是在人的历史中取消了人的存在;刘先生把权力确认为支配社会历史的决定因素,意味着恢复了人在历史中的主体地位。

2.为中国历史和传统文化研究提供了一个切实可用的宏观阐释框架

自从马克思那种总体论的历史观与仅仅以生产力与生产关系的矛盾运动来解释历史的简单化方法淡出学者们的视野之后,国内学界特别是历史研究领域出现了日趋琐碎化的倾向。学术研究远离了社会现实的需要,从而丧失了对社会历史之深层演变的解释能力。

王权主义批判理论揭示了中国传统社会的结构形态、组织原理和运行机制,它把宏观考察落实到了微观分析上,实现了观念、制度与实践的贯通,对探索中国历史的演变机制和传统文化的根本特征,提出了一个学界急需的普适性宏观解释框架,一套能够把文化观念、思想理论与社会现象融为一体的整体性研究方法。基于历史事实的坚实论证和强烈的现实指向性,使它具有了反思和批判的力量。

原载《天津社会科学报》,2019 年第 2 期

中国政治思想史研究的鸿篇巨制

——刘泽华先生主编九卷本《中国政治思想通史》评介

杜德荣

刘泽华先生主编的九卷本《中国政治思想通史》,已由中国人民大学出版社于 2014 年 9 月出版。从其宏富完整的思想体系和宽广博大的学术视野来看,这部书不愧为研究中国政治思想史的鸿篇巨制,可以说代表了国内目前这一领域学术研究的最高水平,而且为中国政治思想史学科今后的发展指明了方向。通读这部书,能给有志于研究中国政治思想史的学者带来诸多重要的思想的启发与方法的指导。

这是第一部有统一的历史观指导和统一的方法论自觉的真正贯通性的中国政治思想通史著作。基于对于历史和现实的深刻领悟力和独到的自家体认,刘泽华先生开创了"王权主义"这一中国大历史观,它既是对中国传统政治思想和政治文化之主旨的精练概括,也是对中国传统社会的控制和运行机制的核心本质的高度理论抽象,它所揭示的就是"王权支配社会"或"政治权力支配社会"这一基本的历史事实。如何"总体把握一部中国古代政治思想史的基本脉络、主要特征和根本性质"[1],对各个时代政治思想得出比较接近历史事实的价值判断,是刘先生及其弟子们研究中国政治思想时始终关切的一个中心问题。现在,这个问题在这部九卷本的通史巨著中终于得到了圆满的

---

[1] 刘泽华主编:《中国政治思想通史·综论卷》,中国人民大学出版社,2014 年,第 20 页。

解决,从而从总体性上大大提升了中国政治思想史研究的学术水平,并再一次证明了王权主义范式在中国政治思想史研究中是极富解释效力的。

以往的思想史研究中也有多卷本的通史著作,但这些著作几乎都仅仅注重时间上的"通",既不重视历史观和著述理念上的"通",也轻忽了方法论的"通"。这部书则正好弥补了以往研究在这两方面的不足,实现了多卷本通史著作的真正贯通。一方面,这部书以王权主义史观作为指导理念对中国政治思想史进行了系统全面而贯通性的重新阐释和建构,在梳理各个历史时期的政治思想时都自觉地把它放在王权主义的分析框架下来解读,展现王权主义发展过程和表现形态。另一方面,这部书深刻认识到方法论对思想史的研究至关重要,因而格外关注和重视方法论的问题,并且归纳了一些普遍适用的研究方法,同时在著述过程中自觉地运用这些方法对各个时代的政治思想进行阐述。在长达八十多万字的"综论卷"中,作者除了梳理各个时代普遍性的政治观念和问题之外,一个主要的着力点就是解决方法论的问题。这也是这部书区别于其他思想史著作最大的特点和贡献之一。"综论卷"中概括的研究方法也成为指导后面各卷写作的基本方法,主要包括:

1."阶级–共同体综合分析"方法。刘先生认为,阶级分析方法对于我们解析社会利益问题和认识基础性社会关系仍是最有指导意义的,但必须破除过去阶级分析中给思想家贴标签、扣帽子式的僵化的、直线性的认识方法。他强调"阶级不是一种孤立的存在",与社会各种关系交织在一起,阶级与社会共同体的纠合决定了政治思想虽有明显的阶级性,但还有"超阶级"的社会性。所以在分析一种政治思想时应该运用"阶级–共同体综合分析"方法,既不简单抛弃阶级分析,又综合考察社会性因素对政治思想的影响。①不过,在整部《中国政治思想通史》的实际著述过程中,"政治"的概念仍要大于"阶级"的概念,我们很少看到作者在分析某一思想家的思想时给他冠以某个阶级的帽子。

2.思想与社会、政治与文化互动的研究视角和分析方法。思想"关联着特定的语境(社会)",同时"(语境)社会也不是与思想相分隔的",它是"思想文

---

① 参见刘泽华主编:《中国政治思想通史·综论卷》,中国人民大学出版社,2014年,第91页。

化建构的结果"。两者的互动混成现象决定了思想史的研究需要整体观照,即开展思想与社会关系的整体研究,以呈现出"思想的社会""社会的思想",以及"思想社会化和社会思想化的过程"①。刘先生等指出,在政治思想史研究中贯彻思想与社会统一的研究原则和方法的一个重要切入点,就是推进统治思想与民间社会意识的互动研究,以此深化对社会普遍政治意识的研究。以往的研究往往对统治思想与民间社会意识进行简单的二分,而很少开展二者之间的互动研究,即使在研究统治思想时涉及民间社会意识,也只是将后者作为前者的社会背景或对立物来看待。为了跳出这种狭隘研究视野的局限,就需要在研究方法上把"从上往下看"和"从下往上看"结合起来,"多层次、多视角、整体性地考察社会普遍意识发展变化的历史",着重考察统治思想与民间社会意识之间的互动关系,从而"对全社会普遍意识发展史做出深度分析和系统描写"。刘先生等还列举了统治思想与民间社会意识关系研究的几项重大课题:"历代统治集团的社会政治思想与各种社会思潮的关系""王权主义与各种社会权威崇拜的关系""官方意识形态与民众社会理想的关系""宗教的社会政治观念与主流文化的关系""统治思想与各种民间社会文化典型的关系"②。这些研究课题都十分新颖且富有理论价值和现实意义,足以启发和推进将来的进一步研究。张分田等在《中国政治思想通史·隋唐卷》中已经为我们做出了示范,该卷梳理了最高统治者的君道理论,以及著名儒家思想家的政治思想,从中展示隋唐统治思想的基本内容,同时又花了极大篇幅论述钦定儒家经典注疏与君主政治及其制度的关系,还考察了道教与佛教对社会政治观念的影响,最后又总述了统治者和普通民众的各种政治批判思想。林存光等在《中国政治思想通史·秦汉卷》中也"格外关注和重视那些人们'日用而不知'或处于常识水平的、具有一般性和普遍性的政治思想、观念与信仰"③。所有这些,都是对思想与社会互动的整体研究方法的自觉运用。

同样,政治与文化也是互动的,"政治关系就不仅仅是单纯的权力关系,它还是一种文化关系"。一方面,文化会政治化,一种思想观念或理论体系进

---

① 参见刘泽华主编:《中国政治思想通史·综论卷》,中国人民大学出版社,2014年,第49—50页。

② 刘泽华主编:《中国政治思想通史·综论卷》,中国人民大学出版社,2014年,第23—30页。

③ 林存光主编:《中国政治思想通史·秦汉卷》,中国人民大学出版社,2014年,第34页。

入一定政治体制中就会成为该体制的运行和发展的制约和改造因素;另一方面,政治又会文化化,"一定的政治制度与法律体系可以通过不断的社会化过程逐渐内化为政治共同体成员所奉行的行为准则与政治观念"①。在运用政治与文化互动的研究视角和分析方法方面,林存光的研究最具代表性。林先生早年在探讨儒学的意识形态化或儒教中国的形成问题,以及孔子形象从学者到偶像的历史变迁与转换的问题时,就曾成功地运用政治与文化互动关系的分析模式、研究方法或整体视角,具有范式创新的意义。②在《中国政治思想通史·秦汉卷》中,他依然坚持了这种政治与文化互动的研究路径,"把秦汉时期政治思想、政治文化的发展与实际的政治生活、政治现实联系起来做考察和阐述"③,如该卷第五章考察了西汉后期政治文化思潮的演进及王莽的复古改制是如何从思想观念转化为政治实践的。

3."阴阳组合结构"的传统政治思维分析方法。中国古代的王权主义是"结构性的王权主义",反映在政治思维方式上就是"阴阳组合""刚柔互补"。④刘泽华先生指出,中国古代先哲几乎都不从单一的理论原点来推导自己的理论,而所有的思想命题几乎都是在"主辅组合结构"中呈现的,有主必有辅,且主辅不能错位、转化。比如君为民主与民为国本、尊君与罪君、圣人与圣王、道高于君与君道同体、正统与革命,等等。掌握了从"阴阳组合结构"分析传统政治思想的方法,我们才能更深刻地理解传统"政治思想理念的历史实质,而不至于被某些单一观念或命题的表面意义所迷惑,从而失去对其政治思想本质的历史洞察与全面理解"⑤。这部《中国政治思想通史》在分析各个时代的君权调节理论和政治批判思潮时,都运用这种分析方法,为我们揭示了中国古代规范性、制约性、批判性思维的历史实质,从而纠正了时下文化保守主义者声称的中国固有所谓"反专制""民主""自由""宪政"传统的种种误解和歪曲。

---

① 刘泽华主编:《中国政治思想通史·综论卷》,中国人民大学出版社,2014年,第53页。

② 参见林存光:《儒教中国的形成——早期儒学与中国政治文化的演进》,齐鲁书社,2003年;林存光:《历史上的孔子形象——政治与文化语境下的孔子和儒学》,齐鲁书社,2004年。

③ 林存光主编:《中国政治思想通史·秦汉卷》,中国人民大学出版社,2014年,第30页。

④ 参见林存光主编:《中国政治思想通史·秦汉卷》,中国人民大学出版社,2014年,第639页。

⑤ 刘泽华、张分田、李宪堂、林存光:《让孔子直通古今是不现实的》,《中国社会科学报》,2014年10月29日,第A04版。

这是一部新启蒙视野下充满强烈批判反思色彩的中国政治思想通史著作。所谓"新启蒙"是相对五四启蒙运动而言的,思想史上的"新启蒙"运动简单来说就是在 20 世纪 80 年代接着五四时代未完成的任务继续深刻地反思和批判传统,清理封建主义的残余,同时反思、清算和破除"文革"时期的教条主义和僵化的"阶级斗争论"对马克思主义阶级观点的严重曲解①,刘泽华和黎澍二先生是这场新启蒙运动的两大先锋。今天,"文革"时期流行的教条主义和"庸俗阶级斗争论"早已不能再束缚我们的思维,可我们却仍然没有摆脱传统封建主义残余的影响,而且这种影响正在随着新文化保守主义思潮的甚嚣尘上而加深。因之,刘先生今天仍然坚定不移地持守启蒙立场。刘先生始终认为,弄清历史事实是一切历史研究的起点、基础和最基本任务,只有正视历史并深刻解析"现实中封建主义的由来",才能更好地认识今天和思考未来。②在这部《中国政治思想通史》中,我们几乎处处可见作者们针对当今蔚然成风的新文化保守主义、当代新儒家思潮的反思和批评,并反复强调"以儒学为主体的传统文化里面并不包含现代化和现代社会的因素",相反"传统儒学的价值准则与现代化理念是相悖的"。在"综论卷"第十二章中,我们看到了这些批判性反思和作者对传统文化基本态度的集中表达。文中以近乎触目惊心的字眼警示人们,"当代中国急需的是现代化社会赖以存在的基础——法治秩序,需要建构基于这一基础的道德与文明……我们并没有面临'后现代'!当代中国所呈现的文化和精神状况在某些方面甚至还没有走出中世纪!诸如自由、平等、人权、法制,等等启蒙时代的理念,在当代中国……表现为这些理念的全社会整体匮乏……绝大多数人关注、热衷和向往的是为官与谋财……人们发自内心崇拜的依然是政治权力、是'官本位'……传统的'君权至上'价值准则和等级观念在当代中国人的观念中,作为一种文化基因,依然有其潜在的影响力。基于这种状况……对中国传统文化,不是急于将其与现代化社会勾连,或是促其转型,甚至要从中挖掘出所谓现代化因素。更不是在当代之中国倡导读经,将儒学奉为今日之国教。而是要剖析、要审视、

---

① 参见王学典:《思想史上的新启蒙时代》,河南人民出版社,2010 年,第 83—93、197—216 页。

② 参见刘泽华主编:《中国政治思想通史·综论卷》,中国人民大学出版社,2014 年,第 86 页。

要批判,要认清现代化精神的形成并不能从传统文化中创生"①。正是因为"中国传统政治文化不具备现代民主政治的基本规范(如法制规范、个体规范)和宪政精神","民本与民主之间不存在逻辑发展关系",故"中国传统政治文化不可能向现代化转化。中国政治发展的基本导向不是与传统结盟,而是向传统告别"②。真可谓字字珠玑,发人深省。所有这些带有浓烈启蒙色彩的反思和批判对文化保守主义者们来说无异于当头一棒。这部通史的"近代卷"和"现代卷"所考察的就是先哲们走出王权主义传统的思想探索。

这是一部思路开阔、视野宽广、新见迭出的充满开放性的政治思想通史著作。在"综论卷"中,作者旗帜鲜明地主张弘扬政治思想研究的开放性,认为"凡是志在有所创见的研究者都不应当被狭隘的学科意识遮蔽学术视野,而要针对具体研究对象自身的属性与特点来确定研究的视角、思路、方法及取材范围",以便"为开放式创新提供广阔的空间"③。其一,由于思想现象具有弥散性,不能仅仅将思想史的研究对象限定在思想家的理论、学说层面,更应该拓展、深化对大众思想、普遍意识的研究。其二,政治现象也具有弥散性,"各种社会现象都与政治息息相关,有的在一定条件下可以转化为政治现象",所以政治思想史的研究亦不能仅仅依靠政治学的分析视角而只关注国家、政体、法制等政治现象,而应该具备跨学科的宽广学术视野,广泛综合社会学、宗教学、法学、经济学、文化学等学科的分析视角,在设定研究对象时宁宽勿狭。④其三,科学和对象的开放性,客观上要求研究者的研究方法也必然是开放的。"学科界限不是研究方法的畛域",因此一个优秀的政治思想史研究者"必须善于从社会科学各个门类的研究成果及其方法中汲取知识与智慧",并大胆尝试借鉴诸如知识社会学、知识考古学、文化场域及文化资本等新学科或理论的研究方法。⑤在这部"通史"的各卷中,我们随处都可以看到上述开放性的创新研究成果。比如在"秦汉卷"中,林存光等就广泛借鉴了西方学者的

---

① 刘泽华主编:《中国政治思想通史·综论卷》,中国人民大学出版社,2014年,第187页。

② 刘泽华主编:《中国政治思想通史·综论卷》,中国人民大学出版社,2014年,第731页。

③ 刘泽华主编:《中国政治思想通史·综论卷》,中国人民大学出版社,2014年,第88页。

④ 参见张分田等主编:《中国政治思想通史·隋唐卷》,中国人民大学出版社,2014年,第1—8页。

⑤ 参见刘泽华主编:《中国政治思想通史·综论卷》,中国人民大学出版社,2014年,第84—85页。

学术研究成果来分析秦汉中央集权国家的官僚体制、意识形态、政治宗教等问题,大大拓宽了思路,提出的许多观点都是富有创见的。再如在"隋唐卷"和"明清卷"中,张分田和葛荃等人就打破了以往政治思想史著作中只关注思想家的政治思想而忽略统治思想和普通民众政治思想的局限,其中"隋唐卷"尤其关注了最高统治者的君道理论、道教与佛教的政治思想和普通民众的政治批判思想,而"明清卷"则尤为重视对统治集团中知名士大夫官员的政治思想和非主流政治思想家的政治思想的梳理。所有这些探索,读来都令人耳目一新。

这是一部对后来者具有重要启发意义的"未完成"的政治思想通史著作。在"综论卷"中作者用心良苦地为我们梳理了目前中国政治思想史领域值得继续深入研究的若干重大问题,并提出了进一步研究的基本方法构想以供后学参考。除了上文提及的社会普遍政治意识研究和统治思想与民间社会意识互动研究之外,重大的研究课题还有许多,例如:第一,中国传统政治哲学与社会整合研究。中国传统政治哲学博大宏富,其基本价值理念是帝王"五独"和"君尊臣卑"观念,其根本旨归是王权主义,从而为笼罩整个社会的王权体系提供着理论依据和价值坐标,对社会历史进程具有全局控制意义,因而"不梳理政治哲学就难以把握中国历史的总貌和特点"[1]。具体来说,研究内容包括在政治思想观念中最具普遍性的理论与命题、政治"为什么是这样"的理论与命题、政治价值及其理论依据、政治范式化的理论与观念、政治理论的结构与思维方式五个方面。[2]第二,中国传统政治文化研究。基本内容包括价值系统研究、政治社会化过程研究、政治一体化问题研究、社会政治心态模式研究、政治人格研究等。研究视角有整体研究、分层研究、个案研究、过程研究、比较研究五种。研究方法上则可以适当借鉴现代西方政治文化研究中的量化统计分析的方法,以求拓宽学术视野,激发出新的研究思路。[3]作为示范,"综论卷"中探讨了传统中国的恩宠政治文化性格、知识阶层的政治心态、传统君

① 刘泽华主编:《中国政治思想通史·综论卷》,中国人民大学出版社,2014 年,第 37、38 页。

② 参见刘泽华主编:《中国政治思想通史·综论卷》,中国人民大学出版社,2014 年,第 37 页。

③ 参见刘泽华主编:《中国政治思想通史·综论卷》,中国人民大学出版社,2014 年, 第 55—62、732—737 页。

子与小人的政治人格等普遍性的政治观念与问题,足以启发感兴趣的读者做进一步研究。第三,政治信仰、政治宗教与政治神话的研究。中国古代虽没有"政治信仰"这一概念,但古人却认识到建立政治信仰对于维护政治统治秩序的稳定至关重要,他们把建立政治信仰称作"神道设教"。中国传统社会普遍存在"造神"情结,政治神话和政治宗教构成了传统政治信仰的核心。所以对传统政治信仰的研究内容丰富多彩,主要包括:上帝、天、理的信仰,祖先信仰,自然神信仰,帝王神话,祥瑞灾异,四时、五行、天象信仰等。[①]在"先秦卷"中,刘泽华先生等人对先秦时期先民的上帝、天、祖先、自然神、阴阳五行等政治信仰内容都进行了详尽阐发。在"秦汉卷"中,林存光对汉代的天人之学和祥瑞灾异思潮进行了系统的考察。这些已有的研究成果都为我们继续深入研究政治信仰、政治宗教和政治神话树立了典范,指明了方向。

总之,这部具有里程碑意义的九卷本《中国政治思想通史》,在贯通的历史观、方法论和价值理念的指导下,不仅有着强烈的反思精神和坚定的批判意识,还有着宏阔的学术视野和宽大的学术气度,同时还提出了值得有志后学深入和系统研究的若干重大新课题,所有这些都必将为中国政治思想史的研究开拓出一片广阔的新天地,并把中国政治思想史学科的发展推向一个全新的历史时期。

原载《中国社会科学报》,2015 年 2 月 9 日,发表时题目改为"在批判反思中坚守启蒙立场——〈中国政治思想通史〉评介"

[①] 参见刘泽华主编:《中国政治思想通史·综论卷》,中国人民大学出版社,2014 年,第 64—70 页。

关于"王权主义学派"问题的对话

刘泽华　李振宏

一、"学派"对于中国学术的意义

刘泽华：李教授，《文史哲》第 4 期竟然打破常规，在首篇刊出了你长达四万字的文章，这让我非常吃惊。究竟其意义何在呢？我个人揣测，李教授和《文史哲》的诸位决策者都意在学术界提倡"学派"。但我的问题是：为什么在现在要提倡"学派"呢？1949 年以后，中国史学界除了官方认定的一个学派外，其他的基本上谈不上什么学派了；即便有一些"学派"苗头的，也没有什么好的结果。于是包括我在内，大多数人都成了"紧跟派"。从政治家的初衷来说，在政治组织内部对其成员的思想行为做出规定，予以约束，从而形成统一意志，是有其正当理由的。但是由于中国语境下的政治与学术边界模糊，政策执行者容易混为一谈，使得学术研究深受影响。以历史学为例，哪些人物、事件可以肯定，哪些人物、事件可以否定，不否定是否就都是肯定，不否定是否就不能分析；如果允许分析，到哪一步是允许的，到哪一步是禁止的，由谁来判定，等等，这些都涉及一个历史认识的大问题。另外，现在还有一种"交学费"的观点很盛，认为 20 世纪五六十年代的"大跃进""文化大革命"都是在进行探索，都是为后来的改革开放所交的必要学费和应付出的代价。这类认识固无不可，问题是不准与之相左的看法公之于世，这就让人感到害怕了！难道学者都得沿着这个思路去思考、去认识？所以我想请问李教授，你现在提出"学派"问题，用意何在？

李振宏：我之所以要提出"学派"问题，并提出一个以您为首的"王权主义学派"，并不是出于对您个人的感情。刘先生的大名我虽早已耳闻，非常敬仰，并且在20世纪80年代就受到过您的影响，但过去我们之间并没有交往，而且我也不习惯于为某个人做事。我之所以提出"学派"问题，而且要张扬一个"王权主义学派"，出发点在于推进当代的学术发展。

在我看来，任何学术都是要在充满活力的学派林立的局面中获得其生命力的。如果没有不同学术理念、不同历史观的认知、不同学术风格形成的学术共同体的对立和争鸣，学术生命就会窒息。对此，古人深谙其道。《汉书·艺文志》开篇就讲："仲尼没而微言绝，七十子丧而大义乖。"所以孔子（前551—前479）死后，《春秋》分为五，《诗》分为四，《易》有数家之传。一个学术的创始人死了以后，他的思想是一定要分化的。这个分化的最终结局，就会形成不同的学派。其本始是一派，派中又分派，这是必然的现象。正是学派的对立和争鸣，推进了学术的发展。马克思（K. H. Marx，1818—1883）逝世后，继承马克思的人，或者有志于学习、研究马克思的人要不要分化呢？答案是肯定的。因为，不同人所理解的马克思都只是他自己理解的马克思。于是在理解研究马克思的过程中自然就会形成马克思主义的不同学派。这些学派的对立与争鸣，就延续了马克思主义的生命力。这是学术发展的正道。如果不是这样，只有一种声音，那学术怎么发展？而学术的对立和争鸣，是要靠形成一批相对稳定、集中的学术共同体来实现的。这个学术共同体就是学派嘛！只有稳定的学术共同体，才能把某种学说、某种理论、某种学术思想推向一定的理论高度，创造具有相对完整并付诸实践的、能够经得起检验的一种理论体系。单个人是没有力量来完成这些的。一个相对稳定的学术共同体，有相对一致的问题指向、选题指向，有大体相同的学术理念，有相同的历史观认知，有相同的方法论，它在这个领域的开掘会达到相当的深度。这是学术共同体的作用。有这样不同的学术共同体存在的对立和争鸣，自然就推进了学术、繁荣了学术。所以我想，只有学派林立的学术时代，才可能是学术大发展、大繁荣的时代。而中国自从1949年以来，就只有一个学派，那就是马克思主义学派。显而易见的是，只有一个学派,也就等于没有学派。我们中国史学界在过去几十年里,从20世纪50年代到80年代,开了"五朵金花"(古史分期问题、封建土地所有制形式问题、农民战争问题、资本主义萌芽问题、汉民族形成问题),结果怎么样?后来都败落了吧,现在人们很少知道或提起"五朵金花"了。起初还以为是"文化大革命"把它的研究进程打断了,所以,"文革"以后,历史学家们又重操旧业,重开了"五朵金花",结果没开多久就枯萎、败落了。为什么?因为它根本上还是一种声音。比如关于"古史分期"好像有八家学说,其实都属于五种形态史观之内。按照我的说法,可以称之为"同株异叶"。一棵树干,生长出不同的枝叶,只要树根树干出了问题,那所依附的各种枝叶也就都枯萎了,哪一派也活不下去。古史分期就是这样的结果——当五种形态史观受到挑战后,以此为理论的各家学说也就统统被置于尴尬的境地。我之所以写这篇文章,就是想在中国学术界产生一些不同的声音,张扬一下学术的个性,并最终实现推动中国学术的发展与繁荣。这是我的初衷。

刘泽华: 接下来我想问的是,"学派"如何界定?比如说,一种思潮算不算学派?近年来的"国学"热,新儒家与尊儒崇儒之风很盛,以及新道家等,算不算是一个大学派?还有,许多认识领域的开发,也有相应的理论。比如社会史、文化史等,算不算学派?所谓"学派",你主要是看价值体系,还是认识领域和认识体系(解释体系),抑或三者的交织?

李振宏: 按我的理解,"学派"是一个比较模糊的概念,如果要下定义,就不一定能说得很精确。大体说来,就是在同一个学科中由于学术观点、研究方法、学术理念、价值取向等方面的不同而形成的学术派别。一个学派,就是一个相对稳定的学术共同体,即一个由共同的价值观体系、共同的方法论思想(即解释体系)和坚守共同认识领域的人形成的学术共同体。一个学派是否成立,主要看几个要素:(1)有共同坚守而又区别于他人的价值观体系和系统的方法论思想。在历史学范围内说,就是有共同的历史观和方法论。(2)有共同的治学理念和学术宗旨,亦即学术目的性问题。(3)有共同的概念体系或话语系统。(4)有明确的代表性人物和代表性著作。如果是在这几个方面都有所体现的学术共同体,就可以称之为学派。从这样的角度出发,现代新儒家是可以称之为一个"学派"的。他们的确有一致性的价值观认同,有共同的学术理念和学术宗旨,有他们的概念体系,也有比较突出的代表性人物和代表性著作。而那些所谓"国学"热和强盛的尊儒之风,就算不上什么学派了,仅仅是一种思潮而已。它们甚至都划不到学术的范畴内,只是一种思想或观念的浮躁和喧嚣。而文化史、社会史则只是一种观察历史的角度或方法,是从特有的视角观察历史所形成的不同学术路径。文化史或社会史尽管有着自己独特的方法论体系,有很多从业人员,但其从业者并不一定在历史观、价值观、治学宗旨、学术理念上与其他从事历史研究的人相区别。如果笼统地称之为"文化史学派""社会史学派"也无大谬,但严格地说,是不具备学派的基本要素的。在历史学的范围内说,判断学派问题,最重要的是历史观、价值体系、解释体系、治学宗旨这样几个要素。这里申明一下,人们常说的"文化史观",无疑是一个学派。

刘泽华:谈到学派问题,我认为首先要关注历史的"真"。但是,"真"在哪里?比如在讨论近代史从何时开始这个问题上,有宋朝说,有明末说,有鸦片战争说。这算不算学派?又如,近代以来,有现代化为主流说,有"挨打"为主流说,还有既"挨打"又输入现代文明说。这些算不算正常的学派?再如,经常会有一些有权势的人凭借权力而形成学术垄断,这算不算一个正常的学派?中国传统史学中是很强调"正统"的,是否"正统"也算是一派?

李振宏:历史研究是以求真为前提的,只有弄清了历史之"真",才可能从真实的历史中提取出可靠的历史借鉴。但是,问题的诡异之处就在于,什么是历史之"真"?历史之"真"在哪里?不要说带有解释性的历史认识,就是纯粹客观的历史现象,我们都难以捕获。归根到底,客观的或解释的历史,都需要通过史学家的头脑来发现、来表达;而一旦经过了头脑,不同的头脑解释或揭示出来的东西,就一定不会是同一个面貌。这是一个无可奈何的事实。我记得,您在20世纪80年代的一次关于历史认识论的讲座中,就曾谈到过历史事实的问题。您说,每个历史学家都说自己是凭事实说话,但事实在哪里?同一个历史事实,拿在不同的人手里,就是不一样的事实。当然,这不是您的原话,但大意如此。我是从别人的录音磁带里听到了您的演讲,很受启发。历史研究就是这样,我们面对的是消失了的对象,对它的解读不能不打上无法清除的主观性印记。给历史以解释,在解释中倾注我们全部的主观能力,这是历史学家特有的职责和权利。于是在近代史的开端问题上,就出现了您所说的

268

宋朝说、明末说、鸦片战争说，等等；但这些不同的说法，并不一定是由于历史观的不同、价值观的不同的结果，也不一定是方法论的问题，其实就是对材料的解读问题，对所谓"资本主义萌芽""市民社会"等概念的理解问题，它是由个人的思想观念、学术修养、认识能力，等等方面的不同而造成的。这些就是一般的学术观点的不同，不一定都上升到学派的高度去认识。

关于近代历史进程的认识或解读，过去传统的说法就是"革命史观"，改革开放之后出现了"现代化史观"，最近有些人在批"历史虚无主义"的同时，把"现代化史观"上升到需要大加挞伐的"历史虚无主义"的高度，这些是不能称之为学派的。"革命史观"是政治为学术规定的解读路径，不属于学术的范畴，而政治与学术之属性不同则是不需要论辩的。最近看到一些报道，某个搞政治的人，去一个高等学术研究机构做讲座，批判某些学者"穿上学术的隐身衣，制造烟幕"，其实，那些完全从政治出发的大批判，才真正是穿着"学术的隐身衣"，而没有一点点学术的味道。"现代化史观"作为一种学术观点，就目前情况看，表达这些看法的人似乎还没有形成一种学派，没有成为一个稳定的学术共同体，不一定要从学派的角度去认识。

在近代史研究中，坚持"革命史观"的大体可以分为两种类型：一种是，自身并非政治家，却用政治家规定的思维路径去"裁剪"历史。这些人由于缺乏思维的独立性，对"学术"为何物并不理解，当然是谈不上学派的。另一种是，如果有着自己的独立思考，在自己真诚的学术研究中抽象出了一个"革命史观"，有着自己独立的历史观和方法论，那是可以称之为学派的。

一个学派的基本要件，或者说正当性与合理性的主要支点，在于它是独立思考、思想自由的产物，而不在于它的观点和理论本身。如果是在这样的情景中形成的学术群体，无论它与政治家的宣传多么相似，它也是应该受到保护和鼓励的。因为它是学术研究中的正常现象，是认识的常规产物。我赞成恩格斯(F. v. Engels, 1820—1895)的观点："真正科学的著作照例要避免使用像谬误和真理这种教条式的道德的说法。"①在真正的学术研究中，不要轻易判断什么是真理与谬误，从自由思想场域中产生的任何观念、观点，都要肯定其

---

① 《马克思恩格斯选集》(第三卷)，人民出版社，1995年，第433页。

正当性。其实,说穿了,正统不正统,不在于观点本身,而在于你是不是以独立思考、自由思想为前提,在于你是不是真正具有学术的本性。

刘泽华:如果"学派"丛生,每个学派都有自己的历史观和方法论,对同一个问题各有自己的答案或解释,历史的"真"是否会被"异化",还是更能接近历史的"真"?学派林立是否会引起人们对"历史学"的怀疑——历史是否会成为任人梳妆打扮的小姑娘?历史学是否就会变成民间艺人——"说书人"口中之物,只是给人以乐趣而已?

李振宏:您提的是一个历史认识论的问题。对历史的不同解释,其实正是学术的魅力之所在,正是学术的生命力的表现。

事实上,每个历史学家都是从某个角度去认识历史,都只是提出对历史的一个独特的认识,因此每个人的认识,都只是看到了历史的一个方面,再聪颖、再智慧的人也不可能洞察历史的全部真相。我们都来认识历史,你看到了历史的这个方面,我看到了历史的那个方面,他看到了历史的另一个方面,不同的历史认识汇集起来,对历史的认识就更加丰富和全面。因为真实的历史就埋在各种各样不同的历史解释之中。所以学派丛生所造成的不是历史的异化,而是历史学的繁荣,是历史之"真"的充分揭示。只不过,在中国,这是人们还不太适应的学术场景。

中国的文化传统是太习惯于"一"——统一和同一。由于文化传统中的专制主义土壤过于深厚,人们不能接受对于同一种事物的不同解释,好像不同的解释就一定只有一种是确定正确的,而其他则是错误或荒谬的。其实,世界上的任何事物都不是只有确定的一种解释,对于消失了的历史现象的解读更是如此,这也正是学术研究要提倡百花齐放、百家争鸣的原因。而只有学派林立,才可能造成真正的百花齐放、百家争鸣。学派林立、百花齐放,在一定时期内的确会给人以眩目之感,会使长期在学术一统的氛围中生活惯了的人们感到某种不适,但是这种局面却正是科学春天的象征。在这个问题上,我深深感到,中国史学界需要进行历史认识论的补课。有了认识论方面的常识,人们就不会为历史解释的纷然杂陈而感到不适了,就不会把丰富多彩的历史认识戏称为对小姑娘的梳妆和打扮了。

刘泽华：在历史认识问题上，究竟是提倡学术个性，还是应强调特定的历史规定性？如果学术个性与特定的规定性发生矛盾，是求同存异、展开争鸣、摆事实（打材料仗）呢，还是服从特定的规定性呢？

李振宏：当然是要提倡学术个性了。任何认识，在其原初意义上都是个体性认识，学术个性是学术发展的前提。从学术的本质出发，不仅不应该强调特定的规定性，而且对认识来说，就根本不应该有"规定性"这样一个提法。认识应该是自由的、生动的、变动不居的、因人而异的。有了规定就取消了自由，就没有了认识。所谓"规定"，是对认识的规范、控制和牢笼。思想被规范了，还是思想吗？认识被规范了，还是认识吗？被规范的思想是教条，被规范的认识是模板。如果一种学术研究，不是从事实本身出发，而是从明确的既定的政治目的出发，研究的全过程、研究最后得出的结论始终被一种东西规定着，甚至在研究开始之前，研究的结果就已经明确了，这还叫研究吗？这还是学术吗？规定性是学术研究的对立面，是真正的学术研究和真正的学者应该鄙视和摒弃的东西，这应该是常识。

当然，我理解，您提出的这个特定的规定性，指的是历史认识中的政治因素、意识形态因素，我们改革开放前对历史的认识就是被这些东西规定的，但这是过去特定的政治环境造成的不正常现象，不是认识的常规现象。改革开放以来，我们要极力摆脱的正是这种东西，尽管至今这种规定性还不时地在纠缠着我们。作为中国学者的个体，要想完全摆脱规定性的控制是困难的，但可以呼吁认识的自由，呼吁有与之争鸣的权利；从我内心来讲，不认同任何人有控制我学术个性的天然权力。

刘泽华：在历史认识上有很多关乎国家、民族利益的问题，这些问题有否"国家"意志或某种利益集团的利害问题？在这些问题上，可否有"学派"的不同认识？

李振宏：这是个现实性很强的问题。在历史认识中，的确有许多关乎国家和民族利益的问题。这些问题，站在国家或民族的立场上，一定有着特定的利益表达，于是也就有与之相应的观点表述，这是非常正常的事情；而历史学家对这些问题的研究，得出的结论不一定会与这些问题的国家认识相一致，这也是极为正常的事情。在这个问题上,就需要根据具体情况,根据特定的国情来处理。

首先,从学术的角度说,对这些问题形成的"学派"的不同认识,或者是个人的不同认识,当然是可以的。这个"可以"是天经地义的,与其他一般问题的认识一样,没有人有剥夺不同认识的权力。但是具体到中国的特殊国情,这些涉及国家、民族利益问题的不同认识,应该采取合适的渠道去表达,不一定要与一般的历史认识那样诉诸公开的学术媒体。因为,中国在过去很长一段时间内,对学术的控制过于严苛,学者也必须表达与国家意志、国家意识形态完全一致的看法,这样一来,学者公开发布的研究成果,外界、国外往往视之为政府立场的表达;因此如果一些学者从学术自由的立场出发,在此类问题上公开发布与国家意志不同的看法,那么这些本来是表达学术个性的看法就可能被误读、曲解为国家立场。所以对这类与国家意志不同的认识,是需要慎重考虑它的发布渠道的。

其次,随着国家政治环境的改善,学术自由的空间也在大幅度拓宽。当学者们可以完全自由表达个性化认识的时候,学者的认识与国家意志可以明确区分的时候,公开发布与国家意志相左的看法或认识就正常化了。理想的学术状态是,对同一个问题,即使是涉及国家或民族利益的重大问题,国家意志与个性化认识都可以自由表达、互不干涉、共同生存,学者们的不同认识表达不会引起什么歧义或麻烦。

二、"王权主义"作为一个"学派"的依据

刘泽华:我现在提另外一个问题:你根据什么把我们这一群人撮成一个学派?我先自诩一下,我这个人一直是提倡学术个性的,我本人也想追求一点学术个性。正因为如此,我写的东西多多少少还是产生了一些影响的,有的甚至越出了国界。比如说,我1987年出版的《中国传统政治思想反思》这本书,在中韩建交之前就已经被翻译成韩文了;后来,韩国人又把我、葛荃、张分田分别担任主编、副主编的三卷本的一百二十多万字的《中国政治思想史》翻译成了韩文。在日本,也有人介绍我的观点。在英语国家,比利时鲁汶大学有一个影响

很大的刊物《当代中国思想》(*Contemporary Chinese Thought*,季刊),有四十多年历史了,最近推出了我的一个专集;我想,他们也认为我有点学术个性吧。

但是由于我认定儒学主导部分是帝王之具,于是遭到尊儒崇儒学者的批评;现在尊儒之风浪潮汹涌,我是有点讨嫌。在我的印象中,最早批评我的是张岱年(1909—2004)先生,20世纪80年代中期,他通过方克立先生向我转达:"刘泽华,怎么老是讲王权主义啊?你讲王权主义,中国的传统文化往哪儿放?"我回应说:"这是两回事啊!中国是王权主义是个事实问题,传统文化该接受什么、该怎么评价是另外一个问题。"后来,批评我的人多了起来,叫"刘泽华学派"。其实,最初叫"刘泽华学派"的是把我批判得一塌糊涂的人,说我这个人狗屁不通。有一些人批评我是全盘否定传统,中国社会科学院哲学研究所所长谢地坤在一篇文章中把我作为全盘否定论的代表①,美国华裔教授陈启云先生也持这种观点,类似的批评很多。当然,也有不同评论,方克立先生就接过"刘泽华学派"这个称呼而给予充分的支持;瑞士汉学家毕来德(J. F. Billeter)在分析当代中国思想的时候,说中国当代有四大思潮,其中有一个是"反思派",代表人物就是刘泽华。还有不少的学人大体认同我的观点。其实,我与你李教授以前没有见过面,很少交流,那么,你是根据什么提出一个中国政治思想史的"王权主义学派"呢?

李振宏:这个问题很简单。我以为,你们这个"王权主义"研究群体符合作为一个学派的要件:第一,这个学术群体有一个代表人物。这自然就是您刘先生了。第二,不仅有一个稳定的学术群体,而且还有一些标志性的骨干核心人物,如张分田、葛荃、张荣明、林存光等。第三,有代表性的著作。比如您的三卷本的《中国政治思想史集》,另外四位核心人物也都有代表性著作。第四,有着共同的重大的历史认知,在历史观和方法论问题上有着明显的一致性。比如您下面这段话就具有方法论的意义:

在传统中,政治的幽灵无处不在,而且举足轻重,决定一切。从历史

---

① 谢地坤:《文化保守主义抑或文化批判主义——对当前"国学热"的哲学思考》,《哲学动态》,2010年第10期。

上看，几乎所有的思想家都以其独特的方式与政治紧密地纠葛在一起。政治问题成为全部社会问题的核心，甚至一切社会问题最终都被归结为政治问题……政治思想也就成了中国古代思想文化的重心。而且在某种意义上，我们可以说，正是这种鲜明的政治色彩和强烈的政治化倾向，构成中国传统文化的一个基本特征。因此要准确而深刻地剖析传统，就必须以政治为楔入点。①

第五，有着共同的选题指向。您带出来的一群博士，所有的选题都是指向了政治思想史，而且所有研究政治思想著作的核心都是解剖王权、专制这个问题。这一点是非常鲜明的。甚至那个叫刘畅的博士，写了身体史这方面的东西——心君同构，也是在解决这个问题。你们这个群体，有着共同的选题指向、共同的问题意识、共同的学术理念、共同强烈的现实批判精神。我在投给《文史哲》那篇文章的初稿中，还详细检索了你们几个主要人物使用的学术术语，因原文太长，这部分在发表时删掉了。单是您用过的术语，我就总结出了五六十个概念；张分田、张荣明等人的术语，我也总结了一些。这些学术术语有着相当大的共同性。使用的概念术语的共同性，也就是你们分析工具的共同性，你们的话语体系是由你们的历史观和方法论决定的。刘先生，这么多的共同性还不足以说明这是一个学派吗？

刘泽华：对此，我在这里不免感到有点不安。"不安"什么呢？就是我把学生都拉到我这一条道路上了，我是不是带有"学霸"色彩？我也多次想过，自认为在我与学生之间，我从来没有要求学生遵守什么。比如选题我一概不管，必须是博士生自己选。在我看来，如果自己都不能选题目，还做什么论文？一旦有了选题方向，我会与他们反复讨论。为什么我不赞成讲"刘泽华学派"，因为刘泽华是一个"土老头"，学识很少，把这么多学生都放在"刘泽华学派"中，一是忽视了每个人的个性，二是也不尊重各自的独创性。跟随我学习的博士们的论文几乎都出版了，你稍微翻翻就会看到每个人的独创性，有很多远远超越了我，我为他们的独到创见感到骄傲。所以我不接受这个"刘泽华学派"这几个字。

---

① 刘泽华：《中国传统政治思维》前言，吉林教育出版社，1991 年。

李振宏：呵呵，"王权主义学派"还是可以接受的。

刘泽华：我觉得，要说我的学术有特点，还是能够接受的；但能否构成一个"学派"，可能还有疑问。我在论著中所说的王权主义首先是"事实"问题，而"价值"也不是简单的一边倒；有些人说我是"全盘否定论"、是"虚无主义"，其实他们没有理会我提出的"阴阳组合论"，我是在矛盾的陈述中评说"价值"的。有人说"阴阳组合论"不是"一分为二"，而是"一分为一"，我估计他就没有仔细读我的文章，大概看到"王权主义"就反感。"反感"也正常，也是一种学派吧！

三、中国史观意义上的"王权主义"

刘泽华：刚才李教授提到了我有一套中国史观，我有点坐不住了。"中国史观"这几个字，我看得非常重。我这个人虽然有点个性，但毕竟一身土气，坐井观天，不大可能创造一个独立的中国史观。所以你现在提到我有一个中国史观，我请问，你是怎么找出这个中国史观的？

李振宏：我把您的观点上升到历史观的高度，您是有点恐惧，这正是中国王权主义的特点。王权主义搞得一切都变成政治问题了，好像我们一般人就不能有个历史观，谁要有个历史观就大逆不道了。所以我在《文史哲》那篇文章的开头这样写道：

> 很久以来，用"学派"来称呼一个学术群体，在中国学术界已经很不习惯了，中国学人似乎已经不习惯于张扬独立学术个性，一旦某个人自己提出了独立的历史观和方法论，不管是别人看他，还是他自我思忖，都会油然而生一种大逆不道的感觉。他会像犯了罪似的不敢坦然面对学界的狐疑。①

坦率地说，我们为什么就不能提出一个历史观呢？这里，我之所以认为刘

---

① 李振宏：《中国政治思想史研究中的王权主义学派》，《文史哲》，2013 年第 4 期。

先生的王权主义是个历史观,是因为您这个王权主义关照的是中国历史的整体。1998 年,您在《天津社会科学》发表的那篇文章对王权主义讲得很清楚:

就总体而言,不是经济力量决定权力分配,而是权力分配决定着社会经济分配,社会经济关系的主体是权力分配的产物;在社会结构诸多因素中,王权体系同时又是一种居于主导地位的社会结构,在诸种社会权力中,王权是最高的权力,在日常的社会运转中,王权起着枢纽作用。社会政治动荡的结局最终还是恢复到王权秩序中,王权崇拜是思想文化的核心,而王道则是社会理性、道德、正义和公正的体现,等等。[①]

整个社会的各个层面都归结为王权,王权关照到了中国社会的各个领域,而且最后您总结说,王权主义"大致说来分三个层次,一是以王权为中心的权力系统,二是以这种权力系统为骨架形成的社会结构,三是与上述状况相应的观念体系"。您看,政治结构、社会结构、观念体系,社会的几个主要层面都突出了一个王权;您的王权主义关照了整个中国社会,解决的是一个历史的整体认知,您说它不是个中国史观又是什么呢?至于说,这种中国史观能否与哲学上讲的唯物史观等量齐观,那是另外一个问题。我想,二者也的确是有区别的。就它们之间的关系而言,有如下三点区别:第一,唯物史观是关于人类社会历史发展规律的学说,而您的史观只是中国史观,只是对中国历史的本质抽象和整体把握,两者相比,处在不同的层次上。第二,王权主义历史观应该是继承了唯物史观的某些东西,没有完全背离或脱离唯物史观。比如唯物史观认为人类社会的历史是一个自然的历史过程,而您也是承认历史的客观性的。又如唯物史观认为社会存在决定社会意识,尽管您对这个东西没有完全认同,因为您讲过两者是"鸡生蛋和蛋生鸡"的关系,但您也不是完全脱离社会存在来讲思想的发展,并且特别注重政治思想与社会的互动。第三,王权主义确实在某些方面对唯物史观有所突破,如果没有这个突破,我不会认为您是一个学派。比如对"侯外庐学派",我就不大承认。因为侯外庐

① 刘泽华:《王权主义:中国文化的历史定位》,《天津社会科学》,1998 年第 3 期。

（1903—1987）先生只是贯彻马克思主义"社会存在决定社会意识"的思想来研究中国思想史，并没有很突出的个人特色。您的突破就在于您不再用"经济基础决定上层建筑""政治是经济的集中表现"这样一些观点来解释中国历史，而是强调中国历史发展中政治权力的决定性力量和支配意义。总之，我感觉，"王权主义历史观"不是对唯物史观的抛弃，而是在承袭唯物史观的某些方法论并将之运用于中国历史的考察中形成了与唯物史观相区别的一个中国史观。我这样来认识，不知您能接受吗？

刘泽华：你这是"哪儿有疮疤就往哪儿揭"啊！扪心自问，我自己都不敢讲。实际上，我知道我有些地方出格了。我的确在"经济基础决定上层建筑""政治是经济的集中表现"这样的基本观点上有所变更。

李振宏：终于承认了，终于承认了吧？

刘泽华：我是个小"修正主义分子"。我很早以前写文章提出要给"修正主义"正名，因为不搞"修正"就不能发展；但我这个人做学问时缺少一点理论上的勇气，只能打打擦边球。因为写出文章还得能发表才行，所以有时候我也为"影射"做辩护，说"影射"是中国史学和中国传统文化中的一个非常典型的传统之一，不能正面讲，只能拐弯抹角地讲。这类事儿多得很。我曾多次建议我的学生们研究一下中国的"影射文化"，可惜指导了这么多博士生，却没有一个人接受我这个建议。

中国学术要进步就必须要争鸣，而争鸣是不能有前提的。我曾在 1986 年写过一篇文章《除对象，争鸣不应有前提》①，又写过《史家面前无定论》②。如果有前提，有定论，那还算什么"争鸣"？何况，我们身处的世界纷繁复杂，就算国内"统一"了，还有一个与国外学术界争鸣的问题；要求国外学者以你限定的思想为指导来讨论学术问题，这是不大可能的。

作为一门科学，历史学本来是开放的，从哪种角度进行研究都可以，关键是看哪种论述更接近于历史事实。但是现实中的一些现象仍然对正常的历史学研究形成制约：一是有些部门对重大的历史问题研究设置"框框"，研究成

---

① 刘泽华：《除对象，争鸣不应有前提》，《书林》，1986 年第 8 期。

② 刘泽华：《史家面前无定论》，《书林》，1988 年第 12 期。

果不能见诸正式出版物。二是垄断了档案资料，一些本应解密的档案只公布"一角"，造成"史出一孔"。当然，这种现象的完全消失，还需要各方面的共同努力；但作为史学研究者来说，即使外在条件"万事俱备"，如果自身缺乏基本功的话，也难以有成。这除了"德""才""学"之外，还要有"识"，即学术胆识。魏晋时期的嵇康（223—263）就写过一篇文章叫《明胆论》，一个学者如果学术胆子小的话，是很难有创见的。

四、如何发展"王权主义历史观"

刘泽华：我再给李教授提个问题。您在文章中讲，这个"王权主义历史观"还有很大的拓展空间；那么请问它有哪些开拓空间？怎么开拓？会不会越开拓越麻烦？

李振宏：这是个很大的问题，我对这些问题想过一些。"王权主义历史观"已经被您三卷本的《中国政治思想史》和您这个学术群体大量有分量的学术著作所证实。当然，还有您与汪茂和、王兰仲合著的《专制权力与中国社会》一书，对王权支配社会有相当精辟的论证。但总的来说，它还是偏重于政治思想史，对整个中国历史研究缺少力度。那么这个历史观是否站得住脚，能否成为解读整体中国历史的一个方法论，就需要回到具体的中国历史研究的实践当中来。目前，"王权主义历史观"已经在中国古代史研究的范围内产生了影响。在2010年5月《文史哲》编辑部举办的"从秦到清社会形态问题讨论会"上，与会专家对秦到清末的社会形态基本上达成共识，认为"自秦商鞅变法之后，国家权力就成为中国古代的决定性因素，不是社会塑造国家权力，而是国家权力塑造了整个社会"。这不就是王权主义吗？不过，真正拿您的王权主义做指导来研究历史的人还很少，至今还没有一部以"王权主义历史观"为指导编写的《中国古代史》。我们能不能把中国古代社会就命名为"王权主义社会"？这个词是我想的。秦统一以后的社会过去叫"封建主义社会"，现在就叫"王权主义社会"，秦以前的称之为"前王权主义社会"，如何？就我所知，刚刚去世的南开大学校友、山东大学的张金光（1936—2013）教授最近十多年的研究，就是在证明着"王权主义历史观"的正确性。我不知道张教授是否读过您的王权主义的书,是否受过您的影响?如果没有,那就是他在自己独立的研究中发现了王权主义。

刘泽华:他的论说很有发现意义,但时间应该在我之后。

李振宏:所以这个学派才以您的研究来命名。2013 年 3 月,商务印书馆出版了张金光《战国秦社会经济形态新探》一书。他认为,秦以后的中国社会就是官绅经济体制模式,是国家权力支配的这样一个社会模式。这本书由国家社科基金资助出版,他找了两个推荐人:一个是北京大学的阎步克,一个是我。我为他写了推荐信,但当时我还没有把他的书与您的王权主义联系起来。我是这样写的:

> 作者的理论概括,把该书命名为"官绅经济体制模式",为人们理解该历史阶段的社会性质和社会形态提供了一条新的路径。官绅经济体制模式说的提出不仅可以确立一个新的中国古代社会历史体系,而且将更新传统的社会历史观和国家观。它就是一个新的历史观,是理解中国古代社会的一把钥匙,具有重要的理论创新意义。

现在,我研究了您的王权主义以后才知道,他的研究是依附于您的王权主义的,实际上他突出的也是这么一个东西。2010 年,他在《文史哲》发表的文章讨论秦至清的社会形态问题时,使用的概念就有"国家权力中心论"[①]。《文史哲》主编王学典在给张教授写的文章中这样评论道:

> 张老师也做出了一些宏观历史判断:周秦以降三千年,不是民间社会决定国家,而是国家权力塑造整个社会,国家权力是中国历史的决定性因素,官民二元对立是中国古代社会阶级结构的基本格局。

张先生几十万字的书,他的一些研究成果,实际上都是在证实着"王权主义历史观"。所以您是有知音的。我认为,"王权主义历史观"在实践的领域中

---

① 张金光:《关于中国古代(周至清)社会形态问题的新思维》,《文史哲》,2010 年第 5 期。

还有无限广阔的发展空间。我相信,将来会有很多人受这种历史观的影响去看待与研究中国古代历史的。

从理论的层面看,如果用"王权主义历史观"解读中国历史的时候,会有许多重大的历史问题需要面对。比如说"王权支配社会",怎么支配? 深宫之中,皇帝就两只手,他能渗透到社会中去吗? 他只有豢养一个庞大的官僚体系,通过这个庞大的官僚体系来实现对社会的控制和支配。那么在中国古代,这样一个官僚体系与皇权是什么关系? 由此我们要回答,官僚阶级能不能成立? 中国存在不存在官僚阶级? 如果根据过去马克思、列宁关于阶级的定义、关于生产资料所有制的四个方面去判断,显然不行。但是老百姓的土话说得很清楚:"官官相护"。为什么会官官相护? 因为有共同的利益。那么他们能不能成为一个阶级? 还有,在中国古代社会中,不管"官僚阶级"的概念能不能成立,官民矛盾、官民对立应该说越来越普遍地被人们认识到,这种矛盾甚至超越了过去所谓地主与农民的矛盾。王权主义需要回答中国古代社会是否存在官僚阶级,其基本矛盾究竟是地主与农民的矛盾还是官与民的矛盾这些重大的理论问题。

从我对您个人的评价来说,恕晚辈不恭,您是史学家、思想家,但不是哲学家、理论家。如果"经验主义"不是贬义词的话,您是一个经验主义者。您的理论来自对经验的总结和抽象,您最大的优长之处是对历史的直接洞察,您直觉到了历史的本质,而不是从哲学的理性分析抽象出了历史的本质。我为什么能体会出这一点呢,因为我的思维也有这一点。我也不懂哲学,也不敢做理论研究,也是个经验主义者。您现在的王权主义理论缺乏纯粹的理性分析和内在的逻辑建构,这是需要再去建构和完善的。王权主义历史观从实践和理论上都还有极大的发展空间,可以说前程无限。

刘泽华:你说我不是哲学家,很对;你说我是思想家,我也不敢接受;我接受"经验主义者"的称呼。因为我写文章基本上是以史料为依据的,从史料里面往外抽象,而没有按照一个事先设定的理论框架,用演绎法去演绎历史。我这个理论也不是一下子形成的,而是一步步的,从研究这个问题得出个结论到研究那个问题再得出个结论。就这样,从20世纪70年代末一直到80年代中期,我才提出一个"王权主义"理论。1983年,中国历史学界第一次召开地主阶级问题讨论会,由《历史研究》杂志社、南开大学、云南大学各出一人组成三人领导小组来主持会议,鄙人就是其中之一,另外两人是《历史研究》杂志社的庞朴和云南大学的谢本书。我提交会议的文章是《论地主阶级的产生和再生道路问题》。我提出,权力决定了地主阶级的主要成员,他们是权力分配造成的。我这个说法一出笼,便遭到与会几位理论大家的批评,他们说我是杜林(K. E. Dühring,1833—1921)"暴力论"的翻版,早被恩格斯批得体无完肤。我成了杜林的走卒,这让人怪害怕的。我说,你们最好先反驳我的材料,如果材料都错了,那我自然就垮台了。1986年,我又在《历史研究》第6期发表了一篇文章《从春秋战国封建主的形成看政治的决定作用》,探讨所谓的第一代地主都有哪些人,是怎么产生的。我当时理解的就是,中国古代社会主要不是地租地产化,"地租地产化"是胡如雷(1926—1998)先生提出来的;我认为地主阶级的主要部分(在社会上起控制作用的部分)主要是通过"权力地产化"形成的。

这里我再自诩一下,是我最早发现"授田制"这个影响中国历史进程的大制度的。1973年,我就在铅印的《中国古代史稿》中写下了这样一段话:

> 封建国家通过"授田"把一部分土地分给农民耕耘,农民要负担沉重的赋税和徭役、兵役。这些农民都被详细地登记在户籍里,并派有专门官吏管理,没有任何行动自由,如逃亡被捉住要施以严重的刑罚。这些编户民实际上是封建国家的农奴。

"授田"是一种社会体系,关涉到赋税、徭役、兵役、户籍、行政管理、人身控制。铅印教材使用之后,我一直留意战国授田制问题,不断地积累相关资料。1975年,湖北省云梦县睡虎地出土了秦简;1976年,《文物》杂志第7期公布了《云梦秦简释文二》,其中《田律》有"入顷刍、稿,以其受(授)田之数"的记录。看到秦简中"受(授)田"二字,我十分兴奋,这给我此前提出的"授田"提供了铁证。随后,我就着手撰写《论战国时期"授田"制下的"公民"》一文,发表在1978年的《南开学报》第2期。所以我认为,"授田制"这个大的制度是鄙人最早发现的,现在涉及学术史的文章都承认我是最早揭橥授田制的。授田制的意义在于,它奠定了国家对农民控制的模式。胡适(1891—1962)说:"发明一个字的古义,与发现一颗恒星,都是一大功绩。"①我发现了一个大制度呢!当时写这篇文章完全靠的是经验,即资料的积累。

我的这个"王权支配社会"理论正是在经验的基础上做了些概括和总结,但反过来又作为一种观念指导我去再认识历史,但做的有限,年龄不饶人,今后更难了。我说的"经验",也包括古今人的对话。我不是一个不食人间烟火死死盯住"历史"的人,我有现实关怀感。你们看,这些年的土地变动说明,政治支配远大于经济意义。这些年私人资本有明显的发展,经济学界不少人提出"官僚资本""权贵资本""权力资本"等,都是从权力为切入点分析问题。从更广泛的角度说,他们与我的思路是否有相通之处呢?我认为应该说是有的。中国历史上的贪污、特权一直让人心烦,有所谓"三年清知府,十万雪花银"之说,这不是道德品质所能解释的。究其原因,我认为最根本是"权力支配社会"带来的必然现象。

至于"官僚政治""学人政治"这些概念,我是不用的。讲"官僚政治",比较好的是王亚南(1901—1969),著有一本书《中国官僚政治研究》。在这本书中,他讲中国社会的主要矛盾是官与民的矛盾;刚才你提到的问题,在王亚南的书中已经提到。"学人政治"最早是由钱穆(1895—1990)提出的,近来又有人提出"士人政治"。是的,王权离不开官僚、学人、士人,但我不用"官僚政治""学人政治"等概念,因为他们不是独立于王权与王权并列的权力系统,而是附属王权体系的,更不是一个独立的阶级。在王权社会中,大致说来是"王-贵族-官僚-农民"这样一个序列组成的社会结构。在这个社会结构中,有人提到的王权与农民联合起来斗争官僚,或农民与官僚联合起来反王权,对此我不否认,但这些没有说到底。把一姓的王反掉了,接下来是什么?难道不是另一姓的王再支配社会?当然,不是一讲王权支配社会,好像其他问题都没有了,社会上还有很多其他问题;权力也不是在任何意义上统统支配经济。一个理论的概括只能是最高的概括,而历史的丰富多彩性不是任何一个理论都能概括进去的。我认为,只要抓住其中的主要之点,而这一点具有较多的解释面,

---

① 胡适:《论国故学——答毛子水》,《胡适文存》(第一集),亚东图书馆,1921年,第286页。

就可以了。"王权主义"只是解读中国历史的一个角度,并不排斥其他对中国历史的解读方法。我想,这正是我在治学中的经验主义的态度与方法。

附记:2013 年 10 月,南开大学举行历史学科创建九十周年纪念活动,邀请笔者与刘泽华先生就王权主义学派问题进行学术对话,参与活动的研究生李春生、崔立军、李梁楠、徐双燕整理的录音。在录音整理稿的基础上,笔者和刘泽华先生一起做了修改和补充,以"学派·学术个性·中国史观——关于'王权主义学派'问题的对话"为题发表在澳门大学《南国学术》2014 年第 3 期上。

刘泽华先生学谱简编

林存阳　李文昌

1935 年,一岁

2 月 17 日(阴历正月十四日),先生生于河北省石家庄近郊的土贤庄(原名"杜贤庄")。

1941 年,七岁

春节之后,村里重新办起小学,先生入学,启蒙老师为郝子恒先生。

1943 年,九岁

小学三年级。偶从集市购得日本占领前的小学课本,对其中有关长城的故事兴奋不已,由此开始了解中国历史。据先生自述,此为其民族意识的最早萌芽。

是年,先生父亲去世。

1949 年,十五岁

2 月,考入石家庄第一中学。几个月后,当选为班长。

五六月间,在吴会贤老师的引导下,加入新民主主义青年团。吴会贤老师讲社会发展史和时事,先生时有疑问。连续三个学期,先生被评为班级学习模范。

历史课学的是胡华撰的《新民主主义革命史》，先生认为对自己影响很大。

1950 年，十六岁

学生会选举先生为委员。

后半年，先生担任学生会副主席；参加市学生代表大会，被选为市学联委员。

1951 年，十七岁

河北省会保定举办工农业贸易博览会，先生作为唯一的学生代表，随团参观。

先生曾在扫盲夜校当兼职老师，用挣的钱购买了《论共产党员的修养》《大众哲学》《四大家族》《人民公敌蒋介石》《两千年间》等书，学习相关知识，积极申请加入中国共产党。

年底，提前毕业，留校任总务处庶务员。

1952 年，十八岁

秋，被派往天津河北师范学院俄文专修科学习俄语，这成为先生人生的一个转折点。

1953 年，十九岁

在河北师范学院学习，被批准加入中国共产党。

夏，以优异成绩（所有考试都是五分）从进修班结业；临离校时，系里安排先生与其他几位同学到位于北京的河北师专辅导教师们暑期突击学习俄语，任辅导员。

返回石家庄第一中学后，由庶务员改任老师，教初一的俄文，并担任班主任。教课之余，先生继续提高俄文水平，订阅了原版的《青年一代》《布尔什维克》，还尝试翻译其中的文章。由于获得的是正式的专科毕业证书，所以先生的工资等待遇和社会地位都有所改善。

1954 年，二十岁

春，改任高一、高二的俄文老师。

秋，调任石家庄第三中学（初级中学），任团总支书记。

1955 年，二十一岁

暑假，被选派到河北党校旁听"联共（布）党史"，秋季开学后返校。

升任石家庄第三中学教导处副主任。

1956 年，二十二岁

年初，调任石家庄市委宣传部讲师团理论教员。

春末，被派到省委党校理论班学习哲学，为期三个月。

是年，对古文产生浓厚兴趣，购买了《纳兰性德词》。

1957 年，二十三岁

9 月，考入南开大学历史系。任党支部宣传委员。

1958 年，二十四岁

经选举，先生任支部书记。

5 月，全国掀起"大跃进"运动。先生被评为共青团天津市青年社会主义建设积极分子。

初夏之际，因"要不要办历史系"的问题所引发，历史系开展了"红专大辩论"。先生在最后一次会上做了发言，也是唯一一位一年级同学发言，"大讲了一通马克思、恩格斯、列宁、斯大林、毛泽东如何重视历史等"，并对"蔑视、轻视历史的一些说法进行了调侃"，赢得了热烈掌声和笑声。时隔五十年后，一次刘先生去看望杨生茂先生，杨先生还提起这件事，可见刘先生的发言给人留下的印象之深（详见刘先生撰《诚挚的自由马克思主义学者——忆先师生茂先生二三事》，2010 年 5 月 9 日）。

"红专大辩论"后，掀起集体搞科研的高潮，其中一项是组织数十名师生摘编"马恩列斯论历史科学""毛泽东论历史科学"。先生是主要负责人,除组织、领导工作外,还拟定了"马恩列斯论历史科学"语录摘编的提纲初稿。

8月中旬,先生被抽调出来做助教。关于原因,先生后来回忆:"学生中我大概属于能讲能写,又红又有理论和实际工作经验的学生,在全校举办的俄文高级班(为从俄文专科读完二年级转来的同学开设的)中学习,不管什么考试,都是五分,应该说是属于优等生。抽调我任助教,就学历来说,确实有点不合常理,但从另一个角度看,这似乎也不是太过分。"(《八十自述》,第84—85页)

抽调出来之后,先生与学长杨圣清共同为总支书记李云飞开设的"历史科学概论"课程写讲稿,从而有机会将南开大学图书馆有关历史研究法的书籍翻阅一遍。

1959 年,二十五岁

上半年,先生继续阅读有关"历史科学概论"方面的书籍、文章,同时接受任务,担任总支书记李云飞的文字秘书。

10月,到中山大学师从杨荣国先生进修中国思想史。其间还旁听了刘节先生的"中国史学史"。

1960 年,二十六岁

在中山大学不到一学年,先生把先秦诸子通读了一遍,写了近十万字的文稿。

5月,因查出患有肺结核,先生中途结束在中山大学的进修。6月底,返回南开,很快转到天津工人疗养院治疗,10月底出院,回校疗养。养病、度荒期间,先生继续阅读有关先秦两汉的思想史著作。

1961 年,二十七岁

春,被分配做王玉哲先生的助教。

五六月间,王玉哲先生因病不能授课,时任系主任魏宏运先生请刘先生与孙香兰共同讲授"先秦两汉史"。接受任务后,先生旋即投入备课,整个暑假都没休息。

为纪念唐代史学家刘知幾诞辰一千两百周年,南开大学历史系古代史教研组举办了一次学术讨论会,对刘知幾的史学进行了研讨。刘先生作为教研组成员参与讨论,并与汤纲先生合撰《南开大学历史系讨论刘知幾的史学》,刊登在《人民日报》《天津日报》上。

6月,《略论荀子的经济思想及其重农倾向》《略论"易经"的年代及其思想》两文,分别发表于《光明日报》《天津日报》。前文认为:"荀子很重视生产,以此达到富国、富民的目的。在当时的社会经济中,他认为农业最重要,但对开发山林、泽梁,发展畜牧,也很注意,这样可以尽万物之用……荀子第一个提出重农抑工商的主张。这一思想在其后得到了很大的发展,在封建社会中有过极大的影响,成为正统的封建经济理论的基石。因此也就成了封建统治者制定经济政策的理论根据","荀子对如何保证提高农业生产也提出了一些引人注意的措施……荀子第一个提出民的贫富对生产好坏具有决定性意义……他所说的'民富'只是一种理想,除了在社会主义制度下可以实现外,历史上哪一个社会也不可能实现……为了富民,除裕民之外,荀子认为还必须节用、善藏其余,以备有患。荀子的节用与墨子的节用不尽相同。他是以他所设想的提高生产为基础、以民富为前提、以'礼'为标准。墨子主张以'自苦为极'。荀子主张以'礼'节之……在剥削制度下提倡节用,对劳动者也不无裨益,但一般说是无实际意义的,并且常常流为欺骗劳动者的空话"。后文首先讨论了"筮"发生的年代、筮与筮辞、筮辞与《易经》的关系、《易经》与《易传》的关系,进而重点剖析了《易经》的政治思想和哲学思想。先生强调,《易经》宣扬了奴隶主的思想,借以维护奴隶制度;其哲学思想并非朴素的唯物主义,而是宗教迷信性的唯心主义;"'易经'的最本质的精神,并不是主张变,而是在变中求不变,以不变应万变"。

8月,在《河北日报》上发表《论墨子政治思想中的几个问题》。本文是先生在中山大学进修时所写初稿的基础上修订而成。与以往的观点大为不同,先生认为墨子是代表新兴封建地主阶级特别是中小地主阶级的利益;"尚同"是为了建立统一的封建秩序和中央集权政治,并且其中还有法家和术家的倾向;墨子为了实现"尚同",因而提出"尚贤"论,其本质是改良主义的;"非攻"

289

的实质是维护私有制,但他反对用"攻"来统一天下,主张以"诛"来达到此目的。先生强调:"墨子不是站在劳动人民的立场,而是封建地主的代言人,他对中小地主利益尤其关切。他企图用缓和阶级矛盾的方法来巩固封建制度。他不是民主主义者,更不是空想社会主义者,因为他既不反对私有制和剥削,又不反对阶级压迫。相反,他还认定这些是合理的。而没有这两个基本思想,就绝不能称他为空想社会主义者。墨子的政治主张在当时是进步的,但必须指出他的阶级局限性……我们不仅肯定他的政治主张的进步意义,更重要的要指出他这种进步性的阶级性质。这样才有可能对历史人物做出正确评价。"

1962年,二十八岁

先生给高年级讲授恩格斯的《家庭、私有制和国家的起源》。

3月,在《河北日报》上发表《老子道的虚无性和神秘性》。针对当时关于老子究竟是唯物主义者还是唯心主义者的争论,先生提出自己的看法,认为:"老子的'道'是虚无的,是与万物相背离的,并且还有神秘性,所以说老子'道'的本质是客观唯心主义的。"

6月,在《光明日报》上发表《试论孔子的富民思想》。先生对其时的大饥荒深有感触,因翻检往日文稿,见有论及孔子"富民"思想者,遂在此基础上而成本文。文章从"人皆欲富""均无贫""富民主张""义和利"几个方面,对孔子的富民思想做了揭示,既肯定了其思想的可贵之处,也指出了局限性。先生认为:

> 孔子主张,如果富而可求,应尽力求之。如不可求,或求之不得,便应当安贫或乐贫。这就是他的"固穷"和"贫而乐"的理论……在孔子看来,应该使民获得必要的生活条件。但是这些条件不能由民通过斗争去获得,而要靠剥削者的恩赐和施舍,所以,孔子的富民思想主张具有十分明显的二重性:一方面表现出一定程度的对人民的同情;另一方面又束缚了人民的手脚。我们不仅要看到他们对人民同情的方面,而且还要指出这些思想在实际上又怎样落了空。

1963 年,二十九岁

4 月,巩绍英先生应南开大学党委书记何锡麟邀请,赴历史系任教,讲授中国政治思想史。系领导派刘先生兼做巩先生的助教。

是年,先生任历史系党总支委员。

1964 年,三十岁

在"四清"运动中,先生因发表过多篇文章,被认为是有"名利"思想,遭到批判。之后,先生便不再向报刊投稿,而是转向积累资料,为写"中国政治思想史"做准备。

据先生在《八十自述》中说:"我这几篇处女作不是别有用心,但也不能说没有一点点蕴意,搞思想史很难说没有自己的意识在其中。我当时的想法是提倡点什么和警戒点什么。'文革'中说我是影射和攻击'三面红旗',也把我'抬高'了,当时还没有这种胆识……非常糟糕的是,'文革'初始的一批'大字报',把我打懵了,慌慌张张把积累的近二十万字的稿子偷偷地焚烧了。"(第94 页)

1965 年,三十一岁

先生被确定为第三梯队接班人,拟提拔为历史系副主任,未果。

6 月,《董仲舒的政治思想》发表于《历史教学》第 6 期。该文对董仲舒思想中神化皇权的天人合一论、维护封建制度的"合分"论、政治上应变的"经权"论、统治阶级两个政策的"德刑"论,做了深入剖析;并指出:"董仲舒虽然尊崇儒家,但在他的政治主张中,也接受了老子、申、韩的人君南面之术,不过为之披上了一层儒学外衣而已。所有这些都服从于一个目的,那就是巩固封建制度,为封建地主阶级的统治服务。"

下半年,历史系很多人下乡搞"四清",先生被指定为系里留守的行政负责人。

1971 年,三十七岁

先生被任命为中国史教研室副主任。

上年(1970年)，全国开展了新一轮批判翦伯赞的"让步政策"论。本年(1971年)春，南开大学历史系也组织了批判班子，指定由刘先生负责。对于如何批判，先生"提议从理论上入手，政治问题可以联系，但我们不掌握材料，不宜说得太多"(《八十自述》，第165页)。经过多次商讨，形成一篇稿子《人民群众是创造历史的动力——彻底批判翦伯赞的"让步政策论"》，署名"南开大学历史系写作小组"发表于《天津日报》5月13日第2版。关于这件事，先生后来颇觉心中不安，《八十自述》中说："1978年下半年，翦伯赞获得平反，正是他自杀十周年，北大历史系学生会要搞纪念，给我来信，希望我写几句话。我感到十分内疚和惭愧，回了一封信，大意是我写过批判翦老的文章，我无颜面写纪念文字，待我把自己的恶行公之于世后，有机会再写。那篇文章虽不是署我的名，是领导布置的任务，像很多写过大批判文章的学人那样，似乎可以隐瞒了事，但我于心难安。20世纪90年代出版了一本《史学家自述——我的史学观》，其中有我一篇，特地记上了这一笔，真诚地向翦伯赞先生致歉、悔罪。当然，我也知道，忏悔了，虽然于心稍安，但曾经的恶言恶语，则永远留给了历史。"(《八十自述》，第167页)

是年，历史系开始接纳工农兵学员，先生被指定开讲"历史学的重要性"课程。因没有可用教材，系领导决定成立古代史教材编写组，由先生主持编写。后由先生拟定，经编写组成员讨论后形成了一份《关于编写〈中国古代史〉若干问题的初步意见》，作为编写指南。至1973年成第一稿，先油印，分上下两册，六十余万字，印了3000套，人民出版社看中，约定出版；1974年下半年到1976年，进行修订，成第二稿，字数扩充到近一百万字；1977年，又进行了第三次修改。

1973年，三十九岁

9月，联系杨荣国先生到天津做批孔报告。

1974年，四十岁

春，下放到天津武清参加劳动。1973年末，针对批极"左"中有否定"文革"的趋势，出现了新一轮的反回潮，先生因有批评秦始皇的言论而被扣上了

"反对意识形态领域无产阶级专政"的帽子,于 1974 年春被下放到农村劳动,地点是天津武清后河淤。

7 月 5 日,在北京前门饭店召开"法家著作注释工作会议",先生被指定作为天津代表出席,参与注释的法家著作为荀子的《天论》。

1976 年,四十二岁

自 10 月 6 日,"四人帮"倒台后,全国上下开展对"四人帮"的批判。先生与合作者先后写了六篇文章揭批"四人帮",《史学领域的复辟纲领——批江青的"法家爱人民"说》是其中的第一篇,于 12 月 4 日刊载于《南开大学学报》第 6 期。文章认为,"法家爱人民"说是"四人帮"及其御用文人在史学领域进行复辟的总纲。这个"总纲"歪曲了毛主席关于中国封建社会的主要矛盾的论述,杜撰了一个所谓儒法路线斗争决定一切的历史规律,忽略了法家政治的阶级性,根本抹杀了封建国家的阶级本质,背叛了马克思主义关于国家与法的基本原理,对中国历史进行了肆无忌惮的歪曲、篡改和伪造,对马克思主义的历史唯物主义进行了全面的修正和背叛,为他们篡党夺权实行最反动的法西斯专政做舆论准备。

1977 年,四十三岁

1 月 24 日,《关于编写〈中国古代史〉若干问题的初步意见》一文,在《南开大学学报》第 1 期发表,署名"《中国古代史》编写组"。初成于 1974 年,系由先生拟定,经编写组成员讨论后形成。《初步意见》对历史研究中的一些基本问题,如社会分期问题和封建社会内部发展阶段问题、阶级和阶级斗争问题、儒法斗争问题、社会经济问题、人民群众与个人在历史上的作用、民族问题等提出了独到的看法,并以此作为讲课和编写《中国古代史》教材的参考意见。

2 月 21 日,《批判"四人帮"在评法批儒中的阶级调和论》一文在《光明日报》发表。先生从"篡改封建社会的主要矛盾,抹杀农民与地主两个阶级的对立""宣扬儒法两家路线斗争决定一切,鼓吹唯心主义的英雄史观""鼓吹农民起义为法家路线开辟道路,否定农民起义的历史作用"三个方面,对"四人帮"利用评法批儒、宣扬阶级调和论进行了批判。

4 月 20 日,《"四人帮"在史学领域招摇的一面霸旗——评罗思鼎〈论秦汉之际的阶级斗争〉》一文在《历史研究》第 2 期发表。文章指出,罗思鼎《论秦汉之际的阶级斗争》,是"四人帮"利用历史进行反党活动树起的一面霸旗,它歪曲了秦汉之际社会的主要矛盾,是在为"四人帮"的"儒法斗争决定一切"铺平道路,为施展阴谋诡计制造历史根据。

4 月,《颠覆无产阶级专政的反革命策略——评"四人帮"的"清君侧"》在《南开大学学报》第 2 期发表。文章强调:"清君侧"是"四人帮"反党集团篡党夺权、复辟资本主义所采取的最基本的反革命策略之一,妄图打倒一大批党政军各级领导干部,达到他们架空毛主席、改朝换代、葬送无产阶级革命事业的罪恶目的。

11 月 26 日,《关于先秦儒法斗争的特点和作用——批判 "儒法斗争为纲"和"儒法斗争"你死我活论》在《南开大学学报》第 6 期发表。文章认为,"四人帮"所谓的儒法斗争是"你死我活的斗争",研究历史要"以儒法斗争为纲"等,是他们违反历史事实捏造出来的历史唯心论,是他们为篡权制造出来的反动舆论,必须加以分析、批判和扫除。

11 月,先生当选为天津市第八届人民代表大会代表。

是年,先生开始对阶级划分产生疑问,并萌生了重新研究历史上的阶级划分问题的想法,即通过如实地研究历史上实际的阶层与身份问题,由此再概括为阶级。

1978 年,四十四岁

3 月,在先生的倡议与推动下,《南开大学学报》第 2 期开设了"中国古代社会阶级状况研究"专栏,其后,先生与历史系同仁共发表了十余篇研究中国古代社会阶层问题的文章。该期"编者按"指出:"深入研究中国古代社会各阶级的来龙去脉,以及它们的相互关系,对'四人帮'散布的以儒法斗争为纲改写历史的谬论,是有力的批驳;同时,有助于探讨和解决古代史领域中的一系列问题,如社会分期问题,奴隶社会、封建社会发展阶段和特点问题,农民战争的性质与作用问题, 资本主义萌芽问题, 上层建筑的性质和作用问题,等等。从而能够更好地以马列主义、毛泽东思想为指导,阐明中国古代社会发展的历史规律及其特点。本刊从这期开始,将陆续选登这方面的文章和资料,希望广大专业和业余作者参加研究和讨论。"先生在本期发表的文章是《论战国时期"授田"制下的"公民"》,此为先生首篇研究战国时期社会阶层和身份的文章。先生在文中强调:

> 战国时期"公民"耕耘的土地是从封建国家手中领受来的,封建国家对他们有人身占有权,进行着超经济的残酷剥削。这些"公民"是隶属封建国家的农奴……对中国奴隶制的特点无论怎样看,随着奴隶制的瓦解,在战国,农民阶级的主要组成部分绝不是拥有一小块土地、身份较自由的自耕农……这里把要点列出来,是为了从中国奴隶制向封建制过渡的总体上说明,在战国时期不可能出现大量的所谓的自耕农。关于奴隶(包括农村公社成员为尽人皆奴隶的观点)–自耕农–农奴化或依附化这种马鞍形的发展图式,我认为不符合中国历史实际情况。

稍后,先生又发表了相关文章数篇,通过对战国时期阶层、身份的研究,逐渐形成"王权支配社会"的判断。据先生回忆:

> 这些文章的写作过程中,我发现了一个重要问题,即权力对社会阶层的构建与控制。以此为基础,我对中国历史认识发生了一次大的转折。其后,我又写了两篇文章:《论中国封建地主产生与再生道路及其生态特点》和《从春秋战国封建主的形成看政治的决定作用》。这两篇文章提出了"政治权力(王权)支配社会"的判断,具体说来就是:封建地主的主要成员是政治权力分配的产物,而不是土地买卖等经济运动的产物;封建国家–贵族–官僚地主不是"地租地产化",而是"权力地产化"。这个发现,引起我对中国古代社会许多问题的再认识。(《八十自述》,第252页)

1977年底到1978年初,先生开始重新审视"史学革命"理论和"文革"中形成的禁区。6月初,先生应中国社会科学院历史研究所之邀,参加在天津举办的"全国历史学规划会议(筹备)",即做了题为"打破枷锁 解放史学"的大会发言,引起很大反响。不久,《历史研究》第8期刊出先生《砸碎枷锁 解放史学——评"四人帮"的所谓"史学革命"》一文。文章虽以批判"四人帮"为名,但已经开始冲击"文革"中形成的禁区。全文分三部分:第一部分批"史学革命"论;第二部分批判"四人帮"的"法西斯文化专制主义";第三部分提出打破禁区和禁条。最后,先生强调:

> 砸碎"四人帮"的枷锁,目的在于解放史学,促进历史科学的发展。总结以往正反两个方面的经验,研究历史必须把马列主义、毛泽东思想的普遍真理同具体历史实际结合起来。"结合"绝不是语录和材料的堆砌,而是完整地、准确地学习和运用马克思主义经典作家的立场、观点和方法,在详细占有材料的基础上,加以科学的分析和综合,从而揭示出历史现象的本质和内在的固有的规律……我们研究历史时常常谈到"理论根据"的问题,我认为这只能指马克思主义的普遍真理,以及马克思主义经典作家观察问题的立场、观点和方法。至于对具体问题的论述,则不能字字拘泥。我们必须在马克思主义普遍原则的指导下,深入研究新材料,敢于提出新看法,做出新论述。如果把经典作家的每一句话都当成一成不变的教条,表面上似乎是虔诚的马克思主义信徒,实际上却是违背马克思主义的,因为马克思主义本身也在不断发展。如果那样做,好心的人不免要陷入教条主义的泥坑。别有用心的人,如"四人帮"则是曲解马克思主义,把它用来当作打倒异己的棍子。

是年,恢复职称评定,先生由助教破格晋升为副教授。同时,在南开大学历史系开设"中国古代政治思想史"课程。关于破格晋升为副教授,先生在《八十自述》中曾表示:

> 诸位老少先生,对我关照和爱护有加,1978年,几乎一致推举或支持我破格晋升为副教授。特别是我老师辈,如果有一位出来反对,可能就会有障碍……缘何把我选上?谁是推荐者和决定者?至今没有打听

过，我猜测，校领导与系领导当有共识吧。魏宏运先生时任系主任，应该起了重要作用，还有已故的几位南开历史学大家，如郑天挺、王玉哲、杨志玖、杨翼骧诸位先生，也一定是助我的恩人。我推测，我之所以入选，不外两方面原因：一是所谓的"德"，当时主要看在"文革"中的表现。如果我在"文革"中有恶言、恶行，有招人恨的地方，肯定是通不过的……专业上，我说不上有特别的地方……相对说来，我似乎胆大一点，"文革"前有几篇小文章，打倒"四人帮"后，也写了多篇批判文章，在史学界有一点点影响。由我主持撰写的《中国古代史》，1979 年正式出版，是"文革"后出版的第一部中国古代史教材，全书上百万字，发行15 万册，被很多大学采用。我是组织者，写得也最多，被列为第一作者，从而声名鹊起。我想这与破格晋升副教授有极大关系……我的人生之路，的确充满意外，正因为意外，我不曾为一己之事求过人，更没有请托过。我既不知恩从何来，所以也无从报当事人之恩。三十年之后，我才反身去了解一些事情的经过，此时已过古稀之年，有恩于我的人，大多已经谢世，因而对他们，我没有当面说过道谢的话。恩存我心，吾师知我，思之不无愧悔！反过来说，由于没有请托过、求过情，心理上没有任何负担，倒也坦荡荡，强化了自主意识。（第 195、198—199 页）

1979 年，四十五岁

1 月 21 日，在《光明日报》上发表《繁荣学术必须发扬文化民主——从吴晗同志的冤案谈起》。先生认为，吴晗写的有关海瑞的文章，史实基本可靠，无可怀疑，其所倡导的"海瑞精神"不过是一种以古鉴今的提法；说他违反宪法，反党反社会主义是毫无根据的，是姚、关、戚等人别有用心的政治迫害。先生呼吁："鉴于林彪、'四人帮'大兴文字狱，摧残学术文化的历史教训，我认为必须发扬社会主义民主，加强法制，应根据宪法有关条文的规定，制定出具体的法律，对言论、出版自由，确实加以保护，对摧残言论出版自由的违法行为，坚决予以制裁，才能促进科学文化的繁荣。"

2 月 25 日，与王连升先生合撰的《论秦始皇的是非功过》在《历史研究》第 2 期发表。文章指出："古往今来，对秦始皇有两种不同性质的评论：一是借秦始皇来表达某种政治见解或主张,这可叫作史政论。史政论不属历史科学,但从性质上讲,却有革命与反革命之分。一是作为历史研究对象,进行历史评价。"本文即"根据历史唯物主义的原则",从"关于秦统一中国的主要原因问题""从社会实践效果来检验秦始皇政策、措施的意义""从英雄到孤家寡人""法家与秦胜秦亡的关系"四个方面,对秦始皇做了一番"自由的、实事求是的讨论"。文章强调:"秦始皇在中国历史上是一个功大过亦大的人物,集中在他身上的矛盾重重交错。怎样在复杂的矛盾变化中陈述他的功过是非,是我们远未解决的一个问题……由此对秦始皇进行再评价,对促进历史研究、批判封建专制主义,都是有意义的。"文末,先生附记道:"我在1973年底写过一篇《论秦始皇》,当时未能发表,后来刊登在《南开大学学报》1977年第5期上。这次我同王连升同志合写的本文,许多观点有变化,这可作为自我批判吧。"

3月23日至4月2日,中国历史学规划会议在四川省成都市正式召开,先生应邀出席并做大会发言,题目是"关于历史发展的动力问题"。本文是先生与王连升先生合作而成,初稿成于1978年10月,刊发于1979年《教学与研究》第2期,成为史学界关于历史动力问题大讨论的起始文章之一。针对"重视阶级斗争这一理论的研究和应用,而忽视关于生产斗争在历史发展中的最终决定作用的阐发,甚至有本末倒置的现象",文章从"完整地准确地领会和运用马克思主义关于历史发展动力问题上的论述"的视角,提出了"生产斗争是历史发展的最终动力"的观点。

7月至9月,人民出版社出版了由先生主持编撰的《中国古代史》(上、下册),约一百万字,这是"文革"后出版的第一部中国古代史大学教材。该书出版后,受到学界关注,并被许多大学采用。与类似著作相较,本书有不少独特之处。如关于如何书写农民起义的问题,通行的做法是"把大规模的导致改朝换代的农民起义放到一个朝代的末尾来写",或者"置于新王朝的开始",但这样处理也存在问题,因为"农民起义作为新王朝的打头,很难说清楚历史的连续性;如果接着农民起义而来的都是'反攻倒算',许多新王朝的政策也难以说清楚"。有鉴于此,先生另辟蹊径,"把大规模的、引起改朝换代的农民起义单独列一章,既不附属在一个王朝的末尾,又不以它打头"。理由是:"农民起义时期,社会矛盾和社会关系既不同于前朝,也不同于后朝,而是一个特殊时期:第一,这个时期的社会矛盾与前朝有重大变化,是农民与地主社会地位的起伏和转化时期;第二,与后来的王朝相比,社会关系与社会矛盾的地位也不相同,后朝重建了封建秩序;第三,这个时期农民有诸多创造。"(《八十自述》,第190页)

9月,与王连升先生合撰的《论刘邦——兼论历史的必然性与偶然性》发表于《南开大学学报》第4期。文章认为,"农民的二重性决定了农民战争是打击黑暗统治的革命力量,同时又是培育农民领袖向封建新贵族转化的温床,这是历史的必然。至于这种转化落到谁的头上,那就是属于历史的偶然性了";"让步政策论是一种离开具体历史条件的形式主义比较;反攻倒算论是离开了历史规律的主观主义的比较";"用反攻倒算来概括刘邦这类新统治者对农民的政策同样也是不科学的……那么怎样概括刘邦为首的新统治者对农民的政策呢?我们认为'恢复和健全封建秩序'这一提法较为切实和准确……刘邦的胜利除了力量占优势外,更长于策划和阴谋;诸侯王的失败,除了因力量较弱外,多失于缺乏谋略或果断,他们失败了,但历史并没有规定他们必然要失败。在这方面的成败俱属偶然"。据先生称:"走出'让步政策'论和'反攻倒算'的思考,可以作为当时在学术上自主意识萌芽的一个例证。"(《八十自述》,第189页)

是年,天津市人大换届,先生当选为第九届人民代表大会代表。

1980年,四十六岁

10月16日,与王连升先生合撰的《清官问题评议》刊发于《红旗》第20期。文章认为,在理论上,清官不是评价历史人物的科学概念,历史人物的评价只能从历史人物所处的历史条件、阶级地位,以及在具体的矛盾运动中所起的作用抽象出来;清官思想本质上不是农民的思想,而是封建专制主义思想的一种特殊表现形式;宣传清官思想有消极作用,不但和社会主义的指导思想格格不入,而且与发扬社会主义民主、实行集体领导、健全法制、思想解放也是背道而驰的。

因健康原因,先生辞去教研室主任的职务。

1981 年，四十七岁

11 月 25 日下午，先生拜见郑天挺先生，从四点多一直谈到六点半，并约好郑先生出席完全国人大代表会后再谈。然而，12 月 20 日，郑先生仙逝了，这次谈话竟成了最后一次交谈。12 月 28 日，先生撰文悼念郑先生[《教诲谆谆多启迪——忆郑老与我的最后一次谈话》，《中国古代史论丛》(第二辑)]，1982 年，深情回忆了与郑先生的最后一次谈话情形。这次交谈，涉及了诸多问题，如考据学的分期、教学及其与研究的关系、百家争鸣等，先生觉得对自己深有启迪。如：

先生针对一些同志把教学当成支出，把研究当成收入的说法，发表了一些精深的见解。先生说，把教学当成支出的同志恐怕还不大懂得教学。没有收入怎么支出，那不是给同学开空头支票吗？不要认为讲了几遍课之后，就认为是简单的重复劳动。有了教材，为什么还需要教师讲授呢？教材不可能年年变，可是学科年年在发展，教师应该把最新研究成果传授给学生。如果不补充新材料、新观点，把往年的讲稿拿出来，打打尘土就去上课，对教师来说，是失职行为……先生又说，我非常赞成教师搞研究。不研究只借助他人的东西，也可以过得去，但这样做只能给学生以知识，很难在科研方法上给同学以帮助。搞科研是非常必要的，但对教师来说，研究一定要为教学服务。我不赞成不愿教书光想搞研究的做法，教师不教书那还算什么教师？先生说，如果研究方向与教学方向不一致，作为教师，应该改变研究方向，转到为教学服务的轨道上来。一个教师在科研上取得成绩是很好的，但要把培养出人才作为最大的欣慰。

在这次交谈中，还谈到了百家争鸣问题。先生说，史学要发展，唯一的道路是展开百家争鸣。百家，就是要允许不同风格、不同流派同时并存。史学工作者每个人的具体情况不同，经历不同，治学之路不同。有的用力于史料的整理，有的侧重于原委的考证，有的愿意探讨历史内在的规律，这些都是发展繁荣历史科学所不可缺少的，要互相尊重，切不可以己所为衡裁他人。争鸣，贵在争理和求实，切不可争气。争鸣不免会有锋芒,锋芒是为了析理,但不可刺人。为了把问题说得透彻也不妨尖锐,但千万不可尖刻。争鸣对学问是相得益彰的好事,切不可在争鸣中夹杂着学术以外的事情。先生的这些话都不是泛论,而是有鲜明的针对性的。有的是历史经验的总结,有的是针对当前史学界存在的某些须待改进的情况而言的。在先生逝世之后,我更深切地感到这些教诲的分量。

12 月 20 日,与王连升先生合撰的《中国封建君主专制制度的形成及其在经济发展中的作用》发表于《中国史研究》第 4 期。中国社会进程中有否停滞的问题,是当时史学界讨论的一个热门话题。文章认为,中国社会发展的文明程度与是否有迟滞现象,应该是两个不同层次的问题。就君主专制体制循环性及其对社会的发展造成的阻力而言,是有迟滞问题的,而君主专制是导致社会停滞的主要原因。"封建君主专制中央集权对封建社会中两个经济规律的破坏是极其严重的。沉重的赋税、徭役、官吏的贪污和其他形式的剥削,常常使简单再生产不能进行,社会难以生存。抑末的结果破坏了价值规律的正常运转,因而社会也就失去了发展变化的活力。这样,我国封建社会后期便长期处于迟滞状态。"

1982 年,四十八岁

1 月中旬,与王连升先生合撰的《先秦时代的谏议理论与君主专制主义》发表于《南开大学学报》第 1 期。鉴于学界"对包括谏议性质在内的谏议理论及其政治效果等问题,却极少论及",文章对"谏议是君主专制制度的一种补充""谏议理论""进谏态度""强谏多悲剧的原因"等问题,做了深入剖析,并得出如下认识:"应把进谏、纳谏这类政治现象放到产生它的历史环境中去考察。进谏与纳谏本身尽管具有某种民主色彩,但从它在中国历史上出现的那一天起,就绝不是一种民主制度,不应盲目肯定。"

2 月 13 日,《战国时期的百家争鸣》一文在《文史知识》第 2 期发表。先生的政治思想史研究,多半以人性论及历史观和社会矛盾观等政治哲学作为分析政治思想的逻辑起点,这同以往的著作有很大差异。先生在文中探讨了"百家、百科与思想库""最有价值的认识之一""形成百家争鸣的原因"等问题。关于"战国诸子最有价值的认识是什么",在先生看来,"有关人性问题的讨论最有价值,至少是最有价值的认识之一"。先生还强调:"从表面上看百家相争,很有点民主气氛。但如果分析一下每家的思想实质,就会发现,绝大多数人在政治上都鼓吹君主专制。思想上都要求罢黜他说、独尊己见,争着搞自己设计的君主专制主义。因此,百家争鸣的实际结果不可能促进政治走向民主、思想走向自由,只能是汇成一股强大的力量,促进了君主专制主义制度的完善和强化。把握了这一点,才能把握住百家的政治归宿。"

6 月,与刘景泉合撰的《战国时期的食邑与封君述考》发表于《北京师院学报》(社会科学版)第 3 期。文章对战国封君的概况、食邑与封君的关系、封君与爵号和职官的关系、封君与封地的关系、封君与君主的关系等进行了深入探讨。文章指出:"封君是统治阶级中除王之外,最高贵的一个阶层。在中枢政治中,他们常常是闹割据、闹独立的内乱的肇事者,但又互相钳制而促成中枢政治的平衡和王权的稳定。对君主来说,掌握得当可以是保护自己的屏障,掌握不当又会成为异己力量,因此分封问题是一个难吐又难咽的问题。"

12 月 16—19 日,先生应邀参加了由《中国文化研究集刊》编委会和联合国教科文组织《人类科学文化史》中国编委会在上海复旦大学共同举办的"中国文化史研究学术座谈会"。

1983 年,四十九岁

年初,学校小范围晋升若干名教授,刘先生当时外出,教研室主任冯尔康先生联合几位老先生共同推荐了刘先生。刘先生回来后,得知这一情况,在开系学术委员会时 (先生为委员),"正式向委员会提出谢绝推荐"。据先生说,"当时的想法很简单,我已经破格晋升一次,这次虽不是破格,但也不是普通申请,而是个别晋升,自我评估,比起几位同龄人,我没有什么过人之处,如果我晋升,他们不晋升,我负担反而更重"(《八十自述》,第 200 页)。面对"名利",先生淡然处之,谢绝了此次晋升教授的推荐机会。

1 月 20 日,在《文史哲》第 1 期发表《论慎到的势、法、术思想》。先生认为:"慎到的势法术是互相制约、互助补充的关系。势是法、术的前提,但又不能离开法、术独立施行。势要通过法来实现,通过术驾驭臣并处理与臣的关系……情况越复杂,越需要找出一个政治上的中轴线,找出内在的规定性。可是君主有权不受这种规定的约束。于是君主个人行为和决断背离本阶级一般要求的情况就不断发生。如何解决这个矛盾?这就是慎到所呼喊的,提倡国家观念、国家政治要规范化、建立法制、君主应该遵从法、国家利益高于君主个人私利,等等。沿着慎到设计的道路走,会不会削弱君主专制制度呢?不会的,相反只会加强。不过加强的办法不是简单地突出君主个人无限的权力,而是通过实现法制来进行。应该说,这种办法更富有理性,从而也更加牢固。慎到的理论是相当严肃的,早期法家多半都具有这个特点。相形之下,后期法家显得庸俗多了。"

2月15日,在《天津社会科学》第1期发表《先秦法家立法原则初探》。先生指出,法家立法的深入之处,在于他们提出君主立法必须有一定的根据和原则,具体而言,包含顺天道、随时变、因人情、循事理、定职分、明开塞、重刑罚、量可能八个方面,而"这八项原则说明,法家把立法的过程同时也当作对自然、社会、历史、现状进行综合考察的过程。他们认识到自然、社会、历史的运动比法更具权威。法的规定性应反映客观事物的关系及其客观的规定性。在顺从自然、人事的必然性中谋求统治者的利益"。

7月1日,在《山东师大学报》第1期发表《论〈商君书〉的耕战与法治思想》。先生强调,耕战政策、以法治国,是《商君书》政治思想的两大支柱;从变中求得生路、把主客观有机统一起来,以及矛盾观的运用,都是《商君书》的珍贵思想内涵。在先生看来,"《商君书》的政治思想在历史上起过进步的作用,在当时最富有革命性质","《商君书》的内容表明,在当时历史条件下,进步、改革、狡诈、阴谋、痛苦、残忍,等等是融为一体的,人们可以从理论上对它们进行分析,但在实际的历史运动中却是一个有机体,根本无法分开"。

是年,《历史研究》编辑部、南开大学历史系和云南大学历史系三家联合主办了第一次"中国地主阶级学术讨论会"。会议由刘先生和庞朴、谢本书两位先生组成领导小组。本次会议引起种种猜测,最突出的议论是方向有问题,有为地主阶级翻案的嫌疑。先生向会议提交的论文是《论中国封建地主产生与再生道路及其生态特点》,后经修订,刊发于《学术月刊》1984年第2期。先生认为,"封建地主作为一种生产关系无疑应该从经济上加以说明,没有一定的生产力及其相应的社会经济条件是不会出现的。但封建地主成员的产生与再生并不完全都是经济范围中的事……封建地主的中上层的形成主要是通过政治方式达到的。中上层的人数虽然不多，由于他们是封建地主阶级的核心部分，封建主的基本性格正是由他们决定的。在他们形成过程中，可以看到政治特权比经济手段更有权威。"关于"封建地主生态特点问题"，先生提出了"生态圈"的概念。所谓"生态圈"，是指文人–官僚–地主三者之间形成的生态循环圈。"这个生态循环圈把社会的经济、政治、文化贯穿为一体。文化可以直接转化为政治权力，政治权力又可以直接转化为经济。封建社会的许多现象都与这个生态循环圈有极为密切的关系。"而"在这个生态循环中，封建政治是主体，社会经济处于从属地位，经济只有服务于封建政治才有存在的价值，否则便是多余的。在涉及经济的地方，关心的是分配，生产又处于从属的地位。这种生态循环造就了一支庞大的封建官僚队伍，创造出了发达的封建官僚文化，培植了大批的封建官僚地主。这个生态循环把人们的聪明才智几乎全吸引到官场。这个生态圈对维护封建统治十分有用，对社会经济的发展则很少积极意义，是造成中国历史长期停滞的基本原因之一"。尽管封建地主不止一个生态圈，但"文人–官僚–地主"这个生态圈是主要的，"可以把封建地主中上层主要生活过程包纳进去。而中上层封建地主在整个封建地主的生活中起着主导作用"。

1984 年，五十岁

先生从 1979 年开始着手，历时四年多而成的第一部专著——《先秦政治思想史》，由南开大学出版社于是年 8 月出版。是著从纵横两个维度，对先秦政治思想的演进（商代、西周时期、春秋时期的政治思想，春秋末和战国社会概况）、主要学术流派和代表人物的政治思想（法家、儒家、道家、墨子、《管子》轻重篇、阴阳家、《吕氏春秋》），做了系统而深入的探究。在前言中，先生还就政治思想史的研究范围、研究方法、阶级分析法等，进行了宏观的把握和阐释。如关于政治思想史的研究范围，先生认为，除了研究国家和法的理论外，像政治哲学、社会模式的理论（或理想国的理论）、治国的方略和政策、伦理道德、政治实施理论和政治权术理论等，也应纳入探讨视野。关于如何开展政治思想史的研究，先生认为"应该像广角镜那样，从多方面着眼，用多头并进的方式开展研究"，"首先需要进行的是按思想家或代表作进行列传式的研究……其次，进行流派研究……再次，要开展社会思潮和一个时代重大课题的研究……还有，关于政治思想的重要概念、范畴，例如礼、德、法、刑、仁、义、爱、赏、罚、势、术等的研究，也是很重要的……对各种政治思想进行比较研究也十分重要……政治思想与政治实践的关系也应该作为一个专门问题进行研究……价值性认识和是非判断性认识，具有特别重要的意义"。

1月，与王连升先生合撰的《论〈庄子〉的人性自然说与自然主义的政治思想》在《中国哲学》（第十一辑）刊出。鉴于学界"对《庄子》的政治思想论述较少，而且多持批判与否定态度"，文章从"人性自然说与回到自然中去的主张""对桎梏人性的社会关系与观念的批判""政治主张与理想社会"等方面，对《庄子》"在认识的过程中却有许多光彩夺目的思想之花"，做了勾勒和揭示。而与有的观点认为《庄子》代表"没落的奴隶主或贵族"或者"农民或农村公社成员"不同，两位先生则认为，《庄子》"代表了弱者的愤恨与自我解嘲。在当时，这些弱者主要是那些失意的知识分子和脆弱的小农。《庄子》的思想便是这两者支流意识的特殊的混合物"。

3月，与王连升先生合撰的《论先秦的人性说与君主专制主义理论——关于先秦思想文化质的探讨之一》在《中国文化研究集刊》（第一辑）刊出。文章认为："先秦诸子思想文化最基本的特征是什么呢？依我们看，最基本的有两点，即人性学说与君主专制主义理论。这两者互相补充，互为表里，构成中国先秦思想文化的内核。其他方面的思想与理论是这个内核的皮肉……先秦人性的讨论非但没有导致专制主义的毁灭和人的个性解放，反而和专制主义同流合污，成为君主专制制度的理论根据……人性学说的产生，是历史进步的标志；在当时的历史条件下，它又发展成君主专制主义理论，成为社会发展的桎梏，喜剧是以悲剧为终结的。"

6月，与王连升先生合撰的《关于专制主义经济基础与君主集权形成问题的商讨》在《南开史学》第1期发表。文章认为："超经济强制是专制主义生存的基础，剥削阶级内部用武力争夺分配权和再分配权的斗争是促成君主集权的主要原因。另外，阶级之间的矛盾斗争，历史传统和思想也起了重大作用。模式一旦形成,就会变成一种历史的惰力。没有社会条件的大变动,要跳出已有的模式几乎是不可能的。"

9月中旬,《先秦法家关于君主专制主义的理论》在《南开大学学报》第5期发表。先生从 "圣化君主的理论""君主一人操权任势""法是君主专制的工具""控制人民的生计""禁绝百家、言轨于法、以吏为师"五个方面,深入分析了法家的君主专制主义理论,并指出:"先秦法家为当时的社会变革提供了理论指导,在实际的政治生活中起过重要的促进作用。可是他们的君主专制主义理论同他们的社会改革主张又交融在一起……法家的君主专制主义理论对君主专制制度的完善与强化起了推波助澜的作用。强化君主专制制度在当时是必然的,但却不好说它是历史之善,相反,在很大程度上应该说属于历史之恶……法家的改革主张与强化君主专制主义理论便是善恶交融的一例。"

是年,系主任换届,当时大兴民主风,大家要求继任者应由民主选举来定。先生起初无意参加竞选,但在总支副书记的动员下,才在临选举前几天决定试试。让先生感到意外的是,"事前并没有候选人,由大家漫无边际自由投票"。结果,先生以近百分之八十的票数而当选。当主持人请先生讲话时,先生表示:"要改革,要实行民主,要鼓励学术个性,要有更大的自由选择空间。"(《八十自述》,第211—212页)

1985年,五十一岁

4月15日,在《天津社会科学》第2期发表了《中国政治思想史研究对象和方法问题初探》一文。先生此文,是基于《先秦政治思想史》前言的前两部分基础上而成的。尤其值得注意的是,先生在文中不仅对政治思想史的研究对象,做出了明确概括,还着重强调:

> 在阶级社会,政治思想的核心部分具有最明显的阶级性质。但从政治思想的总体看,又不能全部归入阶级范畴……关于社会生活的认识,也有一些超出了一个阶级的范围……还有一些社会规范是人人需要遵守的,也不好简单地划入某一个阶级范畴之中。就每个思想家而论,情况更为复杂。虽然每个人都无法游离于阶级生活之外,但在观念上,并

不妨碍某些人会提出超阶级的理论和主张……在政治思想史的研究中，一定要坚持阶级分析，但阶级分析方法并不是要求人们简单地把每一个人和每一个思想命题都统统编排到阶级的行列中……即使在政治思想史范围内，也不能把每一种思想命题统统还原为阶级的命题，因为政治思想的对象本身并不都是阶级的。

6月，《论先秦民的反抗斗争和统治者对民的理论》一文在《中国农民战争史研究集刊》(第四辑)刊载。先生从"关于民在政治中地位的诸种理论""君主与民关系的诸种理论""关于民性和民基本要求的认识""对民的几种政策思想"四个方面，详细探讨了先秦时期统治阶级对民的认识、理论与政策。先生指出："文中虽没有具体论述民众的实际反抗行动，其实，这些认识、理论与政策都是统治阶级的代言人为了统治民众和对付民众的反抗斗争而提出来的。"先生还强调："研究农民战争史，应该分一臂之力去研究一下人民反抗斗争对统治阶级的政治思想有哪些影响。反过来，再从统治阶级的政治理论角度具体分析他们的政策与措施。"

是年，学校兴起创收热潮。面对这一热潮，先生作为系主任，对"创收是历史系的生命线，还是学术是生命线"，进行了认真思索，形成这样一种认识："从长远来说，学术是历史系的生命线，如果学术上不去，终究要落后，甚至垮下来。"为鼓励教师们重视学术，潜心做学问，先生提出"三个一"的发展思路，即：一门课、一本书和一门外语(主要针对年轻人)。"一门课"是指，除了基础课之外，副教授必须开设一门选修课，讲师也可以开设，每门课都要有自己的特点；"一本书"(包括大块文章)是针对当时有一本学术著作的人很少，鼓励中青年教师多出成果；"一门外语"是指，鼓励教师每人至少学会一种外语，为此还特别开设了外语提高班。先生反复强调，"一门课"和"一本书"都要有"姓"，即有自己的独创或有自己的特点，有自己的学术个性，别人不能取代，也就是后来通行所说的"原创性"。(《八十自述》，第217—219页)

是年末，先生晋升为教授。

1986 年,五十二岁

2 月 8 日,《"史学危机"与历史的再认识》在《书林》第 2 期发表。20 世纪 80 年代中期,"史学危机"的呼声颇盛,先生也进行了反思。先生认为,"危机" 不是那些表面问题,而是更深层次的认识"范型"问题,史学危机在于"范型" 已经过时,需要新的再认识的兴起。这是因为:"时代发生了重大的变化,老一 代马克思主义史学家所形成的知识'范型'已不能完全适应新时代的需要,或 者说,在新的历史发展面前,有些过时了,新时代要求史学家对马克思主义进 行再学习。现在提出的许多过去不能提或提不出来的新的理论问题,如历史 发展动力问题、人民群众与创造历史问题、五种社会形态问题等,正是马克思 主义再学习兴起的标志……对马克思主义的再学习,势必促使人们对历史进 行再认识。"

6 月 13 日,《由"学在官府"到"私家之学"》在《文史知识》第 6 期发表。先 生在文中探讨了"政教合一的官府之学""私学的兴起及其特点""私学发展的 意义"等问题。先生强调:私学发展的意义远远超出了教育本身,对整个社会 的各方面都产生了重大影响。其中最突出的表现是:私学的发展促进了认识 主体的自由;由于私学是思想中心和认识主体的认识自由,这种情况转化为 社会实践时,又促进了民主空气的发展。总之,"春秋战国私学的出现与发展, 是中国历史上一件大事,促进了思想文化的空前繁荣,奠定了其后两千年封 建时代的思想文化模式,并且对我们今天仍有着巨大的影响"。

7 月中旬,《中国传统的人文思想与王权主义》在《南开大学学报》第 4 期 发表。针对有学者认为以儒家为代表的传统人文思想,是提供天下为公、人格 平等、人格尊严、个性独立、道德理性、民主政治的基础等,先生则提出不同看 法,认为中国传统的人文思想,主导方向是王权主义,并使人不成其为人。先 生强调:

> 从逻辑上讲,专制主义可以包括在人文思想之中;从历史上看,中 国古代的人文思想很发达,君主专制主义也很发展,专制主义恰恰以具 有浓厚的人文色彩的儒家思想为理论基础。另外,从内容上看,中国古 代人文思想的主题是伦理道德,而不是政治的平等、自由和人权,当时

的伦理道德观念最终只能导致专制主义，即王权主义……王权主义与人格平等、个人尊严、个性独立是对立的，前者的存在以压抑后者为前提和条件、两者冰炭不可同炉……儒家把道德看成人们生活的最高层次，从而限制了人的全面发展……从道德具体规范上看，它把人变成畸形的人，使人不成其为人……中国传统的人文思想，是历史留给我们的一份厚重遗产，但其中的精华，有时也渗透着糟粕，作为特定的文化形态，两者几乎是很难分解的。由此，在建设社会主义新文化过程中，我们不可能采取简单的拿来主义。其中的精华也不可能原封不动地移植，必须经过再认识、再消化，而后才会变成有益的营养。

（按：上文中有关王权主义的部分，又摘录发表于8月4日的《光明日报》上，题为"中国传统人文思想中的王权主义"。）

8月8日，《除对象，争鸣不应有前提》在《书林》第8期发表。百家争鸣要不要有理论前提，不仅是历史学中的问题，同时是一切认识领域的根本问题。承认有前提，必然导致自我禁锢和僵化。先生认为，从广义上说，争鸣不宜有前提，这是因为："从百家争鸣的目的看，也不应该规定前提。众所周知，百家争鸣是为了发展科学。科学这种东西是为了探索和说明对象，因此科学只对对象负责……从认识论上讲，在认识对象面前，一切学派都应该是平等的，谁先认识了对象，谁就在科学领域处于领先地位。因此在认识对象面前，各种理论与方法是一种认识竞争关系，不应该有谁领导谁的人为规定……还有，谈百家争鸣，不能只限于一国之内。"先生在文中还探讨了政治和学术的关系，认为"政治和学术根本无法彻底分开，想分也分不开，也没有人能分开，有人要分那也只是属于他个人的事。把两者分开的道理难以把握，分不开的道理却很简单。从科学上讲，一切领域，一切对象都是学术所需要探索的，政治作为一种现象，也应包括在学术探索的对象之内。在这种情况下，如果一定要把政治和学术分开，政治就会变成一块神秘的土地，变成超对象的不可知的东西，变成中世纪的神堂……所以学术与政治的关系，应该是自由认识与自由选择的关系。政治家们不要超出法律规定去干涉学者们的认识自由，学者们也要承认政治家在法律范围内有选择的权力。为了妥善地处理两者的关系，关键是要有相应的立法。"

9月7日，与张国刚合撰的《历史认识论纲》在《文史哲》第5期发表。思想获得初步解放后，先生开始思考如何推进历史认识问题的研究。20世纪80年代初，先生给本科高年级与研究生开设"历史认识论"的课程，并于1984年在讲课的基础上，写出《历史认识论纲》初稿。后邀请张国刚加盟，三易其稿，于1985年成稿。文章分为五个问题：一、关于历史认识的特点，指出历史认识都是间接认识，提出了历史认识过程中的"二重客体"，即活生生的客观历史这一原本客体和史料这一中介客体，而历史认识就是要通过考证，减少二重客体之间的误差；二、关于历史认识的一般形式与过程，概括了历史认识中的考实性认识、抽象性认识和评价性认识三种认识形式；三、关于历史认识的认知结构，认为包括四个方面的内容，即历史观、认知环境、史家的知识构成与思维能力、史家的情感与性格等个性因素；四、关于历史认识的基本方法，分为哲学指导、专门规范、思维方式、技术手段四个层次；五、关于历史认识的检验与发展，强调历史认识可以通过直接社会检验和间接社会实践（史学实践）得到检验。

11月10日，《关于政治体制改革的几个理论问题》在《天津社联学刊》第11期发表。该文后收入《洗耳斋文稿》，更名为《政治概念大于阶级概念》。文中探讨了如下几个问题：一、政治的内容大于阶级；二、政治要现代化，但不应把政治上的先进性估计得太高；三、"民主"与"法制"都比阶级概念要宽阔；四、政治家与思想家的区别与关系问题；五、封建主义影响更突出。

12月7日，与张国刚合撰的《历史研究中的价值认识》在《世界历史》第12期发表。这是史学界探讨价值认识的先声之作。文章首先检讨了两种极端性价值观（客观主义者极力贬低价值认识，唯心主义、相对主义者否认历史价值的客观性）的不足，进而提出自己的认识：一、历史价值是一个关系范畴，是客体与主体之间一种特定的关系：二、历史价值的三种形态，即原生价值形态、延伸价值形态和抽象价值形态，既有联系，又有区别，都是历史价值认识的对象；三、历史的价值是客观存在的，价值中立论、价值主观论、价值否定论都不能成立。文章最后强调："我们不能把历史学看成是可以任凭主观'评价的科学'，但是历史认识又总是与价值判断紧密联系在一起。如果说历史研究可以不要价值认识而只要事实陈述，可以不要提供借鉴而只要提供掌故，那恐怕才是真正的'史学危机'。"

12 月 15 日,《从春秋战国封建主的形成看政治的决定作用》在《历史研究》第 6 期发表。先生通过剖析春秋战国时期"政治在土地运动中的支配作用""等级制对社会的控制""政治支配产品分配""封建主各阶层的发迹道路",揭示了政治对封建主形成所起的决定作用,从而得出如下结论:

> 中国历史上第一代封建主的成员主要是通过政治方式发展起来的。通过土地买卖途径而形成的地主,从春秋战国的历史看,这条道路尚未被开辟,即使有,在第一代封建主的形成过程中也不占重要地位。土地买卖成为封建地主形成的重要途径,那是秦汉以后的事……超经济的方式造就了第一代封建主,这就是中国历史上的真实情况。

12 月 20 日,《战国百家争鸣与君主专制主义理论的发展》在《学术月刊》第 12 期发表。先生认为:战国时期百家争鸣的结果,不是政治民主的发展与民主思想的活跃,相反,却极大地促进了君主专制主义理论的发展与完备。这是因为,各家各派几乎都把君主制度作为当然的理论前提来对待,争论的是如何巩固、强化、完善君主制。其结果,越争论就越促进君主专制主义理论的发展,最终汇合为秦朝高度的君主专制主义。

1987 年,五十三岁

先生的专著《中国传统政治思想反思》,由生活·读书·新知三联书店于是年 10 月出版。在前言中,先生对本书的旨趣和思考历程等做了如下说明:

> 中国古代社会有一个极为重要的特点, 即 "行政权力支配社会"。(马克思语)这种现实反映到人们的意识中,便把行政权力看得高于一切,看成一切的归宿。因此,在意识形态中,政治思想占有特别重要的地位,以至可以这样说,它是古代整个思想意识形态中的核心部分。哲学的、经济的、教育的、伦理的等思想,不仅离不开政治,而且通过各种不

同的道路最后几乎都归结为政治。"文以载道"很可以说明这一点。古代的传统思想对我们的现实生活有着广泛的影响,事实证明,影响最大的是政治思想。基于上述情况,照理,传统的政治思想应成为从事思想史研究工作者的重头项目。然而,由于不难知的原因,三十年来,政治思想史的研究处于不绝如缕的境况。直到近几年,人们才从惊恐中镇静下来,开始用清醒的头脑关注它,把它作为一门独立的学科。

我从 20 世纪 60 年代开始,时断时续涉足于中国政治思想史的学习与研究,但集中精力思索是近七八年的事。中国古代政治思想内容极为丰富,可以从多方面、多角度进行开拓。我在学习中感到,最为突出的问题是君主专制主义的思想与理论,可以这样说,它是传统政治思想的中心。基于这种认识,我着重研讨了君主专制主义的各种理论形态。这本小书就是我的收获的一部分。

时代每向前迈进一步,都要唤起人们反思一下历史,以便弄清楚自己背靠的是什么,自己的起点在哪里,自己处于历史发展链条中的哪一环,以及在什么样的文化背景中向前迈进等。反思是为了未来! 如果这本小书在这方面有所裨益,或引起争鸣,我就感到十分满足了⋯⋯

对本书的内容,我充满了自信,但毕竟是一管之见。因此,热切希望读者提出批评。

(按:本书后由韩国学者卢承贤翻译成韩文,书名译为《中国古代政治思想》,于 1994 年由位于首尔的艺文书苑出版。)

1 月,在《中国文化研究集刊》(第四辑)发表《先秦礼论初探》一文。先生对先秦时期关于礼的价值的诸种理论、礼的精神实质的理论、礼的渊源的诸种理论,一方面肯定了其积极的历史意义,另一方面也指出了其局限性。先生指出:"礼可以说是无所不包的社会生活的总规范,融习俗、道德、政治经济制度、婚姻制度、思想准则为一体。礼最初表现为不成文的习惯,到后来形成条文规定,渗透到整个社会机体的各个方面,对汉族文化的形成有过巨大的影响⋯⋯在由野蛮走向文明的过程中,礼对华夏族生活规范化曾起过积极的作用,其中许多合理的东西在先秦及其以后一直熏陶着人们。"但也应看到,"礼

312

对思维方式最主要的影响表现在,礼由行为规范而变为思想藩篱并造成等级思维……由于礼的最基本的规律性是'分',是等级,与此相适应,要求人们处处'克己',以安于分,安于等级……在礼的束缚下,思维的基本原则表现为'过犹不及'……由此从本质上看,它是一种保守的思维方式,是礼对思维影响最深的一点"。先生强调:"历史的经验证明,只要人们还没有从陈旧的规定中解放出来,不管你的思维多么缜密,认识本身早已被局限了;只有冲破陈旧规定的束缚,参加到开创历史新局面中去,认识才能更上一层楼。在认识发展史中,礼主要起了桎梏作用。"

2月,《战国大夫辨析》在《史学集刊》第1期发表。战国时期的阶级和身份问题,是先生长期以来关注的重要问题。本文首先对"大夫"的含义进行了辨析,进而考察了大夫的社会经济状况,然后对战国大夫与春秋大夫的重大变化做了比较,指出"战国时期的大夫并不完全是春秋大夫的继续。尽管它与春秋大夫有一定的关系,但更主要是从家臣发展而来的,是官僚与知识分子的混合物。春秋大夫的孑遗到战国主要是封君"。

3月,李晓白访谈刘先生的文章《增强历史研究的主体意识——刘泽华关于历史认识论的谈话》在《史学情报》第1期发表。先生认为,"没有史家的主体意识,再现历史是无从谈起的。就是史料,不经过史家的辨伪、考订、选择、编排,也是一堆无用的死物,择取史料的过程也是发挥史家主体意识的过程,也是活化历史的重要一步"。史家主体意识的重要性,体现在如下四个方面:"第一,历史本身是一个整体,但文献资料只反映零散的个体和某个方面,只有经过史家主体意识的选择和架构,才能再现或接近历史的整体;第二,历史是一个有机的过程,但史料多半是已凝结的遗迹或只反映过程的一个片段或侧面,只有经过史家的加工、排列、组合、活化,才能使历史过程有声有色;第三,历史现象背后隐藏着本质和必然等内在关系,史料一般只反映现象,只有经过史家的主体意识才能发掘现象背后的本质、必然等关系;第四,历史科学具有人文性质,'察古而知今',只有经过史家的主体意识才能启迪现实人的思想。"对于如何增强历史研究的主体意识,先生强调了三点:下苦功夫对史学理论进行研究和探讨;增强历史和现实的"对话";史学研究的课题要随时代而更新。先生还指出:"认识的多样化和复杂化不仅是一切科学发展的必由之路,而且多样化从总体上更接近事实的本身。在许多情况下,多样化比单一化更科学。"

8月15日,《战国时期的"士"》在《历史研究》第4期发表。先生通过对战国时期士阶层的形成、分类,及其在社会、政治、经济生活中作用的详细探究,得出如下认识:第一,士在社会各阶级、各等级关系中,是各阶层、各等级的交会处;第二,士之所以为士不是因他们的经济地位决定的,他们的特点是与知识、道德、智能为伍,是脑力劳动者,是精神生产者,士对社会生活的影响主要通过理论思维来实现;第三,士的主要产品是精神、是理论。

10月,与葛荃合撰的《王权主义的刚柔结构与政治意识——中国传统政治文化特点分析》在《论中国传统政治文化》一书中刊载。文章第一部分探讨了"中国传统政治文化的总体特征",指出中国传统政治文化具有两个显著特点,一是其组成呈多层次性(主要分为四大层次,即王权主义、宗法观念、清官思想、平均主义),二是在多层次结构中有一条主线起着主导作用(层次虽多,王权主义却是其主体,其他文化层次均为王权主义的从属、派生、支流或补充)。第二部分提出"王权主义的刚柔结构"理念,"刚是指王权主义的绝对性而言,柔指的是王权主义的内在调节机制。王权主义的绝对化理论与调节理论有机地融为一体,呈现出一种刚柔互补状态……刚柔二元结构使王权主义本身具有顽强的生存能力"。第三部分揭示了"王权主义刚柔结构下的政治意识",指出由于王权主义内在结构的作用,人们的政治意识可分成非参与意识、无主体性参与意识、有限主体性参与意识、特殊的参与意识(突出是"革命论")几种类型。总之,"王权主义对中国传统政治意识的形成作用至深,受其影响,政治成为极少数人的事,绝大多数人受非参与意识支配,甘心做王权统治下的顺民。这样的政治文化土壤只能结出君主专制政治之果。近代民主政治成长的前提是必须更新这种土壤,新的政治文化只能在批判旧的政治文化中发展起来"。

12月13日,《先秦时期的士》在《文史知识》第12期发表。先生指出,春秋战国时期,士从特定等级逐渐转化为社会阶层,由以武力转变到以文为主,他们在先秦政治、思想文化转型中发挥了巨大贡献,其体现为:士是由氏族贵族政治到官僚政治转变的主力;改变了殷周以来的思维方式,促进了思想文化的转型;社会改革的设计者与推动者;在科技方面构建了理论体系;促使教育转向社会。

12月15日,与葛荃合撰的《道、王与孔子和儒生》在《天津社会科学》第6期发表。针对一些学者认为,孔子与儒家(主要指一些思想家)倡导独立人格、人的价值、独立意识和批判精神,本文提出了不同看法,认为从儒家的主流看,孔子与儒者固守"道",屈从王权,独立人格、独立意识和批判精神都是很有限的。文章强调:

> 二千年来,儒生们在精神上追求道统,在现实生活中依从王权,应该说,他们缺乏独立的人格,也缺乏独立的意识和批判精神。有些学人想从传统的儒家思想中发掘出这些精神,以资借鉴和充实现代的知识分子,其用意或许无可厚非,但把这些精神说成是儒家的主旨,那就远离历史了。而以此为据复活儒家,希冀儒家的再兴,那就更加悖谬了。从儒家的经历中我们应得出这样的经验与教训:学术和理论不可能完全脱离政治,但不应成为政治的附庸;士人(知识分子)可以成为政府的成员,但不应成为政治权力的从属。儒家的悲剧正在这里,这是应该深切认识和反思的。从历史的逻辑看,古典的儒家中不可能产生现代的知识分子。中国现代知识分子虽然受到儒家造成的文化环境的熏陶,但从主流上看,他们是在另一种历史条件下和批判儒家传统中产生的。对于这一点,应给予足够的重视。

是年,在先生的努力下,历史系开设"文革史"课程,由左志远副教授讲授,很受学生们欢迎,后来又向系外开放。这是全国高校历史系第一次开设"文革史"课程。

1988年,五十四岁

是年,先生以主编或合著的形式出版了三部专著——《士人与社会·先秦卷》(天津人民出版社,10月,合著者:刘洪涛、李瑞兰)、《专制权力与中国社会》(吉林文史出版社,5月,合著者:汪茂和、王兰仲)、《竞争·改革·进步:战国历史反思》(求实出版社,6月,合著者:李瑞兰)。

《士人与社会·先秦卷》探讨了"知识分子的起源""士人格相对独立与自由思考""知识官僚与社会结构的活化""智能竞争与争士养士""士与科技知识""知识分子的不同追求"等问题。在书首的《致读者》中,先生表明撰作旨趣说:

> 知识分子与中国社会是一个大题目。对才学浅疏的我们来说,实在力不胜任,可是总得有人作,本书就是一次尝试。
>
> 写书,像分娩一样,喜悦与痛苦交融在一起,本书融进了我们的喜悦与苦楚。
>
> 知识,就其本性来说,是按照它自己的逻辑向前滚动的,不管前面遇到什么障碍,都要冲决而过。但作为知识载体的知识分子,有的沿着知识的逻辑,与其同步而进,直到付出生命也在所不惜;有的则比知识逻辑迂回得多,逶迤而行;另有一些人却畏惧知识逻辑的展开,固步不前。因此既有伟大的知识分子,也有聪明的怯懦之辈,还有一些明哲保身的滑头,更有可悲的阿谀者。历史的悖谬是常有的,甚至是不可避免的,而为悖谬进行理论论证的人,比悖谬本身更悖谬。
>
> 知识分子奉献了智慧,同时也制造了"大伪"。老子说"智慧出有大伪",把智慧说成大伪的本源实在是诬告,不过智慧与大伪的确是孪生兄弟。有的人只希望获得智慧,并想铲除大伪,这种愿望未必不是善良的,但事实上是做不到的;如果一定要作,那么摧毁的就不仅仅是大伪,而是在摧毁大伪的同时必然使智慧流血!
>
> 我想还是让人们自由选择吧,在选择中增加自智!
>
> 知识要发展,首先知识的载体要有一定自由思想的环境与条件,在中国古代,战国是提供了这种环境的时代。本书主要写了这个时期,以后我们还将继续写下去。

《专制权力与中国社会》探讨了君主集权国家的形成与特点、对人身和土地的支配,政治权力与古代社会的阶级关系、古代中国的城市、文化,权力与

分配,政治支配形态下的工商业,君权与社会普遍危机和周期性动荡等问题。在书首引子中,先生强调:

> "权力",在社会学及政治学中最普通的定义,是指一个人根据其意愿而对他人的行为加以控制或决定的能力。在中国古代,正是这种权力,常常是无所不在的。纵观中国古代几千年的历史,掌握了政治权力的官僚老爷还有什么事不归他管呢……只要他有了权,什么都得他说了算。权力这个东西很奇怪,它虽然不能直接满足人们的生理需求,但在君主集权制条件下,却可以支配人们生理需求的物质资料。在这里,权力实际可以和一切有价值的东西挂起钩来。只要有了权,土地、财富、一切东西都可以源源而来。吕氏父子以其商人所特有的敏锐目光,发现了古代中国社会的一个重要历史事实:即政治权力在当时是比任何有形的东西更值得追求的无价宝……这是古代中国社会结构最重要的一个特点。而正是由于政治权力所占据的这种突出位置,以至古代中国社会的各个方面,如土地运动、社会分配、阶级构成、思想文化,以及社会兴衰与动荡安定,等等,实际上都与权力发生了密切的关系。我们认为,考察中国古代历史,不可不留意于政治权力在古代社会中的这种特殊位置与作用。

在《竞争·改革·进步:战国历史反思》书首的卷首语中,先生阐发撰作是书的意义说:

> 改革、改良、改制、变法、维新、更化等不同说法,细加分辨或有不同,但大致都是在社会秩序、特别是政治秩序不发生重大变化的情况下,由上而下试图解决社会矛盾的方式。在过去很长一段时期内,史学界对这些虽不是全然否定,但基本倾向是轻蔑的,对其作用常常估计不足。充分估计革命的历史作用是有道理的,但对改革的作用同样也不应忽视。不少改革的实际效果并不比某些草率的革命逊色。应当承认,革命和改革都是历史发展的动力……战国时期的改革对历史的推动作用

是明显的,当时一些改革者的历史贡献是应予充分肯定的。战国时期列国的改革丰富多彩,是很值得回顾的历史一页。其中,既有喜剧,也有悲剧,还有闹剧;有真心改革图强者,有潮流推动下的被动者,有假改革之名别有它求者,有玩弄改革者,有中途而废者,也有反对者……这些说明,改革是一个复杂的历史过程……人是历史的产物,如果不认真思考历史,就只能圈于历史,因此历史著作不应该把人们带回到历史,而应该同读者一起设法走出历史。这本小书在这方面如能对读者有所裨益或引起思考,我们就感到满足了。

1月25日,与葛荃合撰的《论儒家文化的"人"》在《社会科学战线》第1期发表。文章探讨了儒家文化中"人"的伦理道德性本质、"人道"原则及其对个体人的压抑、圣人崇拜和封建专制等问题。文章强调:"纵观全部儒家文化,我们看到儒家关乎人的认识表现为一种理论上的二律背反。一方面是关乎人类的赞美诗,儒家自豪地宣告了人之为人的价值所在,肯定了人的类存在,他们推崇圣人,对于理想化共性人格给予高度的称颂……另一方面,儒家又从各个方面对于人的个性和独立性进行了无情的剥夺,用一种普遍的道德规范否定了人的个体存在……儒家文化造就了一个顺民社会,从而成为君主专制主义生存的最好的文化土壤。"

2月15日,在《书林》第2期发表《我在中国政治思想史园地》一文。先生回顾了自己研究政治思想史的历程,将自己的研究概括为三个递进的层次:第一个层次是沿着历史的进程,清理古代政治思想的形成、发展,力求在准确的描述中揭示出内在本质、发展趋势和规律;第二个层次是进行历史反思,目的是为了获得自觉,从历史中走出来,增强现代意识;第三个层次是探索传统的政治文化,其主要点就是政治文化化、文化政治化。

4月20日,在《光明日报》上发表《史学发展蠡测》。先生在文中强调,历史学研究应从如下几个方面展开:第一,开展当代史的研究是牵动整个史学步入新阶段的火车头;第二,开展与当代社会重大问题相关的历史研究;第三,进行高层次的综合研究。

6月1日,与乔治忠合撰的《论历史研究中的抽象性认识》在《红旗》第11

期发表。文章对四种抽象性认识,即归类式抽象、本质的抽象、必然性抽象、统一的多样化抽象,做了深入探讨,并对抽象性认识在历史研究中的重要地位进行了分析,认为抽象性认识是历史认识的关键性环节、可以指导其他类型的历史认识、能体现历史研究的现实目的。

6月15日,与王兰仲合撰的《论古代中国社会的贪污》在《天津社会科学》第3期发表。文章具体论述了权力超越和支配经济的史实,以及贪污在社会经济运动中的作用;不仅将贪污视为是反道德的,而且将它视为传统社会中一种强力性的社会财富分配方式。

6月29日,在《天津日报》上发表《政治文化化与文化政治化》。先生指出:"一定政治秩序的形成和维持,一方面要依赖外在强制力量的约束,另一方面又须依靠政治共同体内成员在观念和意识上的认同。前者表现为政治关系中的'硬件',如制度、法律、军队、警察、监狱等;后者则表现为政治关系中的'软件',如信仰、情感、态度、价值观等。从这个意义上讲,政治关系就不仅仅是单纯的权力关系,它还是一种文化关系。"而文化政治化包括两层含义:一是一定政治体制的形成有赖于一定的文化背景;二是一定政治体制的存在和运行,受到文化因素的制约和改造。因此"仅仅从制度、法律、规定、强制等范畴来谈政治是还远远不够的,还必须结合一定的文化背景才能真正理解政治的运行和发展"。同样,政治也会文化化,"一定的政治制度与法律体系可以通过不断的政治社会化过程逐渐内化成为政治共同体内成员所奉行的行为准则与政治观念。比如中国传统政治文化中表现最突出的崇圣意识,就是长期的君主专制政治实施过程的产物"。总之,"政治与文化是互动的"。

《人民日报》记者钱宁文、苗地图采访刘先生,访谈内容以"专制主义:中国传统思想文化的必然归宿?——访刘泽华教授"为题,刊登于《人民日报》8月13日、15日。在访谈中,先生讨论了中国传统思想文化的归宿点为什么是君主专制主义,崇尚人性自由的老庄思想是否也倒向君主专制主义,如何看待中国古代思想家民主意识缺乏等问题。

8月22日,在《天津日报》上发表《"读书无用"引起的几点思考》。先生认为,当前"读书无用论"的主要表现是重利轻学。之所以会出现"读书无用论",在先生看来,原因有如下四个因素:一是社会生产有机构成比较低,对知识的需要不迫切;二是知识分子缺乏知识主体意识;三是在用人上缺乏公平竞争的社会环境和条件;四是学校教育体制应适当引进商品与市场机制。先生还对知识是否应该商品化、学人能否兼业特别是教师能否兼商,提出了自己的看法。

12 月 15 日,《史家面前无定论》在《史林》第 12 期发表。本文主要探讨了历史学认识论的问题。先生指出:"历史研究常常会涉及许多与现实生活纠葛在一起的复杂问题,从这个意义上说,对一些问题的研究要慎重,以至做出某种限制也是可以理解的。"不过,"在理论上必须辨清,所谓的'结论''决议''定论'等,是不是史家所必须遵从的前提"?对此,先生是持否定看法的。理由是:"首先历史上的一切,包括所谓的'结论''定论'等,同史学家的关系只能是认识客体与认识主体的关系,而不是领导与服从的关系,更不是某种硬性规定关系,一句话,两者之间不存在行政化、组织化的关系……其次,历史在其发展过程中,常常是诸种因素的重新组合,这种组合会赋予某些'定论''结论'和'决议'以新的意义,从而导致对它们的重新认识……第三,价值标准的变化也会引起不同的评价。"基于此,先生主张:"在历史家的面前,没有任何必须接受的和必须遵循的,并作为当然出发点的'结论'与'定论'。"

是年,在先生的努力下,南开大学历史系开设了"人权史"课程,由陆镜生教授讲授。这是全国高校历史系第一次开设"人权史"课程。

是年,高增德先生任主编的《中国现代社会科学家大辞典》正式启动,为获得准确、详细信息,主要以向学者寄发征稿表的形式来获得第一手资料。先生是被邀请的专家学者,收到《〈中国现代社会科学家大辞典〉征稿表》后,填好寄回。撰稿人所撰写的先生条目,就主要依据此表。征稿表涉及姓名、性别、民族、宗教信仰、出生年月、出生地、祖籍、党派、职务和职称、主要社会履历、学历和主要学术活动经历、研究领域和方向、学术成就、代表性的学术思想、学术上的师承和社会影响,以及国外评价等信息。其中,"研究领域和方向"栏,先生写了四项:中国古代史(两汉以前);中国古代政治思想史;中国古代的等级与身份;历史认识论。"代表性的学术思想"栏,先生写了四条:一、《关于历史发展动力》一文,引起史学界一次大讨论,本人持生产力是社会发展的动力说。二、全面系统地研究了中国古代政治思想史,《先秦政治思想史》《中国传统政治思想反思》二书及有关论文,引起了史学、思想史、政治学诸方面的关注与评论。本人认为专制王权主义是中国政治思想史的主线。三、我的论著中关于行政权力支配中国古代社会的观点,引起了史学界的关注和评论。四、有关历史认识的文章,也引起了史学界的关注与评论。"学术上的师承和社会影响,以及国外评价"栏,先生写了如下内容:思想上追求创造性的马克思主义,人人皆吾师,但不固尊一人。我的论作数十次被报刊评论、摘发要点,迄今被数家辞书列专条介绍,《新华文摘》转载八篇。英国剑桥世界名人研究中心,将本人收入《远东太平洋名人录》。(按:《中国现代社会科学家大辞典》于1994年5月由书海出版社出版。)

1989年,五十五岁

1月16日,《历史学要关注民族与人类的命运》在《求是》第2期发表。面对近几年出现的所谓"史学危机",先生强调,史学研究要想摆脱"危机"和"困境",需要在以下几个方面下功夫:一是不能疏远现实,要关注现实与满足社会需要,因为"一个学科的产生、发展、繁荣或曲折、衰落,固然是受诸多社会条件以及学科内在原因制约的,但是对一个学科的生命力具有决定意义的,是社会的需要和该学科对社会需要满足的程度。如果社会没有相应的需要,或者某个学科远离社会的需要,那么该学科是注定要走向困境乃至衰落的";二是要开展与人类和民族命运相关课题的研究,其中,大力开展当代史(指第二次世界大战以来的整个世界历史),以及与当代社会重大问题相关的历史研究,尤为重要;三是要更新史学观念、改进工作方式,从史学界内部唤起史学改革的力量。

1月24日,与叶振华合撰的《历史研究中的考实性认识》在《文史哲》第1期发表。文章论述了考实性认识的重要性,重点探讨了考证六法,即比较法、归纳法、类推法、演绎法、钩沉法、溯源法,并对考实性认识在历史研究整个过程中的地位做了评估。文章强调:"考实性认识的一般形式是通过'存疑–搜证–考求'三段式发现史料中的矛盾点与契合点以证其是非的过程。考实性认识与其他认识形式相互依存、相互补充,各自有着重要作用,不可偏废。"

3月中旬,《论处于政治与思想文化复杂关系中的士人》在《南开大学学报》第2期发表。先生指出,政治要求秩序与规范,思想文化要求多元或多样,知识分子置身于这两个规律,其命运也因此而千姿百态。先生强调:"我不赞成把知识分子与政治分开,把政治与学术分开。两者从来没有分开过,也永远分不开!问题是应探讨其间的关系和如何处理两者的关系……在知识分子的命运中,最可怕的是把知识分子与社会割裂开来或对立起来。我认为只有在知识社会化和社会知识化,以及与之相适应的竞争中,知识分子才能找到合适的社会地位。"

3月23日,与葛荃、刘刚合撰的《中国传统政治文化导论》在《天津社会科学》第2期发表。文章探讨了中国传统政治文化的概念界定、研究内容、研究方法等问题。关于研究内容,文章认为价值系统、政治社会化过程、政治一体化问题,是研究中国传统政治文化必不可少的。关于研究方法,文章从五个方面(整体研究、分层研究、个案研究、过程研究、比较研究)做了宏观阐释。

5月,《思想自由与争鸣——战国百家争鸣的启示》在《开放时代》第4期发表。先生认为:"思想自由,百家争鸣,认识深化,三者之间既是互为条件、互为因果、互相促进的关系,又是递进关系……在中国的历史上,三者形成良性循环的时代是不多见的,战国时代诸子百家自由争鸣,可谓是值得称道。"其表现为:认识主体人格独立;一切可以作为认识对象;在认识对象面前认识主体平等;权与理相对二元化;没有必须遵从的权威。这五个方面,"是战国百家争鸣的条件和自由度的标志,同时也是对今天百家争鸣最富有启示的地方"。

10月,先生赴曲阜参加"孔子诞辰两千五百四十周年纪念与学术讨论会",报告题目为"先秦儒家的政治理想与封建专制主义",后收入会议论文集。

是年,先生开始对收藏古董感兴趣,以收藏古钱和铜镜为主。

1990年,五十六岁

先生主编的《天津文化概况》一书,由天津社会科学院出版社于是年4月出版。

2月13日,在《文汇报》发表《不宜从儒学中刻意追求现代意识》。文中就

1989年举行的"孔子诞辰两千五百四十周年纪念与学术讨论会"部分学者对孔子与儒学的评价越来越高提出疑问,认为对儒学的"中和"概念、人格尊严内涵等的认识在当代产生了偏颇。先生强调:"儒家有关个人人格独立、人格尊严的某些论述是完全局限在伦理道德范围内讲的,而这种伦理道德本身的核心是三纲五常之类的规定。因此越是强调这种伦理价值,就越失去人格的尊严;表面上独立傲然,实际上是纲常的殉道者;对道德追求看来是平等的,但由于道德本身就是不平等的,追求这种道德反而造成精神上的萎缩和不平等。封建伦理的人格化与今天我们讲的人格独立、人格尊严是不同的范畴中的两回事,不宜混淆。"

3月,《书林》杂志第2期设立"孔子·儒学·现代化"专栏,集中讨论孔子和儒学对当下和未来社会的作用、地位等问题,刊载了七位学者的文章,刘先生的文章是《儒家政治思想与民主政治何干?》。先生在文中强调:儒家政治思想中的"重民""道高于君"等观念,与民主属于不同的体系。儒家"重民"思想的核心,民是被动的,重民的主体是君主和圣贤,重民是为保证君主专制制度的长存。儒家所谓"道高于君"也有历史局限性,"道义"从理想的、普遍的原则肯定了君主专制制度,其本身是封建专制主义性质的;而以"道义"为旗号对暴君、暗主的批评,是对圣主、明主企求的衬托。儒家关于圣君的企求,并没有削弱君主专制,倒是增加了君主专制的应变能力。

5月20日,与李冬君合撰的《论理学的圣人无我及其向圣王专制的转化》在《复旦学报》第3期发表。文章对宋代理学圣人观中的"无我"体现(顺天、与理为一、尽心、尽性而无我)、圣王专制的特点("灭人欲"与杀"心中贼";"一刀切"——教与刑;忠与孝——人人臣仆化)做了详细揭示,进而形成如下一种认识:"圣人观,可以说是我们民族精神的一个焦点,经由此焦点,我们可以对中国传统政治文化作多层次、多角度的透视,它是一种人格类型,又是一套政治范式;它既是'关于人的共同观念体系',又是关于自然的认识模式⋯⋯它不仅滞留在精英文化意识中,而且泛化在民俗文化意识中,从某种意义上来说,它仍然是我们民族所认同的对象。"

7月23日,与张分田合撰的《论儒家的理想国》在《天津社会科学》第4期发表。文章认为,儒家的政治理想是"有道之世",这为统治者自我认识和自我调整留下了回旋余地,也为儒家在现实政治中争取到生存的基础,但是,儒家政治理想的基本导向和最终归宿必然是封建专制主义。文章强调:

> 孔子、孟子、荀子是中国古代统治阶级中声名最为显赫的一批思想家。如果说他们的政治理想曾经为封建君主专制制度的发展和完善做出过不可磨灭的贡献的话,那么这种政治幻想对广大民众来说,只是一种安慰。儒家的理想国理论告诉人们,一切苦难的现实并不是这个制度必然造成的,只要君主改变政策,或更换一个君主,王道乐土就会到来。这种王道乐土理想也的确曾给民众带来希望、安慰和精神满足。有个好皇帝,一切都会好的! 这就是儒家理想国理论给予民众的最高许诺。

9 月 20 日,与叶振华合撰的《特色鲜明 启人心扉——〈史学导论〉读后》,是对姜义华、赵吉惠、瞿林东、马雪萍四位学者撰写的《史学导论》一书的书评,发表在《复旦学报》(社会科学版)第 5 期。文章认为该书视野开阔、观点新颖、探索深入,确是一部特色鲜明、又能启人心扉的佳作。

1991 年,五十七岁

先生的专著《风云篇》(中国青年出版社,10 月)和主编的《中国传统政治思维》(吉林教育出版社,10 月)、《近九十年史学理论要籍提要》(书目文献出版社,12 月)出版。

《风云篇》是中国青年出版社推出的"中华文化集粹丛书"中的一种,展现了从远古的祖先和氏族到辛亥革命间跌宕起伏、风云变幻的历程。在序说中,先生强调:

> 我们有过光辉的过去,但我们更关注未来的发展。唯有发展才能进步,才能发扬历史的光辉。面对历史,如果只是一味地赞扬、歌颂、膜拜,最多只能充当一尊守护神。守护神无疑是需要的,甚至是可敬的,不过它只能教人守成,难以使人进取。所以我对守护神大抵采取敬而远之的态度。

人们常说历史能使人聪明，我则要补充另一句：历史也会教人愚昧。如果像鲁迅先生《狂人日记》中的"古久先生"那样，死守住陈年流水账，不是愚昧又是什么？历史是一部有血有肉的百科全书，我们要从中获取知识，寻求智慧，但应该像青出于蓝而胜于蓝那样，既依托历史，又要向前迈进；如果让自己只依偎在历史的脚下，在活生生的发展的历史中，即使不是多余的，也实在说不上是创造者。固守历史，回到历史，或让历史规范现实与未来，对此不管讲得多么娓娓动听，我也绝对怀疑这就是聪明！

这里涉及另一个问题：历史是什么和历史对"我"是什么？这两者既有联系又有区别。历史是什么？简单的说法，就是发生过的事实。对此我们要做的是：恢复历史的本来面目，换一句话讲，就是"求真"……在许多情况下，求真是一件十分困难的事，需要史学家们费尽心血去考证……有人每每批评史学家搞烦琐考证云云，他们实在太不理解史学家的苦衷了。何谓烦琐？界说在哪里？难道旁征博引就叫烦琐？就实而论，烦琐尚且弄不清，不烦琐又如何求真？

历史对"我"是什么？这个问题更为复杂。这里的"我"，可以指个人，也可以指一个时代的一群人。一有"我"插入，就有价值判断、功能、意义等一系列问题……就我个人而言，我赞成司马迁"究天人之际，通古今之变"的主张，历史学应该关心民族和人类发展的命运，为历史的进步做出自己的贡献。

《中国传统政治思维》是由先生主编，与葛荃、张分田等合著而成，其中，先生撰写了十九章中的八章。本书探究了先秦时期的政治思维，"采取了从'天君同道'出发，以圣化即'道、王、神'一体化为终极目标的架构"，分为以下几个部分：一是讨论政治哲学问题，对先秦诸子关于处理天人关系、古今关系和人际关系的一些基本原则做了概括和描述；二是讨论先秦诸子对作为政治主体的君、臣、民的认识；三是讨论先秦诸子关于国家体制的设想和基本政策的规定；四是从政治文化的角度，对先秦诸子提出的理想人格、理想政治，以及理想对现实的调节机制进行探讨；最后以"圣化"一章总结全书。据先生在后记中说,自 1984 年写完《先秦政治思想史》后,即拟写本书,草拟了大纲,并陆续写了几篇论文,其中一部分集结为《中国传统政治思想反思》(1987 年出版);期间,还曾就本书涉及的大部分问题给研究生做过专题讲座。经过几年的积累,逐渐勾画出这部书的轮廓。而为了早日成书,遂邀请葛荃等人共同撰写。在前言中,先生还就本书的一些理念做了如下阐释:

> 本书所说的"传统",是泛指相对于近代而言的古代。就本书所涉及的内容来说,又仅限于古代中的上古时期,即我们通常所说的先秦时期。中国传统政治思维从发轫到形成、成熟的范式,便在这一时期。其后,虽有所发展,但从总体上看,并无质的飞跃和突破。直到近代以前,中国人的政治思维基本上局限在这个时期所形成的范式内,充其量不过做些修正、变通和局部的发展。

> 本书力图从历史的视角观察和描述这一范式。我们认为,先秦时期政治思想发展的基本过程,可以概括为:从神化到圣化。殷周是神化时期,从春秋时期开始,发生了从神化向圣化的转变,战国诸子的百家争鸣将圣化推向登峰造极,随着秦汉大一统的实现,圣化也如瓜熟蒂落一般得以最后完成。

> 中国传统政治思想内容极其丰富,尤其先秦诸子的政治思想,更可谓争奇斗艳、异彩纷呈。但是,从政治思维的角度看,有两个基本点,无论各家各派,都没有任何实质性的差别,一是臣民观,一是君本位。这两点,不仅对于先秦诸子来说是天经地义的、自明的,而且自始至终,直贯近代。

> 当我们深思熟虑地走向未来之时,首先必须回顾历史。在今天,对中国传统政治思维做认真的清理和总结,比任何时候都更为迫切和重要。因为我们站在了历史的转折点上,现代化的历史使命,要求我们对传统做深刻的批判和反思。众所周知,在传统中,政治的幽灵无处不在,而且举足轻重,决定一切。从历史上看,几乎所有的思想家都以其独特的方式与政治紧密地纠葛在一起。政治问题成为全部社会问题的核心,甚至一切社会问题最终都被归结为政治问题……正是这种鲜明的政治

色彩和强烈的政治化倾向,构成中国传统文化的一个基本特征。因此,要准确而深刻地剖析传统,就必须以政治为楔入点。

在传统政治思维中,蕴含着丰富多彩的政治智慧和极为光辉的远见卓识,某些思想因素,即使在今天也有着不容忽视的政治价值和文化价值。但是作为一种范式,传统政治思维必须被扬弃,因为我们与古人处在不同的历史时期,现代化与传统毕竟在方向上已分道扬镳。我们在今天汲取古人的政治智慧,首先就要分清古今、分清方向,必须充分认识到古人的历史局限性。我们主张"通古今之变",但对于简单化的古为今用则不敢苟同,因为简单化的古为今用容易混淆古今,反而会使我们陷入传统的泥潭中而难以自拔。科学地分析和清理传统,需要一代或数代人锲而不舍的努力,需要有如马克思所说的敢于站在地狱门口为真理献身的勇气和决心。真理不是什么人能够判定的,只有反复地讨论和争辩,才能使我们一步步接近真理。

《近九十年史学理论要籍提要》由先生主编,叶振华、乔治忠等参与撰写而成。本书的撰写原则是"介绍为主,评价结合",大体按著作的出版先后进行编排,目的"一是为了给从事专业研究的同志提供一点儿史学理论方面的历史资料,二是为了给大专院校中历史科系的同学们提供一份简单的书目提要,以便于大家从中约略窥得近九十年来史学理论发展的大体脉络,从而增进对它的研究兴趣,使之提高到一个更新的水平"。在前言中,先生说明了编撰本书的重要性:

> 作为历史学的一个分支,史学理论的重要性在于,它既是标志着一个国家的历史研究工作达到何种程度的水平仪,同时又是促进其历史研究水平继续向上提高的催化剂……任何一种理论要想发展,首先取决于现实对它所需要的程度,但也要借助于这种理论自身的发展水平。只有这两种条件完全具备,新的理论之花才会开得更加繁密茂盛、绚丽多彩。史学理论的发展当然也是如此……在较长的一个时期内,包括部分专业史学工作者在内,人们对"历史"与"史学"两个概念的差异未能

做出必要的区分。相应地,对"历史理论"和"史学理论"的含义也没有做一定的辨析。只是近年来,有的同志才对此提出十分中肯的意见。他们认为,"历史理论"是人们通过认识客观历史而做出的理论概括与总结,"史学理论"却是史学工作者通过反思自己的专业工作(历史研究本身、史书的编撰等)而做出的理论概括与总结。如对历史发展规律、推动历史的力量等问题的探讨即属前者,对历史研究的主客体关系、历史与现实、史学方法论等问题的考究则属后者。这些同志的意见和我们的看法是一致的。花费笔墨谈这个问题,是因为它与本书的著作收录的标准有关,即本书只为史学理论著作撰写提要。史学理论具有开放性。那种对西方史学理论简单排斥的做法不是马克思主义的态度。马克思主义的三个来源从本质上讲都是资产阶级的思想,但其"合理内核"都被这位伟大的无产阶级革命家兼天才学者消化吸收了。近年来,大量外国史学理论的传入,并未引起我国马克思主义史学的混乱,相反,她倒是更进一步发展了。为此,本书还为台港等地区有译本的著作撰写了提要(包括台港和海外学者的汉文著作)。

5月20日,与张分田合撰的《论贞观时期君臣的民本思想》在《南开大学学报》第3期发表。文章认为,贞观君臣从民养君、民择君、民归于君这三个角度去认识君主政治安危存亡的条件,并由此得出"国以民为本"的结论。贞观君臣民本思想体现在政策上的基本原则有:君主无为论,因民心论,不竭民力论,及时修政论,以农为本论和君主调节官民关系论。但是在当时的条件下重民的理论和政策既有用又有限,民本思想不是君主政治的对立物,而是优化封建统治的一种理论。民本思想实质上是统治阶级自我批判、自我认识的升华,是统治经验不断丰富并转化为理论形态的结果,它把君权的绝对性和相对性统一为一体,使两者有机地融合在一起,形成相辅相成、相互补充、相得益彰的辩证关系。文章最后总结说:

> 推动民本思想发展的根本原因是民众集团性的暴力对抗,在封建时代,行政权力支配一切,唯有强权可以掀翻强权。所以防范来自政权

体系内部的政变和消除来自政权体系外部的民众暴动，历来是传统政治思想极为关注的两大课题。全民性的暴动常常具有毁灭性的打击力量，迫使封建统治者不得不高度重视民这支社会力量，积极寻求对策。民本思想就是缘此而生。这种思想的发展演化主要是通过统治阶级的政治家和思想家的自我批判、自我认识完成的。民本思想作为思维的精神成果，从形式到内容都包含着两重性。一方面批判暴政，倡行仁政，承认君权是相对的有条件的，提出了一批君主必须遵循的行为规范，甚至从道义上肯定推翻暴君的行为，在这一点上，无论是孟荀程朱之类的思想家，还是唐太宗之类的封建帝王，大致是一脉相承的；另一方面又鼓吹君为政本，贬低庶民的参与能力，要民众充当君主的教化对象。这种思想不乏对民众的同情和怜悯，但出发点和归结点始终在君主一边。它肯定了君主在政治生活中的专制地位，把对理想政治的期盼寄托在君主的自我节制和自我调节上。重民的主体是君主，重民的措施是有德的君主实行王道仁政。民是被动的，只能被置于被怜悯、被恩赐的地位；在民之上，站着一个高大的救世主。民本思想把关注点放在调解君民关系上，而不摒弃这种不合理的政治关系……无论从思想、体系上看，还是政治实践上看，民本思想属于封建专制主义范畴。

我们认为，判别一种政治思想属性的主要标准，是看它论证了何种模式的社会关系。在中国古代社会，占主导地位的社会关系的本质特征是封建专制主义。这不仅表现在政治关系上的等级制和君主专制，还表现在经济关系上的人身依附和超经济强制、家庭关系上的宗法专制。君臣父子主奴关系模式遍布社会生活的各个层次、各个领域。倡导民本思想的思想家们没有一个是否定这种社会关系的，而依据民本思想推行重民政策的政治家们又无一例外地强化了这种社会关系。在这个意义上可以说，民本思想是中国古代封建统治阶级政治理论的重要组成部分。

5月，《天津社会科学》第3期开辟专栏"传统政治文化研究"，先生的《政治文化化与文化政治化》作为首篇刊发。先生表示："《天津社会科学》辟专栏开展政治文化的研究,是一件十分有意义的学术建设。我借此呼吁开展政治文化化与文化政治化的研究,使政治和政治史恢复其灵气。"(按:先生此文较前所发表者,文字略有改动。)

7月23日,《论从臣民意识向公民意识的转变》在《天津社会科学》第4期发表。先生认为,臣民和臣民观念是君主专制政治的产物,其本质特征是只尽义务,不讲权利。而从臣民意识向公民意识的转变,是近代以来文化发展的主线。晚清以来倡导的"新民""国民"等开启了由臣民观念向公民观念转变的序幕,其后成为社会大潮,新文化运动提出的改造国民性就是用公民文化改造臣民文化。公民意识的薄弱直接影响政治运行中制衡机制的形成和完善,阻碍政治民主化进程。

9月25日,与张分田合撰的《孔颖达的道论与治道》在《孔子研究》第3期发表。文章从"自然本体和伦理本位相结合的道论""以礼仁为中心的治国之道""君德论""弘扬道论与继往开来"几个方面,抉发了孔颖达主持编撰的《五经正义》的道论与治道思想及其意义。文章强调,在儒学发展史上,《五经正义》具有承上启下、继往开来的重要意义,其表现为:

> 它使儒家今文、古文之争,各家宗派师说之争,南学北学之争,以及郑学、王学之争成为历史;以道即自然论弱化天人感应论;义疏兼具训诂诠释、阐明义理和经世致用的成分,从方法上为从汉学向宋学过渡做了准备;融会贯通先秦两汉儒学和魏晋玄学的思维成果,铸成新的儒家道论;在政治上再次确认儒家学说作为统治思想的崇高地位。因此《五经正义》对儒学复兴的贡献是最全面的……《五经正义》从思想材料、理论命题、治学方法、思维方式等各方面都为儒学下一步的发展奠定了基础,规定了方向。在这个意义上可以说,《五经正义》是宋代理学的滥觞。

10月,先生参加了在天津召开的"屈原与中国传统文化"全国学术讨论会,提交论文《崇圣、忠君与屈原政治人格的悲剧性》。

1992 年,五十八岁

先生主编、合著的《中国古代政治思想史》(南开大学出版社,1 月)、《士人与社会·秦汉魏晋南北朝卷》(天津人民出版社,8 月)出版。

《中国古代政治思想史》一书,系统阐释了自商代至清代的龚自珍、魏源为止的政治思想的演进历程。先生任主编,葛荃任副主编,并与陈学凯、杜洪义、宗德生、孙晓春、曹月堂合著而成,其中,先生撰写了二十二章中的前十章。

《士人与社会·秦汉魏晋南北朝卷》由先生主编,并与孙立群、马亮宽合著而成。在序说中,先生揭示是书的旨趣说:

> 战国时期的士人,相对说来是自由的——主体自由、认识自由、选择自由。秦汉以后,这种自由大大地缩小了。
>
> 秦、汉大帝国的出现,造就了一个巨大的事实:皇权凌驾于整个社会之上并支配整个社会。一统的、集中的、绝对的皇权要为整个社会"立极"和"定于一"。这种"一"具有无限扩张的性格,它同思想文化的多元、多样发展不可避免要发生冲突。秦始皇的"焚书坑儒"和汉武帝的"罢黜百家,独尊儒术"就是解决这种冲突的两种不同方式……皇帝与官僚的结合,是中国古代君主专制政治的主体……在皇权支配社会和自然经济条件下,基本上不存在知识市场,知识不可能成为一种具有普遍性格的"商品",士人很少能靠知识"商品"化在社会中寻求生计。摆在士人面前最主要的一条出路是入仕……既然入仕是士人的最主要出路,士人的性格与学问就不可能不受这条道路的制约。
>
> 独尊儒术与以儒取士,带来两个最明显的后果:其一,像清人方苞所说,"儒之途通而其道亡"……多数士人不再把儒学作为"道"来追求,而是把它作为入仕的敲门砖;同时,由于儒学在很大程度上被置于皇权支配之下,变成了政治的一部分,它本身也便失去了学术文化上的独立与超越的性格。其二,士人,主要是儒士,为了挤进官僚行列,他们自觉或不自觉地把自己下降为皇权的从属物和工具,这种品性的士人所酿造出的思想文化产品,自然大都是为皇权服务的。正因为如此,中国古

代的皇权——官僚政治文化格外发达。

然而思想文化的多元化与多样化的运动规律决不会被皇权完全吃掉。所以我们还可以看到一批为"道"而奋斗、抗争和不怕杀头的勇敢之士。他们坚韧不拔地坚持创造性的思维,追求思想文化产品的个性……就实而论,他们本来有足够的才能去奉承,去过荣华富贵的生活,可偏偏不去。他们的独立之行,除了用追求精神超越解释外,从人生实惠的观念看,实在无法理解。历史上倘若没有这些"傻子",辉煌的中华史肯定会缺少一重光彩。应该说,这些"傻子"是属于中华民族的脊梁之列的。

士人的品类太繁杂了,我们很难给他们下个定义,也很难用一两句话概括他们的社会地位与功能。因此我们还不能从一个理论元点展开我们的论述,而只能用"面面观"的方式进行描绘。面面观不免缺乏中轴,也不免杂芜,不过在我们看来这总比从一个狭隘的定义出发生硬地剪裁历史要好些。

1993 年,五十九岁

1 月 24 日,《汉代"纬书"中神、自然、人一体化的政治观念》在《文史哲》第 1 期发表。先生认为,纬书将流行于两汉的"天人一体化"理论发展到极致,它把神、自然、人一体化(神自然化、人化;自然神化、人化;人神化、自然化);其中充满了"天人相副""天人感应""天人合一"内容,用自然现象比附社会现象,为统治者制造神话,成为封建君主专制的理论基础。纬书以政治为中心,将天理想化和社会功能化,天既象征人事,又对人事做出主动反应,从而表达了纬书作者的均平、无为的政治理想、政治调整观及政治价值观。由此可见,"专制主义政治不仅需要理性的论证,更需要神性的装扮。纬书在这两方面都有它特殊的功用"。

1 月 25 日,《汉代〈五经〉崇拜与经学思维方式》在《社会科学战线》第 1 期发表。先生认为,汉武帝独尊儒术以后有两种力量把"五经"一步一步推向神圣的地位:一是汉家政权的提倡,以"经"取士,把广大的士人引导到读经的轨道;二是儒生们不断编造有关"五经"的神话。在这两种力量的推动下,"五经"由于行政规定性权威进而神化为权威。然而在经学思维方式的束缚下,很难出现有创造性的思想家,许多当时著名的经师、大儒都没能留下什么有价值的著述,而与这些地位显赫的人形成对比的是,那些异端和在野之士倒多有著述传诸后人,其中的一个主要原因,就是前者之作缺乏个性和创造性。

3月2日,与侯东阳合撰的《论汉代炎黄观念与帝统和道统》在《学术研究》第2期发表。文章认为,经过战国中后期诸子对黄帝、神农的宣扬,汉代炎黄观念趋向成熟,并与政治紧密地结合,二者互相推动,形成了以黄帝为宗的道统与帝统观念,为官方和诸子所认同。汉代黄帝形象的主要特征是,以黄老宗师的面目出现,又多与符和图谶联系在一起。这两方面都在某种程度上得到了统治者的支持,故而推动了汉代诸子炎黄观念的发展和流变。所谓"帝统",指君主权力的延续,虽然体现为世代相袭的血统论,但又超越姓氏,适应于各个朝代的帝王;"道统"指政治原则的一脉相承,是帝王和诸子百家在对兴衰治乱的政治经验总结的基础上得出的,道统观到汉代发展成熟。

7月7日,《传统文化要在适应现代化中寻求生存点》在《光明日报》刊载。先生强调:"传统文化遇到的困境不是它的自身问题,而是整个文化发展环境有待改善。文化发展需要更多的自由,在自由的发展中,传统文化会找到它的位置。"

7月20日,《王弼名教出自然的政治哲学和温和的君主专制思想》在《南开大学学报》第4期发表。先生认为,王弼以"无"为本、以万物为"末""崇本息末"之论,既是世界观,又是方法论,其政治哲学都是在此基础上展开的。王弼以无为本,学出《老子》,但与《庄子》相去甚远,而是主张积极入仕。在政治上,他力图融合道、儒、法、名诸派,但其"执一以统众"的君主专制思想的特点,则比较温和、大度。虽然在运用和操作中,这几家是可以兼存的,但在理论体系上是不可能一以贯之的,这也导致王弼有关政治原理之论常常前后矛盾、驳杂不一。不过,王弼力求把自然与名教统一起来的理论思考,对当时和以后的思想产生了很大的影响。

7月20日,《论由崇圣向平等、自由观念的转变》在《天津社会科学》第4期发表。本文从政治文化的角度,对崇圣问题(圣人的社会与政治功能、王与圣的结合、圣王权威下的臣民政治形态),以及近代平等、自由观念的转型,做了深入剖析。先生强调："圣人崇拜限制或桎梏了人的主体性,否定人的个性人格,在行为上教人顺从、驯良、守成,几近奴隶;而现代社会则要求充分张扬人的主体性,以个人主体意识的健全和全面体现作为社会发展的基本前提,在行为上要求人们进取、创造和图新。形成现代人主体意识的认识基础是近代以来的平等、自由观念。从这一点来考察,传统的崇圣观念与近代平等、自由观念无疑是泾渭分明的两极对立。"

9月,《论汉代独尊儒术与思想多元的变态发展》在《秦汉文化和华夏传统》一书中刊载。先生指出:"从汉武帝开始,政治上定儒家为一尊,通过利诱加权逼,要人们尊儒。当时,思想这个怪物是很难装入一个口袋中的,即使以儒为宗者,也不可避免出现有个性的人物。统观汉代思想界,我们看到一个基本事实:儒家内部的争论在某种意义上绝不比儒家与其他学派的争论为少。儒家内部不同流派的争论同样是思想多元运动的一种表现。汉代的思想多元化发展由于政治权力的干预,同战国时期百家争鸣有很大不同,故称之为变态发展。"

11月20日,与侯东阳合撰的《论帝王尊号的政治文化意义》在《学术月刊》第11期发表。文章从政治文化角度,考察了帝王尊号这一形式主义化现象产生的文化环境和内涵,并对其意义做了如下揭示:

> 帝王的谥号和尊号是封建君主专制主义的产物,为维护帝王的权威形象服务。它不同于礼仪的是,用词语堆砌所构造的象征意义产生了两个主要的社会效应:其一,它本身是统治思想的浓缩,带有宣传政教的作用;其二,以名当实的唯心论阻碍了臣民正确地认识君主。谥号、尊号通过语言符号的物化和君臣的大力宣扬,形成了一种思维前提和集体潜意识,使人们在手舞足蹈中失去了自我辨别能力和独立人格……帝王崇拜在君主专制时代普遍存在,只不过在不同时期有不同的方式和程度,但上尊号却更加直接和露骨。

1994 年,六十岁

1月,《圣人——中国传统文化的本体》在《东方文化》第 2 期发表。先生指出："中国传统思想文化观念,以春秋战国为界,此前以崇拜上帝、上天为主;此后,以崇圣为主。由崇神到崇圣的转变是中国历史上哲学轴心时代的一大创造,也是一大特点。"而在传统文化观念中,把圣人作为文化的本体,主要有三方面的内容:圣人是文明、人文及其物化——各种器物的发明者和创造者;圣人是"体道"者,是一块"天理";其三,圣人使人成为人。正因如此,遂形成"圣人崇拜"现象,当然也产生了教条主义的偏差。先生还强调:"把圣人作为文化本体的观念,使得传统文化在结构上具有明显的'混沌'性质。所谓'混沌',指理性、情感、神性、人性、民本、王权,等等是混合为一体的,换言之,都统一于圣人。"

7月,《论由传统政治观念向近代政治观念的转变》在《中国史论集》一书中刊载。先生认为,在传统政治观念中,王权至上观念、臣民观念和圣人崇拜,可谓交融一体的"三重奏",三者互需、互补,如鼎之三足,缺一则覆。由传统政治观念向近代政治观念的转变,并非中国社会历史与思想文化自然发展的产物,而是被西方大炮打开国门之后,在既被迫又自觉的复杂矛盾情态中进行的。"由传统的政治观念转变为近代的政治观念,不仅仅是一个观念问题,同时也是一个实践问题和人的素质问题。"

9月,《论汉代的黄帝观念与民族凝聚力》在《中华民族精神与民族凝聚力——增强中华民族凝聚力第三次学术讨论会论文集》中刊载。(按:本文与《论汉代炎黄观念与帝统和道统》主体内容基本相同,而侧重点在于强调了黄帝观念对民族凝聚力的影响:"统治者、思想界和民众都认同黄帝是民族的始祖、文明的源头理想的象征,于是黄帝崇拜便成为民族凝聚力的精神因素之一。")

11月23日,《秦始皇神圣至上的皇帝观念:先秦诸子政治文化的集成》在《天津社会科学》第6期发表。先生在文中高屋建瓴地揭示道:"秦始皇的帝王专制主义理论集先秦诸子思想文化之大成,并与权力相结合。秦始皇的帝王观是后世帝王观的范本。先秦诸子的思想无疑是十分丰富的,但在政治思想上,他们的主调是呼唤圣王救世和一统的君主专制主义。秦始皇的出现,除了其他原因之外,还有上述文化因素。秦始皇既是这种思想文化的产儿,又是这种思想文化的集中者。中国古代思想文化的核心是帝王至上观,从这点看,秦始皇是帝王理论大师！"

12月，《困惑与思索》在《史学家自述——我的史学观》一书中刊载。在文中，先生从六个方面，即"史料——历史认识的中介""'史学革命'中的两难选择与'疑天'意识的萌生""从教条主义的禁锢中走出来""'平视'——'我'在历史认识中的地位""通古今之变，关切民族与人类的命运""君权支配社会——对中国古代社会机制的看法"，回顾和总结了自己的治史历程、困惑与转变、思想关切与理念。

12月，《秦政——百代之模式》在《秦文化论丛》(第三辑)发表。先生通过剖析"天盖式的权力体系""神圣至上的皇帝观念""百代行秦政"三个问题，对"秦始皇遗留给后世，百代而不辍的是什么？""秦始皇在短短的十几年里，做了那么多轰轰烈烈的事，把偌大的中国搞得天翻地覆，他靠的是什么？"，给出的答案是"皇帝制度"。并强调，"百代承秦"，主要指"皇帝-官僚权力体系和皇帝权力的至高无上性""皇帝神圣观念"两方面；"不管儒家和其他派别如何批评秦政，在这两点上又途殊而同归。"

1995年，六十一岁

刘先生与庞朴先生共同主编的《中国传统文化精神：代表中国传统文化的三十本书》，由辽宁人民出版社于是年6月出版。本书选取三十部代表中国传统文化的古籍，由专家学者做了深度解读，既注重阐述著作的基本观念、精神内核，又兼顾社会的变迁、思想的贡献等。之所以推荐本书，乃鉴于青年当中存在着种种文化荒芜、精神空虚的现象，而为他们提供一部可以"从中了解中华文化的精髓，获得安心立命的真谛"的读本或入门书；同时，也借以彰显中国传统文化精神在今天仍有其价值。诚如庞朴先生在前言中所强调的："民族总是某一特定文化下的民族，文化总是某一特定民族中的文化。历史已经证明，未来的陷阱原来不是过去，倒是对过去的不屑一顾；为了走向未来，需要的不是同过去的一切彻底决裂，甚至将过去彻底砸烂，而应该妥善地利用过去，在过去这块既定的地基上构筑未来大厦；如果无视传统，一味前倾，那么所走向的绝不会是真正的未来，而只能是过去的某些最糟糕的角落回复。"〔按：本书后以《经典常读：代表中国文化精神的三十本

336

书》(广西师范大学出版社,2006 年)、《经典常读》(龙门书局,2012 年）之名再版,目录略有变化。〕

4 月,《学会作公民》在《中国研究》第 1 期发表。先生指出,"臣下在君主面前的错感与罪感意识,是传统政治文化的基本内容之一,它对整个社会和民族有着广泛的影响,是造成思想贫困和人格萎缩的重要原因之一"。尽管民国成立后就颁布了有关公民权利的法律,然而由臣民向公民的转化,却步履蹒跚。之所以会如此,先生认为"既有自己的原因,又有帝国主义侵略的干扰",而"这两方面原因的总和,造成了如下的事实:一方面,既没有充分的精力进行公民意识的启蒙普及,没有从臣民观念中走出来;另一方面,又缺少公民实践的条件。而这两者又互为因果:没有公民意识的普及与提高,就不可能有公民的实践;反之,缺少公民的实践,又会造成公民意识的不发展"。

8 月, 与刘健清先生合撰的《近代社团政党与中国公民意识的培育》在《中国研究》第 5 期发表。文章通过对"臣民与公民""维新和革命团体与公民意识的初兴""政党政治与公民意识提升""五四社团与臣民观念的再清理"等问题的梳理,得出如下认识:

> 中国的公民意识与公民权利、义务等法律规定,是由西方移植而来的,但它很难同中国传统政治体制与政治文化接轨。有帝王意识的人们是绝对排斥公民意识的,更不容公民的政治体制;当惯了臣民的人们不仅对公民陌生,而且也不知怎么当。因此在一定的历史时期内,出现"混乱"是不可避免的。问题不在于"混乱",而是去不去学习做公民。中国的先进分子为争取做公民已付出了很多牺牲,在先进分子带动下,中国人的公民意识已有了长足的进步。
>
> 组织社团、政党,是公民的权利,又是实现公民权利的手段,近代化的党团又是培育公民的重要学校。18 世纪末到五四时期这一段历史,对此是可以做出证明的。
>
> 但是中国的政党在其发展中,又有着自己的特色。中国近代以来,社会矛盾极其尖锐,矛盾不可调和,一些政党与武装相结合,力图通过强力方式解决矛盾,这一点,可以说是中国历史的必然。但是它又带来

一个副作用,那就是把党凌驾于社会之上、公民之上……政党与公民的关系,仍然是现在中国尚待认真思考研究的重大历史课题。要学会作公民,而党团的"公民化"是其中的重要一环。

8月,张毅《潇洒与敬畏——中国士人的处世心态》出版,先生在为是书所撰序言《心灵中的空白》,强调:

> 在对中国古代知识分子的研究中,人们更多关注的是他们的思想、学说、著作、经历和政绩,而很少对他们的心态做认真的分析和描述。这种缺陷无疑给历史文化留下了一行空白。历史从某种意义上说是人类的心灵史,如何用清新脱俗的笔墨描述出人类心灵发展的轨迹,也许正是新一代学者需要担负的工作。
>
> 我早就有心编撰出一部不具学究味而具学术观点的通俗文化著作,来展示中国士人的复杂心态。然而,我在笼子里待的时间过久,让我飞也飞不起来,深深感到心有余而力不足了。如今,年轻的学者张毅博士有志于这项工作,而且靠他的努力为历史奉献出这本清新脱俗的著作,使我的夙愿变成了现实,也更使我体会到换一种眼光、换一种笔调来审视、描画历史的意义和价值。
>
> 至少,在我们心灵的原野中又略去了一行空白。

1996年,六十二岁

先生主编、合著的三卷本《中国政治思想史》(先秦卷、秦汉魏晋南北朝卷、隋唐宋元明清卷),由浙江人民出版社于是年11月出版。其中,先生撰写了第一卷、第二卷的部分章节;第二卷由葛荃任副主编,与张分田、杜洪义、宗德生撰稿;第三卷张分田任副主编,与杜洪义、葛荃、陈寒鸣、乔治忠撰稿。在小序中,先生对"中国古代政治思想的主题是什么"做了高度概括,认为可以归纳为三点,即君主专制主义、臣民意识、崇圣观念;并指出"由古代政治观念向近代政治观念的转变,主要是对上述三者的超越",也就是由君主专制主义向民主主义的转变,由臣民意识向公民意识的转变,由崇圣观念向自由观念的转变。而在后记中，先生又强调："这部通史只是基础性的，我们还计划在这个基础上，继续研究政治哲学、政治文化、政治价值，以及同其他思想的关系等。此时此刻，我和我的学术伙伴具有如此强烈的信心和欲望：一定要把中国政治思想的研究推到一个新高度，使其成为名副其实的学科，并用事实来证明政治思想在中国思想史中具有特别重要的地位。"

〔按：本套书出版后，荣获了全国普通高校第二届人文社会科学研究成果三等奖、天津市第七届社会科学优秀成果（著作类）一等奖。韩国学者张铉根教授对这套书很感兴趣，遂倾注了很大精力翻译成韩文，先于2002年由东与西出版社出版《中国政治思想史：先秦编》（上，下）；继于2019年由字缸出版社推出三卷全译本，引起很大关注。〕

7月23日，《天人合一与王权主义》在《天津社会科学》第4期发表。先生认为天人合一的源头是天王合一，直到近代以前，天王合一始终是天人合一的中心。在文中，先生表达了如下观点："我决不否认君主制度的历史必然性，我只想说明，在古代，天人合一并没有导向、或者说主要没有导向天与人类的普遍合一，而是导向天王合一。在这一点上，首先不是解释和评价的问题，而是一个历史事实的问题。天人合一的核心是讲天与社会秩序的关系，在当时历史条件下，社会秩序不可能是别的，只能是君主专制体制。三纲五常与君主专制是互为表里的。"

11月，祝晓风采访刘先生后整理而成的访谈稿《用人生叩问历史——访历史学家刘泽华教授》发表于《人物》第6期。在访谈中，先生谈了儒学和近代化、王权支配社会、对儒法斗争的态度、对"学派"的看法等话题。在祝晓风看来，"这几年，历史系以刘泽华为中心已形成了一个由老、中、青不同年龄层学者构成的研究群体，并已形成了自己的研究特色"，所以他问刘先生"这样一个学术群体可不可以称作'学派'"？先生态度非常谨慎，但表示：

一般来说，只有出现了学派，才能把认识推向深入。我个人比较强调"学理感"，这和泛泛地讲"使命感""责任感"不同。学理是建立在一定的价值判断基础上的学术理论的体系，它不应该受外界的干扰。学派的形成也应该强调学理性。如果你要改变学理，首先是对自己的批判。学理的改变是自己做出交代。

1997 年,六十三岁

5 月,张荣明著《殷周政治与宗教》出版。先生在为是书所作序言中,认为该书"在前贤研究的基础上,首先系统、全面论述了殷周的政治与宗教是合一的","为我们提供了一个很有意义的思路",也"为历史,特别是政治史的思考开辟了一个新的研究领域"。先生还强调:

> 历史离我们越远,遗留给我们的越是一些零星的碎片。我们写历史,在很大程度上就是把这些碎片缀合在一起,使其成为活生生的、有机的社会整体。为此就要对所有的史料,即历史的碎片,进行排列组合。这种排列组合无疑有历史学家主观设计的性质,但又不是随意的,必须有实证,有合理性……政治与宗教的关系,在殷周具有特别重要的意义。同时,政治与宗教的关系对后来的中世纪和现代社会均是一个不可忽视的问题……宗教就其本质属性来说,是对于某一先验存在的无条件认同和信仰,而信仰恰恰又是人自己创造出来的。人是高级形态的生灵,重要特征之一是有思想、有信仰。所以信仰的本质属性是宗教。当然,我们这里所说的宗教是广义的、泛化的。把思想转化为信仰又是人类历史上普遍存在的一个事实。任何一种政治形态都要为自己存在的合理性寻求依据,其依据的最终归宿必然是超现实的、具有神化性质的理想国和乌托邦。汉代儒学把政治理性设定为"天",宋明理学把政治理性设定为"理",无论是"天"还是"理",都是先验假定……从广义上说,这些政治神话都具有宗教意义。

6 月,《从"我"说起》在《史学家自述——我的史学观》一书中刊载。先生首先强调:

> 在我的经历中,很长时间内就不敢想有"我"。随着历史的变迁,社会观念的变更,还有我个人时不时地受到另一些同行的批评、指责等,

逐渐意识到我之有"我"是一个无可奈何的事实,"无我"本身就是"我"的一种存在形式。直到不惑之年才悟到:即使"代",也有"我"与"谁"代的问题,都是代圣贤述言,也会出现"我"与"谁"的差异。于是我遂萌生了如下观念:与其让"我"被动、潜形存在,不如让"我"主动、公开存在。在思潮大变动中,我仍然信奉马克思主义。在学术研究领域,马克思主义是"我"的选择,在"我"心中!

基于此,先生从"历史是一个不断再认识的过程:史家面前无定论""历史学的重要功能之一:通古今之变,关切民族与人类的命运""对中国古代社会运动机制的看法:专制权力支配社会"三个方面,谈了自己的经验和体会。并表示:

> 我对中国古代史的看法,自认为首先是描述性的,每一论点都是以相当充实的材料为基础的。那么其中是否包含意义与价值呢?当然有。但我不是以意义与价值为出发点。就意义与价值而言,我也不是非历史主义者。君主专制在中国的历史上的某个时期和某些方面有过重要的建树和历史的功绩。但当中国步入世界性近代化之路时,君主专制无论如何都过时了,但它像百足之虫,死而不僵,影响还广泛存在。我的"价值"和"意义"之一就是想对它有一个清醒的认识,以便从中走出来。

8月,与张分田合撰的《从君主称谓看中国帝王权威的垄断性》在《中国历史与史学:祝贺杨翼骧先生八十寿辰学术论文集》中刊载。文章指出,中国古代君主制度源远流长,逐渐形成了一整套与之相适应的政治身份称谓系统,其中君主的称谓名目尤为繁多,字眼最为尊贵,形象地反映了中国帝王权威的垄断性。大要而言,君主称谓可分为四类:宗法称谓、权势称谓、神化称谓、圣化称谓。这些称谓绝大多数产生于先秦,定型于秦、汉;而从历史过程看,这四类称谓递次产生。文章从"君父:全社会的宗法大家长""王辟:法律和秩序的化身""天子:君的神格和君命的神圣化""圣人:与道同体的文化权威""皇帝:天地君亲师的集合体"五个方面,进行了详细论证。换言之,"皇帝称谓囊括了中国古代一切社会权威的象征意义和现实意义,凝集着人们的政治信仰和政治价值。在一定意义上可以说，'皇帝'一词集合了传统政治文化的各种要素"。

1998年，六十四岁

先生与刘敏合著的《中国古代王朝兴衰史论》(吉林人民出版社，10月)、主编的《中华文化通志·制度文化典》(上海人民出版社，10月)出版。

《中国古代王朝兴衰史论》是《新编干部学习书系》中的一部，梳理、解读了自"三代兴替"至"康乾盛世"间王朝跌宕起伏的兴衰历程及经验教训。在《自序》中，先生强调：

> 像睿智的哲学家们总是在锲而不舍地探索哲学的基本问题、世界的本源是什么一样，历史学家们也总是在思考历史是什么及它与现实的关系问题。历史是什么？辩证唯物主义认为，历史是"人类生活的行程，是人类生活的连续，是人类生活的变迁，是人类生活的传演"，历史是"各个世代的依次交替"。一个时代在前代的基础上发展，又有不同于前代的特点。
>
> 历史是一个否定之否定的辩证发展过程，在继承中延续，在否定中向前。汉朝继承了秦朝，也否定了秦朝，而它自身又被后来的朝代所否定和继承。恩格斯说……从这种观点出发，我们认为王朝的兴衰更替，是如同日出日落一样的正常和自然，但这种兴衰更替又不是随随便便地发生的。历史上所有的王朝都有它们兴盛的理由，也都有它们灭亡的原因，其中有共性，也有个别；有必然，也有偶然。这是我们撰写本书所特别关注的问题……
>
> 考察中国古代王朝的兴盛，不论是王朝建立后的初兴，还是危机中衰后的中兴，其兴盛的原因，均与兴利除弊的改革有关，特别是历史上那些成功的改革，往往成为社会全面复苏、发展、强盛的契机……总之，没有改革，就没有王朝的兴盛，也就没有中国古代那绚烂多姿的历史。
>
> 在探索中国古代王朝兴衰的过程中，我们深深地感到，有一些共性的社会问题，一次又一次地困扰着一代又一代的统治者，而其中最重要

的就是土地问题和赋役问题。对这两个问题解决得怎样、处理得如何，往往成为社会治乱、国家兴衰的关键所在……

历史上几乎所有王朝的衰亡均与统治者的腐败有关……几乎所有朝代的衰亡均与统治集团、贵族官僚的腐化相连……翻检一代代的亡国史，无不是腐败与衰亡紧连。历史的经验证明，腐败是要亡国的……

反思前朝败亡的教训，鉴古戒今，是中国古代封建政治和封建史学的传统，是值得肯定的。但一次次的反思，一次次的鉴戒，却依然是一个又一个王朝，可悲地一次又一次重蹈前朝灭亡的覆辙，这也称得上是中国古代历史发展的一个怪圈！

《中华文化通志》是一套分门别类对中华文化进行全面系统概括的大型著作，分为序卷和十典百志。刘先生是编委会委员，担任《制度文化典》主编。该典分为宗族、土地赋役、工商制度、社会阶层制度、中央官制、地方行政制度、选举、社团、法律、兵制十志，从文化制度化、制度文化化的视角，把握历史，述其原委，条贯古今。

3月10日，《王、道相对二分与合二为一》在《东方文化》第2期发表。先生认为，王与道是相对二分与合二为一的有机组合关系，分中有合，合中有分，分合相辅，以合为主，并形成一种思维范式；王对道的占有，或者说道依附于王，是整个传统思想文化的一个基本命题，几乎所有的思想家，甚至包括一些具有异端性质的人，都没有从"王道"等大框架中走出来；王对道的占有只是问题的一面，另一面更应注意道本身的王权主义精神。

5月23日，《王权主义：中国文化的历史定位》在《天津社会科学》第3期发表。在文中，先生对"王权支配社会"这一命题做了系统阐述：

马克思在说到法国中世纪的特点时，曾说过这样一句话："行政权力支配社会。"马克思虽然没有详细展开论述，但这句话对我认识中国传统社会却具有提纲挈领的指导意义。我稍加变通，把"行政权力"变成"王权"二字。我认为中国传统社会的最大特点是"王权支配社会"。与"王权"意义相同的还有"君权""皇权""封建君主专制"，等等。

从历史的总过程看，我仍相信生产力的发展状况与生产关系决定着社会的基本形态。这是最基础性的看法。王权支配社会问题是在此基础上提出的一个具体的社会运行机制问题。这是既有联系又有区别的两个不同层次的问题。前者要回答这个社会何以是这样？后者则是回答这个社会运动的主导力量是什么？就中国古代社会而言，我认为区分这两个不同层次对更真实地把握历史过程是有意义的……过去我们通常用经济关系去解释社会现象，这无疑是有意义的；然而从更直接的意义上说，我认为从王权去解释传统社会更为具体、更便当。

王权主义是上述现象的总称，我所说的王权主义既不是指社会形态，也不限于通常所说的权力系统，而是指社会的一种控制和运行机制。大致说来又可分为三个层次：一是以王权为中心的权力系统；二是以这种权力系统为骨架形成的社会结构；三是与上述状况相应的观念体系。

以王权为中心的权力系统有如下几个特点：其一，一切权力机构都是王的办事机构或派出机构。其二，王的权力是至上的，没有任何有效的、有程序的制衡力量，王的权位是终生的和世袭的。其三，王的权力是无限的，在时间上是永久的，在空间上是无边的，六合之内，人事万物，都属于王权支配对象；或者说，王权的无限并不是说它包揽一切，而是说，王权恢恢，疏而不漏，它要管什么，就可以管什么；就某些人事而言，可以同它拉开一定距离，所谓"不事王事"，但不能逃脱它。其四，王是全能的，统天、地、人为一体，所谓的大一统是也。

在王权形成的过程中，同时也形成相应的社会结构体系……在观念上，王权主义是整个思想文化的核心，各种思想，如果说不是全部，至少也是大部，其归宿基本都是王权主义。

5月，河南人民出版社推出了《中华精神丛书》①。先生应请为本丛书作序

---

① 本丛书包括如下著作：何平《儒脉兴衰——从孔夫子到新儒学》，龚良、杨冬梅《天工神斧——中华科技的慧光》，史建群、董海立《血凝中华——华夏文明与民族融合的历史进程》，董国强《遥想盛世——人治的理想与现实》，郭弛《穷则思变——二千年维新与革命》，乔治忠《环球凉热——中国人认识世界的历程》，李冬君、宋三年、刘刚、邵鸿《载舟覆舟——中国古代治乱的经济史考察》等。

（撰于1995年9月），对"精神"与"规律"，尤其是何谓"中华精神"，做了如下强调：

所谓"精神"与"规律"，都是对现象界的归纳与抽象。不同的是，前者较依赖于直觉，而后者更依赖于理性；前者显得模糊，后者则较为清晰（不论其与客观实际是否冥合）。甚至按照西方某些哲人的看法，对精神与规律的认知，构成了人文学科与自然科学之间的分野。倘若人们急于想用"规律"来取代"精神"，结果只能随着过于自信的黑格尔走进必然的"日耳曼王国"时期，在此一切都臻于至善，思维则仅供写作教堂颂诗。

如此说来，"中华精神"是什么？自然也不是个"一言以蔽之"的问题。长于抽象思维的哲学家或文化学者对此已经有了各式各样的概括，诸如天人合一、日日新又日新、自强不息、生生不已、宽容、中庸、和平、尚文好礼、人文精神，等等；又如保守好古、墨守成规、逆来顺受、阿Q精神、酱缸精神、窝里斗，等等。这些无不言之成理，持之有故。然而，虔诚的读者在如此不容置疑而又泾渭分明的价值判断之间穿行之后，不仅对中华精神依旧茫然，而且疲乏之余，疑窦丛生。看来，偏执某种预先设定的价值标准去认知中华精神，适足以成就一种假说，而牺牲的却可能是全貌……

在一个历史学者看来，所谓中华精神只能隐显出没于中华民族的历史长河之中，它应远比多瑙河之蓝与黄河之黄有着更奇诡斑斓的色调，它活生生地体现在政治家们的雄才大略与机巧谋诈之中，体现在思想家们殚精竭虑的逼问与应答之中，体现在军旅生涯的运筹决胜、马革裹尸之间，体现在科学技术的匠心与慧光之中，体现在野田稻禾、千里赤地与漫漫商道之中……总之，五千年来生生不息的数百亿苍生和难以计数的风流人物，用他们的希冀与幻灭，用他们的奋斗与彷徨，用他们的欢乐与苦痛，用他们的脊梁与手足，共同支撑起这样一种精神，我们无以名之，姑谓之"中华精神"。有了它，我们的文明才得以薪尽火传；有了它，中国才所以为中国。

6月6日,在《人民日报》上发表《历史研究应关注现实》。先生在文中强调:"史学家不能离开人间烟火,为什么要把与人间烟火有密切关系的历史研究视为庸俗呢?关系到整个民族,乃至人类命运的大事,史学家绝不应该袖手旁观。当然,这类问题的研究绝不是唯一的,但必须视为正当的,同样具有很高的学术价值。"

6月,陈学凯著《正统论与革命观——中国传统政治文化的调节机制》出版。先生在为是书所作序中指出,正统与革命问题,是中国历史中的一个全局性问题,学界已有不少学者从不同的角度做了或多或少的论述,研究史学史者尤多,饶宗颐先生还最早出版了专著,然从整个思想史的角度进行系统、详细的考察,陈学凯这部书应该说做了新的尝试。关于正统与革命的关系及其影响,先生强调道:

> "正统"和"革命"在中国思想史上,是两个相反而又相成的"组合"命题。这里所说的"组合",不是我们加上去的,而是在历史中形成的"胶结"关系。"正统"是合理、合法、秩序的现实体现;"革命"则是合理、合法、秩序的理想境界;"正统"的起点是"革命","革命"的目的是建立新的"正统";"正统"是在朝的旗帜,"革命"是在野的旗帜,"革命"的目的是矫正或取代现实的"异化"了的"正统";凡是获得了"正统"地位的势力和人,几乎都忌谈"革命",可是在理论上任何人又都无法取缔它,于是"正统"与"革命"之间常常发生相当紧张的关系;"正统"和"革命"尽管有时会发生冲突,但所维护的又都是王权主义体系,等等。
>
> "正统"和"革命"的组合关系有着极大的容量,以致历史上最伟大、最激进的思想家都不能从中走出来。如果我也借用"怪圈"这个词,"正统"与"革命"就是一个"怪圈"!这个"怪圈"对中国传统思想文化有着极大的影响,很值得分析。

9月23日,《王、圣相对二分与合而为一——中国传统社会与思想特点的考察之一》在《天津社会科学》第5期发表。通过探讨"文化转型:从神化到圣化""圣人'知道'与圣、神相通""圣、王合一""秦始皇称'圣'与王、圣同体两千年",先生对王与圣的关系做了揭示,认为:"就大体而言,它是文化之纲,关涉中国传统思想文化的全局;就实质而论,它是文化之核,决定中国传统思想文化的本质。如果说王与道的关系问题,其根底在于寻求权威合法性,那么王与圣的关系问题,其目标则在于确立权威理想性。圣是道的人格化,王圣关系问题是王道关系问题在人的社会角色上的展开。"并从历史形态角度,提出中国传统政治文化发展的"三段论":"1.神化阶段。三代时期,其特征为神道设教,率民以事神。2.圣化阶段。自春秋至辛亥革命,从事神转向尊圣,从神道设教转向内圣外王,圣王即是神。3.民主化阶段。自辛亥革命至今,从圣人本位转向个人本位,从王权转向民权。这三个阶段,圣化阶段承上古,开近代,国人的思维方式,文化的基本价值,皆于此阶段形成。其历时之久,影响之深,传播之广,举世公认,所谓传统,主要在此。"

1999 年,六十五岁

5 月 15 日,与胡学常合撰的《汉赋的政治神话》在《学习与探索》第 3 期发表。文章考察了汉赋政治神话的呈现形态与结构特征,并将它置于汉代社会政治神话的整体氛围,寻绎其制作的外部因缘和内在理路。文章指出,汉帝国的政治神话是在合法化和秩序化的集体诉求达至相当强烈的程度时出现的一种非理性思维,汉赋的政治神话可以视作汉帝国政治神话在文学话语中的运用,主要从五德终始和谶纬符瑞两个层面完成了政治神话的制作。其政治功能体现在,以神圣的方式建构统治权力的合法化,并为秩序化的维持而进行永无息止的合法化论证,从而成为帝国政治的一种支持性力量。

6 月,《传统士人的二重品性与思想文化特点》在《炎黄文化研究》第 6 期(《炎黄春秋》增刊)发表。先生认为,中国传统士人的品性可概括为两点:"就社会地位而言,他们可能是达官贵人,但没有独立人格,而是君王的臣仆;就精神而言,他们是思想文化(就精英部分而言)生产的主体。社会地位的臣仆性与精神的主体性从逻辑上说是极不相宜的,然而在历史上确实浑然成一体,形成一种混合型的结构。这种品性上的混合结构是由中国特定的社会历史背景所造成的。"中国传统知识分子的二重品性,造成了中国传统文化两个鲜明的特点:一是政治思想和政治文化是中国传统思想文化的主脉;二是中国古代思想缺乏"学理"的一惯性和逻辑性。

8月,《君尊臣卑:中国传统思想文化的大框架——析韩愈、柳宗元的表奏》在《中国社会历史评论》(第一卷)发表。先生以韩愈、柳宗元的表奏为个案,通过对他们使用的具有"纲纽性"概念的剖析,论证了"君尊臣卑"乃中国传统思想文化大框架的内涵,以及由此形成的对社会思想的全盘控制。先生强调:"纲纽性概念帝王化现象是中国传统文化的一个重要特点。帝王拥有、占有了这些纲纽性的概念,也就控制了思想文化的命脉,反过来又成为控制社会和人们的灵魂的法宝。把这些真、善、美的纲纽性概念献给帝王,也就把自己的灵魂奉献给帝王……这些阿谀奉承、歌功颂德、拍马屁的文字是王权至上的派生物和王权主义观念的组成部分。"

9月,《论中国古代的亦主亦奴社会人格》在《南开大学学报》第5期发表。先生在文中剖析了"官僚"主奴综合性格的表现,指出"以奴为本、亦主亦奴的地位与人格特征具有更为普遍的意义,它并不局限于官僚群体内",而寄寓于每一个成年社会个体的灵魂深处,即使圣人特别是儒家文化体系中的圣人,也是"亦主亦奴社会人格的最高抽象","尽人皆奴的社会结构和泛化的绝对权威崇拜是亦主亦奴人格的社会根源和文化根源"。

11月11日,由《历史研究》杂志社、南开大学历史系共同发起的"中国社会形态及相关理论学术讨论会",在南开大学举行。先生致开幕词,做了题为"'中国社会形态及相关理论问题'短论"的发言〔刊于《中国社会历史评论》(第二卷),天津古籍出版社,2000年〕。在致辞中,先生提出了几个值得思考的问题:

第一个问题:依我看,社会形态问题最核心的是阶级理论和阶级分析。众所周知,阶级理论是建立在劳动创造价值、剩余价值及其分配基础之上的。现代颇为盛行的经济理论认为价值问题难以把握,财富和创造财富的要素是可以测定的,因此也要以形成财富的要素为据进行分配。如果这仅仅是一时的政策,无关理论,可以另当别论;如果同时是一个重大的理论问题,由此上推,历史上的土地是否也是形成财富的要素?是否也是参加分配的依据之一?由此而来如何看待地租的性质和相关的一系列问题,毋庸置疑会引起重大的认识调整。

第二个问题:阶级在社会中的地位问题。社会关系与阶级关系是什么关系?是否社会关系"说到底"都是阶级关系?还是各有其意义,不宜用"说到底"来贯通?现在许多人用"共同体"(大至民族、小至小社团、家族)来解析社会关系,但细究起来,"共同体"也有很多问题,并不能把问题说透。可否假定一下,能否把阶级分析与共同体分析结合起来?

第三个问题:历史发展动力问题。这个问题20世纪70年代末80年代初有过一次大讨论。现在的问题是,历史发展动力主体究竟如何确定?是从社会发展的角度,还是从阶级斗争的角度,还是从两者结合的角度来确定?另外,我们说的阶级概念到底如何与历史上的实际的社会关系相结合?

以上这些问题使我困惑不解,在我看来这些问题与社会形态问题紧密相关。借着这个机会提出来请教诸位。

12月,《我和中国政治思想史》在《学林春秋三编》(下册)一书刊载。在文中,先生回顾了为什么选择中国政治思想史这个研究方向的原因(既有个人志趣,又有自我使命的选择)及从事的研究问题(分为递进性的三个层次:政治思想史的基础研究、政治文化研究、政治哲学问题),论析了对中国古代社会运行机制的看法——王权支配社会,还就几点有关历史认识论(马克思主义在我心中;从防御性思维定势中走出来;树立自觉的主题意识,从历史中走出来;学理至上,我持我故,我行我素;史家面前无定论;要研究点历史认识;形而上学难,难于上青天),谈了自己的体会。而在文章之前,先生写了一句很睿智也很发人深省的话,说:"怯懦的思维是很难接近真知的,它常伴我而行,驱而不散,悲夫!"

12月,南开大学中国社会史研究中心成立。该中心是根据教育部深化科研体制改革的精神和建设一流的人文社会科学重点科研基地的要求,以中国古代史和中国近现代史两个国家级重点学科为依托,以"211工程"建设项目"中国社会历史"为基础,新组建成的。翌年,通过教育部审批,成为"普通高等学校人文社会科学重点研究基地建设计划"的入选机构。刘先生是该中心的首位主任。

2000年,六十六岁

先生的《中国的王权主义:传统社会与思想特点考察》一书,由上海人民出版社于是年10月出版;主编、合著的《中国传统政治哲学与社会整合》一书,由中国社会科学出版社于是年11月出版;主编的《中国政治文化丛书》,由浙江人民出版社于是年1月出版。

《中国的王权主义:传统社会思想特点考察》是先生二十年来对王权主义问题持续思考的一个结集。全书由引言、四章组成,引言对王权主义问题做了宏观把握,四章分别对王权支配社会、政治思想是中国传统思想的主体、王权主义各论、政治哲学与王权主义,做了具体阐释。先生在自序中强调:"我的这本书不是为写书而写的……本书与过去几本书不同之处在于更集中阐述了'王权支配社会'这一看法,并以此为据进一步论述了与王权主义相关的政治文化和政治哲学问题。"并指出:"书中有几篇文章是同葛荃、张分田、李冬君、刘刚、侯东阳合写的。征得他们的同意收入本书,名字在文中注出。他们是我的学生,又是合作者和朋友。在我们之间,唯求学理,不问其他。应该说我们的合作是有成效的!我感到格外高兴的是,在共同切磋过程中,对'王权主义'问题达成了共识,这是我们能长期合作的学术基础。"

《中国传统政治哲学与社会整合》是《中国社会历史研究丛书》(第一辑)中的一种,先生主编与张分田、葛荃、张荣明、胡学常、刘丰、张师伟合著而成,其中,先生撰写了十章中的五章。据先生在前言中说:"本书的内容在我脑子中萦回了十几年,但摆到案头上,想写一本书,一直拖到1996年才开始。那年向教育部社会科学司申报了本课题,有幸获准立项和资助。为了完成这个项目,组织了一个小小的学术合作体。"关于"政治哲学",先生从历史研究的视角,认为应包含如下内容:其一,在政治思想与观念中最具普遍性的理论与命题(所谓普遍性,一方面指这些理论命题寓于党派又超越党派;另一方面寓于具体时代又超越具体时代);其二,有关政治"为什么是这样"的理论与命题;其三,政治价值的理论依据;其四,有关政治范式化的理论与观念;其五,政治理论的结构与思维方式问题。"以上五点是文字上的划分,在传统政治哲学中则是交织在一起的。"先生还强调:

思想观念与社会存在是一种互动关系，但在某一段历史时期，思想观念对社会的规范、制约显得更为突出。思想观念的组成部分很多，而政治哲学则具有统领全局的意义。这与中国古代政治权力支配社会的事实是相适应的……传统政治哲学博大宏富，然其旨归则为王权主义。古代的王权体系像穹庐一样笼罩着整个社会，而以王权主义为旨归的政治哲学则为王权体系提供了理论依据和价值坐标……本书所论述的政治哲学诸命题及其主旨，以我的判断，几乎是中国古代社会所有的人认同或超越的。基于此，我对政治哲学看得极重，把它视为中国历史进程中的社会控制因素。我还认为，不梳理政治哲学就难以把握中国历史的总貌和特点。

　　《中国政治文化丛书》包括如下几部著作：葛荃《立命与忠诚——士人政治精神的典型分析》、张分田《亦主亦奴——中国古代官僚的社会人格》、张荣明《权力的谎言——中国传统的政治宗教》、杨阳《王权的图腾化——政教合一与中国社会》。刘先生为这套丛书做了总序。在序中，先生概括"政治文化"所要研究的内容为："要之，是政治系统赖以生存的文化条件或背景，即一个民族在特定历史时期流行的政治价值观念、政治信仰、政治情感和政治心理等。"并指出："政治文化不仅仅是一个现实的问题，同时也是一个历史的问题。于是有'传统'政治文化的提出。"那么什么是传统政治文化呢？先生从问题出发，认为有两方面的问题值得研究：一是政治价值观念和与之相关的政治信仰、心态和人格问题；二是文化政治化与政治文化化。之所以推出这套丛书，"就是围绕着上述问题而做的专题研究"。

　　4月2—4日，由南开大学历史系、南开大学中国社会历史研究中心、南开大学近代中国研究中心、《近代史研究》编辑部、华银投资控股公司等联合主办的"纪念严范孙、张伯苓暨中国近代化相关理论问题学术讨论会"在南开大学隆重召开，先生做了题为"中国近代史要再认识——纪念严范孙、张伯苓诞辰学术讨论会致辞"的大会发言〔刊发于翌年出版的《中国社会历史评论》（第三卷）〕。在致辞中，先生强调："今天我们来开这个会，不仅仅是从南开校

351

史的角度来纪念二位老先生,更主要是想从大历史的视野给他们以历史的定位。两位老先生不仅是属于南开的,他们同时也是在近代史上产生过重大影响的历史人物,是教育救国的最早的倡导者、杰出的实践家并取得了卓著成就。尤其需要强调的是,二位老先生开创的是新的社会化私学……没有社会化私学的发展,社会教育体制是不健全的。因此两位老先生创建的社会化私学体系更有特别重要的历史意义。"鉴于过去很长一段时期严修、张伯苓两位先生的地位被忽视,先生认为"这涉及对 1840 年以来历史进程的基本估计"。在先生看来,"如果从多元的试验与探索来审视中国近代史的进程,那么,许多人的努力和奋斗应得到相应的历史地位,诸如教育救国、实业救国,等等,都有不可磨灭的历史功绩。如果我们给教育救国以应有的历史地位,那么严修、张伯苓先生难道不是最值得称道的近代历史人物吗?!"先生指出:"中国古代社会的一个重要特点是王权支配社会,因此社会体制极为软弱。近代化的社会需要充分发展社会机制,然而中国的近代史又没有容许社会机制的正常发展。国家权力过分压抑社会机制或取代社会机制是不利于社会发展和历史进步的。这个问题也很值得深入研究。"先生还呼吁:"我们研究历史不应为历史而历史,同时还应有人文的关怀……历史学不能没有人文的关怀,人文的关怀只有上升为理论才能充分体现出来……这些年来史学研究的开放程度大有进展,但还需要再开放……八十年代我曾写过几篇文章讨论思想开放,其中有两篇,一是《除对象,争鸣不应有前提》,另一篇是《史家面前无定论》。我依然持这种看法,当与不当,供诸位参考。"

4 月 15 日,《分层研究社会形态兼论王权社会》在《历史研究》第 2 期发表。先生认为,分层次地研究中国历史社会形态,可分为三个层次加以探讨:一是基础性的社会关系形态问题;二是社会控制与运行机制形态问题;三是社会意识形态与范式问题,三者之间既有联系又有区别。通过对这三个层次问题的分析,先生得出一个结论:"王权崇拜是整个思想文化的核心,而'王道'则是社会理性、道德、正义、公正的体现。我们祖先的理想就是'王道乐土'!"

12 月,《〈专制权力与中国社会〉原著浓缩》刊发于《领导经典浓缩书》一书中。在文中,先生介绍了原著的结构,将内容浓缩为五个方面:一、政治权力在古代社会中的特殊位置和作用;二、君主集权国家的形成与特点;三、君主集权国家对人身的支配;四、政治权力与古代社会的阶级关系;五、传统文化内涵中的专制主义。

2001年,六十七岁

先生与张分田共同主编的《政治学说简明读本(中国古代部分)》(南开大学出版社,1月)、与葛荃共同主编的《中国古代政治思想史》(再版,修订本,南开大学出版社,6月)出版。

《政治学说简明读本(中国古代部分)》是天津市普通高等学校"九五"期间重点教材。本书分为上、下编,上编从纵向上展现了从商周至明清时期的中国古代政治学说史,下编分专题探讨了中国古代的政治学说,包括国家论、大一统论、政体论、政治关系论、政治道德论、政治方术论、谏议论、礼法论、政治变革论、政治信仰论、政治思想、政治批判等。在导言中,先生对中国古代政治学说史的研究对象、研究方式与方法、特点,做了宏观揭示。

《中国古代政治思想史》第2版是对1992年版的修订。之所以出这个修订本,是因2000年春,教育部研究生办公室经专家审议把本书定为研究生教学用书,要出新版本。鉴于当时的客观条件,刘先生调整了部分作者,相应地也对内容做了适当调整,新作者所提供的内容全是新写的。参加本次修订的作者为:刘先生、葛荃、张分田、杜洪义、乔治忠。由于时隔十年,先生期间有了新的体会和认识。在后记中,先生说:

> 我与合作者携手,经过多年的共同努力,撰写出了系统的、不同层次的中国古代政治思想史教材或教学参考书……
> ……这些合作者都是我曾教过的学生。因此这个合作体具有师徒关系介入其中。我不否认师生关系具有某种纽带性质,但真正把我们连在一起的是因为:我们在学术理念上基本相同;在互相交往中遵循学术至上、学术自由、学术平等与学术独立的原则;有共同的学术领域和学术目标;以诚相待,互相尊重,责任与名利一致;我们的才学虽属平平,但我们懂得"三个臭皮匠,顶个诸葛亮"之理。有了这几点,也就有了我们的合作体。

4月6—8日,由南开大学中国社会历史研究中心、南开大学历史学院、《历史研究》编辑部和华银投资控股公司共同主办的"严范孙、张伯苓学术论坛——'思想与社会'学术讨论会",在南开大学召开。刘先生(南开大学中国社会历史研究中心主任)在开幕式上做了题为"开展思想与社会互动的整体研究"的主题演讲(刊于《历史教学》第8期;《光明日报》10月2日第A02版)。先生认为思想史与社会史研究存在如下问题:"思想史研究的大抵主要是研究思想家的文本、思想逻辑、学术传承和抽象继承,相对而言,很少注重与社会历史的关系;社会史研究的主流是社会的实体问题,相对来说,疏于与思想的结合。"因此先生主张应打通思想与社会,开展思想与社会互动的整体研究。关于思想与社会的互动,先生认为应主要研究两方面的问题:一是思想的社会化和社会的思想化过程问题;二是思想(观念)的社会和社会的思想(观念)。关于整体研究,先生提出了十二个方面的问题:社会性的政治哲学范式与社会整体控制问题;社会政治阶层、身份、角色及其观念、人格、生活、功能综合研究;精英思想(包括经典思想)、统治思想、普遍的社会思想与观念、大众心态,等等不同层次的思想;价值取向、信仰(包括宗教信仰)与行为方式;社会思潮与社会运动;纲纽性(核心)概念与社会;形式主义与文化和社会;社会化的文化典型、文化偶像、文化符号、文化图腾等;观念的制度化与制度的观念化过程研究;区域文化和社会的整体研究;思想社会化与社会思想化过程研究;思维方式与行为方式。先生最后强调:"思想与社会是有机的整体,并以历史的形态存在和延伸着……我认为我们数千年历史的一个重要特点,是一种结构性的王权主义。这种结构性的王权主义也是传统的社会与思想纽结关系的主干。"

7月15日,《王权主义概论》在《锦州师范学院学报》第3期发表。本文对"王权支配社会"的理论做了宏观概括。先生指出,中国传统社会的最大特点是"王权支配社会",而"王权支配社会"是在相信生产力发展状况与生产关系决定着社会的基本形态的基础上提出的一个具体社会运行机制问题。这种运行机制,大致说来可分为三个层次:一是以王权为中心的权力系统;二是以这种权力系统为骨架的社会结构;三是与上述状况相应的观念体系。

7月20日，与刘丰合撰的《礼学与等级人学》在《河北学刊》第4期发表。针对学术界认为儒学是"人学"的观点，文章从礼的角度，就"礼仪等级中的个人""礼对人际关系的制约""'社群主义'与等级人学"等问题，进行了剖析。文章认为："中国古代的'人'处在由各种礼仪构造的社会关系之中，'我'与'他人'的关系是通过礼仪表现出来的各种对待关系。简而言之，'人'是社会等级关系中的人。这也是礼对人的控制的表现……待到汉代以后，随着大一统政权的建立，所有的人都被整合到统一的社会秩序之中，再没有可能游离于其外，人与人之间的关系完全受到了礼的制约。这一事实便决定了中国古代对人的重视、探讨只能是'等级人学'，而不是其他。"

7月23日，《传统思维方式与行为轨迹》在《天津社会科学》第4期发表。先生从政治哲学的角度，对"阴阳组合结构"进行了阐释：

> 什么是阴阳组合结构呢？我想用如下一些组合命题来说明，如君本-民本的组合，尊君-罪君的组合……我所说的阴阳组合命题，包括以下两种含义：一是说，在传统思想中，如"君本""民本"等命题都不是单独存在的，在理论逻辑上也不能自成系统，而是两者互为条件、互相依存、互相渗透，是一种有机的组合关系；二是说，两者是主辅组合，在上边所列的诸命题中都是前者为主，后者为辅，正像阳为主、阴为辅那样，不能颠倒……在我看来，上边所说的种种阴阳组合命题在古代思想观念领域具有普遍性，是一种思维定势，同时也是一种价值系统……总之，阴阳组合结构对传统社会的规范有着不可估量的意义，有待深入研究。

2002年，六十八岁

韩国学者张铉根教授翻译刘先生等所著的《中国政治思想史》中的第一卷——《先秦编（上、下）》。应其所请，先生于5月15日，欣然作序。在序中，先生就"中国政治思想史在中国历史学和思想文化史中的地位与意义"，做了如下阐发：

中国与欧洲的历史有这样与那样的不同，但其中最值得注意的一点是，中国是一个大一统的专制帝国，帝王居于社会的顶端。我把这一特点称之为"中国的王权主义"。

我所说的王权主义既不是指社会形态，也不限于通常所说的权力系统，而是指社会的一种控制和运行机制。大致说来又可分为三个层次：一是以王权为中心的权力系统；二是以这种权力系统为骨架形成的社会结构；三是与上述状况相应的观念体系……

基于上述认识，我认为研究政治思想史是研究整个中国历史不可或缺的基本环节。我还认为，要想准确地把握中国思想文化历史的真谛，不能离开政治思想和政治精神。如果离开政治思想和政治精神就像抛开中枢神经去说骨骼、皮肉，是很难接近中国历史精神的……依我看，研究中国的政治思想与政治精神是了解中国历史与现实的必经的门径，不可绕过……

我从事于政治思想史的学习与研究可以追溯到20世纪60年代，但集中精力进行主攻则要到20世纪70年代末。从那以后陆续出版了一些著作，发表了一些论文，同时也培养了数十名研究生。这样在南开大学就逐步形成了一个学术合作体。我与我的合作者近二十年来出版了近20部有关中国政治思想史的著作……今后我们还将合作深入研究政治理念与社会互动的关系等。我不厌其烦地列出这么多书目，是为让读者了解我们的研究状况；同时我可以毫不夸张地说，在研究中国政治思想史方面，南开大学的这个学术群体是不可忽视的重镇。

张铉根博士把我们的《中国政治思想史》译成韩文无疑是中韩学术界的一件盛事。我对张铉根博士的学识和气魄表示由衷的敬佩。把这样一部厚厚的学术著作译成韩文，设身处地想想，我自己都发怵、犯愁！张铉根博士却坚忍不拔，坚持数年，继以日月，在第一卷即将出版之际，我与我的合作者向张铉根博士祝贺，并致衷心的感谢！

12月14—15日，由南开大学中国社会史研究中心和湖南大学岳麓书院联合举办的"公私观念与中国社会学术研讨会"，在南开大学举行。这是国内第一次以公私观念为主题举办的专题学术会议。先生出席大会，做了题为"先秦的'立公灭私'与对社会的整合(提要)"的主题发言。该发言稿后以"公与私:先秦的'立公灭私'与对社会的整合"为题刊发于《新哲学》(第二辑)(2004年)。

2003年,六十九岁

先生的自选集《洗耳斋文稿》(中华书局,6月)、主编的《中国社会史研究丛书·第二辑·政治理念与中国社会》(中国人民大学出版社,10月至翌年4月)、合著的《公私观念与中国社会》(中国人民大学出版社,12月)出版。

《洗耳斋文稿》结集了三个主题的文章:一、中国政治思想史述论;二、战国阶级身份述考;三、历史认识论之检讨——从教条主义中蠕动出来的历程。在自序中,先生就本书的有关情况做了如下说明:

> 2000年上海人民出版社出版了我的《中国的王权主义:传统社会与思想特点考察》一书。那本书也是一部论文集,不过与一般的论文集又有所不同,所收的论文是按照主题和一定的逻辑关系进行排列与组合的,近似一本专著……同时向读者说明,凡属《中国的王权主义:传统社会与思想特点考察》已收的论文,本书不再重复,这样本书与《中国的王权主义:传统社会与思想特点考察》可并行于书肆而不相重。
>
> 这部文稿包括三方面的文章:一是有关中国政治思想史的;二是有关战国阶级身份状况的;三是有关历史认识论的。这三方面大体也是我多年来用力最多的地方。
>
> 我先说说三部分的写作背景与动机。有人说,做学问要排除一切功利目的,要为学术而学术,不管人间烟火。这种说法或许是为了强调学术的纯洁和神圣,但果真有这样的纯学术吗?或许有,不过在我的想象中,这只是神仙的事。我没有入道,更谈不上道行的修养,与上述之论不在一个层面上。我是一个俗人,烟火缭绕,所以还是讲点我的俗事和俗心吧……
>
> 我的老师和师辈的很多人健在,我在他们面前自然不敢说老,不过我也是年近古稀的人了,来日或许还能做点事,但毕竟是夕阳黄昏。这

次集结文稿对自己是一次清理，也是一次回顾。我 45 岁以前是在"运动"中度过的，读书大抵是在"第四个单元"，即每天晚上 10 点钟以后。45 岁之后迎来了难得的平静，但我的健康状况却很糟糕，心跳过缓，每分钟常常在五十次左右，最慢时仅三十多次。西医没有适当的对症药物，把我转给中医，中医似乎也没有成方，在长达两年的时间里，每天熬一剂汤药，也真够烦人的。心跳过缓，引来供血不足，整日昏头昏脑，有时连眼睛也难得张开。可是客观形势逼人，只要一息尚存，就不能停顿。医生告诉我，实在头晕时不妨倒躺一会儿，使血液流入大脑，可以缓解一下。我体验有效，于是在很多时候成为我的一种工作姿势，本集里有多篇文章就是在倒躺状态下读书和构思出来的。二十多年以来，心跳过缓与头昏的顽疾一直纠缠着我，少有清醒、轻快的时候，这个集子如果叫"昏头昏脑集"也许更为贴切……

汉代的主父偃以"倒行暴施"著称，有人问他为什么这样，他说，我岁数大了，不能按常规的路子走。这对我很有启发，我岁数也够大的，四十多岁才真正入学，我虽然不能事事"倒行逆施"，但与那位大夫有相近之处，总爱思索自己能否从习惯了的"常规"向外跳一下？至于从哪一点起"跳"，常常是徘徊难定，不过有一点我是清醒的，即不能在沙地上跳。所以每"跳"之前都要尽力把基础打实，因此我对我的立论还是满有信心的。不说别的，我抄的卡片就有数万张之多。

《中国社会史研究丛书》(第二辑)"政治理念与中国社会"，是先生主编的一套历时三年而成的重大成果，包含 12 部著作①。在所做总序中，先生一是说

---

① 这 12 部著作分别为：刘泽华先生、张荣明等著《公私观念与中国社会》，张分田《中国帝王观念——社会普遍意识中的"尊君-罪君"文化范式》，萧延中《"天命"与"德性"——中国政治思想中的"正当性"问题》，李冬君《孔子圣化与儒者革命》，李宪堂《先秦儒家的专制主义精神——对话新儒家》，刘丰《先秦礼学思想与社会的整合》，季乃礼《三纲六纪与社会整合——由〈白虎通〉看汉代社会人伦关系》，马小虎《魏晋以前个体"自我"的演变》，张师伟《民变的极限——黄宗羲政治思想新论》，邓丽兰《域外观念与本土政制变迁——20 世纪二三十年代中国知识界的政制设计与参与》，陈永森《告别臣民的尝试——清末民初的公民意识与公民行为》，张晓唯《蔡元培与胡适(1917—1937)——中国文化人与自由主义》。

明了此套书的成因，"20世纪末，经专家评议和教育部核准，南开大学组建了'中国社会历史研究中心'，它是教育部在全国高校建立的百所'人文社会科学研究基地'之一。当时确定了两个重大研究课题，其中之一便是'政治理念与中国社会'。这套书就是这个课题的研究成果"；二是对"提出思想与社会互动的初衷问题""选题的思路""课题成员的组合问题""研究方法问题"，做了说明。

《公私观念与中国社会》，是《中国社会史研究丛书·第二辑·政治理念与中国社会》中的第一部著作，乃系去年"公私观念与中国社会学术研讨会"提交论文的选集，共收文章二十篇。这些文章围绕"传统的公私观到底包含哪些内容？为什么要提倡'大公无私'？现代私观念的内涵是什么？如何在观念上从传统走向现代？"等问题，进行了较为深入的探究。

7—9月，《春秋战国的"立公灭私"观念与社会整合》连载于《南开大学学报》第4、5期。先生在文中探讨了"战国时期'公''私'由人指向社会观念的拓展""'公''私'的社会价值分析""公、私关系：立公灭私""立公灭私与社会和政治公共理性的发展""立公灭私与君主专制制度的发展""立公灭私与国家和社会领域的对立""立公灭私与道德的绝对化"等问题。在先生看来，"公、私问题是中国历史过程全局性的问题之一。它关系着社会关系和结构的整合，关系着国家、君主、社会、个人之间关系的价值取向和行为准则，关系着社会意识形态的规范和社会道德与价值体系的核心等重大问题。由于它的重要，因此又关系着政治乃至国家兴衰和命运"。

8月15日，《先秦时期的党、党禁与君主集权》在《广东社会科学》第4期发表。先生认为，先秦时期的党曾是一个普遍的历史现象，也是一个具有合理性的观念。但是随着君主专制的发展，臣下结党的合理性被取消，与之相应，无党论和禁党论成为主流意识，极大地促进了君主专制的发展。"要之，'无党''禁党''散党'是君主专制的命题，而其形成时期在先秦。"

10月，何平著《中国传统政治思维探源》由天津人民出版社出版，先生为是书作序。在序中，先生充分肯定和褒扬了作者所提出、论证的"'天地——父母'文化原型论"，并强调：

在研究中没有高度的理论概括和抽象就不能把认识推向深入，然而任何高度的概括与抽象又不能不舍弃许多东西，甚至要伤害许多东西，这是无可奈何的事实……历史学作为一种认识，有它的特殊性，且不说别的，单单是认识主体与认识对象之间无法弥合的时间差与空间差，就会带来无数的麻烦，而研究古人的属于"形而上"的文化观念，麻烦事尤多，把握起来自然就更难。为了防止认识主体想象力的过分张扬，我认为在这种研究中尤应特别强调实证，一句话，立论要拿出证据来……学问有各式各样，互相之间要宽容、宽容、再宽容。一花独放不成春，万紫千红才是春。如果还借用"形而上"与"形而下"这个词，我倒主张应把两者结合起来，即使有所侧重，不妨多从对方吸收一些有益的东西。互相尊重比排斥更有利于学术的发展。

11月，葛荃著《权力宰制理性——士人、传统政治文化与中国社会》由南开大学出版社出版，从政治文化的视角，对士人的生存样态、政治功能、社会出路、政治人格、政治精神等，做了比较详尽的阐述，且提出不少新见。先生为是书作序，一方面对书的学术见解予以肯定，另一方面就权力与理性的关系等提出如下看法：

权力与理性的关系问题是中国传统社会的一个全局性问题，它涉及对于政治权力的制约与规范。对此学界有截然不同的评价，葛荃的书名已经把他的观点和盘托出了。与葛荃的看法相反，另有一种很有影响的观点，认为"理性"制约和规范权力。新儒家是这一观点最有力的倡导者和鼓吹者……

如何判断上述两种截然相反的观点？当然不可能有一个判官来决定是非、曲直、正误，分歧只能长期存在和争论下去；谁关心这个问题，由谁来选择。我借着为葛荃作序的机会说一下自己的看法。

先说一下中国政治思想的结构问题。在传统政治思想中，我们的先哲几乎都不是从一个理论元点来推导自己的理论，呈现出来的是一种辩证结构。这种结构的特点我称之为"阴阳组合结构"，有时我又称之为

"混沌"结构。说起来有点麻烦,这里不妨先开列一些具体的阴阳组合命题, 诸如……我开列了这一大串, 一是为了说明这种组合命题的普遍性;二是向读者预告,我们要围绕这些命题写一本书,具体地阐述我们的看法。

这里我用了"阴阳组合结构",而不用对立统一,是有用意的。中国古代的阴阳关系有对立统一的因素,但与对立统一又有原则的不同。对立统一包含着对立面的转化,但阴阳之间不能转化,特别是在政治与政治观念领域,居于阳位的君、父、夫与居于阴位的臣、子、妇,其间相对而不能转化,否则便是错位。因此阴阳组合结构只是对立统一的一种形式和状态,两者不是等同的……

其实,我们只要关照一下中国的历史过程,不难发现,权力宰制理性是中国的基本的历史事实。葛荃同志在书中有详细的论述,我无须赘言。现在我想向主张理性制约权力的先生们提出一个问题,这就是我们俗话说的秀才遇到兵的问题。秀才与兵的关系,大致说来就是理性与权力的关系,亦即道统与君统的关系。我们的民族智慧是如何判断秀才与兵的关系呢? 人所共知,其结论是:有理说不清!

我们的君王对所有的臣民有现实的生杀予夺之权,有"偶语者弃市"的暴烈手段。试问,理性有什么办法和手段来迫使君王就范呢?理性对权力的制约必须有制度的保证,比如有程序性的制约体制,才可能有对权力的制衡;有权力的任期制和禁止权力遗传,才可能制约权力的无限膨胀,等等。否则,无形的理性是不可能制约有形的权力体系的。总之,在中国古代社会根本不存在理性制约权力的历史环境。离开历史过程,从纯粹的语言逻辑上做判断,是难以符合历史实际的。

2004 年,七十岁

先生的专著《先秦士人与社会》,由天津人民出版社于是年 2 月出版,系该社推出的"社会史丛书"中的一种。本书是先生《士人与社会·先秦卷》一书的修订版。在修订弁言中,先生指出:

这次修订主要在如下两件事上。一是原来那本请刘洪涛与李瑞兰同志各写了一章,这次为了集中,将这两章一同抽掉了;二是增写了本书的第六和第七章。其他一仍原稿。考虑到多种因素,此次书名更改为《先秦士人与社会》……

说起搞这个题目也不完全是凑热闹。这要从"文革"结束后的反思说起。20世纪70年代末兴起的"反思"思潮是一次大的思想解放运动,我也不能无动于衷。我反思什么呢?我是从事历史教学与研究的,从本行进行反思吧。想来想去,我认定,把阶级斗争绝对化、教条化、普遍化,不仅是历史学的痼疾,也是当时整个历史时期灾难的祸根。不从"阶级斗争是历史发展的唯一动力"说走出来,就不能从原来的圈圈中向外跨一步。于是同王连升同志合写了《关于历史发展动力问题》一文,对阶级斗争是历史发展的唯一动力说提出质疑和再认识。文章一出,不出预料,在史学界和理论界引起一场大争论……在进行理论反思的同时,感到需要重新认识中国历史上的阶级关系。因为在那个理论的指导下,所描绘的阶级关系史同样是干瘪和教条化的。由于有了大致共同的认识,南开大学从事古代史研究的同仁们一起开展了历史上的身份、等级、社会集团与阶级的关系的研究。《南开大学学报》从1978年起,专辟栏目刊登了有关文章。在此基础上,1983年南开历史系同《历史研究》编辑部、云南大学历史系合作举办了"中国历史上的地主阶级讨论会"。新一代的学者也许把这个问题看得很淡,但在当时这个题目本身不能不引起史学界的一些人与有关方面的关注,因为当时正是开始反对精神污染的时候。好在会议的几位主持者多少有点精神准备,认识一致,谨慎以待,会议开得相当成功。

由于以上的背景,我用了相当精力清理了春秋战国秦汉时期的社会身份、等级、阶级和社会结构等问题,并有多篇相应的文章刊出。因此为社会史研究摇旗呐喊和写《士人与社会》,也还不完全是临时抱佛脚。

1月28日,与刘丰合撰的《论乐的等级思想及其社会功能》在《兰州大学学报》第1期发表。针对乐的思想主旨是"和"的观点,文章认为:乐的思想是

"中和"。中国古代的乐没有独立的地位,它要受到礼的制约,其中蕴涵着明显的等级观念。礼乐相需为用,在各种礼仪中,用乐也有严格的等级规定,这表现出乐的等级性。乐与礼结合在一起,对于维护社会等级秩序,促进社会整合具有重要作用。

6月,日新编著的《听大师讲学习方法》出版,其中有一篇是《刘泽华教授谈学习历史学》。文中扼要引用刘先生的话,向读者介绍了先生的治学方法——"两万张卡片"论、"抄好了就是创造"论和"史学是低效益之学"论。

7月5日,《〈君主观念散论〉序》在《历史教学》第7期发表。先生强调:

> 在浩瀚的古代典籍中直接把"君主"与"专制"并用的并不多见,比较多的是把臣下擅权称为"专制",其潜台词是,"专制"应该是君主所特有的。"君主专制"一词最早见于西汉严君平的《老子指归》,是一个正面词。另外如"独断""独揽""独治""圣裁"等等,都是说的君主专制。
>
> 从18世纪后期开始,先哲开始把"君主专制"作为负面词使用,它与民主制相对立。"五四"时期的哲人对君主专制进行了猛烈的批判,他们把两千多年的政治都视为君主专制。当时和其后也有人反对这一论断,认为中国有丰富的民主制积累,甚至认为中国古代的君主与英国的王近似,仅是国家的象征。总之,不赞成用君主专制来概括中国古代的政治。
>
> 上述两种见解,我赞成前者。我是自觉地承继"五四"哲人们总体判断的,因为我相信那些敢于呐喊的人源于亲身的体验……但同时我又感到,由于那时的哲人们忙于其他更重要的事情,对君主专制未来得及做历史的、细致的理论剖析。我所做的,大致在这个范围内。另外我对君主专制的认识也做了些更深入的论述。先哲们说的"君主专制"一般只限于政治制度,我认为这还不够,于是先后提出了"王权支配社会"和"王权主义"两个概念。关于这两个概念我在《王权主义概论》一文中做了说明……"五四"的批判精神、"文革"的苦涩经历,以及忏悔、反思之情,无疑对我的写作有巨大的驱动力,但文章还是从坐冷板凳中"挤"出来的。我抄的卡片不下五万张,因为我是一个笨人,那个时期又没有电

脑,所以只能抄。更更重要的是,写历史没有证据是不能说话的。我不是先有"王权支配社会"的假设而后求证,得出这一结论几乎用了我十年的工夫,是写了多篇文章之后才逐渐形成的。这些文章分别收集在《中国的王权主义》《洗耳斋文稿》,另外还有一本合著的《专制权力与中国社会》。这些著作不是"王权支配社会"的演绎,相反"王权支配社会"是这些著作的归纳。谓予不信,不妨浏览一下上述著作。

《君主观念散论》所摘论文和著作是在二十多年中陆续写成的,在思维进程中前后有某些变化,现在像压"饼干"一样,罗列在一个平面上,我自己也无可奈何。

在学术大千世界里,我的认识是一隅之论,而摘编的论点又脱离了母体文本,就可能更加犄角化。一个个孤立的论断难免有偏激之嫌。其实偏激这种现象也是思想史中常见的事实。过去我曾著文论述过偏激、相激与认识深化的辩证关系。如果因"偏激"而引起"相激",那是很值得庆幸的一件事。

帝王观念与变形的帝王观念在中国有数千年的积累,它不仅是一种观念,也是一种思维方式,甚至凝结为一种普遍的共同心理和价值准则,至少在我的身上仍有深深的烙印⋯⋯

我已年届古稀,来日无多,但有一件事我还想做,那就是梳理一下七十年的心路。我是一个追求革命和献身,同时又不停地检查修正主义和"白专"道路的人;我诚心地"紧跟",但常常又"跟"不上;我想向前走,但又有理不清的历史"情结"。这些对我从事的历史研究都有程度不同的影响,并带来说不尽的困惑。我是普通的教书人,写出来或许能从一个小的侧面反映我们这一代人中一类人的心路。写这种东西要有勇气,要克服自己,要把自己实实在在地亮出来。在这里做个许诺,或许是一种鞭策。

思想者是快乐的,也是痛苦的!

7月25日,《论臣民的罪感意识》在《社会科学战线》第4期发表。先生从臣民的"自愚""自罪""请死"等方面,剖析了其背后所体现的"是非、曲直定位性的表述和反映""责任的自我判定""价值观念的定位"等深层意蕴,并指出臣下的罪感意识是与君主对臣下的恩赐观念、忠孝观念的绝对化、严酷的刑罚与盛行的"诛心之罪"等有着密切关系。先生还强调:"如何从臣民的错罪意识中走出来,走到公民的自主意识,这是一个远未完成的历史课题。对此不可不察,不可不进行反思!"

7月25日,《答客问:漫说我的学术经历和理念》在《社会科学战线》第4期发表。本文乃先生接受肖史先生的采访,一问一答而成,其中涉及为什么于1979年初能被破格提升为副教授、主持撰写的《中国古代史》何以能出版、怎么提出的历史发展动力问题、怎么发现的"授田制"问题、为什么用了"中国的王权主义"这个提法、基于什么想法研究历史认识论和政治思想研究方法论等问题。如肖先生问:"在中国古代政治思想史方面,你与你的合作者有系统的著作问世,多达二十多部,在这个领域,南开是重镇,你是领军人物,这是如何得来的?"先生答:"啊!说起来不复杂,主要有四点:一是笨鸟先飞;二是咬住青山不放松;三是有一个学术自由联合小团队;四是水涨船高。"又问:"你的文章的转载率很高,仅《新华文摘》就有十几篇,有什么窍门和关系?"答:"这些年约稿的多,来不及写,反而有些被动。过去的文章,都是'自流稿',转载不转载是人家的选择。我没有花过版面费,也没有托过人。至今我依然自信,只要下了功夫,有学术个性,不愁没有地方发表。"又问:"有人说你们已经形成一个学派,你怎么看?"答:"哎呀!学派是自然形成的,我从来没有建立学派的想法,也从来没有要求我的学生必须接受我的观点。如果有些学术同志,那绝对不是我个人思想的扩大,而是共同切磋的结果。在我们这个小群体里,实行的是学术自由、互相尊重学术个性,在许多问题上各不相同。现在把话说回来,也不要把学派神秘化,只要有一定的学术个性,又有一些人持大体相同的见解,就可以说是一个学派。人不多,就是一个小小的学派吧。"

10月18日,与张分田合撰的《"天地之性人为贵"与王政》在《江西社会科学》第10期发表。文章认为,在中国古代,重人事是政治思维的显著特点,重人文是思想文化的重要特征,因而"天地之性人为贵"也就成为重要的政治哲学命题。由"天地之性人为贵"而推导出的政治法则,可以概括为:人为贵,圣为尊,王为大,民为重。

2005 年，七十一岁

是年，先生七秩寿诞。众弟子、门生本想举办贺寿活动，以示庆祝，但先生没同意；在大家的一再请求下，先生提议："我们一起研究一个问题吧，这个问题就是'王权与思想和社会'。这是一个中性的题目，如何论述，自行其便。"于是，先生和大家一起撰文，结集成《王权与社会——中国传统政治文化研究》一书，由崇文书局于是年 7 月出版。本书收文三十一篇，分为四大类内容：一是概论，对王权主义及其本质进行了讨论；二是王权与政治文化，涉及政治价值观、政治文化化和文化政治化；三是王权与社会，探讨了王权支配社会的实际运动过程；四是方法问题。先生欣然为本书作序，对一些问题谈了自己的感悟：

> 目前学术界，特别是历史研究领域的一个突出现象是，在纯学术的旗帜下，学术视野变得越来越狭隘、学术趣味也变得越来越猥琐了。专家们局促在自己的那一方"井田"里精耕细作，把大道荡荡的知识国度搞成了阡陌纵横的分割世界。历史学的重头本应是关乎天人之际、通古今之变的知识探求，但被强大的纯学术之风吹到了边缘，甚至被嗤之以鼻，哪是什么学问，是假问题！在我看来，被斥之为"假问题"的诸种问题，没有一个是"假"的，无论如何应是多元认识中的一元。当然那些教条主义应该纠正，但在纠正教条主义时，一些人有意识或无意识地忘却了马克思，也放弃了马克思那种总体论的历史观，还放弃了马克思具有的那种宏伟的人类视野和为真理而献身的道义情怀，从而不可避免地陷入了琐碎和沉闷之境，并且远离了社会现实的需要。学术无疑要走多元化之路，但类似马克思的那种宏伟的人类视野和为真理而献身的道义情怀是无论如何也不能被忘却和淡化的。
>
> 尽管我的智力有所不逮，但我尽可能地在研究中赋予一种全局性视野。这些年我主要用力于思想史研究，我所关注的不仅是思想理论的历史过程与内在逻辑、社会历史生活的生动形态，还有思想与社会相互生成的原理和机制，一句话，研究的不是思想加社会，而是思想所灌注

的社会、社会所生发的思想,以及两者之间相互作用的关系方式。我和我的同仁朝着这个方向努力,但所获还是很有限的。

我对中国历史的解说是围绕着一个核心概念进行的,这个就是"王权支配社会"。1984 年《学术月刊》发表了我的《论中国封建地主产生与再生道路及其生态特点》一文,1986 年《历史研究》发表了我的《从春秋战国封建主的形成看政治的决定作用》一文,在这两篇文章中我论述了"政治特权支配社会、支配经济"和对社会结构的塑造作用。1987 年在三联书店(北京)出版了拙作《中国传统政治思想反思》一书,我使用了"王权支配社会"来概括我对中国历史特点的认识。后来我又把"王权支配社会"称为"王权主义"。所谓的"王权主义",大致说来包括如下三个内容:"一是以王权为中心的权力系统;二是以这种权力系统为骨架的社会结构;三是与上述状况相适应的观念体系。"在我看来,中国传统社会占支配地位的,不是经济力量决定着权力分配,而是权力分配决定着社会经济分配;王权既是一种社会组织结构,也是一种社会资源运作体系;而作为中国传统政治文化之精魂的"王权主义"或者说"君主专制主义",既是一种社会组织原则,也是社会"正义"的源泉和依据——如,作为其核心范畴的"王道"包含了"圣明""大公无私""均平""明君""清官"等理念,成为社会理性和道德的最高体现。

需要强调的是,我没有对"专制王权"进行简单的"善"或者"恶"之类的定性,而是在历史进程和历史的矛盾中描述和定位。作为一种原发性的社会秩序和社会资源控制与分配体系,我承认它的必然性和历史合理性的一面。对专制政治所内含的各项要素,如君主,以郡县制为特征的行政体制,儒、法、道互补的政治理论与统治技术,以儒学为主体的意识形态体系,等等,我们也作如是观。它们都是大一统专制王权的有机组成部分,对它们的评价不能脱离社会历史的实际状况。

而正是从这个认识角度,无奈地发现,儒学,在许多人眼里是闪耀着人性光辉的"人学",在我看来,实际上是专制主义最深厚的土壤,因为它从一开始就全面参与到了专制权力机制的建构当中。可以说,儒家学说的每一个重要理念,都与专制王权血肉相关……总之,在我们看来,儒学不仅是专制王权的理论基础,也是专制王权的生产者和哺育者。

　　在这里,我想有必要做一个自我表白:我并不像有些人认为的那样,是一个心地阴郁的恨世者,一个否定传统文化的虚无主义者;并不是专意要跟伟大传统过不去,决意为中华文明抹黑。相反,我爱这个国家,爱我们民族所创造的所有伟大和美好之物。只是,我强调的是,在开始大规模的新文化建设时,我们还有太多的基础性清理工作要做。我爱我们的国家,爱我们的民族,所以要对她衰颓的经络痛下针砭,对她久疴的病灶厉加刀锯。我希望她保持对现实的警觉,通过自我批判维持日进日新的健康机能,而不是在自我粉饰的辉煌里沉溺不返。我相信,我们的看法离历史事实不远。即便天荒地老而世不知我,也无怨无悔:虽千万人,吾往矣!

　　3月,萧延中著《中国政治思想的"语言"与"言语"》出版。在为是书所作序中,先生重点谈了三个问题:一是政治思想是中国思想史的核心问题;二是中国政治思想史研究有待深入拓展;三是中国政治思想史研究方法论的改进是研究深化的关键。所谓研究方法论,主要指两方面的内容:其一,中国政治思想自身的若干突出特征需要深入地审视和剖析,如传统思维方式等;其二,中国政治思想史或许还存在着一个"第二域",如阴阳、五行、历法、《周易》、方术、数术等,"对古人来说,特别是士大夫则是必备的常识。其实也作为一套思维方式,制约着古人的思想,以至于他们思考问题的范围总被限制在某种框架之中"。

　　是年,教育部批准的南开大学"985工程"二期建设项目之一——"中国思想与社会研究"哲学社会科学创新基地成立,刘先生任基地主任。该基地依托中国古代史、中国近现代史、经济史三个国家重点学科和教育部人文社会科学重点研究基地"中国社会史研究中心",以南开大学历史学、文学、哲学、政治学、社会学等一级学科为基础,旨在共同建设一个"中国思想与社会"为主题的新型的跨学科研究平台。

2006 年,七十二岁

先生的专著《王权思想论》(天津人民出版社,3 月)、与葛荃共同主编的《中国政治思想史研究》(湖北教育出版社,3 月)、与张分田等合著的《思想的门径——中国政治思想史研究方法论》(天津古籍出版社,7 月)出版。

《王权思想论》一书,为"名家学术精要"系列之一种,是先生三十四篇文章、四部著作的论点摘编,分为二十一个主题(天与王;道与王;圣与王;亲与王;师与王;君主的"贵独"观念;古典人文主义与王权主义的归宿;君本与民本;君尊臣卑;德治与王治;法治与王治;无为与王治;人性论与王权主义;以王权主义为核心的政治文化;帝王名号与王权主义;"清官"崇拜与王权;主奴综合人格与王权主义;谏议与尊君;理想国与尊王;百家争鸣与王权主义;王权主义与思维方式),二百八十五个问题。先生所撰自序,系 2004 年刊于《历史教学》第 7 期的《〈君主观念散论〉序》。另外,先生还写有一篇《关于王权》的精辟文字:

> 在社会诸种权力中,王权是最高的权力;
>
> 在日常的社会运转中,王权起着枢纽作用;
>
> 社会与政治动荡的结局,最终是回复到王权秩序。
>
> 王权崇拜是思想文化的核心,而"王道"则是社会理性、道德、正义、公正的体现。过去我们通常用经济关系去解释社会现象,这无疑是有意义的,然而从更直接的意义上说,我认为从王权去解释更为具体,更便当。

《中国政治思想史研究》是陈平原先生主编的《20 世纪中国学术文存》中的一卷,由如下三部分组成:一是近百年来中国政治思想史研究引论;二是文选,又分为"中国政治思想史研究对象、方法、历史分期等""中国古代政治思想史""中国近代政治思想史""中国现代政治思想史";三是 20 世纪中国政治思想史研究论著目录索引。在引论中,先生和葛荃教授首先揭示了"中国政治思想史作为一个相对独立的现代学科,出现于 20 世纪初叶,就现有的文献来看,首倡其功的是梁启超和谢无量";其次,厘析了中国政治思想史研究的三个发展阶段,即"第一个阶段,20世纪20年代至40年代;第二个阶段,20世纪50年代至70年代;第三个阶段,20世纪80年代至今",指出第一阶段是政治思想的发轫时期、第二阶段是中国政治思想研究发展不平衡时期、第三阶段是中国政治思想史研究的大发展时期;其三,归纳、分析了三种中国政治思想史研究的流派——"新学历史学"流派、"马克思主义历史学"流派、现代政治学流派;其四,对近百年中国政治思想史研究的代表人物、成果、观点、涉及的问题等,做了主题式的概览;其五,剖析了中国政治思想史研究所具有的历史价值、文化价值、道德价值;其六,对本书的编排体例做了说明。

《思想的门径》由张分田教授编选,凡收文十八篇,其中,刘先生的文章十篇(四篇合撰)。在后记中,张分田教授说:"笔者编著本书的主要目的是祝贺刘泽华先生七十华诞。以学术的方式祝贺学者的喜庆,可以算是最佳的选择。编著本书既可以总结、展示我们这个学术群体的研究心得与成果,又可以向这个群体的学术带头人奉献一份有纪念意义的生日礼品……此外,这也是为了完成既定的学术研究任务:一是完成国家项目……二是推进学科发展……三是编写教学用书。"而在前言中,张教授更强调:

> 本书几位作者都属于一个以刘泽华教授(教育部人文社会科学重点研究基地——中国社会史研究中心主任)为学术带头人的、规模较大的、跨学科的学术群体。这个学术群体由四位博士生导师、数位教授和副教授组成,中青年骨干都有博士学位。他们长期合作共事,完成了一批国家社会科学基金项目、教育部项目、天津市项目和自选项目,编著并出版了中国政治思想史学科本科生、硕士生、博士生系列教材,有政治思想史、政治文化史方面的三十余部合作或独著的专著问世。这些研究成果有鲜明的学术个性,可谓独树一帜。

4月15日,《治史观念与方法经验琐谈——刘泽华教授访谈录》在《历史教学问题》第2期发表。在与特约记者范思的交谈中,先生对自己的思想转变过程、何为"马克思主义在我心中"、独立思考与马克思主义的关系、阶级理论和阶级分析法、"阶级-共同体综合分析"方法、剥削问题、历史研究的价值认

识、为什么研究政治思想史、"王权支配社会"的理论等问题,做了详细阐述。如关于所谓"价值中立"问题,先生强调:

> 说到"关系"和"意义",就不可能有什么所谓的"中立"。面对"朱门酒肉臭,路有冻死骨",你怎么"中立"? 这二十多年,我主要精力用于研究君主专制主义和古代政治思想,面对剥削、压迫之类的问题,我个人感到根本无法"中立"。梁启超说要"客观"云云,但又坦率地说:"吾能言之而不能躬践之。"我认为面对关系复杂的历史问题,所谓的价值"中立"根本无法操作,实在是自欺欺人之谈。韦伯倡导价值中立,他关于新教伦理精神的论述就不是价值中立。在我看来,重要的是如何确定价值和如何做出自己的选择和陈述。

8 月 16—17 日,"中国思想与社会研究"哲学社会科学创新基地在天津召开了首届学术会议——"中唐以来思想文化与社会演进国际学术研讨会"。会议论文结集为《中国思想与社会研究》(第一辑),刘先生、罗宗强先生主编,由中国社会科学出版社于翌年 6 月出版。

9 月 20 日,《传统政治思维的阴阳组合结构》在《南开大学学报》第 5 期发表。本文是该刊组织的"中国思想与社会互动研究笔谈"的首篇文章。先生提出以"阴阳组合结构"解读中国传统的政治思维,可谓开辟了一条研究传统政治思维的新路。在先生看来,"阴阳组合结构"不限于一个个具体的命题,而是关涉到政治思想的结构问题,甚至是整个思想领域中的普遍问题,其影响至今依然存在。

2007 年,七十三岁

1 月 14 日,《〈大明王朝〉乃文学传神历史命运之笔》在"新浪网"发表。先生此文,乃观看电视剧《大明王朝·1566》有感而发。文中,先生不仅对编剧刘和平对历史精神的理解和把握深表欣赏,而且从中国传统政治文化的角度,对该剧谈了如下看法:

中国传统政治文化的"质"是什么？这是我多年来一直在关注和探讨的问题，刘和平的作品也在探讨这个问题，我们得出了一个共同的结论，那就是"王权主义"。电视剧一开头，就以天象示警，就在朝廷上打板子，几板子打下去，就打出了君臣关系的本质——"王权主义"……本剧对宦官的描写，真绝！将"王权主义"写到他们骨头里去了。

影响中国古代历史发展的核心力量是什么？是王权，王权支配经济！本剧对此，做了深入的揭示……在王权支配经济的大前提下，朝廷两手抓，一手抓重农抑商，一手抓官督商办，一重一抑，一督一办，自上而下夹击之，这样就决定了商人的命运。在此宿命中，商场依附于官场，商人几乎无不投入官僚的怀抱，以至于官商勾结，而酿出沈一石式的悲剧。对这样的商人，作者充满了理解的同情，使人不禁要问，究竟是为富不仁，还是为权不仁?!

真是神来之笔！编剧用一部可歌可泣的好剧作，揭示了中国传统政治中儒道互补的运作规律，嘉靖深知"无为而治"，也要以"天行健，君子以自强不息"为根底。他赦免了海瑞，自己就死了，还背走了"昏君"的恶名。海瑞终于也理解了皇帝，听说皇帝死了，他如丧考妣，恸哭不止。嘉靖究竟是"昏君"，还是"明君"？可以将他与后来的崇祯帝做一下比较，他是"用昏"而明，而崇祯则"用明"而昏，一个"不治"而治，一个图治而亡，一个能留海瑞，一个难容袁崇焕，相比之下，显然崇祯的差距较大。这是与本剧无关的闲话。

能把历史写到这种程度，我总觉得是个奇迹。和平很有抱负，总想为我们的民族写点新东西，我认为，在这部电视剧中他做到了，他确实为我们的民族与历史争得了一份荣誉。

6月，王文涛著《秦汉社会保障研究——以灾害救助为中心的考察》出版。先生在为是书所作序中指出："社会保障是现代国家和文明的标志之一，无论在理论上和实践上都是一个热门话题，近代以来，许多国家逐步建立了一系列社会保障制度……我们的国家是后进者，这个问题是摆在我们面前的一个大课题。"就中国古代来看，虽然没有社会保障这个词和相应的观念，但有些做法可视为后来社会保障的萌芽，并出现了各种不同的设想和力量，如儒家、墨家等，其观照点主要是恤民、救济灾民和鳏寡孤独。

11月24—25日，"中国思想与社会研究"哲学社会科学创新基地在天津举办了第二届学术会议——"帝王观念与中国社会学术研讨会"。

2008年，七十四岁

先生的《中国政治思想史集》(全三卷)由人民出版社于是年6月出版。这套书是先生三十多年来研究中国政治思想史成果的汇集，共分三卷：第一卷《先秦政治思想史》；第二卷《秦至近代政治思想散论》；第三卷《王权主义与思想和社会》，探究了传统政治思维方式和形成的范式问题。在总序中，先生从以下几方面说明了自己的治学思路和理念：研究政治思想史的主要目的之一是为解析国情；中国传统社会的特点：王权支配社会；王权主义是传统思想文化的主体；政治思维的阴阳组合结构；现代封建主义与传统封建主义一脉相承。并表示："为了从'文化大革命'中走出来，为了从封建主义中走出来，为了清理自己，我从20世纪70年代后期开始下定决心，把主要精力投入中国政治思想史的研究和教学，同时把清理封建主义作为自己的一项使命。这三卷就是其后近三十年最主要的收获。我自认为这种使命感与对历史事实的陈述和判定并不矛盾。是耶，非耶？请读者自裁。"

(按：先生做的总序，稍前曾以《中国政治思想史研究之思路》为名，刊发于《学术月刊》第2期，内容略有删节。)

第一卷《先秦政治思想史》，先生撰有再版弁言，对有关情况做了说明：

> 这一卷写于20世纪70年代后期至1983年。
>
> 我可以自信地说：这一卷是迄今为止最系统、最全面(包括"人"和"书")、资料最翔实的一部先秦政治思想史。由我任主编、与合作者共著的三卷本《中国政治思想史》于1996年出版，其中的第一卷即先秦卷是本书的改版。我现在收入的是1984年的原始版，除了叙述历史背景的部分有所压缩外，其他一律不再改动。作为一种文本已经是历史的存在，我认为作为"原始本"更有学术意义。

本书一个最主要的结论是：先秦政治思想的主旨是君主专制主义（或王权主义）；诸子争鸣的是实行什么样的君主专制；先秦诸子没有哪一位在主旨上是属于一些学人所说的民主主义、民本主义、人道主义、社会正义的。这一结论大体确定了我其后的学术进路……

　　在研究方法上我突破了用阶级理论定义政治的"铁则"。我认为政治有阶级性，也有社会性……1949年以后到本书出版之前所有的思想史著作，在论述人物及其思想时几乎都被戴上"这个"阶级或"那个"阶级的帽子，而我在本书中实行了"脱帽礼"……当然我也保留了一些帽子，如统治阶级、被统治阶级，保守的、进步的，等等，这些我现在也还是用的。

　　本书的立论基本上是来自归纳法，所有的材料都是从"母本"中梳理出来的，而且在解释和运用时也都以"母本"的整体性为前提。我曾给自己"立法"，决不抓住一两句话，离开"母本"体系，推导和演绎出现代性的政治观念或理论。由于以归纳和"母本"体系为基础，我自信本书叙述的内容更接近历史的本来面目。

　　在诸子的排列上，我把法家列在首位，这不是"评法批儒"的余绪，而是我认定春秋战国的政治进程是由法家来主导的……正因为法家最切近当时的历史进程，所以法家也是当时最富创造性的政治思维，把政治关系中最深层的东西揭示出来了……韩非"不能说不明、不智、不圣，但他却没有捞到圣人的牌位，主要的原因是他太忠于事实了，在封建时代，虚伪比诚实更有用，更招帝王的喜欢"。这些年来学界倡导儒、道，对法家有点冷漠，而且多投以鄙夷的眼光，从历史进程看这是不公正的。

第三卷，先生也撰有弁言，指出：

　　本卷收入三十四篇文章，最早的刊于1980年，最晚的是2005年，前后相隔二十五年之久。

　　这些文章都是围绕一个中心而展开的，这就是要论证中国传统思想文化的主脉与核心是王权主义（或曰君主专制主义、封建专制主义

374

等)。为把问题深化,我主要从两方面进入:一是剖析政治哲学与王权主义的内在统一性,如论天、道、圣、王的"四合一"等;二是分析社会普遍观念(如礼、乐、法、人性、人论、臣民论、谏议、公私论、党论、清官崇拜,等等)的王权主义的归宿。

我的这些文章是有针对性的,就是对现代封建主义作历史的解剖。这种做法有点绕弯子,但在一定环境下,这未必不是一种表达方式。另外也是针对新儒家、崇儒和"发扬传统"的大思潮。这种思潮或避而不谈中国传统的专制主义,或掩饰专制主义,或曲解历史,把本来是专制主义的东西说成是什么美好的东西。这种学术误导应该说已经造成了很大的危害,是现代封建主义泛滥新潮的重要原因之一。

本卷的各篇文章,或从一个角度、从一个层面、就一个问题为切入点来解析传统政治思想的种种"范式",这些"范式"相当稳定,以致可以说都形成了"定势",成了人们政治思维的当然前提和出发点。因此对人与社会具有极大的控制力,成为一种社会惰性。对这种惰性如不用极大的力量进行清理,就会"死的拖住活的",成为前进的绊脚索。对此应有警惕。

5月23日,《理念、价值与思想史研究》在《天津社会科学》第3期发表。先生认为,理念是学术研究的灵魂,没有理念缺位的学术研究;阶级理念是一个全局性的范畴,其问题的核心是利益问题,阶级是无可否认的历史事实,相应地,用阶级分析方法分析中国当代社会阶级状况和思想倾向依然有其合理性;历史是有规律的,规律必然有阶段性或时段性;阶级、规律与价值判断有着直接的关系。研究思想史,不能回避理念、阶级、规律、价值等问题。

5月31日,天津市国学研究会成立大会在南开大学举行。刘先生做了题为"关于倡导国学几个问题的质疑"的大会发言,引起了很大反响,也由此引发了一场有关国学的争论;并被聘为荣誉会长。是日,先生还应国学研究会之邀,在南开大学东艺系演播厅,与学会顾问丘亮辉先生,分别做了《国学漫谈》《周易及其现代意义》的专题学术报告。

(按:先生的大会发言,刊发于翌年《历史教学》第5期。针对当下的"国学热"，先生提出四点质疑：一、国学作为学问与作为学科建设有否区分？二、如果国学以研究传统的东西为主，最好不要与现代的东西乱对应；三、对传统文化的价值判定要有分寸，不宜过分夸张；四、国学是否着重研究民族精神？关于第一点，先生强调："学问是个人的事，由个人自由选择。建立学科就比较复杂，首先要有比较明确的研究对象和研究领域……其次要有相应的学科建设……但课程是哪些？培养什么样的人？社会需求又如何……再次，现在的学科中都有'史'的部分，国学把这些都合并、取代？不然重复怎么办？难道在国学门中再设文、史、哲等？有的学校建立了国学院或实验班，不妨先实验，切不可一哄而上。"关于第四点，先生认为："文化和民族精神是一个历史现象，没有什么一贯的、不变的、固定的民族精神……离开这个大背景谈人文、孤立突出儒学是不符合历史的。到了近代，中国又发生了新的文化转型。历史进程中有许多难题，很难评价，国学是否能给予特别的关注。下边罗列几个问题……上述诸多问题，都与价值、理念、传统文化精神相关。"）

［按：在为《国学视界》（第一辑）（2016 年 1 月）所做的卷首语中，常巧玲副会长强调："近代以来，天津在研究和传播国学方面卓有成效。民国年间，曾有'南有无锡国专，北有天津崇化'之说，于此可见一斑。20 世纪 90 年代，重振国学，筹建国学会，成为天津许多有识之士的愿望。可是筚路蓝缕，筹备的过程是艰难而曲折的。而由王玉哲先生首倡，刘泽华先生附议，加之杨志玖、刘文英、车铭洲等学者的热心支持，还有政界商界各方名流，众多中青年学者和国学爱好者，共襄盛举，经过漫长的努力，终于在 2008 年，促成了天津市国学研究会的成立。"］

9 月，姜朝晖著《民国时期教育独立思潮研究》出版。在为是书所作序中，先生提出一个疑问："教育能用阶级来定性吗？"并就教育在社会中的地位问题，阐述了自己的看法，强调：

> 现代教育与古代的教育有很大的不同，古代的教育基本上是从属于阶级和政治的，现代教育则是社会中一种相对独立的领域，应该说它与政治、经济等是并立的，说不上谁服从谁，也不应该是单项的服务，而是互相制约和互相服务的关系。由于教育是一种"混合体"，我承认教育有

阶级性因素,社会不同的"阶级"和"主义"必然要向教育领域扩展,但不管如何,我们不宜、也不应该再把教育简单装进"阶级"和"主义"的口袋。

民国初年关于教育独立问题的讨论应该说是从西方引进的一个命题,但它适应了当时中国教育向现代化的转变与发展的需要。因此这场讨论是教育观念一次带有根本性的大转变。然而由于复杂的历史原因,这个观念被扼制了,更没有在实践上获得生根和发展,但是作为一项思想遗产是一个很值得再咀嚼的问题……进一步来说,教育独立思潮在教育思想、教育体制、办学模式、知识分子的职业化等方面的思考,都反映出现代知识分子在更高层次上对教育事业的主体价值和独特规律的领悟,以及知识分子自身基于现代职业身份基础的独立人格的觉醒,这对正在走向现代化的中国教育来说具有一定借鉴意义。

2009 年,七十五岁

先生与罗宗强先生主编的《中国思想与社会研究》(第二辑),由中国社会科学出版社于是年 3 月出版。

3 月 14 日,《与时变 与俗化》在《今晚报》"副刊"第 13 版发表。先生指出:"'与时变'就是现在常说的与时俱进,'与俗化'就是常说的要顺从民意或顺从潮流。"春秋战国时期,与"主张因循守旧,不可轻易言变法、改革等"思路不同,法家提出了要"与时变,与俗化"。在先生看来,法家的这一思路,"充满了大无畏的改革精神,鼓励人们挣脱一切历史的窠臼,只要是时代需要、合乎人群的心思就要迎面而上",并强调:"'与时变,与俗化'是一种思维方式和看问题的方法,时代在变,民意在变,像长江的浪涛,滚滚向前,是不可逆的。这种思维方式拒绝从特定的概念与理论出发来规划未来……所有的对策无疑要参照历史的经验,但都不是档案馆存档的简单复制,必定要有应对性的新办法,这就是'与时变,与俗化'!"

3 月 21 日,《不慕古 不留今》在《今晚报》"副刊"第 13 版发表。本文是《与时变 与俗化》一文的姊妹篇。先生认为,法家派之所以提出"不慕古",乃缘于其历史观:"他们认为历史是进化的、发展的,并在中国思想史上第一次用分期的方法分析了历史的进程。他们认为人类的发展经历了四个阶段,这就是'上古'('上世')、'中古'('中世')、'近古'('近世')和'当今'。"所谓"不留今",是指对现有的制度、习惯等,要分析,不能留恋,该改革的就要改革。在先生看来,"法家的'不慕古,不留今'历史观像一把锐利的宝剑,斩断了一切迂腐守旧,死抱住历史不放的陈词滥调,为政治上的变法改制提供了最有力的论据,为改革提供了合理性的论证"。

4月4日,《从臣民意识向公民意识的转变》在《炎黄春秋》第4期发表。先生从两个方面剖析了臣民意识与公民意识及其关系。一是揭示了臣民意识的三大特征:一、在"君权至上"价值准则的规定下,臣民只有忠君义务观念,而无任何关于法定权利的自觉;二、在泯灭个人主体意识的道德修身观念束缚之下,人们缺乏基本的权利主体意识;三、在沉重的等级观念压制之下,形成了普遍的"尽人皆奴仆"的政治心态。二是强调"公民意识成长的关键在实践",原因在于:"人们只有在具体的公民权利与义务实践过程中,才能学会做公民。公民权利的实现与公民意识的提升是同一个过程……从政治实践看,法制规定的公民权利如果没有普遍的公民意识做根基,这种规定只能形同虚设……公民意识的薄弱直接影响政治运行中制衡机制的形成和完善,阻碍政治民主化进程。"

4月,马亮宽著《傅斯年社会政治活动与思想研究》出版。在为是书所作序中,先生指出:"在中国现代史,特别是学术史上,傅斯年是一位不可隔过的人物……人生做一两件有意义的好事足以铭刻青史,傅斯年为善多多,是无论如何也不能忘却的。"在先生看来,"傅斯年身上既有传统十人和现代自由知识分子之间人格张力造成的苦恼和挣扎,也有两者的兼容和相安。傅斯年的历史意义在于:作为一个样本、一个范例,揭示了一个类型的有理想、肯担承的知识分子在现实与历史的多重制约下是如何自我定位、自我期许、自我成就的"。

4月,孟宪实著《敦煌民间结社研究》出版。先生在为是书所作序中,对其所论证的唐宋时期敦煌民间利用民主的方式运行结社给予肯定,并由此阐发了对"民智未开"、民主有关问题的看法。先生认为,"民主的本质是权利问题,跟心智没有多大关系……在中国,不管古代还是近代,当不想与民分享权利时,就说百姓'愚昧',大讲'民智未开',其实这不过是垄断权利的老生常谈而已";"民主的原动力是维护自己的正当权益,与之相反,专制的原发性则来自对他人权益的侵占。为什么说老百姓是天然的民主派?其根源就在于他们的权益总受到有权有势者的侵害……民主的原动力主要来自受损害的人群和社会的弱势群体。而靠专制占便宜的人绝对不会成为民主的原动力……民主的原动力就是来自民众争取自己的正当权益与合适的生存空间。在这个意义上说,受损害的下层是天然的民主派。"

5月5日,《君主专制:孔子七句话》在《今晚报》"副刊"第17版发表。针对有些学人把孔子推崇为民本主义、人道主义的祖师,先生认为如果依据个别词句推演,似乎不无根据,但就总体而论,孔子是维护君主专制主义的,而"为国以礼"是孔子治国纲领的重要体现。在先生看来,孔子之所以看重礼,就在于礼既有成套的制度,又有习俗做根底;既能使老百姓敬畏和服从,又能让老百姓听从支配和使唤。通过对孔子所说"贵贱不愆""天无二日,民无二王""礼乐征伐自天子出""唯器与名不可以假人""君君、臣臣、父父、子子",君主"一言可以兴邦""一言可以丧邦""非礼勿视,非礼勿听,非礼勿言,非礼勿动"七句话的剖析,先生强调:"为国以礼"就是君主专制主义。

5月30日,《孟子:柔性的君主专制主义》在《今晚报》"副刊"第13版发表。与学界一些人主张孟子是民主主义者的看法不同,先生认为,在体制上,孟子依然在君主专制主义框架内。理由在于:孟子主张君权神授;赞成孔子说的"天无二日,民无二王";斥责杨朱、墨子"无君无父,是禽兽也";整个政治思想都是在追求"王""王道",并把一切寄希望于王;自己宣称是最"敬王"的;说庶民失去人性。先生强调:"这六条都是社会结构的制度硬件。他提出的仁政对民众很多同情心,但这属于政策性的软件。把硬件与软件结合起来,可以说他的君主专制主义有相当的柔性,我名之曰'柔性的专制主义'。孟子的柔性专制主义比同辈人要高一筹。但不能因此说他不是君主专制主义。"

8月27日,《"父母官"概念应进历史博物馆》在《今晚报》"副刊"第21版发表。先生在文中对"谁是民之'父母'"进行了反思,勾勒了历史上"以官吏为民父母""以法为民父母"两种截然不同的思路,指出前者强调的是人治和官吏个人的道德作用,而后者强调的是法治和普遍性的社会规范。先生认为,从政治的职能来说,法对维护社会和公共秩序,显然比官吏的个人品质和道德更有作用和意义，但进入宪法与公民社会，上述两种说法都过时了，相比之下，官吏为民父母更陈旧。因此，"父母官"这个概念应该进博物馆了！

9月19日，《"民本"与"君本"的组合》在《今晚报》"副刊"第13版发表。针对一些人将"民本""民惟国本""民为贵"等类似词句说成是民本主义或民主主义、也多半说成是儒家特有的看法，先生认为，此类看法有很大的片面性，因为民本之类的命题从来就不是一个独立的元命题，必须与君本联系起来进行综合判断和评价。在先生看来，"君本"与"民本"是中国古代政治思想的两大基点，两者扭结在一起，而民本又从属于君本，历代思想家由这两大基点推导出了系统的政治构思；民本论不是人民主权论，也不含有治权在民思想，它只能属于专制主义范畴，重民的主体是君主，民众只是政治的客体，是君主施治、教化的对象。

9月18—20日，由北京大学历史系、中国社会科学院历史研究所、南开大学历史学院、南开大学中国思想与社会研究哲学社会科学创新基地联合筹办的"郑大挺先生一百一十周年诞辰中国古代社会高层论坛"在南开大学举行。先生出席大会，并做了题为"'剥削'问题与历史的再认识（提纲）"的发言。先生的这个发言后刊载于《中国古代社会高层论坛文集——纪念郑天挺先生诞辰一百一十周年》（中华书局，2011年）。在发言中，先生围绕"剥削问题是历史中社会关系的一个重要问题，剥削是无可辩驳的事实""时下对剥削问题的几种看法及其与历史认识的关联""消灭剥削是道德理想问题，还是历史进程中要解决的历史任务""减轻和改良剥削是历史中的问题""要重新审视诸多历史概念"等问题，做了"既有理论的思考，也有观察社会现实的描述"的深度反思。

12月15日，《倡导国学少搞"倒贴金"》在《新华日报》第B07版发表。先生指出："古人的思维讲究整体性，是一种集合性的思维。"从政治思想史的角度来看，先生认为中国的政治思维是一种组合结构——"阴阳组合结构"。基于此，先生强调："我最不赞成的是把历史抽空，把古今混同。用今天人们的精神改铸古人，固然是常有的事，这对古无所谓，但会影响对现今问题的探讨和认识。"

2010 年,七十六岁

1 月 14 日、21 日,《对弘扬国学、儒学若干定位性判断的质疑》连载于《中国社会科学报》第 3 版、第 4 版。针对时下讲国学时,常常与中华复兴、中华文化、文化复兴、传统文化、儒学等概念搅和在一起,互相推导、互相包含、互相置换的情况,先生认为,不能把国学、儒学的观念与现代观念混同起来,要用历史的观点对待中华文化的主体性,不宜将张扬国学提升到国家意志的高度。

1 月,《漫谈中国的王权主义》刊载于《集思录——名家论坛》(第三辑)(知识产权出版社,2010 年 1 月)。本文是刘先生在中国政法大学的演讲稿,谈了诸多与王权主义有关的问题。先生强调:"王权主义是一个很大的主义,可以说笼罩着历史、笼罩着社会,一直对现在我们的思维方式等等都有着极为广泛的影响……权力支配社会显然是一个比较古老的文明,近代文明一定要从权力支配社会这个层次解脱出来;如果权力过大,影响着社会结构,这就说明我们还是在一个过渡状态。"先生指出,传统社会许多观念中,"王权崇拜"是主导,"这不仅仅是一个制度上的问题,它涉及中国整个的思想文化,在各个领域可以说是以'君尊臣卑,贵贱有别'为主线"。关于传统思想文化的影响,先生认为最主要的还是王权主义。先生最后表示:"我遵从马克思主义,我还是要讲历史是有一定规律的,在其进程中是有阶段性的。文化是一定历史阶段的产物,不是超时空的,特别是它的主流不能超时空。我认为至少先做历史的判断,然后再说其他。"

(按:文前的作者简介中,对刘先生的学术成就和贡献有如下一句评价:"刘泽华先生以'王权支配社会'和'王权主义'来概括中国古代社会的特点和政治思想文化的主旨,这一极富创见、充满智慧、精辟而卓越的学术识见在国内外学术界产生了广泛而重要的学术影响,在刘泽华先生的带领和影响下,目前已形成一个在中国学界独树一帜的被称为'刘泽华学派'的学术团队。")

2 月 11 日,《把国学列为一级学科不妥》在《中国社会科学报》第 4 版发表。本文系刘先生与宁宗一、冯尔康、魏宏运、刘健清、李喜所五位教授联名撰写的文章。针对"近年来,在一浪高过一浪的'国学热'的推动下,个别有一定影响的学者和官员通过媒体等不同方式和各种渠道,呼吁在高校把国学设为独立的一级学科"的状况,六位先生从国学自 20 世纪初出现以来的艰难发展历程、遭遇的质疑、研究对象和范畴的不确定性、倡导将国学建成一级学科者对很多基本问题尚未廓清、中国文化复兴决不等于复兴国学和儒学等方面,表达了自己的观点,认为此举不妥。同时,也指出:"我们对把国学列为一级独立学科持有异议,并不等于反对开展国学研究。学术之发展,根植于独立之思想,自由之精神,谁也无法去强行规定人们去研究什么,或不研究什么。国学研究更是如此。在大学和一些研究机构组建国学研究平台或试验班,组建国学学术团体和召开学术会议等,对深化国学研究,颇有裨益,值得提倡。无论是研究机构或大学应该都有这样的学术配置权, 这是内部事务,'户口自主'。"并建议:如果有关行政部门一定要建立国学一级学科,应"先行公布国学理论框架和学科体系方案,供咨询与研讨。这是科学决策、民主办事不能逾越的前提"。

4 月 8 日、15 日,《关于国学"学理"、"意义"若干论点的请教与质疑——与六教授、四校长商榷》连载于《中国社会科学报》第 4 版。关于国学对象和定义问题,先生认为:"在我看来,国学范围很广泛,研究者尽可自由驰骋,但作为一个学科,由于外延过宽,其内涵反而难于确定,也就难于操作。"针对有学者提出"是否设立国学学科关系到国学的兴废",先生认为"设不设国学学科与对国学的研究是两回事……组建了'国学学科'是否就包揽传统文化研究……我们应面对事实说话,提议组建'国学学科'固无不可,有不同意见尽可争论,没有必要提到'兴废'的高度,更不能把前人的成果都否定了"。先生也不同意将"和谐"视为国学的核心价值、给国学注入其他文化的精华、国学是软实力中"最大的优势"等看法。

2011 年,七十七岁

2 月 16 日,王丁、王申采访刘先生的整理稿《反思中国传统政治思想要有现实观照意识——刘泽华先生访谈》在《历史教学》(下半月刊)第 2 期刊载。访谈主要围绕五个方面展开:一、为什么选择研究中国政治思想史(先生从学科学理和反思国情两方面进行了回答);二、"王权主义"问题;三、方法探索;四、如何看待外界所说的"刘泽华学派";五、国学观(先生认为应反思、分析而不是笼统地弘扬,是资源而不是本体);六、对后学的寄望。在谈到提出"王权主义"这一判断的支撑时,先生强调了如下几点支柱:第一,先秦诸子的争论点,是在争论要什么样的君主专制,君主应该实行怎样的政治路线,怎么调整社会关系,这是个框架;第二,将君主专制观念概括为"五独"(天下独占、地位独尊、势位独一、权势独操、决事独断),这一观念包括在中国思想观念甚至普遍的社会文化当中;第三,君尊臣卑观念;第四,帝王控制了"学"和"士人",也就控制了社会的文化。关于他人所称"刘泽华学派",先生回应道:"我与合作者在某些观点上相近,并构成了一个学术团队,但叫'刘泽华学派',我想是批评我的人加给我的……最早的称'刘泽华学派'的是批评我的。从我的本意来讲,我没有要建立一个学派的意思,因为我一直主张独立思考,强调学术个性,我和学生们之间的关系是平等合作关系,你们看我很早以前写的文章,就是这个意思,强调要争鸣……我的学识、能力很可怜,零打碎敲,即使有点学术个性,也说不上学派。我认为我们是自由联合体,有分工合作,又各自写自己的东西,这未尝不是一种推进学术研究的方式。如果说派,不管别人怎么批评,我个人是沿着五四的文化批判派接着往下走的。"对于后学,先生提出如下寄望:要有世界眼光,要写世界史的中国史;研究政治思想史要有贯通精神,要有从一滴血看全局的眼光;要有责任感和使命感,在研究中要有比较的精神,要表现出一种独立的个性。

4月16日,先生为《中国研究生》第4期题写寄语:"学术思维要有'四独'精神:独立思考、独立判断、独立选择、独立见解。"

6月4日,《从"天王圣明论"说"权力神圣观"》在《炎黄春秋》第6期发表。先生指出:"在观念上,'天王圣明论'是与'权力神圣观'密切相连的,可以说是二位一体,互为里表,同为皇权专制制度的基础。"而"天王圣明论"的理论演绎起点,主要表现为:天王合一论;"体道"——王据有真理;圣王合一;圣王过性;君王为民之父母;王是秩序的化身;天下王有,皇恩浩荡。由此,先生得出如下认识:

> "天王圣明论"是"权力神圣观"赖以确立的前提和基础,而"权力神圣观"则反过来强化了"天王圣明论",这一对孪生概念互为依存,直接

促生了"权力向善""权力即真理"的观念,也导致了两千余年一以贯之的权力崇拜,催生了掌权者自我感觉"完美无误"与"一贯正确"的心理,更导致了愚民和驯民。然而,历史证明,无限制的权力为恶的机会要比为善的机会大得多!

7月25日,《关于天安门前竖孔子像问题答客问》在《史学月刊》第7期发表。本年1月11日,一座孔子青铜雕像在国家博物馆北广场落成,紧邻天安门广场,顿时引发了社会上的广泛热议;4月20日,矗立了整100天的孔子像,在社会舆论的影响下,被悄悄迁走。在此期间,先生撰文于2月份寄给《史学月刊》,孔子像迁走后,致信编辑是否刊发? 编辑回应说:孔子像是迁走了,但文中涉及的"历史观念与价值"问题,依然是应该讨论和证明的,仍拟发表。先生在文中强调:"天安门是人民的广场,人人都可以去,按说孔子也可以去。不过现在不是孔子本人去,而是有人在那里竖他的雕像,这就是问题了。天安门是什么地方? 我不知有否法律或法规的明文规定? 如果你知道,请告诉我。就我直观的印象说,在天安门范围内竖立什么永久的东西,应该有法律授权……任何一个具体的人都不能充当中华整个历史的标志……一定要竖某个人,必定扭曲历史,让整个历史做他的垫脚石,这无论如何是不宜的。"

8月25日,《先秦史研究的几点思考》在《史学月刊》第8期发表。先生在文中谈了四点:一、对绝对化阶级斗争说的怀疑与挣脱;二、社会形态问题;三、关于"权力支配社会"问题;四、价值问题是全局性的问题。在先生看来,"先秦史是中华历史的奠基时期,在某种意义上说,是其后直到近代以前两千年历史的创型时期。无论从事实还是理论上,都值得深入研究和检讨"。而在文章的开头,先生说的如下一段话,尤为耐人寻味:

> 就我个人体验与观察,我认为不管是谁,从事历史研究都离不开某种理念,也离不开有点贬义的所谓的意识形态。有些人可能很不以为然,但这需要平心静气地扪心自问。"历史"固然是过去的事,但它能不是矛盾体吗? 研究者是现实的人,能离开现实的社会环境、社会矛盾以及多元的社会观念吗? 这种状况就决定了研究者不能有什么所谓的价

值中立(在非常具体的时间、名称、地理等等事情上另论)。诚实的研究者不应回避自己的理念、价值等等问题,至于如何表述,那完全由自己选择。

9月4日、12月4日,《我在"文革"中的思想历程》《我在"文革"中的际遇》在《炎黄春秋》第9期、第12期发表。文中,先生回忆了在那个特殊年代自己的曲折经历、思想上的困惑与反思。

2012年,七十八岁

3月上旬,先生应邀赴以色列参加由以色列希伯来大学举办的中国政治思想史学术研讨会。这是在中国大陆以外,首次由外国汉学家们举办的讨论中国政治思想史的国际会议,会议由希伯来大学亚非研究院院长尤锐教授主持。作为唯一受邀的中国学者,先生做了题为"从'天王圣明'说思想权威"的大会发言,引起了与会学者的兴趣和关注。与会学者建议把先生的几篇论文集中刊出,请比利时鲁汶大学主办的《当代中国思想》刊出,后刊于2013—2014年之际的冬·春号。

(按:该期所收先生的文章为《王权主义:中国文化的历史定位》《战国时期百家争鸣与君主专制主义理论的发展》《王、圣相对二分与合而为一——中国传统社会与思想特点的考察之一》《天人合一与王权主义》《传统政治思维的阴阳组合结构》,由尤锐教授翻译(其中第二篇与刘畅合译);这组文章之前,还刊载了尤锐教授总体介绍刘先生学术思想的一篇文章——《刘泽华与中国王权主义的研究》。)

5月5日,《学习博览》的郑士波先生访谈刘先生的文章《走出"王权主义"的阴霾——访南开大学刘泽华教授》在该刊第5期发表。郑先生将访谈内容概括为如下几方面:带着使命感做研究;对权力制衡,走出王权主义;强调实证,甘做"文抄卒";打破禁区,开设"文革史"与人权史;保护学生;本秉公心,无意惹争议;贯通古今,提供认识参数。如关于怎么才能走出"王权主义",先生说:

王权主义很简单,就是独裁。要走出王权主义,必须要解决权力制衡的问题。让外科医生给自己做手术大概也不那么容易,但还是应该逐步推出不同层次的制衡机制,不要让权力过分膨胀。顶尖的大格局不变,也可以有分级,实行权力制衡的空间……另一方面,要让社会成长起来,成为独立的一种力量,实现博弈,逐渐培育出公民社会。社会如果不发展,想有制衡力量也很难。政府不能包办一切,想包办社会就会出来黑社会……社会总是要发展的,这是一个漫长的过程。只有社会发展起来,我们才能够实现对权力的制衡,才能够走出王权主义。

6月25日,《我从"文革"桎梏中向外蠕动的三篇文章——研讨历史的思想自述之一》在《史学月刊》第6期发表。粉碎"四人帮"后的一段时间,"文革"依然是不可触碰的禁区。1978年开展真理标准问题的大讨论,思想解放才拉开序幕。在以解放思想为旗帜的年代,先生发表的三篇文章,无疑起到了引领学术风气的作用。其中,《砸碎枷锁 解放史学——评"四人帮"的所谓"史学革命"》为清算所谓的"史学革命"尽了力量;《关于历史发展动力问题》对当时最为敏感的阶级斗争理论绝对化问题提出质疑,可视为先生从教条主义束缚中向外蠕动出来的标志;《论秦始皇的是非功过》的意义在于,把秦始皇还给了历史,使其成为自由认识的对象,突破了既有思维定势。

为大力弘扬南开大学尊师重教的优良传统,表彰老一辈著名学者在学校事业发展中做出的开创性、奠基性和历史性贡献,激励后学投身学校建设事业,南开大学决定设立"荣誉教授"作为学校最高规格的荣誉称号,并向他们颁发"特别贡献奖"。7月9日,南开大学举行"荣誉教授"授予仪式暨"特别贡献奖"颁奖大会。刘先生为首批18位"荣誉教授"之一。

10月4日,《从"天王圣明"说最高思想权威》在《炎黄春秋》第10期发表。先生认为,在传统社会中,"由于王权太强大,一方面王要占有'圣',把'圣'变成王的一种品格,并使'圣'为王服务,为王张目,成为王的合理性的依据;另一方面,我们的思想家们,由于大多数依赖于王权,认同王权,又把'圣'的理想寄希望于王,所以在理论上也不可能把圣与王分开,更多的是把圣交给了王,特别是当朝的王"。基于此,"天王圣明"四个字,应该说把最高权力与思想权威统一在了一起，很多情况下王就是"圣"的体现。而帝王对"道"与"圣"的占有，既是对理性占有的一种表现，也是权力支配理性的证明。先生还强调，中国传统思想文化的特点，是"理性夹杂神性而高于神性，权力挟裹理性又支配理性，神性与理性总体上都是帝王的婢女，受王的支配"。

11 月 25 日，《"文革"中的紧跟、错位与自主意识的萌生——研讨历史的思想自述之二》在《史学月刊》第 11 期发表。在文中，先生通过与史学多少有点关系的几件事，回顾、反思了自己从紧跟、生疑、错位到自主性萌生的思想历程。其中，涉及了"紧跟批让步政策""跟不上'以儒法斗争重新改写历史'与'不跟'""跳出'让步政策'与'反攻倒算'羁绊的尝试"等。

12 月 25 日，《小议思想史研究中的古今贯通性认识》在《史学月刊》第 12 期发表。针对近些年来"有关国学、儒学复兴论大规模铺张，古今直接贯通、甚至古今一体论甚为时兴"的现象，先生指出，古典儒学有如下三个基本特点：一是等级人学；二是其主旨是君尊臣卑，相应的是倡导"天王圣明"与臣民文化；三是其主要功用是帝王之具。因此从学理上说，不能只强调儒学的所谓积极性的一面，更不能把古典儒学体系全盘移至现代社会。先生主张，古今贯通性认识是思想史研究中一个普遍性的认识方法，以此来开发和利用古典儒学等思想资源，或许更有意义。对此，先生提出如下六点意见：一是提取有价值意义的因素和内容，如"公正""衣食，人之生利也""天地之间人为贵""等贵贱""兼爱""己所不欲，勿施于人"等；二是"借题"发挥，即对提取出的古人命题，进行自己的开拓和发挥；三是借用前人的概念，但对其含义可以修正、补充，甚至可以改造；四是从分析古人提出的实质性问题与解决问题的方式中，寻求智慧和借鉴；五是古人在自我与超越之间的种种思索同样为我们在现实中遇到的问题提供了镜鉴，低级的继承是简单拿来，高级的则要增加诸多新的因素和新的内容；六是摄取某些具有科学意义的方法论，如辩证法，古人论述的很多，有些高层的概括超越了社会形态和意识形态，可以直接用到我们的思维中来。

2013 年，七十九岁

3 月，魏颖杰根据与刘先生通信整理而成的《与青年朋友聊天——刘泽华先生通讯录》刊于《史苑传薪录》(第二辑),包含如下几方面内容:昏头助教,勤能补拙;平庸的思索者;体制内的鸵鸟;传统关照现实;学术"叛徒",感恩先师;南开的"笨鸟"。如对"师承关系"问题的认识,先生强调:"师承关系主要在治学态度、方法和为人,而不是具体的学问。我的老师们大致都重在考证,他们治学的基本态度是:无证不言。我在《历史研究中的考实性认识》一文中提出六种考实方法,多次以我的老师郑天挺和杨志玖先生的成功之作为例。我最接近的几位老师为人都很平易、实在、宽容。"对自己的学术历程,先生用两句话做了概括:

> 一句是"笨鸟先飞"。我是先天不足,后天失调。年过四十才从政治笼罩中走出来。因此我只能集中精力盯住重要方向,咬住青山不放松,才略有创获。自我肯定一下,众多学者都论说战国时期的"授田制",这几年人们追溯学术史,认定我是最先揭橥这一重大制度的人。有此一项发现亦可谓足矣。另外我提出的"王权支配社会""中国传统思想文化的主流是王权主义"也成小小的一家之言。我是个笨鸟,不敢跨海,也不敢绕大圈纵横。

> 第二句是"才、学、识、德,再加一个'胆'"。刘知幾提出"才、学、识",章实斋加了一个"德",我接着再加一个"胆"。有人可能会说,"胆识"已包括在"识"中,再加个"胆"字画龙添足。但我认为在框框比较多的情况下,应该把"胆"突出出来,亦不为过。胆大妄为固不可取,胆小萎缩可能把自己浪费了!

《史苑传薪录》(第二辑)还刊载了《刘泽华教授专访》一文,该文作者是南开大学历史学院学生通讯社记者赵家骅、何青、刘彬,三位都是大一学生。先生在谈话中强调:"研究历史其实有两种道路,一种是职业历史,一种是事业历史。以历史为职业者,研究历史是为了求生存,这正和当下的社会风气相契合。以历史为事业者,乃是追求历史中的至真至理,把历史看成终生奋斗的事业。像马克思与恩格斯这样的伟人,以追求真理为事业,追求的就是'历史之理'。马克思说过,我们只知道一门科学,这门科学就是历史。"并寄望后学:

"我希望真正想学历史的人都能把历史当作自己的事业，我希望你们都可以为寻找真理而奋斗，学历史注定要穷。穷，又不求历史之理，那穷的意义就小了。"当同学们请教先生在学术上取得成功的心得，先生风趣而深邃地说：

> 我啊，就是笨鸟先飞，勤奋。读书必抄，抄材料，抄的过程也是一个理解记忆的过程。这么多年我大概抄了几万张卡片。还有就是做一个候鸟，不仅先飞，还要有一个方向。我可以用两句话概括自己：一身土气，坐井观天。"一身土气"是什么意思？我不懂那些洋玩意。看书都是抄下来积累出来。为什么老先生们，前人们做学问功力深呢？全在这里。这正是我们现在的研究者赶不上郑天挺、雷海宗这些老先生们的原因。"坐井观天"呢，井要深挖，看不到大天看小天。这就是我的经验。还有，我是一个怀疑论者，做学问要从怀疑开始，不要盲从。

5月20日，《论天、道、圣、王四合一——中国政治思维的神话逻辑》在《南开大学学报》第3期发表。与"学界、主要是新儒家或推崇儒学者，认为天、道、圣高于王，是制约和规范王的理念，不认为与王有合二为一的一面"不同，先生在文中论证了如下观点：天、道、圣、王四合一主要表现为功能上的一致性。其表现为：天、道、圣、王不仅仅是万物生成的本源，同时也养育了万物与万民，四者共同创制了中国传统社会的社会秩序和道德规范。天、道、圣、王称谓之间接混通进一步证明了天、道、圣、王四合一的合理性。天、道、圣三者只是一种观念性的、道义性的理想信念，而王作为天下之主，拥有和掌握着体制性的、支配性的强制力量，因此所谓的天、道、圣、王四合一事实上合于王，从而王是全社会最高的权威。更可注意的是，"四合一"对中国传统社会有着巨大的掌控意义，这体现在：它造就了政教合一的总态势；它把君王的权力推到了顶端并支配社会；王拥有天下，又是天下利益的最高代表；王是社会意识形态的决定者与操控者；它制造了圣王崇拜。

5月25日，《再说历史学要关注民族与人类的命运》在《史学月刊》第5期发表。先生认为，史学研究有如下几点前提性的认识需要讨论和明确：拒绝禁区、打破沉闷区；走出"原理"和"唯上"思维的限制；改变事情发生在中国，研究者主要在域外的现象;"定论"不能规范历史,只是一种历史认识;除对象,争鸣不应有前提。关于历史工作者应该承担的社会责任,先生强调了如下具有共性的三点:

其一,要对历史求"真"。一个"真"字很不易呀,不仅要有才、学、识、德,还要有"胆","胆"有时靠生命来作保,尤其是写当代史,历史上第一位有纪事的史官就是因写当代史而献出了生命!

其二,应该做出价值判断……价值的判定与选择很不相同,但史学工作者都不应该回避。在稍复杂的历史面前超越价值的"历史认识"是不存在的。

其三,史家的责任是为人们对自己命运的认识和领悟提供一个参照系,如此足矣。

8月,王兰仲著《西行漫笔:一个远足者的异国寻觅》,由海天出版社出版。先生在为该书所作序中,对规律问题阐发了如下观点:

一切历史学都应视为一种认识,而认识是有个性的……把规律泛化和规律崇拜,是我们这一代人的通病……我们要从规律拜物教中走出来。我想规律还是有的,既然人是大自然的组成部分,大自然有规律,人也应有规律,社会也应有规律。规律固然是客观的,但它本身无语,要人来叙说,要由文字来表达,一旦由人来描述,它就不能不归入认识范畴。作为一种认识,其中有可能或多或少反映一部分实际,但作为认识又有个人主观的因素。这样一来就麻烦了,主观的判断只有个人的性质,你可以这样判断,我可以那样判断,孰是孰非,常常不是短时间能说清楚的,甚至在很长时间内都很难断定。所以规律是一个非常缠人的问题,真可谓剪不断,理还乱!有人会说,如果是社会多数人认可的,可能就离规律不远,然而不能忽视的是,真理常常在少数人或特定人的手中。有人说集体决定和通过的就可以视为正确,其实这种说法也同样靠不住。道理很简单,集体通过的只不过是集体一时形成的一种认识,其实,集体的认识多半是个人认识的一种转化形式。作为认识的本身与个人的认识并没有什么差别。

如果把规律首先置于认识范畴,那么作为一种认识,人人有权利进行论说。反顾历史,我们的问题不是要不要说规律问题,而是把个人认定的规律泛化、行政化、制度化、铁血化。

所谓泛化,就是常常不管是什么,都上升为规律,作为个人认识这也无所谓,问题在于接踵而来的是凭借权力行政化;行政化如果有适当的范围和留有余地进行试验也固无不可,问题是接踵而来的是普遍地制度化,而更要命的是用铁血手段强制人人无条件地服从……民间作为历史题目进行研究也很难,不能去议论、去反思。是不是那种规律拜物教还在发挥余威?

什么是规律?作为认识,我想还是应该敞开言路,让人们进行研究为宜。对种种规律说,行政人员遵照一定程序在其权力范围内有权进行选择,但条件之一是不能杜绝其他说;选择的某种规律说可以作为行政的参照,但不能对历史进程进行全方位的规定和限定。理论的逻辑或许头头是道,但历史进程不可能是逻辑的展现。如把某种理论逻辑视为历史的唯一蓝图,这与天命论就没有什么差别了,只能是一种神秘主义和僵死的教条主义,在汹涌的历史面前终究有一天会垮塌和爆裂!

9月10日,《为什么说王权主义是中国传统思想文化的主干?——研讨历史的思想自述之四》在《政治思想史》第3期发表。先生在文中对中国传统思想文化的主旨是什么做了详细论证,认为"从整体上看,王权主义是中国传统思想文化的主干"。理由是:中国思想从其商周初创到春秋时期的诸子争鸣都具有王权主义倾向。这主要体现在:君主"五独"(天下独占、地位独尊、势位独一、权力独操、决事独断)观念具有普遍性和控制性;天、道、圣、王"四合一",天、道、圣成为王的护身符和最高证明;在对君臣关系的认识上,君尊臣卑是传统思想的主流;在君主与士人、"学"的关系上,帝王控制了士人的多数和"学"的主流,也控制了社会思想文化的主体;中国传统思想文化中代表真、善、美的纲纽性概念都被用来神化和美化君王。

《先秦政治思想史》的撰写(1979—1983),是先生从传统思想"定势"中走出来的一次尝试。先生之所以将中国政治思想史作为研究对象,是希望反思"文革"和专制主义的影响,重新检验中国的政治观念。10月15日,在《首都师范大学学报》第5期发表的《从观念"定势"中走出来的尝试——研讨历史的思想自述之三》一文,即主要介绍了《先秦政治思想史》一书的写作进路。先生在该书中对若干历史理论进行探索,提出政治思想既有阶级性也有社会性(超阶级性)、君主专制是政治思想的主体等观点,尝试以人性论等作为分析的起点,探讨价值、是非的判定标准,拓宽政治思想研究对象的内容。

12月,《从君臣譬喻说君尊臣卑及其遗存》在《经济-社会史评论》(第七辑)发表。先生认为,在中国古代主流思想中,尊君卑臣已经成为普遍的政治意识。臣下的观念反映在公文中的譬喻、类比所用的词语中,这些词语尽可能地抬高君主、贬低自己。忠孝观念造就了民众服从意识,常用的譬喻是观念形象化的凝结,获得全社会的广泛认同,比长篇大论更深入人心。反思和批判臣民社会的思想观念,是向现代社会转型必须重视的大问题。

2014年,八十岁

先生总主编的《中国政治思想通史》(九卷本)由中国人民大学出版社于是年9月出版,总字数五百三十余万字。其中,先生独著了"先秦卷",合著了"综论卷""秦汉卷"。其他各分卷的主编和著者分别为:林存光("秦汉卷"主编),张荣明、董志广("魏晋南北朝卷"主编),张分田、张鸿、商爱玲("隋唐卷"主编),孙晓春("宋元卷"主编),葛荃("明清卷"主编),刘刚、李冬君("近代卷"著者),邓丽兰("现代卷"主编)。

自20世纪初叶梁启超先生等对中国政治思想史进行开创性、奠基性研究以来,有关中国政治思想史研究的成果可谓非常丰硕,虽不乏通史类著作,然进行贯通性研究而又以"通史"为名者,刘先生总主编的这部皇皇巨著,洵为首创。也正因此,是著甫一问世,即引起学界的很大关注;10月17日,在南开大学省身楼举行的"《中国政治思想通史》(九卷本)发布会暨学术研讨会"上,方克立先生等专家学者更对是著的意义给予了高度评价。在为是著所做的总序中,先生指出:

这套九卷本的《中国政治思想通史》终于出版了,关于这套书的旨趣,在综论卷中已有详尽的论述,不再重复。这里只说几句有关的题外话。

1949年以前政治思想史的著作还是比较多的,这与当时很多高等院校设有政治系,以及社会热烈议论政治有极大关系。1952年院系大调整之后……中国政治思想史的研究也随之被边缘化,只在哲学史、思想史中有一点点观照……作为一门学科重新启动,应该说是与20世纪80年代陆续恢复的政治学学科设置和倡导社会思想解放相伴。

就我个人来说,20世纪60年代初, 初涉中国思想史时读梁启超《先秦政治思想史》,他在序言中说,"所谓'百家言'者,盖罔不归宿于政治",这句话对我影响很大。由此想到,研究历史不研究思想史是极大缺憾,而研究思想史不关注政治思想,则无所归。后来又读到章太炎在《国学概论》中说:"周时诸学者已好谈政治,差不多在任何书上都见他们的政治主张……中国人多以全力着眼政治。"钱穆当时是被批判的代表人物,但他说的中国的士人以政治为宗教,对我也很有启发。

中国历史进程中政治的作用太大了, 君主对所有臣民和整个资源具有最高的掌控权,王权支配社会是无可否认的事实。与之相应,政治思想必然处于社会观念的主导地位,而王权神圣则是其核心。因此不研究政治思想史就很难解析中国历史的真谛。

半个世纪以来我一直在政治思想史领域盘桓,而反思"文革"中封建主义观念登峰造极的大泛滥,又给我以"使命"感。1984年拙作《先秦政治思想史》出版了,我自认为此书突破了把政治与阶级性等同的框框,提出政治不仅有阶级性,还有社会性。全书没有给任何一位思想家戴阶级的帽子。同时还提出,中国从有文字记载以来,即是君主专制主义,先秦诸子争论的主流是实行什么样的君主专制主义,这铸就了中国传统政治观念的基础。应该说这两个主要观点对后来的政治思想史研究有相当大的影响,也引起了相当多的争论……

政治思想在学科上属于政治学, 尽管我一直把主要精力用于中国政治思想史的研究,但我置身于历史学,这样就出现了学科与人身归属的矛盾。从20世纪90年代起，我一直想申请一个多卷本的项目，由于项目在政治学范围内，而我人却在历史学，历史学又没有中国政治思想史的项目，因此两次申请皆因学科畛域等问题而被否决。其实我完全有机会移身到政治学去，但我的根底在历史学，不能为项目移身，又不能更改我的研究方向，只好蹒跚地坚持走自己的路了……

2005年前后教育部要在文科组建创新基地，可我已临近古稀，即将退休。我是一个"好事"之徒，退休与否与做事不相干，我提议组建一个以"思想与社会"为名的基地，此意得到南开大学校领导、历史学院和文科各系的支持。说来也巧，竟然被批准了。我有幸被诸位老弟推举为首席专家，于是组织撰写多卷本的中国政治思想史的机会真的来了，可以说是又一次"不期而遇"。

葛荃主编、孙晓春和季乃礼任副主编的《反思中的思想世界——刘泽华先生八秩华诞纪念文集》由天津人民出版社于是年10月出版。其中，收有刘先生两篇文章，一为《研究中国古代史的片思》，一为《战国百家争鸣与王权主义理论的发展》（原载《学术月刊》，1986年第12期）。在前文中，先生总结了自己的思想历程，回顾了如下几个问题：从"文革史学"中走出来；马克思主义在我心中；从防御性思维定势中走出来；树立自觉的主体意识，从历史中走出来；学理至上，我持我故，我行我素；史家面前无定论。在为是书所作序中，何平教授述编辑是书之缘起和内容说："倏忽之间，迎来了泽华师八十华诞……为先生寿，最好的形式是刊于竹帛的文字。在先生寿诞之际，先生担任总主编的九卷本《中国政治思想通史》由中国人民大学出版社隆重推出，这部著作将先生及部分弟子多年的学术思考熔于一炉、体大精深、自出机杼，填补了政治思想史研究领域的空白，其出版堪称学界盛事！与之相比，本文集则是众弟子为先生八秩华诞奉上的生日蛋糕。内容凡两大部分：学术论文与回忆文字，前者争奇斗崛，各擅胜场，每发一论，必从史出。或有惊人可怪之辞，绝少无病呻吟之作。后者则记录了各位同门追随先生为学为道为人的点点滴滴，活色生香。从中可见，泽华师不唯是坚守原则和底线的严师，还是众弟子心目中的'好老头'。"接着，何教授更从"思想者的思想史"着眼，对先生的学术历程、创见、成就等,做了宏观的彰显,且评价道:"刘先生的研究打破了寻常的学科畛域,举凡中国传统思想文化的重大概念、范畴、观念、现象、逻辑等,均在其视野之内。从学科分类的视角看,中国文化足以'横看成岭侧成峰',文、史、哲、经、伦理、美学等,各得其宜。然而从政治思维的视角看,所谓'六艺'之属,形上之思,无不用心鼎力,拱卫'治道'。故刘先生及其后学多年来苦心构建的就不止一个中国政治思想史的屋宇,而是一幅结构谨严、有机整合的中国思想文化与历史社会的'清明上河图'。正是在这个意义上,李振宏教授认为'王权主义学派'已经突破了具体的学科樊篱而成就了一种关于中国历史的全新的认知模式,在此基础上重新结构中国通史应当成为该学派今后致力的方向……有思想者,斯有思想者的思想史。"而在所作后记中,葛荃教授也强调:"泽华师治学之谨严覃思,自不必言,最最重要的,在我的感受,是先生胸怀之博大,境界之高远。跟随先生读书,汲取的不光是知识,更是其学问之道的孜孜以求,以及作为知识分子的独立人格和学理精神的感召与影响。"

7月,林存光著《政治的境界——中国古典政治哲学研究》出版。在为是书所作序中,先生强调:

> 现在盛行的国学热和儒学热有个明显的不足,就是避开政治观念在传统思想文化中的主导地位与作用,而大谈其外围的种种次一级的观念与思想。就历史事实而言,不能说不是一种偏颇。
>
> 中国传统社会是王权至上的社会,在整个社会观念中,相应的,帝王至尊观念居于统治和全局控制地位。陈寅恪说"三纲六纪"是中国文化的"要义",应该说大体是不错的。对"三纲六纪"如何评价,人们可有不同的立场和视觉,但应视为无可争辩的历史事实。
>
> 在我看来,"三纲六纪"是一种社会结构,也是一种观念体系,是封建社会(暂且还用这个词)统治者认定的、不能违反的意识形态。在这个结构中,"三纲"居上,"六纪"从属于"三纲",而"三纲"中君主又是最尊贵和一言九鼎的"圣上"。由此就不难理解君主"一言兴邦""一言丧邦"的含意;由此说传统政治是"人治"当属无疑。人们对君主寄予无限的希望,"内圣外王"之说则是希望的所在。林存光把"内圣外王"视为政治哲

学的核心和最高范畴,从而把说不清的"政治哲学"一下子摆在明面,让人一目了然。

传统社会的政治思想居于整个思想文化的主导地位,政治哲学又是政治思想的中枢,"内圣外王"则是政治哲学的核心。因此"内圣外王"成为整个思想的最高境界。林著对这一问题的研究可说独树一帜。

"内圣外王"引导人们在"人"上、"人治"上做功夫,制度问题是等而下之的附属物。但从历史整个进程说,究竟"人治"圣明与"制度"优化,何者更根本?人们的看法可能有很大差别,有人选择前者,有人更倾向后者。但至少近代的历史经验表明,后者更适于社会的发展,因此更根本。如果向前看,我是倾向后者,不过我也并不简单否定前者。只是应该后者为主、前者为辅。

"内圣外王"是我们的老路,让它由主转化为辅,不是一蹴而就的,要经过长时间的、反复的试验和探索。但愿能成功!

9 月 23 日,《论"王道"与"王制"——从传统"王道"思维中走出来》在《天津社会科学》第 5 期发表。针对近年来有学者大力倡导"王道",并将之视为中华文化的精髓,先生认为有再审视的必要。在先生看来,"王道"是王权体系下的一种政治理想,对现实的王虽有某种批判意义,但又寄希望于王,其核心是王制;越是张扬王道,就越肯定王制;越是把王道作为一种理论追求,那么所谓的"道"就越依附于王,两者可谓相反相成。先生强调:作为一种结构性存在,"王道"属于古代的一种政治思维,是一种历史的形态,与现代政治思维不在一个层面上;"王道"不仅是一种价值观念,也是一种很稳定的思维方式,影响至深;如何从传统"王道"的思维方式中走出来,是一个历史性的课题,这既要改变产生"王""道"互相论证的社会结构,又要有新的思维方式取代传统的思维方式。

9 月 28 日,《学派·学术个性·中国史观——关于"王权主义学派"问题的对话》在《南国学术》第 3 期发表。是文乃去年 10 月 29 日,刘先生与河南大学的李振宏教授,于南开大学历史学科建立九十周年之际,在南开大学范孙楼历史学院会议厅交流对话的整理稿。两位先生在对谈中,就"学派"对中国学术的意义、"王权主义"作为一个"学派"的依据、中国史观意义上的"王权主义"、如何发展"王权主义历史观"等问题，进行了深度交流。李振宏教授认为，以刘先生为代表而形成的学术共同体，可以称之为"王权主义学派"。之所以做此判断，是因为在李教授看来，这个学术共同体符合作为一个"学派"的要件，即：有一个代表人物；有一个稳定的学术群体和标志性的骨干人物；有代表性的著作；有着共同的重大的历史认知，在历史观和方法论上存在着明显的一致性；有着共同的选题旨向，即以王权主义历史观解读中国政治思想史。（按：李教授曾撰《中国政治思想史研究中的王权主义学派》，刊发于《文史哲》2013 年第 4 期，系统论述了以刘先生为代表的"王权主义学派"，在学术界产生了很大反响。）

10 月 29 日，《中国社会科学报》第 A04 版"学海观潮"刊发了刘先生与张分田、李宪堂、林存光关于儒家的政治思想等问题的讨论，题为"让孔子直通古今是不现实的——从中国政治思想史视野看'儒家宪政'论思潮"。先生对大家的基本看法和观点做了如下总结：

> 儒家政治思想的主旨与实质是王权主义的，而非宪政主义的；"儒家宪政"论者所谓的"宪政"，并不是要限制他们试图建立的儒家政府的权力，而是要限制人民的主权和参与政治的权利，因此"儒家宪政"论者的真正目的其实不是"宪政"，而是打着宪政的旗号，目的在建立政教合一的"儒教国家"，实行"儒士共同体"对人民的专政统治。正因为这样，我们也就不难理解"儒家宪政"论者何以要极力主张"复古更化""儒化中国"，以及以儒教儒学取代马克思主义的主流意识形态地位，且带有强烈而鲜明的激进冒险主义色彩……我们认为，"儒家宪政"论者正是当代中国文化保守主义思潮中的"'左'翼空谈主义"者，他们无视中国历史发展的客观规律和现实需要，无视民心所向和人民的真实意愿，只是一厢情愿地把自己的幻想和偏见看作真理，把所谓儒家的理想看作是整个国家和民族的意志，"离开了当前大多数人的实践，离开了当前的现实性"，因此必然"在行动上表现为冒险主义"。另外"儒家宪政"论者表现出一种极度自负和傲慢的心态，他们的主张一旦落于实践，究竟

会给我们的国家和民族、给中国特色社会主义现代化事业带来什么样的后果,值得我们深思。

11月6日,由历史学院主办、历史学院研究生会承办的"初识南开——史学名家讲坛"系列讲座在范孙楼举行,刘先生做了题为"我的学术理路——王权主义理论的提出与完善"的学术演讲。翌日,南开新闻网通讯员刘明、李刚以"刘泽华先生谈王权主义理论的提出与完善"为题,将演讲信息发布于南开大学新闻网。在演讲中,先生深情地回顾了老一代史学家们的治学背景和特殊年代的治学困境,提出历史研究应坚持历史主义和论从史出的理论和方法,不能试图以当代的观念去想象和改写历史,研究历史的理论选择要慎之又慎。关于"王权主义"理论,先生指出,提出这一理论经过了十多年的酝酿,主要是从王权支配社会的角度来考察中国历史,事实依据不仅仅在于先秦以来社会阶层身份的来源都与王权息息相关,同时凡是成体系的中国政治思想都可以归结为专制主义。先生强调:权力的分配与再分配,是中国社会经济、社会结构和体系,以及社会观念变化的最主要的原因。先生还就在提出这一理论和完善过程中遇到的困惑,做了剖析和解答。

11月21日,《南开大学报》记者陈鑫、陆阳专访刘先生的文章《政治思想史是中国历史的灵魂》在该报第2版发表。本次访谈,交流了如下几个话题:"九卷本《中国政治思想通史》是在什么样的背景下完成的,有何特点?""您认为政治思想史在中国历史研究中处于怎样的地位,您为什么选择从这个角度来研究中国历史?""王权主义是您著作中的一个主要概念,怎样理解这个概念?""作为中国政治思想的研究者,您怎样看国学复兴?""学界把您和弟子们的学术团队称为刘泽华学派、王权主义学派乃至于南开学派,您怎样看这些称呼?"关于《中国政治思想通史》,先生指出:"这套书是由一批学者在三十年摸索的基础上,共同撰写的……我们采用分主编负责制,各卷观点不强求一致。虽然各位作者都同我有些师生关系,但本书的写作是自由联合,得益于各自进行的专题性研究。书中我们把王权主义作为中国政治思想史的一个重要现象来研究,但不做价值判断,是好是坏留给读者自己考虑。我只对各卷作者强调,资料要丰富,要靠得住,不许说虚话,言必有据,不要

超出材料做凭空分析。"关于学界"刘泽华学派""王权主义学派""南开学派"等称呼,先生如是观:

> 我认为我们没有学派。最初把我们作为学派的是批评我们的人,后来才出现一些支持者也称我们为某某学派。我个人坚决不赞成叫"刘泽华学派"。我没有这个能力和学识,而且我一直主张学术个性、学术自由,把人家的学术都附在我名下,有点侵权的性质。也有人叫我们"南开学派"。南开有那么多人,我们又怎么能代表呢?如果做得不够好,还会给南开添污。还有人叫我们"王权主义学派"或"王权主义批判学派"。不过,我们并不是提倡王权主义,也不是简单地批判王权主义,而是做一个事实判断,即王权是中国历代具有全局性的控制力量。我的基本思路是对王权主义进行分析和反思。我认为,我们是"王权主义反思的一群人",反思当中可以是肯定的,也可以是批评的。至于说我们是不是一个学派,这需要每个人自己来决定。

11月23日,天津市国学研究会的田立青、朱彦民、陈益民先生拜访了刘先生,围绕"王权主义"等问题进行了畅谈。陈益民先生将本次访谈撰成文章,先以"人物笔记——访刘泽华"为题发表于网络上,后以"刘泽华访谈记"为题刊载于天津市国学研究会通讯《国学视界·第一辑》(2016年1月)。在文中,陈先生谈道:"将王权主义在历史上的作用提升到如此高度,形成广受关注的一家学说,称以他为中心的王权主义研究群体为一个学派,其实也恰如其分。近来,当《文史哲》杂志英文版要出一期讨论王权主义的专刊时,就一定要刘先生写一篇这方面的文章。刘先生说:'我哪有时间和精力写啊,后来在两位杂志编辑的帮助下,根据我拟的纲要和我著作中的主要论点,整理出来了一篇文章。该期杂志的目录清样我看过了,他们把那篇文章放在了专刊的第一篇。'刘先生关于王权主义的论述的分量,于此可见一般。"又说:"世人对刘先生有些误解,以为他研究王权主义,研究君主专制,就一定是传统文化或者说是国学的全面否定派。刘先生对此颇感无奈,他说,自己当年发表的处女作就是《孔孟的富民思想》《荀子的中庸思想》;1978年写的 《砸碎枷锁 解放史学——评"四人帮"的所谓"史学革命"》文中,有一条就是'解放孔孟'。后来写过的好多文章中,虽说对独尊儒术的文化传统多有抨击,但绝不能说是全盘否定。刘先生强调,事物总有两面性,不能用走极端的眼光去审视。即使是'王权主义',在他主编的《中国政治思想通史》中,他也坚持'把王权主义作为中国政治思想史的一个重要现象来研究,但不做价值判断,是好是坏留给读者自己考虑'。"在访谈时,刘先生还应请为天津市国学研究会题了词:"国学是一个巨大的宝藏,要善于开发,认定是精华者固然要开采,对所谓糟粕也要善于化腐朽为神奇,要有开阔的眼界。"

2015 年,八十一岁

1月7日,《中国社会科学报》记者张清俐采访刘先生的文章《洞察中国古代历史的王权主义本质——访南开大学荣誉教授刘泽华》在该刊第 A04 版刊发。在访谈中,先生就"历史学应该关注'命运'问题""政治权力是考察中国古代社会结构的钥匙""中国传统社会是'权力–依附'型社会结构""冷静分析传统文化'复兴'"等问题,做了提纲挈领的阐发。如关于政治权力问题,先生认为:

> 在中国历史进程中,政治的作用太大了,君主对所有臣民和整个资源具有最高的掌控权,王权支配社会是无可否认的事实。与之相应,政治思想必然处于社会观念的主导地位,而王权神圣则是其核心……在系统研究和全面反思的基础上,我提出传统社会的主导力量是王权支配社会,其主导观念是王权主义。我讲的王权主义至少包括三个方面:一是讲它的制度,主要是政治制度体系;二是讲王权和社会的关系,主要是强调王权支配社会;三是讲中国传统政治思想的主流是君主独尊、君尊臣卑。在我看来,中国传统的王权主义如铁板一块,十分坚硬……我强调传统政治思维方式"阴阳组合"的结构性特点,目的就是要更深入地揭示传统政治思想与政治文化的王权主义实质。

3月4日,《中华读书报》记者陈菁霞采访刘先生的文章《刘泽华:我是个一直有压力的人》在该报第 7 版刊发。先生讲述了自己前半生的经历和思想历程,如"两次生命的侥幸""糊里糊涂走进了历史学""'红得发紫'的日子""法家著作注释会议上'顶'迟群上了'黑名单'""马克思主义在我心中""王权主义研究"等。关于治学经验和心得,先生说:

> 我这个人不聪明,底子又差,记忆力也不好,所以首先做的是文抄工(不是"公"),每读书必抄,算下来总共抄了几万张卡片。批评者没有人从资料上把我推翻。我的一些考证文章到现在仍经得起考验。最得意的是我发现了战国"授田制",这是一个大制度啊。
>
> 我给自己的评价是:一个笨候鸟,肯于苦思。多年来专注于政治思想及其相关问题。飞来飞去加苦思总能发现新的问题,也陆陆续续写了些文章。前不久出版了由我任主编的九卷本《中国政治思想通史》,这是一群学术伙伴多年合作的成果,对我而言算是画了一个句号,刚好是 80 小寿。只要我的身体允许,不拟收笔。

3 月 31 日,《从往事说来公的学术韧性》在《北京青年报》第 B6 版发表。先生在文中指出:"人生在世,如果事事如意,那一定是天之骄子或幸运者,这样的人是极少数,不足为例。我认为只有经历背运的人,才能更能显露一个人的追求韧性。"在先生看来,来新夏先生就是一个典型:"来公走背运从 20 世纪 60 年代开始……在这种非人的境遇中,许多人失去了生活的信心。但来公却是另一般表现,他低头走路,埋头读书,退而'结网'……来公在史学多个分支都有特殊的贡献。我想他能有如此众多的精品奉献给社会,这是他的一往无前的学术韧性的必然结果。特别是长达二十年的背运中,不管怎样的风雨波浪,也不管有怎样怎样的外来的屈辱,但在学术领域他却一直坚忍不拔,发扬学术个性,追求不已……来公之博学,难得也;为学之韧劲,冠军也。"

4 月 8 日,《提出战国"授田"制是我平生称意事》在《中华读书报》第 15 版发表。先生在文中回顾了提出战国"授田"制观点的过程。按:学术界过去论证井田或公社,曾承认有"授田",但只限于西周,从来没有人把"授田"用于战国,认为随着井田制的崩溃或公社的瓦解,到战国已经没有"授田"制了。早在

1972 年编写《中国古代史》教材时,刘先生经过反复分析材料,就认为战国时期的土地主要属于诸侯,各诸侯国普遍实行"授田"的方式,把土地授予农民,从而大胆地提出了战国普遍实行"授田"制。对这一问题的系统论述,则见于其后发表的《战国时期"授田"制下的"公民"》(《南开大学学报》,1978 年第 2 期)一文。可以说,授田制是一个影响其后历史的大制度。袁林教授《两周土地制度新论》、晁福林教授《先秦社会形态研究》两书中,都曾对刘先生此文的开创之功加以肯定。先生自己,也对这一学术探索甚为满意,在文中说:"我在 1973 年铅印的内部教材中已论及战国'授田'制,早在 1975 年湖北江陵出土的秦简之前。我发现的是一个影响中国历史进程的大制度,如果学术史的事实无误,这个发现,无疑是我学术生涯中最称意的一件事。"

6 月 23 日,《中西古代政治学说之比较》在《人民日报》第 7 版发表。先生以"政治"这一概念为线索,结合中西比较,对中国古代政治思想和学说,提出如下认识:

> 中国古代政治学说以国家政权为中心,兼及各种政治现象,提出系统政治主张。应特别指出,中国古代国家政权的核心是君主与君主制度。以儒家政论为例,儒家是以"礼"来概括自己的政治学说的。礼的核心问题是社会政治结构、国家政体及相应的政治规范。儒家以天道、人性、道德论证君主制度、等级制度的绝对性,然后以此为前提,讨论王道仁政及礼乐刑政等具体的治国之道。儒家的政治学说几乎包纳了中国古代的一切政治现象,其他学术流派的政治学说大多与之类似。法家的政治学说则显然是典型的以君主为核心的"国家论""法制论"……在研究中国古代政治思想时,研究的内容和范围宁失之于宽,勿失之于狭。除了关于国家、政体、法制的理论,还应根据中国古代政治学说的特点,关注政治哲学、社会模式理论、治国方略与政策理论、政治实施理论、政治权术与政治艺术理论、政治道德理论等,关注其他门类学术理论中所包含的政治理论内容。

7 月 16 日,《复兴儒学是文明的提升吗?》在《中国社会科学报》第 1 版发表。针对"儒学热"的持续升温,先生做了冷思考,指出儒学代表的是统治阶级的意识形态,儒家思想是封建帝王的工具,它无法适应现代社会,只能作为一种资源加以利用。因此复兴儒学并不是文明的提升。

8月27日,《史学重在探寻规律探讨命运》在《人民日报》第7版发表。先生在文中强调:"探讨规律、命运问题,首先要敢于面对历史的真实……历史研究者的首要之责是求历史之'真'……求'真'不是一件容易的事,不仅要有充分的才、学、识、德,还要敢于面对由于利益纠葛而出现的掩饰、扭曲历史之'真'现象,因而还要有'胆'。只有揭示历史之'真',才有可能求规律、说命运。"

2016年,八十二岁

《师道师说·刘泽华卷》由东方出版社于是年1月出版,乃中国文化书院编辑推出的《八秩导师文集》之一。先生是书凡分三部分:一是七个专题(从"文革"思维方式中走出来、对王权支配社会的探索、崇圣主导下的社会观念、传统与现实之间:关于国学问题的争论、探索历史认识论、政治思想的阴阳组合结构、我是"全盘否定"和"虚无主义"者吗),每个专题前有小引;二是访谈录(《人民日报》记者钱宁文、苗地图:《专制主义:中国传统思想文化的必然归宿?——访刘泽华教授》;《历史教学问题》特约记者范思《治史观念与方法经验琐谈》;王申、王丁:《独立思考,突出学术个性——刘泽华先生访谈》);三是附录(李振宏:《中国政治思想史研究中的王权主义学派》;刘先生、李振宏:《学派·学术个性·中国史观——关于"王权主义学派"问题的对话》)。

1月25日,《关于历史是非认识的几个问题》在《史学月刊》第1期发表。鉴于"这些年价值中立说十分流行,其中心是不分是非",先生不以为然,在文中通过对"真实是历史认识中判断'是非'的基础""历史规律性的'定位'是非问题""在'阶级–共同体综合分析'中判断'是非'""在矛盾的陈述中判断是非""从实践检验说'是非'认识""环节性的'是非'认识""历史认识的'是非'随历史的变更而不断调整"等问题的剖析,提出自己的观点。先生认为,历史学是一种认识学,一方面求"映像",另一方面认识者的主观因素不可避免地掺入;历史本身不会变化,但它又是活的,它的影响像血液流动一样,或多或少流传于后世,并与新的因素形成再组合;对历史进行认识的人也在流动和变化,因此历史认识中的"是非"也在不断地更化,所以"是非"观基本上是个体性的。由于个性包含着某些共性,或多或少被另外一些人采纳,由此也会形成群体性的共识。历史"是非"靠真实的、全面的史料支撑,任何行政权力的判定也必须靠此来检验。

1月27日,《君主"无为"的驭臣之术:君逸臣劳和治要抓纲》在《中华读书报》第15版发表。先生指出,无为政治是中国古代政治学说的一个独特命题,最早系统阐述无为政治的是《老子》,而有关思想可追溯到更为久远的年代。在先生看来,先秦诸子反复论说君逸臣劳的原则,君逸臣劳既源于君尊臣卑,又因君主个人能力、精力有限,不能不依靠臣下。各家各派所谓的"大略""治纲",主要包括如下共同点:静因之术、定法分职、循名责实、任能使智、尽臣之能、赏罚严明。

1月,《长亭回首短亭遥——回忆与杨荣国先生的交往》在《读书》第1期发表。先生在文中回忆了师从中山大学杨荣国先生进修,以及杨先生"文革"时期被打倒、复出并赴天津作批孔报告的一段经历。

2月24日,《简说"不慕古,不留今,与时变,与俗化"》在《中华读书报》第15版发表。先生指出:"《管子·正世》中的这句话表达了先秦法家的历史观和改革精神的宏大气魄,如果说到'实践理性',应该说这句话最为贴切和最贴近实践。"通过对这句话的详细解读,先生总结道:"'不慕古,不留今,与时变,与俗化'是法家思想体系的核心部分,是更法、变法、变礼的理论概括,是实践理性的依据。单就这十二个字说,对我们今天的改革仍有直接的重要的启示性。"

3月10日,《寻根》第2期刊载了先生为该刊撰写的寄语——《根是一种生命》:"根是一种生命,她也在不断新陈代谢;寻根固然不忘以往,但更要关注新的生长点。"

3月16日,《简说传统礼仪与贵贱等级制》在《中华读书报》第13版发表。先生认为:"传统的礼仪是贵贱等级不平等的体现,是主奴关系的外化。一些人提倡当今应该建立一套礼仪,这是很好的想法,现在要创建的礼仪必须是以公民人格平等为前提。对传统礼仪用'抽象继承法',固然有可借鉴之处,但不能把传统礼仪说的那么美,这反而不利于创建新的礼仪。"

4月26日、5月3日,《先秦法家人性好利说与社会转型》连载于《中国社会科学报》第8版。先生指出,诸子争鸣时期,哲人们对人性问题展开热烈的争论,与性相近、性善、性恶、善恶兼具、性自然说等不同,法家则主张人性好利。在先生看来,"把人的本性归之于'好利',在当时是对人的本质的深刻认识,也最切近实际。这比把人性归之于仁义道德要深刻得多,因为它接触到了人们与社会的物质关系",而"法家抓住人性好利这一普遍事实,也就抓住了时代的牛鼻子。法家以此为据策划变法、创建新法和制定政策,他们的目的是强化君权、赢得战争,但在客观上却促进了社会的转型"。先生还强调,迷恋儒家原汁原味的道德只能是抱残守缺,不认同"玄言儒家的道德",并主张:"传统的道德固然有许多可以借鉴的因素,'问题'意义值得珍重,但时代决定了应该让道德与时代相适应,要依据社会的新发展来创建新道德。不同于儒家道德的核心是亲亲和尊尊,现代应以人民为基础,围绕博弈和契约为主线来创建一系列的新道德。"

5月4日,《简说法家的以人为本》在《中华读书报》第15版发表。先生认为,法家以人为本的根本目的是为了"用民",采取一切办法,把民引到农、战的轨道上来。我们今天讲以人为本,可以批判吸收法家爱民、利民的思想,但一定要摒弃其中包含的使民、用民的功利思想。(按:本文精简后,发表于《人民日报》6月28日第7版,题为"法家眼中的以人为本"。)

6月22日,《简说法家一断于法》在《中华读书报》第13版发表。先生认为,先秦法家主张以法治国,法是治国的不二法门,凡事都要以法为准,一断于法,但实际上,法家的"法"是等级法,很难做到君臣共守。先生强调:"一断于法,君主的权力也必须以法行事,任何人不得有法外之权,从抽象意义上说,这是历史上最光辉的思想,远胜于贤人政治。但实际上远不是如此……在法家那里不存在法律面前人人平等,在君主面前,人人要绝对服从君主。在法家的语境里,法绝对化与把君主绝对化构成一种组合结构。"

6月25日,《防御性思维与史学理论萎缩的后果》在《史学月刊》第6期发表。先生指出,史学理论好像属于"虚",但实际上具有统领性"帅"的意义,因为其具有如下一般性的意义:开拓了研究领域、促进认识的深化和资源的发掘、推进历史的整体认识、通古今、多元的争鸣才能明是非、引发叙事方式的变更等。然而，由于种种原因，有些学者却陷入了"防御性思维"，"无论是主动的还是被动的，其直接的后果是异化为'鹦鹉学舌'，具体到个人固然还有稍许差别，但陈述历史的方式大致是一种范式，只有局部的差异。另一个后果就是把历史饾饤化"。先生强调："史学理论是史学的灵魂，没有一定的理念，几乎就难于呈现历史和叙说历史。历史能呈现在人们的面前必定是历史事实（史料）和史学家认识的组合；饾饤化可以给史学贡献诸多金豆子，但难呈现历史的整体面貌。"为避免"防御性思维"，先生主张应进行"创造性思维"，"最主要一点是史学家必须平视。一切认识对象在史学家面前都是'平等'的，史学家应像法官那样去进行审视和判案。即使面对历史上最伟大的人物和事件，史学家也不能自卑、自鄙……如果把圣人、权威置于自己的主体性之上，创造性的思维，特别是史学理论就会萎缩，'帅'不到位，整个史学也必然会陷入颓势"。

7月，《法家在统一帝国中的作用》在《读书》第7期发表。文章论述了王占有天下观念的形成，以及先秦诸子有关统一的思想，重点论述了法家以霸道实行统一的主张，认为这最终促成了秦帝国的统一，是历史的进步。

何为"道统"，何为"法统"？在中国的传统士人中，是否存在"从道不从君"的政治和文化传统？中国的士大夫为什么一致颂圣？三纲五常在中国漫长的王权专制主义统治中究竟起到了怎样的作用？凤凰评论《高见》栏目访谈员张弘先生就上述这些问题，邮件专访了刘先生。访谈内容于8月19日、22日，连载于《高见》第80、81期，分题为"儒家在巩固王权专制上立了大功""儒家坏就坏在守成"。在先生看来，道统论证不了政权的合法性，这是因为："一来，道都归于儒家门下，这不符合思想史的事实；二来，道统的'统'更狭隘，由神秘兮兮的若干人体现，与政统没有什么关系；第三，汉武帝之后儒家一直居于统治地位，但一直到宋代没有体现道统的儒者，道统当然说不上有什么作用，怎能制约政统呢？以道统确定政统是否合法，完全是儒家程朱理学派的一家之言。"对于有些人强调历代士人"从道不从君"的一面，先生认为"从道不从君"不是儒家思想的主流，而是一个很有限的小传统。就儒家的作用来看，先生认为它在"巩固王权专制体制上是立了大功的，所以被帝王视为维系帝王体制的命根子"。然而,在王权专制主义的统治体系之下,儒家也存在很大局限或者说"坏作用",其表现"主要是守成","这个'守'了不得,一直到清末才出现转机"。先生强调:"古典儒学等作为思想资源,其意义无疑是很大的。没有资源的世界必然是荒漠;有资源,但如何开发和利用则全靠自己。孔子能说那么多哲言,难道我们就不能自己说吗?无须言必称孔子,也不必把自己的话往孔子身上贴,更不能不加分析地把孔子的话转变成自己的行为。就实而论,真的想固守孔子的教导,在现实生活中也必定会变味。"

(按:这两篇访谈稿后经张弘先生整理,发表于《社会科学论坛》2017年第1期,题为"王权专制主义与中国的现代化"。)

10月,《中国文化发展中的"复古"偏颇——对"道统"思维盛行的质疑与批评》在《南国学术》第4期发表。近年来,一些学者在文化复兴的大纛下,不断抛出重建"道统"的口号,进而言之就是恢复儒学和尊孔,宽泛一些就是恢复和重建"国学"或"传统文化",并将现有的思想文化排斥在外或放在不当位置。对于这种思维的盛行,先生认为不仅违背了世界历史发展大势,也是对中国历史的歪曲。在文中,先生通过对"'道统'本义的专断性""'道统'服务于'政统',帝王占有'道统'""'道统'是中国文化重建的一个中心问题吗"等问题的剖析,得出如下认识:在中国古代,权力体现于帝王本身,甚至"国家"这个概念也是从属于帝王的,而帝王用什么思想进行统治,并非凝固不变。汉武帝之后占主导地位的是儒家,但也可以另加其他学说,比如法家、释、道等。"道统"对"治统"尽管有着某些批判性和制约性,但远没有形成制衡意义,这是因为道统是政统下的附生物,道统源自"帝统"。朱熹与其后的理学家在理论上对"道高于君""格君心之非"说得头头是道,但从整体上看,理学所以被尊为官方意识形态,是因为它坚持的"三纲"更有利于君主制度。因此把"道统"与"政统"看成是并行的二元化或者超越政统,是部分儒家的一厢情愿。回望中国近代历史,推动民主、公民文化发展的主将不是儒学,恰恰相反,原有的儒学极力维护的是等级人学、是君主专制体系下的臣民之学,而不是平等、民主、法治、自由的公民之学。社会有形态之别,思想意识也有形态之别,原生的儒学、国学、传统文化的体系性观念只能是古代社会的东西,那些通过"转化""创新"出来的东西,其基本含义与原生的观念体系相比是有原则性差别的,两者不能混为一谈。在社会转型进程中,学术界既需要承继一切优秀传统文化,更需要自己说、说自己,以创造出与时代相匹配的社会观念和新型道德。

11 月 23 日,《法家"不尚贤"辨析——战国时期儒法之争问题之一》在《天津社会科学》第 6 期发表。先生认为,亲、旧势力集团是历史进程中的阻力,尚贤的推行打破了亲、旧势力控制政治的局面,为改进政治生态增加了动力,有着巨大的历史作用。但这种把政治过程视为上行下效的道德推演过程的认识有很大的局限性和片面性,最主要的是缺乏制度设计。尚贤与"不尚贤"之争的本质是尚贤与尚法之争。战国时期法家提出"不尚贤"意在打破把政治系于"人"之下的思想牢笼,从而使政治系于法制之下。法家的"不尚贤"不是简单地反对任用贤能之人,而是强调建立适时的政治制度,以制度保证政治的需要和适应当时的社会转型的需要。由于当时的社会转型是历史进程中的全局性课题,所以法家应该说是社会转型中最先进的推动者和最适时的应对者。

2017 年,八十三岁

先生的《八十自述:走在思考的路上》由生活·读书·新知三联书店于是年 1 月出版。本书分为前记(代序)、上编、下编、不是结束语:温馨的小家庭、后记。在上编中,先生讲述了"多变时代里我的一些小故事",依时光顺序为:一、我的家庭;二、战乱中的少年;三、追求红色;四、"文革"之惑与初醒;五、学做公民。在下编中,先生论述了"对若干历史问题的思考",分为如下主题:一、从"文革"中走出来;二、我对王权支配社会的探索;三、王权主义是传统思想文化的主干;四、等级人学与主奴综合人格;五、立公灭私、圣人"无我"与专制主义;六、儒家道德至上与专制主义;七、"形式主义"中颂扬性的政治文化;八、关于政治思想的"阴阳组合结构"说;九、参与社会史研究;十、探讨历史认识论诸问题;十一、关于国学问题的争论。在前记(代序)中,先生谈道:

> 曾几时,人生七十古来稀。而如今,人生七十不言老。我年届八旬,当属古稀之列,但仍在思考的途中。

八十年是怎么过来的？直到近两年，想到应该有所悔悟，于是我陆陆续续写了若干片段。其中固然有个人的情趣，但更想从一个极小的孔隙映出一点点社会的景象。

我的经历是一系列偶然的堆积，背后则有个大的必然在左右。少年是战火风云中漂泊的一叶，充满了恐惧和无助；青年和壮年在数不清的运动中奔波、紧跟，在幸与险中沉浮；进入老年期，才多少有点自主意识，但是久在樊笼之鸟，已失去奋飞的能力；另外也是习惯了，当然也还有相当的理想和信仰因素在其中。

以我之见，现实是历史的延续与发展，而历史在很大程度上是现实的追溯，历史的脐带牵连着古今。因此历史与现实的互相观照，无疑是研讨历史的一个重要视角和切入点。反过来，叙述和研究历史，则是为现实提供一种国情备忘录。近代以来是中国历史的转折期，而转折期必不可避免地有着沉重的历史拖累。我认为，整个中国历史有一个极重要的特点，即其运行机制是王权支配社会。辛亥革命在形式上结束了王权，但权力支配社会的运行机制却远没有随即改观。相反，在某种新的环境中，却更加强化，权力崇拜达到历史的新高峰。盛行有年而被遮掩的秘密，被以最直白的语言揭示出来："有了权就有一切，丧失了政权就丧失了一切。"应该说这是我们一个非常古老的传统观念……

到了这把年纪，如何给自己定位？说实在的，自己都说不清。如果一定给自己一个评语，我自认为：大致仍属于改革开放的大社会主义者中的一分子。在各种主义之中，我仍然相信大社会主义中包含着更多的价值……"大"是由种种元素积累而成，这要在历史实践中探索，绝对不是先验的规定；科学也不是理论逻辑的推导，而是由实践检验有利于社会进步的具体的道理。改革开放的大社会主义是不断的渐进过程，只能在历史进程中逐步地探索和实现，所以改革开放是无止境的，这里可用古人的一句话来说明："不慕古，不留今。与时变，与俗化。"

在我解析传统社会权力支配社会时，蕴涵着一种理念，就是应由权力支配社会向社会制约权力的转型，也就是逐步实现权力制约权力；权力是社会必不可少的，但要逐步实现社会与权力的协调和平衡，由特别利益集团控制逐步转向以公共性为其主要职能,但这不可能一蹴而就,肯定要经过漫长的历史过程,其间必定有许多曲折和痛苦为代价,如能学会有规则的博弈,肯定是中华民族的万幸。

中国历来的社会矛盾,主要体现为王权体系与民众之间的矛盾冲突,因而纯粹的理论、乌托邦、绝对平均主义有很强的煽动性、鼓动性,很能蛊惑人心。但靠权力硬性推行这些又只能造成普遍性的灾难,而在灾难之上又耸立起新一轮的特权阶层。太平天国就是一个很典型的例证。八十年的经历告诉我,虽然纯粹的理论和乌托邦不是没有一点意义,但历史是个过程,既有权力方面的,也有社会方面的,一个问题接着一个问题。因此现实主义或经验主义应该是我们思考问题的起点。

在后记中,先生解释本书取名由来说:

拙作如何定名,反复多次,总有些呆气。我的老友宁宗一教授一再提议用"走在思考的路上",这最符合我的个性。他是著名的中国文学史专家,《金瓶梅》研究会和武侠小说研究会的创始会长,一位很有个性的人。可能由于专业的关系,他对人的观察确实有一根敏感的神经。就实而论,我虽难以承受"思考"二字;但反过来,如果说我有一些个性上的特点,那的确是由于与"思考"的关系较为密切。遗憾的是由于种种原因本书不能把思考的问题全部收进去,只能俟来日补上缺憾。

而在"不是结束语:温馨的小家庭"中,先生更是饱含深情地说:

回首一生,有动荡,也有安稳,有磨难,也不乏安逸。作为学人,我还能做点学问,还能取得一些成绩,总体看来,我应该颇感安慰了。我能做些事情,可归于多种原因,而来自小家庭的支持和关爱,应该说,是其中一个重要的因素吧。

前边写了"这就是缘分"一节,回顾了我与老伴相识、相知、相爱那一段缘分,到现在已经过了一甲子,我们感情依然如初。在我经历的险境中,背后都有她的相助、理解和爱护,我才有一个可以栖身的安乐窝。其实,我的一些作为,她并不完全赞成,有时也嫌我多事,但她绝不硬性干预,而是持宽容态度。

我们有两个漂亮的女儿……回想起来,我们对她俩的教育不是最好的。妻子对女儿的要求是有个"样儿"。什么是"样"?道道很多,比如坐有坐相,站有站相,待人以礼、以善,和气相处,无论做什么事都要有规矩,为她们的人生打下了很好的基础。我则更关注她们未来的饭碗,注重的是技能……我们当时没有进行对兴趣和创造性的培养,她们的兴趣和独立创造,是后来自己的选择和奋斗的结果……

说起来,我的心、肝、肺、胃,几乎从头到脚,没有一处不是"坏"的。每次体检,医生都会向我发出种种警告……由于供血不足,我常常处于昏头昏脑状态中,中西医用尽了各种药物,均疗效甚微。在病因不明的情况下,我不得不安装了心脏起搏器。近些年,耳又失聪,我几近于聋。可就是这辆"破车",每天还都在运转,直到现在,我每天仍在写点东西。"疗"靠医生,"养"除了自我调理,我的老伴和两个女儿无微不至的关怀,起了至关重要的作用。我的家,真可谓是"养心斋"。

我们的第三代,也在健康成长……这二十年来,我们俩一直生活在幸福美满的天伦之乐中。

一个快乐、幸福、和谐的家庭,能"包治百病",也是一个人能否做点事的基本保证。我有这样一个家庭,感到很欣慰。

1月1日,《依靠"巨室"与打击"巨室"——战国历史进展的症结问题之一》在《历史教学》(上半月刊)第1期发表。春秋战国时期,兼并和争统一是历史的大势。但是各诸侯国势力强大的世卿世禄的"巨室",既是引起诸侯国内部互相争斗的主要因素,也是造成诸侯权力难于集中、推行变法的主要障碍之一。先生认为:"从春秋战国的历史看,打击巨室是君主集权的基本问题之一,也是改革不可绕过的对象。如果统一和改革是当时历史的大势,就不能否定君主集权的必要性,就不能否定当时法家主张打击巨室的合理性和必要性。如果按照孟子说的'不得罪巨室',变法也难于推进,就不可能从'分封制'

体制下的国家转变成统一的地域性国家。"

2月25日，《民为贵、社稷次之、君为轻的思想渊源》在《史学月刊》第2期发表。先生指出，孟子"民为贵，社稷次之，君为轻"的思想可以追溯到春秋时期，在《左传》中已见端倪。针对有些人把"民为贵"说成是以民为政治主体，先生则认为，孟子说"民为贵"的本义"表达的不是单项的尊重或敬意，而只是说民在君主政治成败中具有很重要地位。其意义不是恩赐与恩惠，也不是怜悯，而是统治者对政治关系的一种清醒的认识"。尤其值得注意的是，"民为贵是民的抗争、反叛的巨大历史作用在统治者认识中的一种清醒的反应，是对抗双方之间矛盾斗争带来的认识成果。对民众反抗作用的习惯性忽视是这一认识形成的前提，全部历史证明，弱势者能引起统治者的重视、看重，或被称之为'贵'，其根由主要来自弱势者的斗争"。因此"只从民贵君轻几个字推导出什么'民主主义'是不符合孟子思想实际的"。

6月30日，《读史三札》在《今晚报》"副刊"第12版发表。先生主要谈了三个问题：一、从战国到秦汉，政权日益巩固，君主权威趋向绝对化，而士人的地位不断下降，"用之则为虎，不用则为鼠"；二、改革要敢于突破祖宗之法，不然很难取得成效；三、以古制今者不达事之变。

8月11日，《统而不死》在《今晚报》"副刊"第13版发表。先生认为："两汉统治者对思想文化统而不死，对'微学''异端''异义''异家''刑名''法理'等，非但没有过分地干预，反而在一定程度上加以保护和采用。汉武、昭、宣杂王霸而用之，东汉的光武、明帝、章帝同样也是杂王霸而兼用。这些都为思想文化多元与多样的发展保留了一席之地。这对现代的思想文化政策，应该有重要的启示意义。"

南开大学宣传部的陈鑫先生受《中国史研究动态》编辑部委托，围绕王权主义与社会形态问题、文明的差异性、儒家思想文化，以及中国政治思想史研究的发展方向等问题，对刘先生做了采访。8月20日，访谈内容整理后，刊发于《中国史研究动态》第4期，题为"王权主义与社会形态等问题的再思考——访刘泽华先生"。关于王权主义问题，先生指出："王权主义对生产力、生产关系、社会关系、思想文化等发展进程有很大影响，甚至在一定程度上有支配作用，但我的底子还是马克思的基本理论。社会形态是整体性的大问题，是对生产方式的总体概括,包括生产力、生产关系、社会关系、思想文化的基本特征等。王权并不是形成生产力、生产关系等的根源,所以我用了'运行机制'四个字。'运行机制'主要指对社会的控制,而'王权支配社会'是说明其控制的程度。"针对有些学者认为儒家学说中的"道统""从道不从君"等观念,并非主张王权专制主义,而是主张限制王权、规范王权,先生认为:"从理论上说,儒家经典中还有'君命无二'说,所以'从道不从君'与'君命无二'是一种阴阳组合结构,不能只说一方面。从实际和体制上说,所有的人都是君主的臣子,'君叫臣死,臣不得不死',显然君主之命高于'道'。如果说到传统,'从道不从君'是阴阳组合结构中的'阴'。它有一定的调节作用,但还是有限度的。"谈到中国政治思想史的研究方向,先生觉得如下几个方面值得关注:一是政治哲学与政治智慧;二是政治文化;三是政治观念的社会化问题;四是中国的政治思想结构问题;五是政治思想的社会效应和作用问题。

8 月 25 日,《具有变革精神的儒生》在《今晚报》"副刊"第 13 版发表。先生认为,汉代的辕固生、董仲舒、眭弘、盖宽饶、刘向等,都是具有变革精神的儒生,他们的"革命"论、"更受命"论,尽管从逻辑上看对汉家存在的合理性与合法性提出了质疑和挑战,但绝不是鼓动人们造反,推翻汉家,而是爱之深而恨之切,希望汉家改革以保永命。应该说,正是这种理论,为王莽代汉提供了理论依据。"革命"论与汉家"永命"论都可打着儒家的旗号,但其思维方式显然是不同的,前者具有进取和变革精神,后者只是一味地守成和容忍腐败,最后只能走向衰败和灭亡。

9 月 7 日,《"拍"掉了自主性》在《今晚报》"副刊"第 13 版发表。先生指出,"拍马屁自古有之,韩愈、柳宗元是历史上少有的文豪,他们的很多美文著作流芳千古,难有人企及,恰恰这两位又是拍马屁的高手",他们使用了一些纲纽性的词汇来美化、神化帝王,形成了中国传统文化中的一个重要特点。但是"用这些最美概念装饰帝王,帝王也就占据了思想文化的命脉和制高点,反过来又可以控制社会和人们的灵魂"。尽管"颂扬者、拍马屁者或许从中得到某种利益","但在颂扬的同时也把自己丢失了。作为一种文化,丢失的就不仅仅是个人,而是把所有人的主体性给湮灭了"。因此"拍马屁不仅仅是个人问题,而是社会观念整体性的大问题"。

10 月 4 日,《李斯与董仲舒》在《今晚报》"副刊"第 8 版发表。先生指出,李斯建议禁绝私学,首当其冲的是儒家;董仲舒与李斯相反,建议罢黜百家、独尊儒术;两者反对的对象相反,然旨趣却相同,即主张实行思想文化专制主义。尽管如此,在用人上,则没有简单的一刀切。由此先生强调:"国家的强弱不简单在于尊儒或尊法,问题远比这些说法复杂得多。这才是需要我们深入思索的问题。面对复杂的政治,把某种学说说成是万能的,同样是把问题简单化,应该以更广阔的视角去解决问题。"

11 月 7 日,《权与理》在《今晚报》"副刊"第 13 版发表。权力和认识之间的关系,是人类历史中一个十分复杂的问题。在先生看来,"权力的中心问题是处理社会的利害关系,认识则重在讨论是非价值问题。然而利害与是非价值经常交织在一起,常常会出现权力干预认识或认识评论权力得失等现象。这样,权力与认识之间就会发生矛盾、冲突。权力膨胀和强化,必定要设法对认识加以控制和干预,甚至把认识禁锢在一定范围之内,不得越雷池一步;如果认识一旦触犯权力的规定,掌权者就会施以淫威。"先生认为,权力与认识的二元化是必不可少的,虽然对君主的权威和政治的运行可能带来麻烦甚至困难,但当权者如果能妥善处理两者的关系,则对实际政治是绝对有益无害的。

11 月 21 日,《人格独立与"横议"》在《今晚报》"副刊"第 13 版发表。先生认为:"认识主体人格的独立与自主,是进行独立思考的前提,能进行独立自由的思考才可能有百家争鸣。因此可以说,认识主体人格独立自主的程度决定着思维自由的程度,也决定了百家争鸣的范围与深度。反过来则可以说,思想自由的程度又是认识主体人格独立自主的重要标志。"先生指出,"从战国百家争鸣的实际情况看,争鸣者在认识对象面前可以自由认识和自由选择,从而促进了认识的深化"。由此先生强调:"横议,只有横议,才能开拓认识的新领域,把认识推向新高峰。"

12 月 5 日,《以独尊儒术为界》在《今晚报》"副刊"第 13 版发表。先生指出,诸子之学及士人与当政者的关系,以汉武帝独尊儒术为界,发生了如下重大变化:在汉武帝以前,士人、诸子之学与当政者的关系是互相选择的关系,政治与思想文化之间互有弃取,政治未曾把哪一种思想定为一尊;汉武帝实行独尊儒术,罢黜百家,则改变了政治与思想文化各自相对独立的平行发展之势,其表现为"把思想文化置于政治控制之下""儒术变成了封建政治的组成部分""儒学既是官学,又是官方的意识形态"。在先生看来,"儒术变为帝王政治的组成部分,表面上看获得了显赫的地位,令人尊崇,但它丧失了思想文化的相对独立性。此后儒家教条主义化,固然有其内在的原因,但主要是由政治规范造成的"。

12月19日,《战国时期的争鸣》在《今晚报》"副刊"第13版发表。先生指出,战国诸子的争鸣,达到了相当激烈的程度,因为在他们的相互辩难中,没有任何一个论题是神圣不可批判的,没有不受到批判的权威,也正因此,把认识推向一个又一个高峰。有鉴于此,先生强调:"一切认识对象都可以认识,才可能使认识趋向完整和深入,否则会使认识变成残缺不全的畸形物。认识发展的动力之一,是不同观点与见解之间的相激,即挑战和应战。认识领域不存在人不犯我、我不犯人的局面……在争鸣中没有裁判员,自己就是认识的上帝……没有绝对权威是百家争鸣的条件和自由度的标志,同时也是对我们今天百家争鸣最富有启示的地方。"

2018年,八十四岁

北京时间5月8日(阴历三月二十三日)15时28分,先生在美国西雅图因病去世,享年八十四岁。

1月2日,《法治底线与道德高调》一文在《今晚报》"副刊"第9版发表。先生认为,道德是无限的、模糊的,法治则有具体的规定,规定了人们行为的底线;法治应该考虑吸收道德的精神,但法治主要是规定当下人的行为规范,它可以把道德置于一边。先生指出:"事物的个性与一般性虽然都是客观的存在,但对人的认识而言,个性是可以通过人的感觉体察到的,而一般性则只有通过抽象思维才能发现。法被视为事物的一般性,反映了人们对社会现象的理性认识发展到一个新阶段。"

1月30日,《主奴综合意识》在《今晚报》"副刊"第9版发表。先生认为,"一般说来,在中国古代社会,主奴综合意识寄寓在每一个成年社会个体的灵魂深处,上至帝王,下至奴婢,概莫能外"。而社会个体之所以几乎都会历时性或共时性兼备主奴双重角色,主要原因在于:其一,金字塔式的社会政治等级结构,注定除位于塔尖的帝王和塔底的奴婢、贱民以外,绝大多数人处于中间阶层,他们往往身兼上与下、尊与贵、主与奴双重角色;其二,角色转换使得大多数社会个体,包括帝王与奴婢在内,都可能历时性地兼备主奴两种角色;其三,"角色丛"使社会中的很多人同时兼备主奴两种角色。这些因素综合在一起,"必然使亦主亦奴具有普遍性"。(按:本文被《中外文摘》第 9 期节略转载,题为"亦主亦奴"。)

2 月 1 日,《王权支配社会的几个基本理论》在《历史教学(上半月刊)》第 2 期发表。先生认为,王权之所以能控制天下,在理论和制度上有如下几个制高点:天王合一论;王"体道"——王握有真理;圣王合一;民之父母;王是秩序化身;天下王有,皇恩浩荡。这几个基本理论把帝王稳固地置于独一、绝对和独断的地位。先生强调:"这些理论与整个的帝王制度体系交融在一起,互相支持,互相转化,即是说,这些理论转化为政治操作的制度,而这些制度又翻转过来强化这些理论。理论与制度配套使帝王体系越来越完备。因此不可能从帝土体系中转化出来现代化的政治观念和制度,只有经过革命性的变革才能突破原有的模式。当然这不是一蹴而就的,要有历史的磨难为代价。"

2 月 13 日,《"天子"的概念》在《今晚报》"副刊"第 9 版发表。在文中,先生对"天子"概念的意义做了揭示,认为其具有重要的政治文化意义。其表现为:天子称谓全面地论证了最高权力的一元性、神圣性和绝对性;"奉天承运"和"听天由命"等概念,凝结了中国传统思想文化中有关"决定论"的最基本内容,将宗教意识、宗法意识与政治意识交织在一起,将神性与理性交织在一起,是传统政治文化中历久不衰的支配性的范式,同时也是人们的政治认同的最高价值准则;就潜移默化而言,只要在习惯和无意中接受了这些观念,天子就是无可争议的绝对权威,同时也就成为臣民社会定位的前提。

2 月 27 日,《帝王的谥号》在《今晚报》"副刊"第 13 版发表。先生指出,谥号是后人根据死者的生平事迹而给予的一种价值评定,主要适用于帝王、后妃和重要大臣,其中最有规律性的是帝王的谥号和尊号。在政治生活中,帝王谥号占有重要的位置,具有广泛的政治影响,是中国传统政治文化的重要组成部分。从历史上看,"有恶谥的君主只是极少数。王,就为权杖的光辉所笼罩,作为与他本身相异化的形象而存在,即使平庸、暴戾,也冠以诸多美名,以此掩盖其真实面目。秦汉以后谥号起到了美化帝王的作用,观谥而知其行的意义不复存在……并且越到封建社会后期,越失去了谥法初期的原则和是非观念,亡国、昏暴的君主也多冠以美谥"。由此先生得出一个结论:"谥与尊号虽然只是语言符号的不同组合,却正是几千年来传统政治思维的凝聚。这些语言的巫术功能超过了表意功能。"

先生仙逝之后,遗作《非圣无法》《腹诽罪》《圣人从众与从善》《说"天地君亲师"崇拜》,于《今晚报》"副刊"在 5 月 10—13 日,连续四天刊发(《腹诽罪》刊于第 13 版、其他三篇均刊于第 9 版),以示对刘先生的礼敬和缅怀。在《非圣无法》一文中,先生对汉代的"圣制"含义做了分析,并对所谓的"非圣无法"进行了反思,强调道:"对'圣制'和帝王认定的观念提出异议,就是'非圣无法''非圣诬法',必遭惩治。在人们曾经的生活经历中有很多'非圣无法'的问题,这类的事情实在应该进入历史博物馆,作为历史的陈迹,让人去反思。"在《腹诽罪》一文中,先生指出,汉武帝时不仅恢复了妖言、诽谤罪,而且创设了腹诽罪,其目的乃在于要达到绝对的"一统""一尊",不允许人们心中存有异议,私议当然更不允许。此一举措,是拒谏、限制言路的体现,会导致闭目塞听、奸不上闻的弊端。"这种历史教训,无论如何都不应该忘记。"在《圣人从众与从善》一文中,先生指出,"在把'圣人'推向文化本体地位的造圣运动中,老子与孔子有着特殊的贡献……沿着老子、孔子的思路,后来者更加高扬圣人。终战国之世,基本上完成了思想文化由崇神向崇圣的转变"。然而"如何才能成为圣人,这又是一个深层次的问题",其中涉及"众"与"善"的分歧。在先生看来,"众"即多数,"善"即正确,比多数更为重要,善在少数人手中,从"善"亦即从"众"。那么,究竟如何把"从众"与"从善"统一起来?此一问题长期困扰着人们,但问题的提出足以给人启发。就先秦时期的情形来看,"得到民众的支持就可犯上,就拥有充分的理由,可以说是春秋期间最激进的言论和见解……得民便取得放逐君主的理由,在政治思想上是一大飞跃,君主的神圣性被破除了"。在《说"天地君亲师"崇拜》一文中,先生指出,"天地君亲师"崇拜到西周时已具备雏形,而形成于《荀子》,在西汉思想界和学术界颇为流行,明朝后期以来,更在民间广为流行,其核心是一种泛化的君崇拜。这种泛化的君崇拜,"为一切等级的上下关系都注入了支配与被支配的

417

属性,使人与人之间的关系大多类似于主子与奴仆的关系……铸就了遍布社会的主奴综合人格"。先生强调:"在古代,'天地君亲师'崇拜不能说一无是处,但主要培育的是泛君崇拜,此点不可不察。单方面颂扬其优越性,实在是违背历史和缺乏历史的分析。"

与思想相伴而生

——悼念恩师刘泽华先生

林存光

吾师,刘泽华先生是也。吾敬吾师,吾爱吾师,永生永世!

2018年5月8日,上午给2016级政治学专业上中国政治思想史的本科专业必修课,这门课所依据的主要教本便是先生主编的《中国古代政治思想史》,先生的殷殷教诲与卓越见解及其对于先秦诸子政治思想的精到阐释与诠解,乃是我讲授先秦诸子政治思想取之不尽、用之不竭的活的智慧泉源。上午的课刚刚讲到庄子超然的心灵境界和逍遥旷达的生死观,然而下午便惊悉先生仙逝的消息,实在禁不住满腔的悲痛,默然不知如何表达对先生的哀思之情!次日,俟方寸稍定,特撰此悼文以寄托对先生的哀思。

也许哀思、悲痛都不足以告慰先生的在天之灵,因为先生晚年曾说,自己并不避讳谈论死亡的问题,并说要对身后事早做打算。先生又说,自己晚年常常写点小文章,之所以笔耕不辍,是为了防止老年痴呆。先生逝矣,能够坦然面对死亡,并深知向死而生的人生意义者,唯有智者,如先生者便是。

在中国思想史上,真正能够深刻、超然而达观地看待生死问题的是庄子,而先生是这样评价庄子的:

> 《庄子》认为,被生死问题所纠缠,实在是自寻烦恼。它提出了外生死的主张,以求彻底摆脱生死的束缚。
>
> 《庄子》把生死视为自然的过程,所以劝人们不必喜生恶死……从

生到死,只不过像春夏秋冬四时那样自然地运行。生总归要死,生如白驹过隙,一驰即过。这些看法基本上是正确的。

不仅如此,先生更认为庄子那否定世俗一切,乃至齐一是非、贵贱、生死的心灵境界,既"有精神超脱的自我安慰,更有藐视一切的高傲"。而我认为,先生于庄子生死之道庶几得之,故从不讳言且能坦然面对之,想必先生面对死神,定然是藐然视之而处之泰然。

金岳霖先生曾说,中国哲学虽然没有打扮出西方哲学那种"理智的款式",但"也没有受到这种款式的累赘和闷气",比如庄子,"比庄子哲学更土气的哲学是几乎没有的",但"他的哲学用诗意盎然的散文写出,充满赏心悦目的寓言,颂扬一种崇高的人生理想,与任何西方哲学不相上下"。先生生前常常说自己"一身土气",自己在学术上从来不刻意追求打扮出一种现代学术话语的时髦的款式,但在我看来,这也正说明先生不曾受到这种学术时髦的累赘与污染,先生在研究中喜用归纳法,用材料说话,直抒己见,立足于一种崇高的政治理想,深刻批判中国历史上的王权主义政治思想与政治文化传统,丝毫不逊色于任何以时髦的话语款式装扮而成的所谓现代学术。

在分析批判中国王权主义传统的学术研究中,先生难免会对儒家传统中维护君主专制统治的阴暗面有所反思和批评,这在今天不可避免地被一些打着所谓"儒家"旗号的代表人物视为自己学术上的敌人。然而只要我们对历史上的儒家传统能够客观公正地采取一分为二的辩证态度,只要我们不想自欺欺人地做食古不化的历史传统的盲从者,我们就一定会像梁启超先生所说的那样,"学政治的人,对本国过去的政治学说,丝毫不能放过,好的固然要发扬他,坏的也要查勘他"。查勘坏传统的目的在于,绝不让坏的传统继续蒙蔽我们的心智,先生之所以汲汲于批判清理中国历史上王权主义的政治思想与政治文化传统,其根本用意即在此,其卓越的学术贡献亦在此!

西哲柏拉图有言,"人而不能以思想启人,则亦不能明人之思想"。先生不是一位为学术而研究学术的书斋学者,先生一生研究历史,却有着一颗炽热的关切现实的崇高情怀,而且孜孜于以思想启人,故亦能深刻地阐明古人之思想。我愿意称先生是一位思想者,一位一生与思想相伴而生的思想者,直至晚年都从未放弃过思考,并一直秉持自己的独立思想而写作。先生不愧为研究中国政治思想史的一代名家,他开创了中国政治思想史领域的"刘泽华学派"或"王权主义反思学派",他对中国历史上王权主义的政治思想和政治文化传统所做的全面、系统而深刻的批评反思,体现了五四以来现代中国知识分子的优良启蒙传统和道德良知。

先生逝矣,吾以为对先生最好的哀思和纪念便是沿着先生开拓和奠立的学术思想足迹继续前行,不断开拓新的学术与思想的疆域。

先生虽逝,但吾爱吾师,吾敬吾师,吾师不死!

林存光
2018 年 5 月 9 日

学术独立，思想永恒①

——写在恩师刘泽华先生《全集》出版发布会之后

林存光

　　《刘泽华全集》（全十二卷）（以下简称《全集》）已由天津人民出版社于2019年10月正式出版，而且南开大学历史学院和天津人民出版社也已于12月23日上午联合举办了《全集》发布会。在恩师刘泽华先生仙逝一年之后，《全集》的出版应该说是中国历史学界和中国政治思想史学界的一件盛事，很值得借此机会抒写一下个人的感怀与思念。

　　李振宏先生在发布会上的发言特别郑重提出"刘泽华史学"的说法，以凸显和彰著刘先生在中国史学研究领域所做出的特殊而重要的学术贡献，这一提法是非常发人深思的。先生一生致力于对中国历史的系统研究与深刻反思，提出了特富创见的"王权支配社会"命题，用以标识中国古代社会的重要特点。当然，先生一生最感兴趣亦用功最勤的领域仍然是中国政治思想史的研究，在此领域不仅提出了中国政治思想与政治文化之主旨是"王权主义"的著名论说，而且引领和开创了一个极富鲜明学术特色的"中国政治思想史研究中的王权主义学派"②或"刘泽华学派"。《全集》的出版发布，为学人深入而全面地了解刘先生的学术思想，提供了一个最全面、最权威而不可或缺的著作文本。尤其是，先生逝矣，我们今日也只能通过读先生之书，来与先生进行

---

　　① 本文是在本书编辑完成、参加刘先生《刘泽华全集》（全十二卷）出版发布会之后所写，特附录于书末，专此说明。

　　② 李振宏：《中国政治思想史研究中的王权主义学派》，《文史哲》，2013年第4期。

心灵的沟通、学术的交流与思想的对话了。匆匆翻阅先生的全集,引发了一系列随思感想,吾虽不才,不能全面系统地梳理和阐发先生学术思想之精义奥旨,但为了纪念先生,为了祝贺先生全集的出版,亦为了尽己所能地就先生学术思想独到之神髓与精彩处摹写论说一二,故不揣谫陋,略谈以下几点体悟和感想,以就教于学界同人。

"马克思主义在我心中"

先生生于 1935 年,大概比先父小 10 岁,他们同是有着异常曲折经历的一代人,生在旧社会,做过亡国奴,饱受过战乱之苦。先父曾参加过革命,当过八路军的连长,但从来没有接受过任何教育,在这一点上,先生要比先父幸运得多,念过几年小学,还上过中学,并最终考上了大学。1953 年,先生 19 岁加入中国共产党,可以说终其一生都是一位坚定的、始终一贯的马克思主义者。在经历了十年"文革"磨难和动乱之苦后,先生痛切反思,逐渐摆脱教条主义的思想束缚,毅然决然地继承五四传统,走上了一条清理和批判君主专制主义和反思王权主义的学术研究之路。而且对先生而言,这不仅是自己的学术兴趣所在,更成为一种人生的"使命"。从着力清理和批判"四人帮"与传统封建主义流毒之影响,倡导"砸碎枷锁,解放史学",揭橥和阐发"生产斗争是历史发展的最终动力"的议题,到系统研究以君主专制主义为归宿的先秦诸子政治思想,再到明确提出和系统阐述"王权支配社会"和"中国的王权主义"的学术思想命题,先生一路走来,不断开拓、锐意探索,应该说在中国历史(包括政治史、社会史和士人等)和政治思想史研究领域始终充当了思想启蒙的先锋与学术研究的引领者角色。

据先生自述,20 世纪 70 年代后期,正是在"从教条主义走向独立思考的过程"中,从而萌生了"马克思主义在我心中"的念头;"从崇拜'权威化的马克思主义'逐渐转向'马克思主义在我心中'",这是先生读史治学道路上的"一个很大的转变"。[①]那么,这一转变究竟意味着什么? 首先,不是放弃对马克思

---

① 参见《刘泽华全集·序跋与回忆》,天津人民出版社,2019 年,第 288—289 页。

主义的遵循和信奉,而是开始有了自己独立自主的思考。其次,对马克思主义的信奉,在方式上也开始"与过去有所不同",即"过去以在位者为马克思主义之体现;从今尔后,在认识领域,马克思主义是我的选择,在我心中","'我'同他人是平等的"。①也就是说,从总体上讲,先生在学术主张上仍然遵循和信奉马克思主义的学理和方法,亦即把马克思主义作为一种认识论或研究和认识人类社会历史的最有说服力或解释力的学理和方法来看待和信奉,但在具体运用它来研究和解释中国社会历史的具体问题和基本史实时则须坚持自己的独立思考和自主认识,为此需要对马克思主义的一些具体论述进行必要的"修正","修正"不是否定马克思主义的认识论与方法论,而是使之更加适用于对中国社会历史之普遍性与特殊性的理解和解释。

总之,所谓的"马克思主义在我心中",意味着在逐渐摆脱和走出"文革"教条主义的思想束缚和权威化的庸俗马克思主义的影响之后,先生仍然秉持和信奉马克思主义的认识论与方法论,而同时又具有了自我独立思考或自主认识的主体性,在具体研究和分析中国社会历史和政治思想问题时,致力于具体问题具体分析或创造性(修正性)地活学活用马克思主义的基本学理与方法。当然,对其他的理论,先生也并不排斥,而是"从多元的立场出发,持平等以待的态度,实行百家争鸣"。②

正是因为萌生了"马克思主义在我心中"的念头而具有了独立思考和自主写作的精神品格,所以先生才敢于发出"砸碎枷锁,解放史学"的呼声,发人深思地提出"解放"(重新评价)孔、孟、儒家的问题。也就是说,"四人帮"借批林批孔而将历史上的孔、孟、儒囚禁起来施以"任意棒打","他们见孔孟就打,见儒家就骂"而"容不得任何人进行一丝一毫的历史分析",现在揭批"四人帮"的阴谋罪行,就应该"让历史上的孔、孟、儒从'四人帮'的囚室里回到历史研究对象的行列中去,允许人们依据马克思主义历史唯物主义原理进行重新评价"③。

正是因为萌生了"马克思主义在我心中"的念头而具有了独立思考和自

---

① 《刘泽华全集·历史认识论与方法》,天津人民出版社,2019年,第22页。

② 参见《刘泽华全集·序跋与回忆》,天津人民出版社,2019年,第290页。

③ 《刘泽华全集·随笔与评论》,天津人民出版社,2019年,第320页。

主写作的精神品格,所以先生才敢于提出和讨论历史发展的动力问题,"依据马克思、恩格斯有关生产是历史发展的'根本动力'说,来修正当时神圣的阶级斗争说,对阶级斗争做了诸多限制,使其降到次要的地位",乃至成为"20世纪80年代史学思潮转变的起点"。①但是先生也并不认为马克思主义的阶级分析方法因此就过时而不再适用于分析社会历史问题了。事实上,先生仍然认为"阶级分析依然是有效的",而且"在某些方面和领域仍是最有说服力和解释力的",正因为如此,所以直到晚年先生还在认真思考和讨论阶级"剥削"的问题。但先生"反对把阶级分析方法绝对化"或反对定型化的阶级分析法,比如在研究政治思想时,简单地给思想家贴上一个阶级代表的僵固标签,而为了"尽可能从定型化的阶级分析中走出来",先生在第一部系统研究先秦政治思想的杰出著作中进行了"一次大胆的尝试",即"淡化阶级分析"②,给先秦诸子各家各派的思想家实行了"脱帽礼"③。反对把阶级分析方法绝对化或反对定型化的阶级分析法,并不意味着否定阶级分析法,但先生认为,需要对阶级分析法做出一些补充和修正,提出"阶级-共同体综合分析"正是先生对阶级分析进行"修正"而做出的一种有益尝试。④

不管认为阶级分析依然是有效的,还是对其进行必要的补充与修正,总之,只要坚持阶级分析法,就得承认矛盾的存在。对此,先生亦有深刻的认识和精彩的论述,如先生说:"我的学术主张是从马克思主义出发的。马克思曾经说:'真理是通过争论确立的,历史的事实是从矛盾的陈述中间清理出来的。'分析历史要按阶段分析、在矛盾中分析,现在有人不讲历史阶段,不讲矛盾,好像古今是一贯的,忽略了意识形态的阶段性和不同意识形态的差别。"⑤职是之故,先生始终秉持"在矛盾中陈述历史"的研究进路和论述方法,这一

———————————

① 参见《刘泽华全集·序跋与回忆》,天津人民出版社,2019年,第289页。

②《刘泽华全集·序跋与回忆》,天津人民出版社,2019年,第291页。

③ 在《中国政治思想史集》第一卷《先秦政治思想史》再版弁言中,先生是这样讲的:"一九四九年以后到本书出版之前所有的思想史著作,在论述人物及其思想时几乎都被戴上'这个'阶级或'那个'阶级的帽子,而我在本书中实行了'脱帽礼',把帽子统统摘掉了。这在当时也可以说是绝无仅有的,谓余不信,不妨翻翻那时的著作。"

④《刘泽华全集·序跋与回忆》,天津人民出版社,2019年,第291—292页。

⑤《刘泽华全集·序跋与回忆》,天津人民出版社,2019年,第354页。

点也可以说是"马克思主义在我心中"的一个鲜明体现。

除了"马克思主义在我心中"之外，先生还常言："我个人是沿着五四的文化批判派接着往下走的"或"我自认为我是承继五四而来的"。①承继五四的启蒙精神，秉持马克思主义的认识论和方法论路线，可以说始终构成了先生整个学术思想最深厚的底色。

政治之"思想"，王权之"主义"

本着"马克思主义在我心中"的理念，既坚持和信奉马克思主义的认识论和方法论，而又对之做出必要的补充和修正，先生思想的独立性及其学术上的突破性贡献恰恰就来自于此。比如"从定型化的阶级分析中走出来"，"淡化阶级分析"而给思想家行"脱帽礼"，最终成就了《先秦政治思想史》(南开大学出版社，1984 年)这部不朽的巨著。先生曾自信地说，这是"迄今为止最系统、最全面(包括'人'和'书')、资料最翔实的一部先秦政治思想史"②。在我看来，此书与后来结集出版的论文集《中国传统政治思想反思》(生活·读书·新知三联书店，1987 年)，是最能体现先生之独立思考和突破性学术贡献的两部早期著作。

从 20 世纪 70 年代后期，先生将主要精力投入到对中国政治思想史的研究。按照先生晚年回忆时的说法，研究历史不研究思想，那就等于是只研究躯壳肢体而不研究灵魂，而就古代中国而言，无论是历史传统还是学术思想，又都以"政治"为枢纽和核心，或以"突出政治"③为特点。故先生说："研究中国的政治思想是理解中国历史与现实的重要门径。中国历史的一个重要特点是宗教性相对较弱，政治性高于各种民间信仰。政治在中国最具全局控制性。所以一些著名学者提出过中国'以政治为归宿''以政治为宗教'的观点。如果不研究中国的政治，就很难研究中国的历史；不研究中国的政治思

---

① 《刘泽华全集·序跋与回忆》，天津人民出版社，2019 年，第 314、401 页。
② 《刘泽华全集·序跋与回忆》，天津人民出版社，2019 年，第 37 页。
③ 《刘泽华全集·历史认识论与方法》，天津人民出版社，2019 年，第 3 页。

想,就捉不住中国历史的灵魂。"①因此关注和研究政治思想始终是先生一生矢志不渝的志趣所在,同时也是受到"反思'文革'和专制主义的影响"这一"使命的驱动"所致。②

古今人类社会之政治活动,除了纯粹经验型的低级行为之外,大概不能不以某种"观念"或"思想"为指引,而"思想"之逐渐演成系统的观念体系或理论形态,正是政治理性日趋于成熟的表现。对先秦政治思想进行深入而系统的研究,其根本目的也正是为了要全面了解中国人之政治思想不断发展演进并日益走向系统、成熟和理性的历史过程。特别是先秦诸子在思想自由、百家争鸣的精神氛围和时代境遇中发展形成的不同政治思想流派,其内容是极为丰富的,尤其需要我们从多方面、多角度进行开拓和研究。为此,先生在《先秦政治思想史》一书中大大扩展了政治思想的研究范围,把政治哲学、社会模式或理想国理论、治国方略和政策、伦理道德问题、政治实施理论与政治权术理论等都纳入其中,并对阶级分析法做出了重要修正,即为了摆脱和消除绝对化、定型化的阶级分析方法所造成的思维定式之僵化或教条主义的不良影响,先生不再简单地给思想家贴上某个阶级代表的标签,或者不再"把政治思想都装入阶级的口袋",而采取了"淡化阶级分析"的模糊处理方法,强调政治思想不仅有阶级性,还有社会性即超阶级的内容。③正因如此,《先秦政治思想史》一书可以说为我们呈现了一幅最充实而饱满的思想画卷,其内容之丰富多彩,分析之透辟全面,评价之客观公允,都远超同类著作之上,至今仍不失为一部充满睿智卓越之创见的研究政治思想的典范之作。而其最独树一帜的地方就在于,先生认为,先秦诸子各家政治思想的最终归宿,亦是其实质和要害所在,都是肯定和维护君主专制主义的。而"君主专制是政治思想的最高层次问题"④,因此也可以说,在分析政治思想的最高层次问题上,先生仍然秉持的是阶级分析的方法。

继《先秦政治思想史》一书之后,先生又结集出版了《中国传统政治思想

---

① 《刘泽华全集·序跋与回忆》,天津人民出版社,2019年,第352页。
② 参见《刘泽华全集·八十自述》,天津人民出版社,2019年,第224页。
③ 参见《刘泽华全集·八十自述》,天津人民出版社,2019年,第225页。
④ 《刘泽华全集·八十自述》,天津人民出版社,2019年,第229页。

反思》一书,该书是先生研究和反思君主专制主义这一传统政治思想最突出或核心问题的又一部力作,以专题性系列论文的形式系统全面地梳理和考察了君主专制主义的各种理论形态和表现形式。先生曾自称"反思派",不仅此书明确以"反思"命名,而且先生还如是理解和阐明"反思"之义,他说:"历史的反思绝不是搞历史虚无主义,而是为了获得自觉,从历史中走出来,增强现代意识。无论是一个民族,还是个人,为了发展,不仅需要从历史中汲取营养,同时还必须恰如其分地把自己与历史区分开来,这样才能充分地实现自身的价值。如果埋头于历史,那只能充当活着的化石。化石固然可贵,但终究是历史的落伍者!"①这可以说是先生最一以贯之的对待历史传统和思想文化问题的反思立场与态度。先生从不讳言自己的价值评判的反思立场与态度,但先生的出发点是一种让材料说话的事实描述,而且即使就君主专制而论,对"君主专制在中国的历史上的某个时期和某些方面有过重要的建树和历史的功绩",先生仍然秉持历史主义的态度而给以客观公允的肯定性评价。先生所欲强调的是,"当中国步入世界性近代化之路时,君主专制无论如何都过时了",不过,"中国的君主专制主义像百足之虫,死而不僵,影响还广泛存在",正因如此,先生对君主专制主义进行历史反思的"价值"和"意义"之一,就在于"想对它有一个清醒的认识,以便从中走出来"。②

总之,强调先秦诸子政治思想基本归宿于君主专制,这是先生在学术上的一贯看法和观点。先生强调,这个结论首先是一个有充分材料依据的历史事实问题,而且先生也"并没有完全否定君主专制在当时的作用",对君主专制主义"所持的批判立场"只是"从今天的价值层面说事"而已。③但"君主专制主义"的说法往往给人一种含有强烈否定意味的负面印象,并由此而产生了一些不必要的误解,在一些喜欢或倾向于全盘肯定和弘扬传统的学人眼里,先生的历史反思似乎意味着对传统的全盘否定,关于此一问题,后文还会论及。在此,我想强调的是,先生的学术研究和理论思考亦有一个不断发展、完善和深化的过程,在《先秦政治思想史》和《中国传统政治思想反思》两书中多

---

① 《刘泽华全集·历史认识论与方法》,天津人民出版社,2019年,第7页。

② 参见《刘泽华全集·历史认识论与方法》,天津人民出版社,2019年,第34页。

③ 参见《刘泽华全集·历史认识论与方法》,天津人民出版社,2019年,第144页。

使用"君主专制主义"一词,而在后来的学术著作中,随着对中国社会历史研究的不断深入,先生逐步而明确地提出了"王权支配社会"①的重要命题,并更多地采用了"王权主义"②的概念和说法。

先生最早专门著文论述王权主义的文章是发表于《南开大学学报》1986年第4期的《中国传统的人文思想与王权主义》一文,后收入《中国传统政治思想反思》一书中;后来先生又与葛荃师兄合写了《王权主义的刚柔结构与政治意识——中国传统政治文化特点分析》一文,被收入《论中国传统政治文化》(吉林大学出版社,1987年)一书中。这应该是先生最早使用"王权主义"一词的始例。2000年10月上海人民出版社更结集出版了先生的《中国的王权主义》一书,使"王权主义"最终成为先生整个学术思想中最具标志性和典范性意义的核心概念。相对于"君主专制主义"一词,"王权主义"的概念和说法绝不仅仅是一种使用词语上的小小变化而已。当然,"王权主义"的概念和说法,也绝不意味着对"君主专制主义"这一说法的否定和抛弃,事实上,它意味着先生对中国社会历史与思想文化的认识和理解有了更进一步的深化与拓展,"王权主义"正是对这种深化与拓展的一种理论提升与高度概括。要之,"王权主义"这一概念的使用,不仅极大地扩展了研究问题的领域和范围,而且更提升了自身学术探索与理论反思的广度、深度和高度;不仅广泛地涵盖了中国历史不同层次的丰富内容与复杂内涵,而且也具有了更强的说服力和解释力。

具体地讲,先生的"王权主义"说,包含两大重要的理论命题和三个不同的问题层次。两大命题是:"王权支配社会"和"传统思想文化的主旨是王权主义"。"王权支配社会"是从马克思"行政权力支配社会"的说法变通而来,由此亦足见作为"伟大的思想家"的马克思对先生的深刻影响,这一命题充分凸显了中国古代社会的一个极为重要的特点,即王权作为一种特殊存在而在历史上对整个社会一直发挥着一种支配性或决定性的影响与作用。与此同时,先生又指出,"中国传统思想文化的主体是政治思想和政治文化,而其主旨则是王权主义",而且思想文化的王权主义就"根源于'王权支配社会'这一历史事

---

① 《刘泽华全集·序跋与回忆》,天津人民出版社,2019年,第15页。
② 《刘泽华全集·序跋与回忆》,天津人民出版社,2019年,第401页。

实"。①后一命题亦可称为狭义的"王权主义"。而综括上述两大命题，也就构成了广义的"王权主义"，它包括三个不同的问题层次，如先生曰："我所说的王权主义既不是指社会形态，也不限于通常所说的权力系统，而是指社会的一种控制和运行机制。大致说来又可分为三个层次：一是以王权为中心的权力系统；二是以这种权力系统为骨架形成的社会结构；三是与上述状况相对应的观念体系。"②总之，所谓的"王权支配社会"或"王权主义"乃是对中国历史的总体特征，对中国传统社会之控制、运行机制、对中国传统思想文化之主旨的一种高度理论性的概括，这一概括无疑是极为深刻而精到的。

很显然，提出"王权支配社会"的命题并系统阐发和论述广义的"王权主义"的概念含义及其历史内涵，意味着先生的学术研究与理论思考已不仅仅局限于思想史或纯粹历史的范畴之内，而是采取了一种更为宏阔的"全局性视野"，正如先生所自言，尽管"这些年我主要用力于思想史研究"，但"我所关注的不仅是思想理论的历史过程与内在逻辑、社会历史生活的生动形态，还有思想与社会相互生成的原理和机制，一句话，研究的不是思想加社会，而是思想所灌注的社会、社会所生发的思想，以及两者之间相互作用的关系方式"。③在先生看来，思想与社会密不可分的互动关系才是历史本体的一种真实体现。事实上，我们只有将"王权主义"置于一种宏阔的"全局性视野"或思想与社会之互动关系的整体视角，才能更好地理解其深刻含义。

但同样地，"王权主义"的概念，也遭到了时下一些喜欢或倾向于全盘肯定和弘扬传统的学人的误解与反感，误解和反感均来自这些人将此概念想当然地从完全否定的负面意义上加以理解。然而在先生的使用中，与"君主专制主义"一样，"王权主义"也首先是对历史事实的一种客观描述，或属于历史事实的判断问题，而"其历史作用与历史价值是另一层次的问题"④，我们不能将不同层次的问题混为一谈。尤其是，"马克思说的'在矛盾中陈述历史'"，是先生"从始至终的分析问题的基本思路"，而且在后来的研究和论述中，先生更

① 参见《刘泽华全集·序跋与回忆》，天津人民出版社，2019年，第12页。

② 《刘泽华全集·中国的王权主义》，引言，天津人民出版社，2019年，第2页。

③ 参见《刘泽华全集·序跋与回忆》，天津人民出版社，2019年，第120页。

④ 《刘泽华全集·历史认识论与方法》，天津人民出版社，2019年，第51—52、128页。

据此而进一步明确地概括和创造性地提出"阴阳组合结构"这一分析工具①，从而使我们对"王权主义"的内涵和实质有了更加充分而深刻的理解与认识。

那么，"阴阳组合结构"的政治思维特征究竟意味着什么？或者先生通过提出这一分析工具究竟想告诉人们什么？先生说：

> 所谓阴阳组合结构是说一个命题一定有一个副命题来补充，形成相反相成的关系……诸如：
>
> 天人合一与天王合一
>
> 圣人与圣王
>
> 道高于君与君道同体
>
> 天下为公与王有天下
>
> 尊君与罪君
>
> 正统与革命
>
> 君本与民本
>
> 人为贵与贵贱有序
>
> 等级与均平
>
> 兼听（纳谏）与独断
>
> ……
>
> 政治思想的命题都可以纳入这种阴阳组合结构中，因此具有普遍性……阴阳组合关系，主辅不能错位……

"阴阳组合结构"是古代政治思维的普遍事实，这种结构性的思维应该说是极其高明的，它反映了事物的对立与统一的一个基本面。这种"结构"的思维方式和认知路线对把握事物非常有用，也非常聪慧。就思想来说，这种结构的容量很大，说东有东，说西有西，既可以把君主之尊和伟大捧得比天高，又可以进谏批评，乃至对桀纣之君进行革命。由于有极大的容量，以至于人们无法从这种结构中跳出来，至少在政治思想史范围内，直到西方新政治思想传入以前，先哲们没有人能突破这种阴

---

① 参见《刘泽华全集·历史认识论与方法》，天津人民出版社，2019年，第99页。

阳组合结构……

　　在政治实践上，这种阴阳组合结构的政治理念具有广泛的和切实的应用性。以古代的君主专制体制为例，一方面它是那样的稳固，不管有多少波澜起伏，多少次改朝换代，这种体制横竖岿然不动；另一方面，它有相当宽的自我调整空间和适应性。我想，这些应该说在很大程度上得力于政治思维的阴阳结构及其相应的政治调整。[①]

　　在我看来，对政治思维的"阴阳组合结构"的概括和阐发，体现了先生最独具匠心的形上之思和理论创见，而如果说政治哲学主要就是"研究政治思维方式和形而上的抽象"[②]的话，那么对政治思维之"阴阳组合结构"特点的形上抽象与理论概括，便最集中地体现了先生建立自己的政治哲学的一种努力和尝试，这是最值得我们后来者应给予高度重视并深远思之的。如果我理解不错的话，先生的这一努力与尝试，想要告诉我们的就是：历史上的王权主义是有其自身的一整套丰富而独特的政治哲学思维方式来支撑的，或者说，中国的王权主义之所以能够在历史上长期存在和稳固运行，是有其很可靠的根据的，这个根据就是有系统的政治之思想，而其主旨则是王权主义，而王权之主义在思维上的根本特征则是其容量很大、具有广泛的和切实的应用性而又极其高明的"阴阳组合"式的结构性思维。这种结构性思维的内涵绝不是单面的，而是双面的，它决定了王权主义在历史上绝不是单面性的一种历史存在，王权主义的思想观念绝不只是一堆简单而错误的思想观念。我们切莫误会，或不要以为历史上的王权主义只是一种很低级而荒谬的东西，它可以被我们很轻易地就扫进历史的垃圾堆或送进历史的博物馆。在此意义上，我认为我们完全可以说，明确概括和提出政治思维的"阴阳组合结构"实则是先生在政治哲学上的一大极富创见性的重要贡献。

[①]《刘泽华全集·序跋与回忆》，天津人民出版社，2019年，第16—18页。
[②]《刘泽华全集·历史认识论与方法》，天津人民出版社，2019年，第37页。

史学之"大真",思想之"贯通"

综上所述,依先生之见,在中国历史上,"政治"是一大"神物",占据着主导性的突出地位、"最具全局控制性"。对"政治"之理解不同,势必造成"思想"的多元发展,演化出各种不同的思想体系与理论形态,先秦诸子百家是也;然要其会归,他们又都以君主专制主义为归宿或以王权主义为主旨。而若论中国之王权专制,则可谓古今一脉相承,不断发展演进,在历史上衍生出各具不同时代特点的权力系统、制度形式和社会结构,随之而来的有关王权之主义的思想论说亦势必由简而繁地愈来愈趋于系统、丰富、成熟而完备。后者可总谓之"社会的控制与运行机制",亦即广义的王权主义。在我看来,狭义的王权主义可以说奠立了解读中国政治思想的一种学术思想范式[①];而广义的王权主义则确立了一种研究和解说中国社会历史的整体视角和基本史学范式,而且两者是一体两面的互诠互证之关系。故先生曰:"王权主义是中国政治思想的一个重要传统。我们以此作为分析整个中国历史的一个基本思路与框架。"[②]

那么,先生何以能够奠立上述王权主义的解读中国政治思想的学术思想范式和分析整个中国历史的基本史学范式? 我认为,这与先生扎实深厚的史学功底与重视形而上的抽象思考有着密不可分的关系。南开史学素有注重史料考证的优良学风,先生深受其影响,而且反复强调这一点说:"我受南开大学影响最大的就是强调实证,有几分材料说几分话。"[③]"郑天挺先生的'两万张卡片'说影响了我一生……郑先生曾说过:没有两万张卡片,不要轻易动笔写著作。"[④]先生读史治学积累有数万张卡片,这是一项必不可少的下学工夫。然而先生研思论政,又是一位特别重视形而上之抽象思考的学者,形而上的

---

① 参见林存光:《重读中国古典政治哲学——兼论中国政治思想史研究诸范式》,《政治思想史》,2011 年第 1 期。

② 《刘泽华全集·序跋与回忆》,天津人民出版社,2019 年,第 353 页。

③ 《刘泽华全集·序跋与回忆》,天津人民出版社,2019 年,第 329 页。

④ 《刘泽华全集·序跋与回忆》,天津人民出版社,2019 年,第 339 页。

抽象之思属于上达求索，而且依先生之见，唯有在形而上之思方面能够有所创获，才能真正彰显出自己的学术个性，乃至探求到史学认识之"大真"，从而统揽全局。故先生又如是说："南开大学的传统是形而下的东西比较多，形而上的东西比较少。我力争从形而下向形而上发展。"①"南开以考实功见长，这是必须有的，言历史如果不实，形而上的一切都无从谈起。但形而上的也不是自发能产生出来的，它也要靠更深入的思索，才有可能达到。只有形而上达到一定高度，才能更充分显示学术个性。如果形而上的能切实有据，那可是'大真'，万万不可忽视史学中的'大真'，只有'大真'才能统揽全局。"②作为一种统揽全局的整体视角和史学范式，广义的王权主义可以说正是先生探求史学之"大真"而得到的一项重大创获。

在先生看来，"追求学术个性和形而上的'大真'应是个长期关注的课题"③。兹事体大，而先生治学一生，真可谓念兹在兹，故先后撰写了一系列探究和论述历史认识论问题的重要文章。彰显学术个性，探求史学"大真"，研究王权之"主义"，以及探讨历史认识论诸多重要问题，其实也正是"马克思主义在我心中"之"我"的主体自觉性的最充分体现。依先生之见，历史学其实是"一种特殊的认识学"④，而史料只是"历史认识的中介"，"我们掌握了足够的史料，在历史认识领域便可以上下求索，可以考实，可以抽象，可以评价，可以通变"，而"考实、抽象、评价、通变是不同的认识形式"⑤；为了能够获得有价值和意义的历史认识，必须要"树立自觉的主体意识"，"没有主体意识的历史学"是不可想象的，因为"历史认识的一个重要特点，就是认识主体和认识客体在时间和空间上没有直接的统一性（研究当代史的稍有例外），因此就不存在所谓纯客观的直接反映问题。认识主体在认识历史的过程中，不可避免地要投入自己的选择和判断，必然要有一种主体意识，对不同人来说，只是多少的问题"；而"树立自觉的主体意识"的目的，就是要"从历史中走出来"，故先

---

① 《刘泽华全集·序跋与回忆》，天津人民出版社，2019 年，第 329 页。

② 《刘泽华全集·序跋与回忆》，天津人民出版社，2019 年，第 339 页。

③ 《刘泽华全集·序跋与回忆》，天津人民出版社，2019 年，第 339—340 页。

④ 《刘泽华全集·历史认识论与方法》，天津人民出版社，2019 年，第 44 页。

⑤ 《刘泽华全集·历史认识论与方法》，天津人民出版社，2019 年，第 8—9 页。

生毫不隐讳地讲:"从事历史研究不是要回到历史,而是为了走出历史,或者说,接着历史往下走。"①具体地讲,先生研究王权主义,目的就是要从王权主义中走出来。

既然要从历史中走出来,特别是从王权主义中走出来,就必须要凸显"我"之主体与"我"之创造或创新。因此之故,与时下流行的鼓吹弘扬国学和复兴儒学的论调颇为不同的是,先生坚持认为历史进程中应有阶段或形态上的区分,古今社会形态与观念形态存在很大差别,故力主前现代的种种思想观念或文化传统"只能作为一种资源,而不可能成为现代社会的'根'呀、'主体'呀、'纽带'呀、'精神家园'呀,更不可能成为'领导力'",尽管"我们不可低估一些思想家有超越现实的超前性,但思想主体不会超越他那个时代"。因此先生明确反对把传统当作"神物"来膜拜和盲从,反对用直通车(古今直接贯通或直接打通古今)的方式直接拿来或贩运到当下直接加以运用。为此,先生专门撰文深入探讨了"思想史研究中的古今贯通性认识"问题,并对此问题进行了精彩论述。先生说:"把传统思想作为资源,而贯通性认识就是开发和利用这些资源。如何开发和利用大致是'六经注我'的方式,而'我'是主体,'我'要创新。"关于如何开发和利用资源,先生从以下几个方面谈了自己的观点和看法:一是提取有价值意义的因素和内容;二是"借题"发挥;三是借用前人的概念;四是从分析古人提出的实质性问题与解决问题的方式中,寻求智慧和借鉴;五是古人在自我与超越之间的种种思索同样为我们在现实中遇到的问题提供了镜鉴;六是提取某些具有科学意义的方法论。总之,"没有资源的世界必然是荒漠;有资源,但如何开发和利用则全靠自己";"在现实中,面对丰盛的资源且不可像守护文物那样仅保持其原汁原味,更不能以旧修旧,重要的是开发和创新";"思想史研究中的贯通性认识,其基点就是把前哲作为资源,而当务之急是为普及和提升公民文化与推进价值提供某些参数"。②

毋庸讳言,对思想文化传统及与之相关的贯通性认识,先生所秉持的仍

---

① 《刘泽华全集·历史认识论与方法》,天津人民出版社,2019 年,第 42 页。
② 参见《刘泽华全集·历史认识论与方法》,天津人民出版社,2019 年,第 241—243 页。

然是强调分析和重视反思的一贯立场、态度与方法,这对那些持全盘肯定立场而一味弘扬国学、复兴儒学儒教特别是一心要回到康有为和董仲舒的人来说,肯定是难以理解的,因为他们最关心的一件大事就是重新将孔、孟、儒家禁锢到王官学的囚室中去,而"容不得任何人进行一丝一毫的历史分析"。因此他们声嘶力竭地说:"中国必须再儒化"意即必须把儒学儒教重新立于王官学的绝对权威地位,使之重新成为中国之国教,但要我说,而且心平气和地说,其实,"中国不须再儒化",那才是儒学生命力的真正的试金石!就像宋儒"寻孔颜乐处"那样,如果有人在践行真正的儒者之学时,能够体会到一种"来自健康的心灵"而"不假借于名位,不托付于财富"的"喜悦"[①],那才是真正的儒家呀!不知先生赞同我的这一看法否?

卓越之贡献,学派之形成

毫无疑问,先生在学术思想上所做出的贡献是卓越的,为了让读者更好地了解这一点,我们不妨拿先生与一位研究中国思想史的西方学者做一下比较,这位西方学者就是美国著名的汉学家本杰明·史华慈。我个人认为他们有很强的可比性,因为他们所秉持的思想史概念非常接近,对中国政治思想的"深层结构"更提出了极为相似的观点与看法,而且最为关键的是,他们是在各自独立的思考和研究中得出这些相近或相似的观点与看法的。

在《关于中国思想史的若干初步考察》一文中,史氏企图建立一个富有理论意义的"思想史的概念",这一概念的基本假设中的第一个要点就是:"思想史的重点并不仅仅限于一般所谓的'自主过程'的思想领域内。它主要着重在人类对他所处的生活环境的意识反应。"[②]很显然,史氏试图扩展思想史的研究视野,将人们对其所处时代的生活环境的意识反应作为思想史研究的重点,这与刘先生关于思想与社会相互关联而彼此互动的观点和看法确乎是极为接近的,不过,先生将此视为历史本体的体现似乎比史氏的"思想史的概

---

① 韦政通:《人文主义的力量》,中华书局,2011年,第179页。

② 参见许纪霖、宋宏编:《史华慈论中国》,新星出版社,2006年,第11页。

念"在视野上更为宏阔而具有"全局性"的深刻意蕴。

在《中国政治思想的深层结构》一文中,史氏曾这样来分析贯穿中国历史之发展的一种思想特质或深层结构,他说:

> 我所指的这个"深层结构"包括两方面:第一是在社会的最顶点,有一个"神圣的位置"(sacred space),那些控制这个位置的人,具有超越性力量,足以改变社会。从这个角度说,位置本身比是谁占据那个位置更为重要。但是反过来说,在那高点有一特殊机关,有某一特定人物所代表(通常是王权)。因为结构本身并无动力足以改变自己,故必须仰仗这个占据最高神圣位置的君王的个人品质来改变整个社会结构。如果上述两面能密切结合,也就是所谓"政教合一"。而这样一个理想结构对社会的每一个方面都有管辖权(jurisdiction)。①

依史氏之见,虽然这一深层结构的世界观本身"拥有巨大的力量",但中国历史上的大部分士人似乎并不太相信"政教合一"的乌托邦理想"可能立即在现世实现",也就是说,"士人对这个'政教合一'的可行性并不总是那样乐观的"。史氏因此而提出了一个饶富意味的问题,可称之为"史氏之问",即"传统士人既能如此清醒地认知这个乌托邦之局限性,但何以仍旧依附盘旋于其中"?史氏给出的一个初步的看法或答案就是:"也许是因为传统士人惯于把这个深层结构的替代面想成就是'乱',故不敢去改变它",换言之,"能不能守住社会秩序似乎占着最优势的位置,正因为怕'乱',所以不敢质疑或挑战这个深层结构"。②

史氏与先生异地同心,史氏有关中国政治思想之深层结构的上述观点和看法,与先生论"天、道、圣、王四合一"和强调"政治"在中国历史上"最具全局控制性"问题,真可谓不谋而合。先生论"天、道、圣、王四合一"问题——作为王权主义最重要的理论支撑或最核心的问题之一,其实正是意在揭示和阐明古人是如何将居于社会最顶点的王权神圣化或赋予其神圣性的,以及必须仰

---

① 参见许纪霖、宋宏编:《史华慈论中国》,新星出版社,2006年,第25页。

② 参见许纪霖、宋宏编:《史华慈论中国》,新星出版社,2006年,第26—27页。

仗这个占据最高神圣位置的君王是如何来对整个社会实施"全局控制性"的。具体而言,所谓的"四合一"究竟意味着什么呢?

1."四合一"造就了政教合一的总态势。君主神化为超然的绝对,与神通列;同时又是世俗最高的统治者和规制者。

2."四合一"把君王的权力推到了顶端并支配社会。

3.王拥有天下,又是天下利益的最高代表。

4.王是社会意识形态的决定者与操控者。

5."四合一"制造了圣王崇拜。这个传统观念里把一切美好的希望都凝结在圣王理想中。只要圣王出世,就能给天下带来太平盛世。在漫长的历史长河里,我们最伟大的思想家基本上都是在圣王和暴君中打转,批判暴君,寄希望于圣王。黄宗羲等师徒跳出这个怪圈,但终于没有跳出来。这个怪圈虽有很大的空间,但终归是一具桎梏,窒息了民主与公民观念萌发,真是中国历史进程中的一大遗憾。①

但是由于有着更为宏阔的"全局性视野",所以先生由对中国社会历史与思想文化的系统研究和深刻反思而明确提出了具有重大理论意义的 "王权支配社会"命题和广义的"王权主义"新说,在我看来,这却是史氏所难以与先生相比论的。尤其是,史氏仅仅从"怕'乱'"的角度来理解和解释传统士人何以"不敢质疑或挑战这个深层结构"的问题,而先生却对于"史氏之问"做出了更具说服力的解释,即从政治思维中"阴阳组合结构"之极高明而富包容性的角度来解释在历史上人们何以走不出王权主义的"思维定势"的问题,这一解释应该说具有更为深刻的思想内涵与理论意义。依先生之见,要想从王权主义的笼罩中走出来, 最主要的有两点:"其一是把王权支配社会体制转变为社会制约权力的体制","其二是要从君尊臣卑观念转化为人人平等的公民观念"②,我想这应该是史氏能够认同而没有论及的。

①《刘泽华全集政治思想史论(二)》,天津人民出版社,2019 年,第248—249 页。
②《刘泽华全集·序跋与回忆》,天津人民出版社,2019 年,第 18—19 页。

当然，读者朋友切勿误会我的意思，这绝不是说史氏研究中国思想史的学术观点与贡献仅仅局限于上述两个方面或仅仅由上面提到的两篇论文来做代表，如果这样来比较的话，显然是极不公平的。凡是读过史氏研究中国思想史论著的读者，都不会不承认史氏是一位做出了自己卓越之学术贡献的伟大的思想史家。其实，通过对其有关思想史概念和中国政治思想之"深层结构"基本看法的比较，我想说的是，与史氏相比，刘先生也毫不逊色，同样是一位做出了自己卓越之学术贡献的伟大的思想史家，而且是一位有着自我极为鲜明的独立思考和学术个性的杰出学者。通过上面的初步比较，我认为这样讲一点都不过分。

先生四十多年来始终践行"马克思主义在我心中"的治学理念，坚持独立思考，崇尚学术个性，提出了一系列具有丰富而深刻内涵的、有关中国社会历史与思想文化的理论命题，而且带出了一批认同和接受其王权主义概念的志同道合的弟子，乃至最终形成了一个具有自身鲜明特色和共同学术理念的学术群体——"刘泽华学派"或"王权主义学派"。正如先生所言："学派是自然形成的，我从来没有建立学派的想法，也从来没有要求我的学生必须接受我的观点……在我们这个小群体里，实行的是学术自由、互相尊重学术个性，在许多问题上各不相同。现在把话说回来，也不要把学派神秘化，只要有一定的学术个性，又有一些人持大体相同的见解，就可以说是一个学派。人不多，就是一个小小的学派吧。"①

学派或宗派现象在中外思想史和古今学术史上乃是很常见的事，最深切著名者如中国先秦时代，诸子异说蜂起，各家各派竞起辩说，相互争鸣，乃至著书立说以干世主。其间，自不免因学术之异见、思想之相左而发生彼此攻讦和相互排诋的现象，其激烈之程度尤为世所罕见。然而"学"而由一家之言相传、演化为一宗一派之主张，必有其确然之真理价值和存在之恒定意义。正因为如此，现代学术的学派现象才会受到那些思想敏锐而极富学术眼光的学者们的关注、重视和倡导，方克立先生和李振宏先生便属于这样的学者。

其实，"刘泽华学派"的名称，最初是由批评者赋予的。而最早公开地正式

---

① 《刘泽华全集·历史认识论与方法》，天津人民出版社，2019年，第54页。

使用并在文章中严肃论及"刘泽华学派"的则是方克立先生。方先生在《关于当前大陆新儒学问题的三封信》中，曾讲到2004年发生的一系列文化事件，其中之一就是"4月陈明挑战南开刘泽华学派，引发了刘门弟子与'原道'派的一场争论"，并在注释中说："刘泽华学派的基本观点是在认同唯物史观的基础上强调思想与社会的互动。这场争论可以说是唯物史观与文化史观之争。"①显然，方先生使用"刘泽华学派"这一说法，正是"沿用了陈明和'原道'派在辩论中对对方的称呼"。但当今中国学术思想版图中的学派现象却引起了方先生的高度关注。在谈及学派问题时，方先生深刻地指出，"在古今历史上，学派现象都是客观存在的，不过在社会转型时期，思想管制相对宽松的时期，学派生长和发展的土壤可能更适宜一些"，同时，"在学者和学术共同体方面，也需要具备一定的主观条件"，这些条件包括：

> 1. 形成学派首先要有"学"，就是要有原创性的学术思想，它还不是一般性的创新思想，而是具有重要理论价值和实践价值的学术思想，能够形成系统的学理和学说，对那个时代学术思想的发展产生重要影响，起到引领和推动作用。因此一个学派开宗立派的代表人物就非常重要，在一定意义上说，他的学识与人格，对于这个学派的生存和发展、气象和规模具有决定意义。
>
> 2. 有了"学"，还要形成"派"，就是你的创新思想和理论要能说服人，得到一些人的认同，成为志同道合者，形成有大体相同的学术宗旨，在学理、学说、学风上基本一致的学术共同体，并且具有学术传承的特点，能够一代、两代、三代地传下去。
>
> 3. 这个学术共同体要有不断创新的学术成果面世，积极参与公共学术论域的讨论，展现出自己的学术个性和思想锋芒。后来者不断有所创新和发展，这个学派才有长久的生命力。②

---

① 方克立：《中国文化的综合创新之路》，中国社会科学出版社，2012年，第436页。
② 方克立：《为"刘泽华学派"赞一个》，《天津社会科学》，2015年第2期。

以上可以说是一个学派之所以能够成立和生长并长期存在和不断发展的三大关键要素。依方先生之见，准此以论，在中国政治思想史研究领域中堪能称得上学派者，目前来讲也只有秉持王权主义研究进路、提出了系统的研究方法和学术观点而具有范式意义的"刘泽华学派"。

2013年，李振宏先生更在当年《文史哲》第4期上刊发了一篇长篇评述文章《中国政治思想史研究中的王权主义学派》，全面系统地梳理了刘泽华先生本人的学术思想和理论创见，以及刘泽华学派主要代表人物的学术观点。一个学派究竟是不是学派，或能否成为一个真正的学派，并不仅仅是由学派自我意识或自说自话来决定的，它还必须要赢得学界普遍的公共认可，李振宏先生的大作正是这种认可的重要标志。2014年，由刘先生任总主编的九卷本《中国政治思想通史》由中国人民大学出版社出版，九卷本通史的出版更为这一认可提供了最强有力的学术支撑和作品佐证，因为九卷本通史正是汇聚学派核心力量自觉地将王权主义的研究进路与方法理念系统贯彻到整个中国政治思想通史研究中所取得的一项最重要的学派标志性成果。这意味着学派的发展真正进入了一个已经得到学界广泛的公共认可，以及学派推出了自身必将产生广泛学术影响力的标志性成果的阶段。而2019年，先生《全集》出版面世，笔者深切期望并相信这必将引起学界同人对先生学术思想乃至对"刘泽华学派"或"王权主义学派"的高度关注和深入讨论。

小结：学术独立，思想永恒

先生常常自称"一身土气，坐井观天"①，也常常把自己比喻成一只"笨候鸟"②。其实，在我看来，这正是先生对自己高度专注且持之以恒地坚守学术独立、进行自由思考最本真的写照。正如先生在谈到学派问题时所反复强调的："从我的本意来讲，我没有要建立一个学派的意思，因为我一直主张独立思考，强调学术个性，我和学生们之间的关系是平等合作关系，你们看我很早以

---

① 《刘泽华全集·序跋与回忆》，天津人民出版社，2019年，第344页。
② 《刘泽华全集·历史认识论与方法》，天津人民出版社，2019年，第129页。

前写的文章,就是这个意思,强调要争鸣。"①先生写过一系列文章,比如《除对象,争鸣不应有前提》《史家面前无定论》《思想自由与争鸣——战国百家争鸣的启示》《人格独立与"横议"》和《战国时期的争鸣》等②,从中我们可以看到先生是多么推崇和激赏思想自由、独立思考与百家争鸣。

但也正因为主张独立思考、强调学术个性,所以先生才能纵论古今而独创性地提出一系列具有深刻贯通性意义的思想见解和理论命题,乃至在中国史学和政治思想史研究领域独辟蹊径而开辟出了一个专属自家学派的广阔的学术领域。在我眼中,先生既是一位始终坚持用材料和史实说话而又重视形而上之思的学术人,更是一位具有现实关怀和崇高道德理想的思想者,是一位一生与思想相伴而生的思想者。作为学术人,先生可谓英杰特出,一身骨气;而作为思想者,先生可谓傲然独思。正因为如此,所以先生才能够在中国史学和政治思想史研究领域卓然自立宗主而开创了一家之学派。我想,用"学术独立,思想永恒"一语来总结评价先生在学术思想上的卓越贡献,那是再恰当不过了。

最后,相信读者也会和我一样惊喜地发现《全集》中首次公开发表、由充满睿智的"随感"或隽永之"格言"形式所构成的最特别的一部分内容,那就是被收入《随笔与评论》一卷中的"20世纪80年代随感录"。现在人们一般把20世纪80年代称为"思想的时代",为了让读者领略和感受一下先生"思想"中蕴含的真知灼见或其闪耀着智慧光芒的独特魅力,特摘录其中的数十条附于篇末以飨读者。

附:《20世纪80年代随感录》③

(一)为人 人生

一味追求突出自己总是以压抑别人为代价,但压抑人太众,自己反而被众人唾弃。

---

① 《刘泽华全集·序跋与回忆》,天津人民出版社,2019年,第313页。

② 前三篇收入全集的《刘泽华全集·历史认识论与方法》,后两篇收入全集的《刘泽华全集·随笔与评论》。

③ 《刘泽华全集·随笔与评论》,天津人民出版社,2019年,第188—214页。

暗斗使人诡诈、卑鄙,明斗使人增加理智。

宁为鬼雄,不为顺犬。

在一切无能中最无能的莫过于嫉妒,在一切聪明中,最聪明的莫过于自信和勤思。

顺境难知人,逆境见朋友。

一个口是心非的人硬要别人尊他为神仙,可能吗?

(二)为学 思维方式 教师

总想让学生像自己,而这样的教师绝不是一个好教师。

以利禄引导儒学则儒学失道,以利禄倡导马列则马列失真。

(三)真理与认识问题种种

僵化了的真理比谬误更具危害性。

即使是真理,如果不让讨论,不作为认识的阶梯,而只是让人接受,那比中世纪的神学更坏。

与权力结合在一起的认识,不能是认识真理性的标志,如果用权力维护某种认识,这种认识多半要被僵化。

"狂"是一切思想家的共同特点。因为不狂的特点是固守成见,人云亦云。冲破成见,必然被视之为"狂"。

强迫所有的人接受一个人的思想和主张,即使这种主张是理智的,在这种情况下,理智也会变成愚昧的工具。道理很简单:个人的认识不可能穷尽一切,更不会是不可逾越的顶点。

凡事不疑,愚昧顽冥不可化者也。

不读、不听、不见而疑谓之妄,读天下书、了解天下事而再疑谓之圣,但无法实现,又可谓之愚;疑读过的书和见过的事谓之求。疑是一种思维方式而不是结果。

思想的深度取决于社会矛盾激化的深度和自由的程度。

在认识上左顾右盼,看风下笔,在某种情况下,其认识未必全然错。然而在认识上只能充当第二等公民。

没有充分的个性解放和个体认识的充分发展,就不可能接近真理。

上层的堕落、败坏总是以下层的愚昧无知为掩护。

争论会把问题推向深入,并且为互相吸取创造了条件。

(四)读书 思考

现在不是缺少政治家,而是缺少为民族而思考的哲学家。

没有激情就不会有深刻理论。

动荡出智慧,反思出新见。

人格独立是认识的前提,无人格的独立,就不会有独立的认识。

(五)思想自由

一个民族的悲哀莫过于思想窒息。谁窒息了思想的自由,谁就会成为历史的罪人。

整知识分子会堵塞民族的聪明和才智,永远不会有民族的发展。

(六)历史学问题

历史是一个伟大的宝藏,但不经过开发人的劳动,它本身不会显出智慧的光彩。

史学和一切科学都应为人类的进步而思考。

历史研究提高主体意识的关键是增强价值认识和开发智能。

历史认识的基础是事实,但仅事实并不是历史认识,这里必须有认识主体的意识与贡献的智慧,这种历史认识才是有意义的。

研究历史是为了认识现实、判断现实、建设和改变现实。

知今而不知古谓之陋,知古而不知今谓之昧,不知古今而言未来谓之妄。

(七)关于传统

对传统进行理解与对传统奉行迷信,两者是截然不同的;理解建立在理性的基础上;迷信则是以愚昧、盲从为前提。

创新不是与传统简单地对立,如果一定视为对立,那是人的主观理解;创造本身永远离不开传统,但它又高于传统。

传统不是先验的,它是历史的产物,因此只能历史地去对待;离开历史条件谈传统,多半把人引向愚昧和盲从。

从历史发展看,我们应该做传统的主人,把传统作为自我创造的条件和起点;如果固守传统,那就与奴仆相去不远。

只有从事历史创造的人,才能深刻理解传统;一味墨守成规,他根本不理解传统为何物。

理解传统即是理解自身。

（八）权力、政治伦理问题

强做人的代表，与其说是为人谋福利，毋宁说是剥夺人。

宣传恩赐就是为了占有和支配。

没有合理充分的思想自由，这个民族是难以获得真正的进步。

崇拜权力和官吏是专制政治的流弊和恶果。

权力是一个伟大的力量，它可以创造什么，同时也可以毁掉什么。问题需要是发挥它的创造力，扼制它的毁灭力。

说假话的升官，说真话的倒霉，这种时代是无生气的时代。

总称自己一切皆好而不容别人批评，他大概脏东西太多了。

把人民造就成平庸的顺民，确乎利于稳定，但对民族的发展却是悲剧。

失民心的事可以得志于一时，不可能得势于永久。